Die Rezeption des europäischen Verbraucherschutzes
im österreichischen Recht

Europäische Hochschulschriften
Publications Universitaires Européennes
European University Studies

Reihe II
Rechtswissenschaft

Série II Series II
Droit
Law

Bd./Vol. 3210

PETER LANG
Frankfurt am Main · Berlin · Bern · Bruxelles · New York · Oxford · Wien

Friederike Lehmann

Die Rezeption des europäischen Verbraucherschutzes im österreichischen Recht

PETER LANG
Europäischer Verlag der Wissenschaften

Die Deutsche Bibliothek - CIP-Einheitsaufnahme

Lehmann, Friederike:

Die Rezeption des europäischen Verbraucherschutzes im österreichischen Recht / Friederike Lehmann. - Frankfurt am Main ; Berlin ; Bern ; Bruxelles ; New York ; Oxford ; Wien : Lang, 2002
(Europäische Hochschulschriften : Reihe 2, Rechtswissenschaft ; Bd. 3210)
Zugl.: Heidelberg, Univ., Diss., 2000
ISBN 3-631-38298-7

D 16
ISSN 0531-7312
ISBN 3-631-38298-7

www.peterlang.de

Meinem Vater in Liebe und Dankbarkeit

Vorwort

Die Arbeit wurde im Wintersemester 2000 von der juristischen Fakultät der Ruprechts-Karls-Universität Heidelberg als Dissertation angenommen.

Mein Dank gilt zunächst Herrn Professor Dr. Peter-Christian Müller-Graff, der mich in erfreulich uneinengender Weise betreute und mir nach kritischer Durchsicht ihm vorgelegter Teile stets wertvolle Anregungen gab. Herrn Professor Dr. Peter Hommelhoff danke ich für die zügige Zweitbegutachtung der Arbeit.

Danken möchte ich auch meinen Eltern, die mir durch ihre Großzügigkeit die Anfertigung der Dissertation erst ermöglichten und ihren Glauben an mich nie verloren haben.

Schließlich gebührt meinem Mann Thomas besonderer Dank. Er hat mich während der gesamten Zeit in jeder nur erdenklichen Weise unterstützt, mich in schwierigen Phasen immer wieder motiviert und auch die Mühe nicht gescheut, einzelne Teile der Arbeit kritisch zu lesen.

Berlin, im April 2001

Friederike Lehmann

Inhaltsverzeichnis

Abkürzungsverzeichnis

a. A.	anderer Ansicht
a. a. O.	am angegebenen Ort
AB	Ausschußbericht
ABl	Amtsblatt der Europäischen Gemeinschaften
Abs.	Absatz
ABGB	Allgemeines Bürgerliches Gesetzbuch
AcP	Archiv für die civilistische Praxis
AGB	Allgemeine Geschäftsbedingungen
AGBG	(deutsches) Gesetz zur Regelung des Rechts der Allgemeinen Geschäftsbedingungen
AfP	Archiv für Presserecht
Anm.	Anmerkung
AnwBl	Österreichisches Anwaltsblatt
ARB	Allgemeine Reisebedingungen
Art.	Artikel
AtomHG	(österreichisches) Atomhaftpflichtgesetz
Aufl.	Auflage
BB	Der Betriebsberater
Bd.	Band
BGB	Bürgerliches Gesetzbuch
BGBl	(österreichisches) Bundesgesetzblatt
BGBl.	(deutsches) Bundesgesetzblatt
BlgNr	Beilagen zu den stenographischen Protokollen des Nationalrates
BMwA	(österreichischer) Bundesminister für wirtschaftliche Angelegenheiten
BR-Drucks.	Bundesratsdrucksache
BT-Drucks.	Bundestagsdrucksache
BTVG	(österreichisches) Bauträgervertragsgesetz
BWG	(österreichisches) Bankwesengesetz
bzw.	beziehungsweise
DB	Der Betrieb
ders.	derselbe
Dok	Dokument
DZWiR	Deutsche Zeitschrift für Wirtschaftsrecht

EB	Erläuternde Bemerkungen
ecolex	Fachzeitschrift für Wirtschaftsrecht
ECU	European Currency Unit
EEA	Einheitliche Europäische Akte
EG	Europäische Gemeinschaft
EGV	Vertrag zur Gründung der Europäischen Gemeinschaft(en)
EheG	(österreichisches) Ehegesetz
EKHG	(österreichisches) Eisenbahn- und Kraftfahrzeughaftpflichtgesetz
endg	endgültig(e Fassung)
EU	Europäische Union
EuGH	Europäischer Gerichtshof
EuGVÜ	Europäisches Gerichtsstands- und Vollstreckungs- Übereinkommen
EuR	Europarecht
EuZW	Europäische Zeitschrift für Wirtschaftsrecht
EUV	Vertrag zur Gründung der Europäischen Union
EvBl	Evidenzblatt der Rechtsmittelentscheidungen der Österreichischen Juristenzeitung (Jahr/Nummer)
EVÜ	Römisches EWG-Übereinkommen über das auf vertragliche Schuldverträge anzuwendende Recht
EWG	Europäische Wirtschaftsgemeinschaft(en)
EWGV	Vertrag zur Gründung der Europäischen Wirtschaftsgemeinschaft(en)
EWR	Europäischer Wirtschaftsraum
EWS	Europäisches Wirtschafts- und Steuerrecht
f.	folgend(e)
ff.	fortfolgend(e)
Fn	Fußnote
FS	Festschrift
G	Gesetz
GBG	(österreichisches) Allgemeines Grundbuchsgesetz
GedS	Gedenkschrift
GewO	(österreichische) Gewerbeordnung
GP	Gesetzgebungsperiode
HGB	Handelsgesetzbuch
h. M.	herrschende Meinung
Hrsg.	Herausgeber
HWiG	(deutsches) Haustürwiderrufsgesetz
i. d. F.	in der Fassung
i. S.	im Sinne

i. V. m.	in Verbindung mit
JA	Juristische Arbeitsblätter
JA	Justizausschuß
JAB	Bericht des Justizausschusses
JAP	Juristische Praxis und Ausbildungsvorbereitung
JBl	Juristische Blätter
JuS	Juristische Schulung
JZ	Juristenzeitung
KEU	Kommentar zur Europäischen Union
KOM	Europäische Kommission (so zitiert bei ihren Arbeitsdokumenten)
KritV	Kritische Vierteljahresschrift für Gesetzgebung und Rechtswissenschaft
KSchG	(österreichisches) Konsumentenschutzgesetz
lit.	litera (Buchstabe)
MaklerG	(österreichisches) Maklergesetz
MRG	(österreichisches) Mietrechtsgesetz
m. w. N.	mit weiteren Nachweisen
n. F.	neuer Fassung
NJW	Neue Juristische Wochenzeitschrift
Nr.	Nummer
ÖBA	Österreichisches Bankarchiv
OGH	Oberster Gerichtshof
ÖJT	Österreichischer Juristentag
ÖJZ	Österreichische Juristenzeitung
öS	österreichische(r) Schilling
PHG	(deutsches und österreichisches) Produkthaftungsgesetz
PHI	Produkthaftpflicht International
RabelsZ	Rabels Zeitschrift für ausländisches und internationales Privatrecht
RbAusüVO	Verordnung über Ausübungsvorschriften für das Reisebürogewerbe
RdW	Recht der Wirtschaft
RHPflG	(österreichisches) Reichshaftpflichtgesetz
RIW	Recht der Internationalen Wirtschaft
RL	Richtlinie
Rn	Randnummer
RohrlG	(österreichisches) Rohrleitungsgesetz
RSV	(österreichische) Reisebürosicherungsverordnung
RV	Regierungsvorlage
RZ	Österreichische Richterzeitung
s.	siehe

S.	Seite
SEK	Dokumente des Generalsekretariats der Kommission der Europäischen Gemeinschaften
SJZ	Schweizerische Juristenzeitung
Slg.	Sammlung der Entscheidungen des Europäischen Gerichtshofs
sog.	sogenannte(r)
Stb	Der Staatsbürger
StenProt	Stenographische Protokolle des Nationalrates
SWA	Sozialwissenschaftliche Arbeitsgemeinschaft
SZ	Entscheidungen des österreichischen Obersten Gerichtshofes in Zivil- und Justizverwaltungssachen (Band/Nummer)
TNG	(österreichisches) Teilzeitnutzungsgesetz
TranspR	Transportrecht
TzWWrG	(deutsches) Teilzeit-Wohnrechtegesetz
v.	vor
v. a.	vor allem
VAG	(österreichisches) Versicherungsaufsichtsgesetz
VerbrKrG	(deutsches) Verbraucherkreditgesetz
VerbrKrVO	(österreichische) Verbraucherkreditverordnung
VersRdSch	Die Versicherungsrundschau
vgl.	vergleiche
VO	Verordnung
Vorbem.	Vorbemerkung(en)
VuR	Verbraucher und Recht
WBl	Wirtschaftsrechtliche Blätter
WEG	(österreichisches) Wohnungseigentumsgesetz
WoBl	Wohnrechtliche Blätter
WRG	(österreichisches) Wasserrechtsgesetz
WRP	Wettbewerb in Recht und Praxis
WSA	Wirtschafts- und Sozialausschuß
ZaöRV	Zeitschrift für ausländisches öffentliches Recht und Völkerrecht
z. B.	zum Beispiel
ZEuP	Zeitschrift für Europäisches Privatrecht
ZfRV	Zeitschrift für Rechtsvergleichung
ZHR	Zeitschrift für das gesamte Handelsrecht
Ziff.	Ziffer
ZIP	Zeitschrift für Wirtschaftsrecht
ZLR	Zeitschrift für das gesamte Lebensmittelrecht
ZMR	Zeitschrift für Miet- und Raumrecht
ZRP	Zeitschrift für Rechtspolitik

ZSR	Zeitschrift für Schweizerisches Recht
ZVP	Zeitschrift für Verbraucherpolitik

Einleitung

I. Hintergrund der Untersuchung

Der Verbraucherschutzgedanke hat in den vergangenen zwei Jahrzehnten eine unüberschaubare Fülle von Gesetzen und Verordnungen hervorgebracht. Sowohl auf Gemeinschaftsebene[1] als auch in den einzelnen EU-Mitgliedstaaten[2] sind zahlreiche Rechtsvorschriften erlassen worden, die dem Schutze des Verbrauchers und der Durchsetzung seiner Interessen vor allem im Rahmen von sog. Massengeschäften dienen. Die Vorschriften umfassen zum einen Maßnahmen zum Schutz der Gesundheit und Sicherheit der Verbraucher, zum anderen Maßnahmen, die auf den Schutz ihrer wirtschaftlichen Interessen abzielen. Hinzu kommen Vorschriften, die die Unterrichtung, Aufklärung und Vertretung der Verbraucher betreffen.[3]

Bemerkenswert ist, daß auf dem Gebiet des Verbraucherschutzrechts die originäre Gesetzgebung der Mitgliedstaaten in den letzten zehn bis fünfzehn Jahren in den Hintergrund getreten ist[4], die Fortentwicklung des Verbraucherschutzrechts vielmehr durch die Aktivitäten der Europäischen Gemeinschaft vorangetrieben wird.[5] So wurde beispielsweise in Deutschland seit der Verabschiedung des Reisevertragsgesetzes im Jahre 1979[6] kein Verbraucherschutzgesetz mehr aus eigener Initiative erlassen.[7]

Die Schaffung des europäischen Verbraucherschutzrechts vollzieht sich bislang im Wesentlichen über den Erlaß von Richtlinien, die die Angleichung der

---

1 Vgl. hierzu das Verzeichnis der europäischen Verordnungen und Richtlinien zum Verbraucherschutz bei Reich, Europäisches Verbraucherrecht, S. 539 f., 541 ff.

2 Zu den legislativen Maßnahmen auf dem Gebiet des Verbraucherschutzes vgl. die bei Müller-Graff in ders. (Hrsg.), Gemeinsames Privatrecht, S. 9 ff. im Anhang unter I. aufgeführten Legislativakte sowie aus der älteren Literatur von Hippel, Verbraucherschutz, S. 5 ff. und die im Anhang, S. 291 ff., abgedruckten Gesetze; ders., RabelsZ 45 (1981), 353 ff.; Reich/Micklitz, Verbraucherschutz in den EG-Staaten, S. 10 f.

3 Reich, ZEuP 1994, 381 (387).

4 Blaurock, JZ 1994, 270.

5 Micklitz, VuR 1993, 2 ff. Zu den politischen Vorgaben und den Etappen der EG-Verbraucherschutzpolitik vgl. Reich, Europäisches Verbraucherrecht, S. 30 ff.

6 Gesetz vom 4. 5. 1979, BGBl. I, S. 509.

7 Tonner, JZ 1996, 533 (536).

mitgliedstaatlichen Privatrechte zum Ziel haben.[8] Die nationalen Rechtsvorschriften zum Schutz des Verbrauchers sind in den Mitgliedstaaten sehr verschieden.[9] Aus den unterschiedlichen Rechtsvorschriften erwächst ein ungleicher Verbraucherschutz in den Mitgliedstaaten. Das unterschiedliche nationale Schutzniveau wirkt sich hemmend auf den Handelsverkehr mit Verbrauchern aus und beeinträchtigt auf diese Weise das Funktionieren des Gemeinsamen Marktes.[10] Die Angleichung der mitgliedstaatlichen Regelungen mittels Richtlinien dient der Schaffung nationalen Verbraucherrechts qualitativ gleichen Standards, indem sie die für das Funktionieren des Binnenmarktes erforderlichen rechtlichen Strukturen zur Verfügung stellt und wettbewerbsverzerrende Rechtsunterschiede abbaut.[11]

Vor allem dem Vertragsrecht sind zahlreiche EG-Richtlinien gewidmet. Erwähnt seien an dieser Stelle nur die Richtlinien über mißbräuchliche Vertragsklauseln[12], über Haustürgeschäfte[13], Verbraucherkredite[14], Pauschalreisen[15], Time-Sharing-Verträge[16] sowie über Vertragsabschlüsse im Fernabsatz[17]. Zuletzt hat die EG eine Richtlinie über Verbrauchsgüterkauf und -garantien[18] verabschiedet. Weiterer Schwerpunkt der EG-Angleichungsbemühungen ist das Haf-

---

8 Vgl. Art. 3 lit. h, 94, 95 EGV (ex-Art. 100, 100 a EGV; die Numerierung der Art. entspricht, soweit nicht anders gekennzeichnet, der durch den Amsterdamer Vertrag konsolidierten Fassung des Unionsvertrages) sowie den durch den Unionsvertrag von Maastricht eingeführten ex-Art. 129 a EGV (153 EGV n. F.), der erstmals eine ausdrückliche Rechtsgrundlage für Maßnahmen auf dem Gebiet der Verbraucherpolitik normierte und durch den Amsterdamer Vertrag novelliert wurde. Vgl. hierzu Micklitz/Reich, EuZW 1992, 593 ff. Weitere Instrumente der Rechtsangleichung – im Bereich der Verbraucherpolitik allerdings nur von untergeordneter Bedeutung – sind neben der Verordnung und der Empfehlung die Übereinkommen zwischen den Mitgliedstaaten, Art. 293 EGV (ex-Art. 220 EGV).

9 Vgl. nur für den unterschiedlichen Regelungs- und Eingriffsumfang der Gesetze zum Schutz vor unlauteren Vertragsbedingungen anderer europäischer Staaten Neumayer in FS Kitagawa, S. 487 ff.; Ulmer in Ulmer/Brandner/Hensen, AGBG, Einl., Rn 80 ff. und Wolf in Wolf/Horn/Lindacher, AGB-Gesetz, Einl., Rn 42 ff.

10 Ulmer, JZ 1992, 1 (4); Wolf in Grabitz/Hilf, KEU, Teil II, Band IV, A 1, Rn 2.

11 Hommelhoff, AcP 192 (1992), 71 ff.

12 ABl EG 1993 Nr. L 95, S. 29.

13 ABl EG 1985 Nr. L 372, S. 31.

14 ABl EG 1987 Nr. L 42, S. 48 i. d. F. ABl EG 1990 Nr. L 61, S. 14.

15 ABl EG 1990 Nr. L 158, S. 59.

16 ABl EG 1994 Nr. L 280, S. 83.

17 ABl EG 1997 Nr. L 144, S. 19.

18 ABl EG 1999 Nr. L 171, S. 12. Der geänderte Vorschlag für eine Richtlinie des Europäischen Parlaments und des Rates über den Verbrauchsgüterkauf und -garantien ist in ABl EG 1998 Nr. C 148, S. 12, der ursprüngliche Vorschlag der Kommission in ZIP 1996, 1845 abgedruckt.

tungsrecht. Hier sind vor allem die Richtlinie über die Haftung für fehlerhafte Produkte[19] sowie ein Vorschlag der Kommission für eine Dienstleistungshaftungsrichtlinie[20] zu nennen.

Der Zielsetzung der Richtlinie, nicht formell einheitliches, sondern materiell gleichwertiges Recht in den Mitgliedstaaten zu etablieren[21], entspricht das zweistufige Verfahren, das in Art. 249 Abs. 3 EGV (ex-Art. 189 Abs. 3 EGV) vorgesehen ist: Richtlinien setzen nicht unmittelbar in den Mitgliedstaaten geltendes Recht[22]; vielmehr richten sie sich zunächst an die Mitgliedstaaten und bedürfen der Umsetzung in nationales Recht, wobei die nationalen Gesetzgeber zwar an das in der Richtlinie enthaltene Programm gebunden, hinsichtlich der Gestaltung des nationalen Rechts aber frei sind.

Hierdurch sollen Einheit und innere Widerspruchsfreiheit der nationalen Rechtsordnungen gewährleistet und den spezifischen Besonderheiten der jeweiligen Mitgliedstaaten Rechnung getragen werden.[23] Viele Verbraucherschutzrichtlinien weisen allerdings bereits einen so hohen Grad an inhaltlicher Determination auf, daß sich der nationale Umsetzungsspielraum oft auf eine wortgetreue Übernahme beschränkt.[24]

Da die Gemeinschaft beim Erlaß von Regelungen, die, wie diejenigen zum Schutze des Verbrauchers, die nationalen Privatrechte berühren, verschiedene einzelstaatliche Privatrechtstraditionen und -kodifikationen zu berücksichtigen hat, sehen die einzelnen Richtlinien oft nur verbindliche Mindeststandards vor, ohne jedoch die Beibehaltung bzw. die Einführung strengerer nationaler Vorschriften auszuschließen.[25]

---

19 ABl EG 1985 Nr. L 210, S. 29.

20 ABl EG 1991 Nr. C 12, S. 8. Der Richtlinienvorschlag wurde allerdings nach heftiger Kritik von der Kommission zurückgezogen.

21 Blaurock, JZ 1994, 270 (274).

22 Allerdings kann die fehlende oder fehlerhafte Umsetzung einer Richtlinie nach der Rechtsprechung des EuGH – grundlegend das Urteil vom 4. 12. 1974 (*Van-Duyn*), Slg. 1974, 1337 – eine sog. Direktwirkung im Verhältnis Staat – Bürger erzeugen. Zu den Voraussetzungen und den Konsequenzen dieser Lehre vom "effet utile" vgl. Reich, Europäisches Verbraucherrecht, S. 60 ff. Eine horizontale Direktwirkung wird vom EuGH dagegen selbst bei verzögerter Umsetzung durch einen Mitgliedstaat in ständiger Rechtsprechung abgelehnt. Vgl. hierzu das Urteil vom 26. 2. 1986 (*Marshall*), Slg. 1986, 723 sowie das Urteil vom 14. 7. 1994 (*Faccini Dori*), EWS 1994, 269.

23 Rittner, JZ 1995, 849 (852).

24 Hauschka, JZ 1990, 521 (526).

25 Vgl. etwa Art. 8 der Richtlinie betreffend den Verbraucherschutz im Falle von außerhalb von Geschäftsräumen geschlossenen Verträgen ("noch günstigere Verbraucherschutzbestimmungen") oder Art. 8 der Richtlinie über Pauschalreisen ("strengere Vorschriften zum Schutze des Verbrauchers"). Solche Öffnungsklau-

Im deutschen Vertragsrecht, das den "Verbraucher" als einheitlichen Rechtsbegriff vor der Umsetzung der EG-Verbraucherschutzrichtlinien nicht kannte, hat die Umsetzung der Richtlinien aufgrund des beschriebenen Regelungskonzeptes der Schutzvorschriften dazu geführt, daß die Bestimmungen der Richtlinien nicht in das BGB inkorporiert, sondern etliche Sondergesetze erlassen wurden. So wurden in den vergangenen Jahren das Haustürwiderrufsgesetz (HWiG)[26], das Produkthaftungsgesetz (PHG)[27], das Verbraucherkreditgesetz (VerbrKrG)[28] und das Teilzeit-Wohnrechtegesetz (TzWrG)[29] verabschiedet. Dabei finden sich die Verbraucherbegriffe des europäischen Rechts in Umsetzung der EG-Richtlinien im deutschen Recht wieder: Das Verbraucherkreditgesetz, das Haustürwiderrufsgesetz, das Teilzeit-Wohnrechtegesetz und das AGBG enthalten die europarechtliche Abgrenzung des Verbrauchers nach der Zugehörigkeit der jeweiligen rechtserheblichen Tätigkeit zum beruflichen oder gewerblichen Bereich[30], während das in den §§ 651 a ff. BGB geregelte Pauschalreiserecht und das Produkthaftungsgesetz entsprechend dem europäischen Vorbild den Begriff des Verbrauchers nicht definieren.

Die zunehmende Privatrechtsetzung durch die Gemeinschaft im Richtlinienwege und die damit verbundene "Europäisierung des Privatrechts"[31] im Bereich des Verbraucherschutzrechts läßt in Deutschland kritische Stimmen laut werden.

Bemängelt wird insbesondere, daß die verbraucherschutzmotivierten Richtlinien infolge ihrer Beschränkung auf einzelne Sachgebiete und Spezialfragen eine übergreifende Gesamtkonzeption vermissen ließen.[32] Durch die detaillierte Regelung von Spezialfragen werde punktuell in die nationalen Rechte eingegriffen, ohne daß dabei Rücksicht auf das Rechtssystem als Ganzes genommen werde.[33] Dies führe zu Unübersichtlichkeit und Systembrüchen innerhalb der nationalen Rechte sowie zu Rechtszersplitterung infolge der Ausgliederung von immer mehr Spezialgebieten aus der allgemeinen Kodifikation.[34] Die Abgrenzung dieser Sondermaterien von den Gegenständen, für die das bisherige nationale Recht unver-

---

seln können aber auch bewirken, daß das bei Erlaß der Richtlinie bestehende nationale Recht weitgehend unangetastet bleibt.

26 Gesetz vom 16. 1. 1986, BGBl. I, S. 122.

27 Gesetz vom 15. 12. 1989, BGBl. I, S. 2198.

28 Gesetz vom 17. 12. 1990, BGBl. I, S. 2840.

29 Gesetz vom 20. 12. 1996, BGBl. I, S. 2154.

30 Vgl. § 1 Abs. 1 VerbrKrG, § 6 HWiG, § 1 Abs. 1 TzWRG und § 24 a AGBG.

31 Tonner, JZ 1996, 533.

32 Statt vieler vgl. Hommelhoff, AcP 192 (1992), 72 (103 f.).

33 Blaurock, JZ 1994, 270 (276).

34 Müller-Graff, NJW 1993, 13 (19); Mansel, JZ 1991, 529 (532).

ändert fort gilt, sowie die inhaltliche Abstimmung zwischen vereinheitlichtem und sonstigem nationalen Recht werfe weitere Probleme auf.[35]

Die in den Richtlinien schematisch durchgeführte Begrenzung des persönlichen Anwendungsbereichs auf „Verbraucherverträge" hat zudem die in Deutschland in den 70er und 80er Jahren eingehend und kontrovers geführte Diskussion[36] über die Entwicklung des Verbraucherschutzrechts zu einem die tradierten Prämissen des Bürgerlichen Rechts verlassenden Sonderprivatrecht wiederbelebt.[37] Es geht dabei im Kern um die Frage, ob und inwieweit das Konzept der formalen Gleichheit aller Rechtssubjekte, das dem BGB zugrunde liegt und lediglich durch die Besonderheiten des Handelsrechts modifiziert wird, durch eine funktionsspezifische Sonderbehandlung nach einer Rollenzuweisung im Wirtschaftsverkehr ersetzt werden soll. Befürchtet wird namentlich eine zu weitgehende Einschränkung der Parteiautonomie der Vertragsparteien durch zwingende Regelungen sowie eine Dreiteilung des Vertragsrechts in ein allgemeines Zivilrecht für jedermann, ein Handelsrecht für Kaufleute sowie ein spezielles Verbraucherschutzrecht.[38]

II. Ziel und Überblick über den Gang der Untersuchung

Vor diesem Hintergrund soll die Entwicklung des österreichischen privatrechtlichen Verbraucherschutzes unter dem Einfluß rechtsangleichender Maßnahmen der Europäischen Gemeinschaft untersucht werden.

Mit dem Beitritt Österreichs zum Europäischen Wirtschaftsraum[39] und der nunmehrigen Vollmitgliedschaft Österreichs in der Europäischen Union[40] entstand für den österreichischen Gesetzgeber die Verpflichtung zur Übernahme des gemeinschaftlichen "acquis communautaire" im Bereich des Verbraucherschutzes.[41] Inzwischen wurde die österreichische Rechtslage an die Vorgaben der Pro-

---

35 Ulmer, JZ 1992, 1 (6).

36 Vgl. aus der deutschen Verbraucherrechtsdiskussion etwa Lieb, AcP 178 (1978), 196 ff.; Damm, JZ 1987, 173 ff.; Gilles, JA 1980, 1 ff.; Westermann, Gutachten, S. 1 ff.; Dauner-Lieb, Verbraucherschutz durch Ausbildung eines Sonderprivatrechts für Verbraucher.

37 Vgl. Damm JZ 1994, 161 (167 f.); Hommelhoff, Verbraucherschutz, S. 7

38 Brandner/Ulmer, BB 1991, 701 (702); Hönn, JuS 1990, 953 (955); Kleindiek in Hommelhoff/Jayme/Mangold, Europäischer Binnenmarkt, S. 297 (298).

39 Das Abkommen über den Europäischen Wirtschaftsraum ist am 1. 1. 1994 in Kraft getreten, ABl EG Nr. L 1 vom 3. 1. 1994, S. 1, BGBl 1993/909; das Anpassungsprotokoll findet sich in BGBl 1993/910.

40 EU-Beitrittsvertrag BGBl 1995/45.

41 Vgl. Art. 7 des EWR- Abkommens.

dukthaftungsrichtlinie, der Haustürgeschäfterichtlinie, der Richtlinie über mißbräuchliche Klauseln, der Pauschalreiserichtlinie, der Time-Sharing-Richtlinie, der Fernabsatzrichtlinie sowie der Richtlinie über Unterlassungsklagen angepaßt.

Die Auswirkungen der Rechtsangleichung auf das österreichische Verbraucherschutzrecht sind aus deutscher Sicht deshalb von Interesse, weil der österreichische Gesetzgeber für die Regelungen der Rechtsbeziehungen zwischen einerseits zu privaten bzw. andererseits zu gewerblichen Zwecken Handelnden einen anderen kodifikationstechnischen Ansatz gewählt hat als der deutsche. Im Gegensatz zum deutschen Gesetzgeber hat der österreichische Gesetzgeber bereits im Jahre 1979 ein eigenständiges Gesetz "zum Schutz der Verbraucher", das Konsumentenschutzgesetz[42], und damit jedenfalls auf den ersten Blick ein einheitliches Teilrechtsgebiet geschaffen, für das die jeweilige soziale und ökonomische Rolle, in welcher der Einzelne auftritt, konstituierend ist[43] und das damit die in Deutschland von Teilen der Wissenschaft befürchtete Zweiteilung des Vertragsrechts in ein spezielles Verbraucherrecht einerseits und ein sonstiges Zivilrecht andererseits verwirklicht.

Zu Beginn der Untersuchung wird zunächst der europarechtliche Hintergrund, vor dem das von den Rechtsakten der Gemeinschaft betroffene österreichische Recht zu sehen ist, geschildert. Dabei wird in einem ersten Teil die Verbraucherpolitik der Gemeinschaft, insbesondere deren Ziele und das Regelungskonzept, skizziert, das Wesen rechtsangleichender Maßnahmen beschrieben und das Verbraucherleitbild der Gemeinschaftsorgane herausgearbeitet. Anschließend wird auf die Bedenken eingegangen, die in der deutschen Literatur gegen die Verbraucherschutzpolitik der Gemeinschaft vorgebracht werden. Der zweite und der dritte Teil der Arbeit sind dem österreichischen Verbraucherschutzrecht gewidmet. Im zweiten Teil soll eine Bestandsaufnahme des österreichischen Verbraucherschutzrechts vor der Umsetzung von EG-Verbraucherschutzrichtlinien erfolgen. Schließlich wird in einem dritten Teil der Versuch unternommen, anhand ausgewählter EG-Verbraucherschutzrichtlinien aufzuzeigen, wie die Rezeption europäischen Verbraucherschutzrechts erfolgt und welche Auswirkungen dies für die Systematik des österreichischen Zivilrechts hat. Das umgesetzte EG-Recht wird einerseits auf seine EG-Konformität hin überprüft. Andererseits soll insbesondere die Systemkonformität der EG-Rechtsangleichung für das vorhandene Privatrecht ermittelt werden. Geklärt werden soll, wie sichergestellt werden kann, daß die Geschlossenheit und Konsistenz des tradierten Rechts nicht durch punktuelle Veränderungen gefährdet wird.

---

42 Bundesgesetz vom 8. März 1979, mit dem Bestimmungen zum Schutz der Verbraucher getroffen werden, BGBl 1979/40; im folgenden als KSchG zitiert.

43 Schuhmacher in Krejci, Handbuch, S. 1 (7).

Erster Teil: Verbraucherschutz im EG-Recht

Der zivilrechtliche Verbraucherschutz gehört zu jenen Teilen des Privatrechts, die neben dem Handelsrecht, dem Gesellschaftsrecht, dem Arbeitsrecht und dem gewerblichen Rechtsschutz am stärksten zum Gegenstand gemeinschaftlicher Regelungen geworden sind.[44] Eine Vielzahl von EG-Verbraucherschutzrichtlinien beeinflußt die mitgliedstaatlichen Rechtsordnungen, deren Privatrecht zunehmend durch das europäische Recht vorgeformt und damit „europäisiert" wird. Zu nennen sind an dieser Stelle die Haustürgeschäfterichtlinie[45], die Produkthaftungsrichtlinie[46], die Verbraucherkreditrichtlinie[47], die Pauschalreiserichtlinie[48], die Richtlinie über mißbräuchliche Klauseln in Verbraucherverträgen[49], die Time-Sharing-Richtlinie[50], die Fernabsatzrichtlinie[51] die Richtlinie über Unterlas-

---

44 Ein Überblick über die vom Gemeinschaftsrecht erfaßten Gebiete des Privatrechts findet sich bei Müller-Graff in ders. (Hrsg.), Gemeinsames Privatrecht, S. 28-46 sowie bei dems., NJW 1993, 13 (14 f.).

45 Richtlinie 85/577/EWG des Rates vom 20. Dezember 1985 betreffend den Verbraucherschutz im Falle von außerhalb von Geschäftsräumen geschlossenen Verträgen, ABl EG 1985 Nr. L 372, S. 31.

46 Richtlinie 85/374/EWG des Rates vom 25. Juli 1985 zur Angleichung der Rechts- und Verwaltungsvorschriften der Mitgliedstaaten über die Haftung für fehlerhafte Produkte, ABl EG 1985 Nr. L 210, S. 29.

47 Richtlinie 87/102/EWG des Rates vom 22. Dezember 1986 zur Angleichung der Rechts- und Verwaltungsvorschriften der Mitgliedstaaten über den Verbraucherkredit, ABl EG 1987 Nr. L 42, S. 48. Zwei Änderungsrichtlinien aus den Jahren 1990 und 1999 befassen sich mit der einheitlichen Berechnung des effektiven Jahreszinses.

48 Richtlinie 90/314/EWG des Rates vom 13. Juni 1990 über Pauschalreisen, ABl EG 1990 Nr. L 298, S. 59.

49 Richtlinie 93/13/EWG des Rates vom 5. April 1993 über mißbräuchliche Klauseln in Verbraucherverträgen, ABl EG 1993 Nr. L 95, S. 29.

50 Richtlinie 94/47/EG des Europäischen Parlamentes und des Rates vom 26. Oktober 1994 zum Schutz der Erwerber im Hinblick auf bestimmte Aspekte von Verträgen über den Erwerb von Teilnutzungsrechten an Immobilien, ABl EG 1994 Nr. L 280, S. 83.

51 Richtlinie 97/7/EG des Europäischen Parlamentes und des Rates vom 20. Mai 1997 über den Verbraucherschutz bei Vertragsabschlüssen im Fernabsatz, ABl EG 1997 Nr. L 144, S. 19.

sungsklagen[52] und zuletzt die Richtlinie über den Verbrauchsgüterkauf.[53] Die Gemeinschaft ist zum Motor der Fortentwicklung des Verbraucherschutzrechts geworden.

A. Rechtliche Grundlagen des EG-Verbraucherschutzes

Die Entwicklung des europäischen Verbraucherschutzes als eigenem Rechtsgebiet verläuft von einer zunächst nur indirekten Anerkennung der Verbraucherinteressen im ursprünglichen EWG-Vertrag (EWGV) bis zur Erhebung des Verbraucherschutzes in den Rang einer eigenständigen Gemeinschaftspolitik durch den Unionsvertrag von Maastricht (EUV).[54]

I. Der EWG-Vertrag von 1957[55]

Im EWG-Vertrag von 1957 war die Verbraucherpolitik noch nicht als selbständige Gemeinschaftspolitik verankert. Wenngleich der Vertrag in Art. 2 unter anderem das Ziel der Anhebung der Lebenshaltung und der Lebensqualität in den Mitgliedstaaten festschrieb, fanden der Schutz und die Förderung der Verbraucherinteressen lediglich in diversen anderen Politiken Erwähnung. So forderte Art. 85 Abs. 3 EWGV[56] bei Freistellungen vom Kartellverbot eine „angemessene Beteiligung der Verbraucher“ an dem entstehenden Gewinn als Bedingung für die Genehmigung bestimmter Vereinbarungen zwischen Unternehmen. Art. 92 Abs. 2 EWGV[57] erlaubte Sozialbeihilfen an „einzelne Verbraucher“. Mit der gemeinsamen Agrarpolitik sollten nach Art. 39 Abs. 1 lit. e EWGV[58] angemessene Verbraucherpreise gewährleistet werden. Die Besserung der Lebensbedingungen und damit auch die Gewährleistung eines ausreichenden Verbraucherschutzes sollten sich als Folge der Marktfreiheiten gleichsam von selbst einstellen, wenn

52 Richtlinie 98/27/EG des Europäischen Parlamentes und des Rates vom 19. Mai 1998 über Unterlassungsklagen zum Schutz der Verbraucherinteressen, ABl EG 1998 Nr. L 166, S. 51.

53 Richtlinie 1999/44 EG des Europäischen Parlamentes und des Rates vom 7. Juli 1999 zu bestimmten Aspekten des Verbrauchsgüterkaufs und der Garantien für Verbrauchsgüter, ABl EG 1999 Nr. L 171, S. 12.

54 Reich, Europäisches Verbraucherrecht, S. 30.

55 BGBl. 1957 II, S. 753; 766; BGBl. 1958 II, S. 1.

56 Art. 81 Abs. 3 EGV n. F.

57 Art. 87 Abs. 2 EGV n. F.

58 Art. 33 Abs. 1 lit. e EGV n. F.

nur gewisse Rahmenbedingungen, wie die Offenheit der Märkte in einem System von Wettbewerb und Nichtdiskriminierung erfüllt wären.[59]

II. Verbraucherschutz auf der Grundlage der Einheitlichen Europäischen Akte (EEA) von 1987[60]

Einen entscheidenden Impuls für den europäischen Verbraucherschutz brachte die Verabschiedung der Einheitlichen Europäischen Akte (EEA) im Jahre 1987, deren Kernstück die Vorschriften über die Errichtung eines einheitlichen europäischen Binnenmarktes[61] bilden. Zwar wurde der Verbraucherpolitik in diesen den EWGV ergänzenden Bestimmungen noch kein eigenes Kapitel gewidmet. Durch die Einführung des ex-Art. 100 a EWGV[62], der den Ministerrat zum Erlaß von Maßnahmen[63] zur Errichtung und zum Funktionieren des Binnenmarktes ermächtigt (Absatz 1) und die Erleichterung der Rechtsangleichung bezweckt, bekam der Verbraucherschutz aber zunehmend einen eigenen Stellenwert in der Gesetzgebung der Gemeinschaft. Art. 95 EGV schreibt in seinem Absatz 3 der Kommission vor, bei ihren Vorschlägen für Maßnahmen zur Harmonisierung der mitgliedstaatlichen Rechts- und Verwaltungsvorschriften nach Absatz 1 „von einem hohen Schutzniveau“ unter anderem im Bereich des Verbraucherschutzes auszugehen. Dadurch soll eine durch das Mehrheitsprinzip bei der Rechtsetzung mögliche Verschlechterung des Verbraucherschutzniveaus in einzelnen Staaten und damit eine Angleichung auf dem kleinsten gemeinsamen Nenner vermieden werden.[64] Wenngleich Art. 95 EGV nicht unmittelbar zum Erlaß von Maßnahmen zur Angleichung der mitgliedstaatlichen Normen zur Verbesserung des Ver-

---

59 Reich, Europäisches Verbraucherrecht, S. 30.

60 ABl EG 1987, Nr. L 169, S. 29.

61 Der Binnenmarkt umfaßt nach Art. 14 Abs. 2 EGV (ex-Art. 7 Abs. 2 EGV; vormals Art. 8 a Abs. 2 EWGV) einen Raum ohne Binnengrenzen, in dem der freie Verkehr von Waren, Personen, Dienstleistungen und Kapital gewährleistet ist. Vgl. zum Verhältnis der Begriffe Binnenmarkt – Gemeinsamer Markt Müller-Graff, EuR 1989, 107 (122 f.) sowie Langeheine in Grabitz/Hilf, KEU, Art. 100 a, Rn 20 f.

62 Art. 95 n. F.

63 Der Begriff der Maßnahme stellt eine Erweiterung gegenüber Art. 94 EGV (ex-Art. 100 EWGV) dar und umfaßt neben den Richtlinien insbesondere auch Verordnungen als Angleichungsinstrument. Gleichwohl hat die Kommission in einer von der Regierungsvertreterkonferenz angenommenen und der Schlußakte beigefügten Erklärung betont, sie werde auch in Zukunft bei ihren Vorschlägen nach Art. 95 EGV der Rechtsform der Richtlinie den Vorzug geben.

64 Röttinger in Lenz, EGV-Kommentar, Art. 95, Rn 6.

braucherschutzes ermächtigt, gewann die Vorschrift als Kompetenzgrundlage für Rechtsangleichungsmaßnahmen zur Verwirklichung des Binnenmarktes auch für den Verbraucherschutz maßgebliche Bedeutung. Nahezu alle Richtlinien, in denen der Verbraucherschutzaspekt betont wird, wurden auf ex-Art. 100 a EGV gestützt.

Begrenzt wird die Rechtsetzung im Bereich des Verbraucherschutzes nach Art. 95 EGV durch das Binnenmarktziel, d. h., sie ist nur soweit zulässig, wie sie der Realisierung und der Aufrechterhaltung des Binnenmarktes dient. Eine Harmonisierung mitgliedstaatlicher Vorschriften im Bereich des Verbraucherschutzes kommt also im Rahmen des Art. 95 EGV lediglich in Betracht, soweit sie die Überwindung von Hemmnissen des innergemeinschaftlichen Verkehrs und der Beseitigung von Wettbewerbsverzerrungen zum Ziel hat.[65]

Wettbewerbsverzerrungen können zum einen durch Unterschiede in den nationalen zivilrechtlichen Normen zum Schutz des Verbrauchers entstehen, weil Unternehmen in Staaten mit strengeren Bestimmungen – etwa über die Haftung für fehlerhafte Produkte, die Mängelgewährleistungsfristen, die Haftung von Reiseveranstaltern oder über den Schutz vor irreführenden und unlauteren Geschäftspraktiken – Nachteile gegenüber Unternehmen in jenen Staaten haben, deren nationale Rechtsordnung Unternehmen geringere Sorgfalts- und Haftungspflichten auferlegt.[66]

Die Freiheit des Warenverkehrs und des Dienstleistungsverkehrs soll im Binnenmarkt auch den Verbrauchern zugute kommen[67], indem ihnen die Auswahl zwischen je nach Herkunftsland unterschiedlich ausgestalteten Produkten und Leistungen ermöglicht wird.[68] Da die Verbraucher keinen Überblick über die Vorschriften haben, die in anderen Mitgliedstaaten für Verträge über den Kauf von Waren oder das Angebot von Dienstleistungen gelten, sind Angebote aus

---

65 Hommelhoff, AcP 192 (1992), 71 (73); Müller-Graff, NJW 1993, 13 (17).

66 v. Hoffmann, ZfRV 1995, 45; Kieninger in Jahrbuch junger Zivilrechtswissenschaftler 1996, S. 245 (250 f.); Malanik, ecolex 1992, 681. So ist beispielsweise die Produkthaftungsrichtlinie damit begründet worden, daß die auf unterschiedlich strenger Haftung beruhende Wettbewerbsverzerrung überwunden werden müsse, vgl. den 1. Erwägungsgrund der Richtlinie.

67 EuGH vom 7. 3. 1990 (*GB-INNO-BM)*, Slg. 1990, I-667 (686); Rn 8. Vgl. auch den 2. Erwägungsgrund der Fernabsatzrichtlinie und die Begründung zum Richtlinienvorschlag über den Verbrauchsgüterkauf, wonach „Verbraucher wie auch die Wirtschaftsakteure die Gewähr haben müssen, daß sie in vollem Umfang angemessenen Nutzen aus dem Binnenmarkt ziehen können“ und „der Binnenmarkt effizient zum Wohl aller Bürger der Gemeinschaft unter Wahrung der vier Freiheiten funktionieren“ soll. Zur Rolle des Verbrauchers im Binnenmarkt vgl. sogleich die Ausführungen auf S. 46 f.

68 Steindorff, EG-Vertrag, S. 56.

verschiedenen EG-Staaten sowohl in tatsächlicher als auch in rechtlicher Hinsicht nur schwer miteinander vergleichbar. Zudem können sich Verbraucher in der EG nicht darauf verlassen, in allen EG-Staaten zumindest ein gleiches Mindestniveau an Schutz zu genießen. Infolgedessen könnten sie davon abgehalten werden, außerhalb ihres Heimatstaates Rechtsgeschäfte vorzunehmen oder Dienstleistungen in Anspruch zu nehmen und so die Vorzüge des Binnenmarktes zu nutzen.[69] Wettbewerbsverzerrungen für die Anbieter können also auch in der Weise auftreten, daß Verbraucher, solange es an einem einheitlichen Mindeststandard an Verbraucherschutzrechten fehlt, zögern, in einem anderen Mitgliedstaat geschäftlich tätig zu werden und so ausländische Anbieter faktisch benachteiligt werden.[70] Unterschiedliche Privatrechtsnormen können sich damit auch hemmend auf den freien Waren- und Dienstleistungsverkehr auswirken.[71]

Dementsprechend verweisen Kommission und Rat bei der Begründung für Richtlinien auf dem Gebiet des Verbraucherschutzes regelmäßig darauf, daß die Unterschiedlichkeit der nationalen Vorschriften den Wettbewerb verfälsche[72], sowie geeignet sei, den freien Waren- oder Dienstleistungsverkehr zu beeinträchtigen.[73] Dabei wird insbesondere der Begriff der Wettbewerbsverzerrungen sehr weit verstanden: Erfaßt werden nahezu alle Rechtsunterschiede in den Mitgliedstaaten.[74] Der Verwirklichung des Binnenmarktes dient also einerseits alles, was auf die Vereinheitlichung der rechtlichen Rahmenbedingungen für die Tätigkeit

---

69 So der 5. Erwägungsgrund der Richtlinie über mißbräuchliche Klauseln in Verbraucherverträgen. Ganz ähnlich der 1. Erwägungsgrund der Verbraucherkreditrichtlinie, wonach unterschiedliche Rechtsvorschriften die Möglichkeiten für den Verbraucher beschränken, in einem anderen Mitgliedstaat Kredit zu nehmen.

70 Heiss, ZEuP 1996, 624 (639). S. auch Punkt II a) der Begründung des ursprünglichen Richtlinienvorschlags über den Verbrauchsgüterkauf, wo es heißt, daß die „Wettbewerbsverzerrungen, die durch die unterschiedlichen Rechtsvorschriften hervorgerufen werden“, dadurch gemindert werden sollen, „daß den Verbrauchern unabhängig davon, wo sie Verbrauchsgüter erwerben, ein einheitlicher Mindestschutz zugesichert wird.“

71 v. Hoffmann, ZfRV 1995, 45.

72 Vgl. etwa den 4. Erwägungsgrund der Richtlinie über Unterlassungsklagen.

73 Vgl. beispielsweise die Erwägungen zur Pauschalreiserichtlinie: „Die Rechtsvorschriften der Mitgliedstaaten über Pauschalreisen weisen zahlreiche Unterschiede auf. ... Dies führt zu Hindernissen für den freien Dienstleistungsverkehr auf dem Gebiet der Pauschalreisen und zu Verzerrungen des Wettbewerbs zwischen den in den verschiedenen Mitgliedstaaten ansässigen Unternehmen des Reisegewerbes.“ Die Begründung von Richtlinienvorschlägen stellt sich allerdings nach Taupitz, Europäische Privatrechtsvereinheitlichung, S. 35, oft als „stereotype Wiederholung einer bloßen Leerformel an.“ Kritisch auch Hommelhoff, AcP 192 (1992), 71 (73) und Blaurock, JZ 1994, 270 (271).

74 Kritisch Hommelhoff, AcP 192 (1992), 71 (73) und Blaurock, JZ 1994, 270 (271).

der Unternehmen im Binnenmarkt abzielt.[75] Andererseits soll nach dem Willen der Kommission ein einheitlicher Verbraucherschutzmindeststandard geschaffen werden[76], die Verbraucher sollen sich auf gleichwertige Schutzstandards einstellen können.[77]

III. Verbraucherschutz im Vertrag über die Europäische Union (EUV)[78]

1. Art. 153 EGV: Verbraucherschutz als eigenständiger Politikbereich

Die Angleichung und Verbesserung des Verbraucherschutzes in den Mitgliedstaaten wurde, wie gesehen, zunächst lediglich als wichtige flankierende Maßnahme bei der Herstellung der Anbieterfreiheiten zur Verwirklichung des Binnenmarktes und nicht als eigenständiger Bestandteil der Gemeinschaftspolitik angesehen.[79]

Erst der Maastrichter Vertrag über die Europäische Union vom 7. 2. 1992, der am 1. 1. 1993 in Kraft trat, brachte schließlich die ausdrückliche Anerkennung des Verbraucherschutzes als eigenständigen Politikbereich der Gemeinschaft, indem er zwei Bestimmungen in den novellierten EG-Vertrag[80] einführte, die fortan die rechtliche Grundlage für eine umfassende Verbraucherschutzpolitik zur Verfügung stellen.

Nach Art. 3 lit. t EGV (ex-Art. 3 lit. s EGV), der im Zusammenhang mit Art. 2 EGV die Aufgaben und Tätigkeiten der Gemeinschaft umschreibt, umfaßt die Tätigkeit der Gemeinschaft nunmehr auch „einen Beitrag zur Verbesserung des Verbraucherschutzes".

Eine ausdrückliche Ermächtigungsgrundlage gibt Art. 153 EGV, der als ex-Art. 129 a in den dritten Teil des EGV eingefügt wurde und durch den Vertrag

---

75 Langeheine in Grabitz/Hilf, KEU, Art. 100 a, Rn 20; Steindorff, EG-Vertrag, S. 421.

76 Vgl. den 5. Erwägungsgrund der Richtlinie über den Verbrauchsgüterkauf, wonach ein „gemeinsamer Mindestsockel von Verbraucherrechten, die unanbhängig vom Ort des Kaufs der Waren in der Gemeinschaft gelten", geschaffen werden soll, sowie den 2. Erwägungsgrund der Time-Sharing-Richtlinie, der den Zweck der Richtlinie herausstreicht, „eine minimale Grundlage an gemeinsamen Vorschriften" zu schaffen.

77 Steindorff, EG-Vertrag, S. 421.

78 ABl EG 1992, Nr. C 191, S. 1.

79 van Miert, EuZW 1990, 401; Reich, Europäisches Verbraucherrecht, S. 33; Heinemann, ZIP 1991, 1193 (1202).

80 Durch den Unionsvertrag wurden die EWG in EG und der EWG-Vertrag in EG-Vertrag (EGV) umbenannt.

von Amsterdam vom 2. 10. 1997[81] neu gefaßt und um eine sog. Querschnittsklausel erweitert wurde. Art. 153 Abs. 1 EGV verpflichtet die Gemeinschaft bei der Verwirklichung ihres Beitrags „zur Förderung der Interessen der Verbraucher" sowie „zur Gewährleistung eines hohen Verbraucherschutzniveaus".[82] Im Gegensatz zu Art. 95 Abs. 3 EGV, der sich nur an die Kommission richtet, verpflichtet Art. 153 EGV „die Gemeinschaft" und erweitert damit den Adressatenkreis auf sämtliche Gemeinschaftsorgane. Als Handlungsfelder der Gemeinschaft werden in Absatz 1 ausdrücklich der Schutz der Gesundheit, der Sicherheit und der wirtschaftlichen Interessen der Verbraucher sowie die Rechte der Verbraucher auf Information und Erziehung und auf Bildung von Vereinigungen zur Wahrung ihrer Interessen genannt. Die aufgezählten Handlungsfelder entsprechen den „fundamentalen Verbraucherrechten" des ersten Verbraucherschutzprogramms aus dem Jahre 1975[83]; ihre Aufzählung ist jedoch nicht abschließend.[84] Unterstrichen wird die besondere Bedeutung des Verbraucherschutzes durch die sog. Querschnittsklausel des Absatzes 2, wonach den Erfordernissen des Verbraucherschutzes bei der Festlegung und Durchführung der anderen Gemeinschaftspolitiken und -maßnahmen Rechnung zu tragen ist. Nach Absatz 3 der Vorschrift ist die Verbraucherpolitik der Gemeinschaft zweispurig angelegt:[85] Neben Rechtsangleichungsmaßnahmen nach Art. 95 EGV zur Verwirklichung des Binnenmarkts (lit. a)[86] wird die Gemeinschaft zu binnenmarktunabhängigen „Maßnahmen zur Unterstützung, Ergänzung und Überwachung der Politik der Mitgliedstaaten" ermächtigt (lit. b). Art. 153 Abs. 3 lit. b) EGV gestattet also den Erlaß rechtsverbindlicher Maßnahmen und erweitert damit den Kreis der zulässigen Handlungsformen gegenüber der ursprünglichen Fassung des ex-Art. 129 a Abs. 1 lit. b), der lediglich „spezifische Aktionen" in den verbraucherpolitischen

---

81 Vertrag von Amsterdam zur Änderung des Vertrages über die Europäische Union, der Verträge zur Gründung der Europäischen Gemeinschaften sowie einiger damit zusammenhängender Rechtsakte; ABl EG 1997 Nr. C 340, S. 1.

82 Der Gemeinschaftsgesetzgeber wird dadurch nach EuGH EuZW 1997, 436 (440) aber nicht verpflichtet, das höchste, in einem Mitgliedstaat bestehende Schutzniveau festzuschreiben.

83 Vgl. die Ausführungen unter B. I.

84 Grub in Lenz, EGV-Kommentar, Art,. 153, Rn 8.

85 Grub in Lenz, EGV-Kommentar, Art. 153, Rn 27; Micklitz/Reich, EuZW 1992, 593 (597).

86 Unklar ist der kompetenzrechtliche Gehalt des Art. 153 Abs. 3 lit. a). Nach Reich, ZEuP 1994, 381 (386) wird damit lediglich klarstellend auf die schon bestehende Möglichkeit von Angleichungsmaßnahmen im Rahmen der Verwirklichung des Binnenmarktes verwiesen.

Handlungsfeldern des Absatzes 1 zuließ.[87] Die Vorschrift bezweckt im Gegensatz zu lit. a) nicht die Vereinheitlichung einzelstaatlicher Rechtsvorschriften, sondern zielt in erster Linie auf die Verbesserung des Schutzes der Verbraucher ab.[88] Die Bestimmung schafft zudem für jene Bereiche, in denen die Kompetenz der Gemeinschaft zum Erlaß verbraucherschützender Regelungen – wie etwa im Deliktsrecht – bislang streitig war, eine eigenständige Rechtsgrundlage.[89] Die Maßnahmen nach Art. 153 Abs. 3 lit. b) werden gemäß Art. 153 Abs. 4 EGV im Verfahren der Mitentscheidung des Europäischen Parlaments nach Art. 251 EGV (ex-Art. 189 b EGV) und nach Anhörung des WSA vom Rat erlassen. Nach Art. 153 Abs. 5 EGV bleiben die Mitgliedstaaten im Bereich der binnenmarktunabhängigen Maßnahmen nach Absatz 3 lit. b) befugt, strengere Schutzmaßnahmen zu ergreifen oder beizubehalten. Die Verbraucherschutzregelungen der Gemeinschaft sind mithin als Mindeststandards auf hohem Schutzniveau anzusehen.[90] Für binnenmarktbezogene Maßnahmen nach Art. 153 Abs. 3 lit. a) EGV gilt die Regelung des Art. 95 Abs. 4 EGV, wonach wichtige Erfordernisse im Sinne des Art. 30 EGV (ex-Art. 36 EGV) die Anwendung strengerer einzelstaatlicher Bestimmungen rechtfertigen können.

Unklar ist das Verhältnis zwischen Art. 153 Abs. 3 lit. a) und Art. 95 EGV. Insbesondere ist fraglich, welche Rechtsgrundlage heranzuziehen ist, wenn eine Richtlinie zum Verbraucherschutz ihrem Ziel und Inhalt nach sowohl den Charakter einer auf Errichtung und Funktionieren des Binnenmarktes gerichteten Harmonisierungsmaßnahme als auch den Charakter einer Maßnahme zur Verbesserung des Verbraucherschutzes hat. Nach *Krämer*[91] ist in diesen Fällen Art. 95 EGV die angemessene Rechtsgrundlage. Dies ergebe sich aus Art. 153 Abs. 3 lit. a) sowie aus Art. 95 Abs. 3 EGV[92] und gelte selbst dann, wenn der Bezug zum Binnenmarkt gering sei und der Schutz des Verbrauchers im Vordergrund stehe.[93] Werde lediglich auf den Schutz des Verbrauchers abgestellt, finde dagegen

---

87 Allerdings wurde der Begriff der „spezifischen Aktionen" dahingehend ausgelegt, daß er zumindest alle gemäß Art. 249 EGV zulässigen Handlungsformen erfaßte. Auch Richtlinien und Verordnungen konnten daher nach überwiegender Ansicht „spezifische Aktionen" im Sinne des ex-Art. 129 a Abs. 1 lit. b) EGV sein; vgl. Micklitz/Reich, EuZW 1993, 593 (597); Steindorff, EG-Vertrag, S. 394; Heiss, ZEuP 1996, 624 (633); Bleckmann, Europarecht, § 33, Rn 2720, Krämer in von der Groeben/Thiesing/Ehlermann, Art. 129 a, Rn 18.

88 Krämer in von der Groeben/Thiesing/Ehlermann, Art. 129 a, Rn 21.

89 Micklitz/Reich, EuZW 1993, 593 (597); Steindorff, EG-Vertrag, S. 394; Heiss, ZEuP 1996, 624 (633).

90 Grub in Lenz, EGV-Kommentar, Art. 153, Rn 32.

91 In von der Groeben/Thiesing/Ehlermann, Art.129 a, Rn 8.

92 A. a. O.

93 A. a. O., Rn 8, 22.

Art. 153 Abs. 3 lit. b) Anwendung.[94] Auch nach *Grub*[95] ist eine Abgrenzung nach dem Schwerpunkt der Maßnahme nicht möglich, da sich jede rechtsverbindliche Maßnahme faktisch mittelbar oder unmittelbar auf den Binnenmarkt auswirke.

In der Tat scheinen die Gemeinschaftsorgane einer Anwendung von Art. 95 EGV den Vorrang zu geben. Denn auch die jüngsten Richtlinien und Richtlinienvorschläge mit verbraucherschützender Intention zeigen, daß die binnenmarktbezogene Rechtsangleichung nach wie vor die wichtigste gemeinschaftliche Aktionsform auf dem Gebiet des Verbraucherschutzes darstellt. So wird in den Erwägungen zur jüngst erlassenen Verbrauchsgüterkaufrichtlinie vorgebracht, daß durch eine Vereinheitlichung der mitgliedstaatlichen Vorschriften im Bereich des Verbrauchsgüterkaufs Wettbewerbsverzerrungen abgebaut werden sollen, die dadurch entstehen, daß die einzelstaatlichen Absatzmärkte für Verbrauchsgüter infolge unterschiedlicher Rechtsvorschriften über den Verkauf von Verbrauchsgütern uneinheitlich sind.[96] Die 1997 verabschiedete Fernabsatzrichtlinie und die Time-Sharing-Richtlinie beziehen sich ebenfalls auf ex-Art. 100 a EGV bzw. Art. 95 EGV. Lediglich die Richtlinie über den Schutz der Verbraucher bei Preisangaben[97] wird ausdrücklich auf ex-Art. 129 a Abs. 1 b), Abs. 2 EGV gestützt und als „spezifische Aktion" der Gemeinschaft bezeichnet.[98] Die Einfügung des ex-Art. 129 a EGV hat mithin bislang keine Änderungen der Verbraucherschutzpolitik der Gemeinschaft bewirkt.

2. Gemeinschaftlicher Verbraucherschutz und Subsidiaritätsprinzip

Durch den Vertrag von Maastricht ist der Grundsatz der Subsidiarität erstmals ausdrücklich in das Gemeinschaftsrecht eingeführt worden. Nach Art. 5 Abs. 2 EGV (ex-Art. 3 b Abs. 2 EGV) wird die Gemeinschaft in Bereichen, die nicht in ihre ausschließliche Zuständigkeit fallen, nur tätig, sofern und soweit die Ziele der in Betracht gezogenen Maßnahmen auf Ebene der Mitgliedstaaten nicht ausreichend erreicht werden können und daher wegen ihres Umfangs oder ihrer Wirkungen besser auf Gemeinschaftsebene erreicht werden können.

Aus dem Wortlaut des Art. 5 Abs. 2 EGV ergibt sich, daß das Subsidiaritätsprinzip nur Anwendung findet, sofern der Gemeinschaft durch den Vertrag die Zuständigkeit für die in Aussicht genommenen Maßnahmen zugewiesen wird.

---

94 A. a. O., Rn 21.

95 In Lenz, EGV-Kommentar, Art. 153, Rn 29.

96 S. die Erwägungsgründe 2 und 3.

97 Richtlinie 98/6/EG des Europäischen Parlaments und des Rates über den Schutz der Verbraucher bei der Angabe der Preise der ihnen angebotenen Erzeugnisse, ABl EG 1998 Nr. L 80, S. 27.

98 Vgl. den 2. Erwägungsgrund der Richtlinie.

Das Subsidiaritätsprinzip setzt also das Bestehen einer Zuständigkeit der Gemeinschaft voraus.[99] Folglich handelt es sich bei dem Subsidiaritätsprinzip des Art. 5 Abs. 2 EGV um eine Kompetenzausübungsregel.[100]

Das Subsdiaritätsprinzip ist ferner nach seinem Wortlaut nur im Bereich der nicht-ausschließlichen Zuständigkeiten der EG anwendbar. Da der EGV den Begriff der ausschließlichen Zuständigkeit weder definiert, noch diejenigen Bereiche aufzählt, die unter diesen Begriff fallen, ist für jede einzelne Zuständigkeit anhand des Wortlautes, des Zweckes und des Zusammenhanges der jeweiligen Ermächtigungsnorm zu prüfen, ob eine ausschließliche Zuständigkeit der Gemeinschaft vorliegt.[101]

Fraglich ist, inwieweit Verbraucherschutzmaßnahmen der Gemeinschaft nach Art. 153 Abs. 3 EGV in die nicht-auschließliche Zuständigkeit der Gemeinschaft fallen und daher dem Subsidiaritätsprinzip des Art. 5 Abs. 2 EGV unterstehen.

a) Binnenmarktabhängige Regelungen nach Art. 153 Abs. 3 lit. a) i. V. mit Art. 95 EGV

Umstritten ist die Geltung des Subsidiaritätsprinzips namentlich im Bereich binnenmarktbezogener Angleichungsmaßnahmen nach Art. 153 Abs. 3 lit. a) i. V. m. Art. 95 Abs. 1 EGV.

Die Formulierung sowohl in Art. 3 lit. t) EGV als auch in Art. 153 Abs. 1, 3 EGV, wonach die Gemeinschaft „einen Beitrag" leistet, läßt darauf schließen, daß die Verbraucherpolitik nach Art. 153 EGV nicht in die ausschließliche Zuständigkeit der Gemeinschaft fällt[102] und die grundsätzliche Verantwortung für die Verbraucherschutzgesetzgebung daher weiterhin bei den Mitgliedstaaten liegt.[103] Art. 153 Abs. 3 lit. a) EGV verweist jedoch auf Art. 95 EGV, der die Gemeinschaft zu Maßnahmen ermächtigt, die die Errichtung und das Funktionieren des Binnenmarktes zum Gegenstand haben. Im Unterschied zu anderen

---

99 Müller-Graff, ZHR 159 (1995), 34 (47 f.).

100 Müller-Graff, ZHR 159 (1995), 34 (47); Reich, ZEuP 1994, 381 (403); v. Bogdandy/Nettesheim in Grabitz/Hilf, KEU, Art. 3 b, Rn 19; Micklitz/Reich, EuZW 1992, 593 (594). Auch die Kommission sieht das Subsidiaritätsprinzip als Ordnungsprinzip für die *Ausübung* der Zuständigkeiten und nicht für die *Zuweisung* der Zuständigkeiten an, s. die Mitteilung an den Rat betreffend das Subsidiaritätsprinzip unter Einführung.

101 Müller-Graff, ZHR 159 (1995), 34 (59); Grub in Lenz, EGV-Kommentar, Art. 5, Rn 19.

102 Reich, Europäisches Verbraucherrecht, S. 41; Micklitz/Reich, EuZW 1992, 593 (594).

103 So Grub in Lenz, EGV-Kommentar, Art. 153, Rn 6; Bleckmann, Europarecht, § 33, Rn 2721.

Kompetenznormen des EGV, die sich regelmäßig auf bestimmte Sachgebiete beziehen, ist die Ermächtigung zur Rechtsangleichung funktional formuliert.[104] Streitig ist nun, ob die Errichtung und das Funktionieren des Binnenmarktes in die ausschließliche Zuständigkeit der Gemeinschaft fallen oder ob eine konkurrierende Zuständigkeit vorliegt, mit der Folge, daß das Subsidiaritätsprinzip Anwendung findet.

Nach Auffassung der Kommission[105] ist zwischen Maßnahmen zu unterscheiden, die der Beseitigung von Hindernissen für den freien Verkehr von Waren, Dienstleistungen, Personen und Kapital dienen und solchen, die einen unverfälschten Wettbewerb sicherstellen sollen. Erstere werden der Errichtung, letztere dem harmonischen Funktionieren des Binnenmarktes zugeordnet. Nur soweit die betreffende Maßnahme eine Grundfreiheit gewährleisten solle, sei eine ausschließliche Zuständigkeit der Gemeinschaft gegeben. Hingegen seien die Befugnisse der Gemeinschaftsorgane konkurrierend, wenn es um die Beseitigung von Verfälschungen des Wettbewerbs gehe, die aus Unterschieden der nationalen Rechte resultieren.[106] Begründet wird dies mit der „historischen" Verpflichtung der Gemeinschaft zur Realisierung des „Gemeinsamen Marktes" bzw. des „Binnenmarktes".[107] Diese Verpflichtung werde in Art. 8 a EWGV[108] zwingend formuliert.[109] Für den Binnenmarkt seien aber die vier Grundfreiheiten maßgeblich.

Bemerkenswert ist, daß sich die Kommission selbst bei der Begründung neuerer Richtlinienvorschläge nicht an die von ihr vertretene Trennung zwischen freiem Waren- und Dienstleistungsverkehr einerseits und unverfälschtem Wettbewerb andererseits hält. So trägt die Kommission in ihrer Begründung des ursprünglichen Richtlinienvorschlags über den Verbrauchsgüterkauf unter der Überschrift „Begründung im Lichte des Subsidiaritätsprinzips" vor, daß die Angleichungsmaßnahme „Wettbewerbsverzerrungen, die durch die unterschiedlichen Rechtsvorschriften hervorgerufen werden" dadurch mindere, daß den Verbrauchern unabhängig davon, wo sie Verbrauchsgüter erwerben, ein einheitlicher Mindestschutz zugesichert werde. Nach der von ihr vertretenen Auffassung fiele der Richtlinienvorschlag also nicht in ihre ausschließliche Zuständigkeit, da Zweck der Maßnahme zumindest auch das Funktionieren des Binnenmarktes ist. Dennoch heißt es in der Begründung weiter, die geplante Richtlinie falle „in den

---

104 Heiss, ZEuP 1996, 625 (635).

105 Kommission, Das Subsidiaritätsprinzip, Mitteilung an den Rat und an das Europäische Parlament, Dok SEK (92) 1990 endg. vom 27. 10. 1992, abgedruckt in Merten, Subsidiarität, S. 112 ff.

106 So auch Reich, ZEuP 1994, 381 (403 f.).

107 S. Punkt II. 2 a) des Anhangs der Mitteilung.

108 Nunmehr Art. 14 Abs. 2 EGV.

109 A. a. O.

ausschließlichen Zuständigkeitsbereich der Gemeinschaft: Errichtung und Funktionieren des Binnenmarkts."[110] Unverständlich bleibt, warum in diesem Fall überhaupt Begründungserwägungen „im Lichte des Subsidiaritätsprinzip" für erforderlich gehalten werden. Offensichtlich vermag die Kommission die Spaltung in Maßnahmen, die der Beseitigung von Hindernissen des Freiverkehrs dienen und in solche, die die Verminderung von Wettbewerbsverzerrungen bezwecken, selbst nicht durchzuhalten.[111]

Auch die nach Inkrafttreten des Unionsvertrages erlassenen Verbraucherschutzrichtlinien, wurden, wie schon die älteren Verbraucherschutzrichtlinien, sowohl auf das Argument des Freiverkehrs im Binnenmarkt als auch auf das des unverfälschten Wettbewerbs gestützt[112], so daß sie nach der von der Kommission vertretenen Auffassung im Ergebnis dem Subsidiaritätsprinzip unterfallen.[113] Zudem bekennen sich die neueren Verbraucherschutzrichtlinien ausdrücklich zum Subsidiaritätsprinzip.[114]

In der Literatur werden die in Frage stehenden Angleichungsmaßnahmen teils der ausschließlichen, teils der konkurrierenden Zuständigkeit zugerechnet. Nach *Schwartz*[115] ist die Trennung von Freiverkehr und unverfälschtem Wettbewerb nicht überzeugend, da beides zusammen den Binnenmarkt ausmache. Dies verdeutliche insbesondere (ex-)Art. 100 a EGV, der die Gemeinschaft sowohl zur Verwirklichung der Grundfreiheiten als auch zur Gewährleistung eines rechtlich

110 So die Kommission in Punkt II b) der Begründung unter der Überschrift: „Ist die Gemeinschaft für die geplanten Maßnahmen ausschließlich oder gemeinsam mit den Mitgliedstaaten zuständig?" Die Richtlinie wurde denn auch ausdrücklich auf Art. 95 EGV gestützt.

111 Bereits in der Mitteilung an den Rat betreffend das Subsidiaritätsprinzip betont die Kommission unter Punkt II. 2 b) selbst, daß sich „nur schwerlich eine Grenze zwischen der Verwirklichung der Grundfreiheiten und dem harmonischen Funktionieren des Binnenmarktes ziehen lasse".

112 Vgl. den ersten Erwägungsgrund der Time-Sharing-Richtlinie, die Erwägungsgründe 2 und 4 der Fernabsatzrichtlinie, den 4. Erwägungsgrund der Richtlinie über Unterlassungsklagen, ABl EG 1997 Nr. C 80, S. 10, sowie die Erwägungsgründe 2 und 3 der Richtlinie über den Verbrauchsgüterkauf.

113 Schwartz, ZEuP 1994, 559 (575).

114 Vgl. nur den 2. Erwägungsgrund der Time-Sharing-Richtlinie, in dem die Gemeinschaft hervorhebt, daß die Richtlinie „das Subsidiaritätsprinzip beachtet", sowie den 7. Erwägungsgrund der Richtlinie über Unterlassungsklagen. Vgl. auch den 18. Erwägungsgrund des geänderten Vorschlages für die Time-Sharing-Richtlinie, in dem von der „Zuständigkeitsteilung zwischen Gemeinschaft und Mitgliedstaaten auf diesem Gebiet" – gemeint ist das Time-Sharing – die Rede ist, und es der Gemeinschaft „geboten" erscheint, „die von den Mitgliedstaaten auf nationaler Ebene geführte Politik zu unterstützen und zu ergänzen."

115 AfP 1993, 409 (414 f.), ZEuP 1994, 559 (575).

unverfälschten Wettbewerbs ermächtige. Beides falle in die ausschließliche Zuständigkeit der Gemeinschaft[116], da es hierbei nicht so sehr um inhaltliche Ziele wie den Schutz des Verbrauchers, sondern vielmehr um grenzüberschreitende Ziele gehe. Gerade die binnenmarktfinale Rechtsetzung als grenzüberschreitendes Integrationsziel sei Kern der gemeinschaftlichen Tätigkeit.[117] Dies ergebe sich aus Art. 3 lit. h), der die Angleichung der innerstaatlichen Rechtsvorschriften, soweit dies für das Funktionieren des Gemeinsamen Marktes erforderlich sei, ausdrücklich der „Tätigkeit der Gemeinschaft" zuweise.[118] Auch Art. 7 a EGV[119] schreibe vor, daß es „die Gemeinschaft" sei, welche die zur Verwirklichung des Binnenmarktes erforderlichen Maßnahmen „trifft", die Rechtsangleichung sei hierbei ausdrücklich genannt.[120] Nach *Müller-Graff*[121] hängt die Geltung des Subsidiaritätsprinzips im Bereich marktintegrativer Zuständigkeiten wie der Zuständigkeit nach Art. 95 EGV von der Frage der Zuständigkeit der Definition des Umfanges und des Ausmaßes der Marktintegration ab. Das Primärrecht lege das Maß und den Grad der Marktintegration im Rahmen des Binnemarktzieles nicht fest.[122] Die Definitionszuständigkeit sei vielmehr kraft Natur der Sache den für die jeweiligen rechtspolitischen Maßnahmen zuständigen Organen der Gemeinschaft zugewiesen.[123] Diese seien etwa berufen, darüber zu befinden, ob und inwieweit für die Marktintegration auch eine Angleichung des Verbraucherschutzes in Pauschalreiseverträgen oder des Rücktrittsrechts bei Haustürgeschäften erforderlich sei. Daraus folge, daß die marktintegrative Definitionszuständigkeit des Art. 95 EGV nicht den Bereichen zuzurechnen sei, die im Sinne des Art. 5 Abs. 2 EGV nicht in die ausschließliche Zuständigkeit der Gemeinschaft fielen.[124]

Andere zählen dagegen Harmonisierungsmaßnahmen allgemein und auch im Bereich des Verbraucherschutzes zur konkurrierenden Zuständigkeit von Gemeinschaft und den Mitgliedstaaten.[125] Gegen die Auffassung der Gemeinschaft spreche insbesondere, daß sich letztlich bei allen Maßnahmen ein Binnenmarkt-

---

116 Im Ergebnis ebenso Heiss, ZEuP 1996, 624 (634).
117 Ebenso Reich, NJW 1998, 1537.
118 So in FS Everling II, S. 1331 (1337).
119 Art. 14 EGV n. F.
120 In FS Everling II, S. 1331 (1338).
121 ZHR 159 (1995), 34 (68).
122 ZHR 159 (1995), 34 (68).
123 ZHR 159 (1995), 34 (69).
124 ZHR 159 (1995), 34 (70).
125 Calliess, EuZW 1995, 693 ff. m. w. N; Schmidhuber/ Hitzler, EuZW 1993, 8 (9); Stein in Merten, Subsidiarität, S. 23 ff.; von Bogdandy/Nettesheim in Grabitz/Hilf, KEU, Art. 3 b, Rn 30; Grub in Lenz, EGV-Kommentar, Art. 129, Rn 29.

bezug begründen lasse.[126] Um die Anforderungen des Art. 5 Abs. 2 EGV nicht leerlaufen zu lassen, sei eine enge Auslegung des Begriffs der „ausschließlichen Zuständigkeit“ geboten.[127] Anderenfalls könnten die Mitgliedstaaten Wettbewerbsverzerrungen nicht mehr von sich aus beseitigen, was aber dem Konzept der Rechtsangleichung durch gegenseitige Anerkennung widerspreche.[128]

Unterwirft man wie die zuletzt genannten Autoren rechtsangleichende Maßnahmen nach Art. 153 Abs. 3 lit. a) EGV dem Subsidiaritätsprinzip, bedeutet dies, daß die Gemeinschaft in jedem Einzelfall nachweisen muß, warum das mit der jeweiligen Verbraucherschutzrichtlinie verfolgte Ziel durch die Gemeinschaft besser und effizienter als durch unterschiedliche Regelungen der Mitgliedstaaten erreicht werden kann.[129] Dies wird aber bei binnenmarktbezogenen Angleichungsmaßnahmen regelmäßig zu bejahen sein[130], da die Gemeinschaft hier einen Beitrag „auf einem hohen Niveau“ leisten muß und es zudem um den Abbau von Hindernissen des freien Verkehrs und von Wettbewerbsverzerrungen geht, die gerade durch unterschiedliche Regelungen der Mitgliedstaaten verursacht und nicht behoben worden sind.[131] Dasselbe gilt dort, wo es, wie beispielsweise im Fall des Time-Sharing, um die Regelung genuin grenzüberschreitender Transaktionen geht: Hier wird ein Handeln auf der Ebene der Mitgliedstaaten nicht genügen.[132] Das Subsidiaritätsprinzip führt also in diesen Fällen nicht zu einer Zuständigkeit der Mitgliedstaaten. In der Praxis erweist sich daher die Relevanz der erörterten Streitfrage als lediglich gering.

---

126 Calliess, EuZW 1995, 693 (695); Stein in Merten, Subsidiarität, S. 23 (33); Remien, ZfRV 1995, 116 (126).

127 Stein in Merten, Subsidiarität, S. 23 (34); Calliess, EuZW 1995, 693 (695).

128 Von Bogdandy/Nettesheim in Grabitz/Hilf, KEU, Art. 3 b, Rn 29; Remien, ZfRV 1995, 116 (126).

129 Reich, ZEuP 1994, 381 (403); Schwartz, ZEuP 1994, 559 (573).

130 So auch Grundmann, JZ 1996, 274 (277).

131 Schmidhuber/Hitzler, EuZW 1993, 8 (10); Müller-Graff, NJW 1993, 13 (17); Reich, ZEuP 1994, 381 (403); Schwartz, ZEuP 1994, 559 (574).

132 Mäsch, EuZW 1995, 8 (11). Vgl. auch das vom Europäischen Rat in Edinburgh vorgelegte „Gesamtkonzept für die Anwendung des Subsidiaritätsprinzips und des Artikels 3 b des Vertrages über die Europäische Union durch den Rat“, nach dessen Leitlinien zu prüfen ist, ob die zu regelnde Frage „transnationale Aspekte hat, die durch Maßnahmen der Mitgliedstaaten nicht zufriedenstellend geregelt werden können.“ Das Gesamtkonzept ist abgedruckt bei Merten, Subsidiarität, im Anhang, S. 138 ff.

b) Binnenmarktunabhängige Maßnahmen nach Art. 153 Abs. 3 lit. b) EGV

Im Bereich binnenmarktunabhängiger Verbraucherschutzmaßnahmen nach Art. 153 Abs. 3 lit. b) EGV ist dagegen das Vorliegen einer konkurrerenden Zuständigkeit der Gemeinschaft unstreitig.[133] Hier wird die Primärzuständigkeit der Mitgliedstaaten neben der bereits genannten Formulierung in Absatz 1 und 3 („Beitrag") dadurch betont, daß die Gemeinschaft die mitgliedstaatlichen Politiken lediglich „unterstützen" bzw. „ergänzen" soll.[134] Es handelt sich mithin um eine Ausprägung des gemeinschaftlichen Subsidiaritätsprinzips[135]; eines Rückgriffs auf Art. 5 Abs. 2 EGV bedarf es nicht.[136] Zudem beläßt Art. 153 Abs. 5 S. 1 EGV den Mitgliedstaaten Handlungsspielraum, indem der Beitrag der Gemeinschaft auf die Festlegung von Mindeststandards beschränkt wird.

Die Gemeinschaftsorgane werden somit im Rahmen des Art. 153 Abs. 3 lit. b) EGV nur subsidiär zum Tätigwerden ermächtigt.[137]

c) Das Erforderlichkeitsprinzip des Art. 5 Abs. 3 EGV

Sowohl für Bereiche, die in die ausschließliche Kompetenz der Gemeinschaft fallen, als auch für die konkurrierenden Zuständigkeiten und damit jedenfalls auch für die binnenmarktbezogene Verbraucherschutzgesetzgebung gilt das Erforderlichkeits- bzw. Verhältnismäßigkeitsprinzip des Art. 5 Abs. 3 EGV, wonach die gemeinschaftliche Regelung nicht über das für die Erreichung des Zieles notwendige Maß hinausgehen darf.[138] Die Frage der Erforderlichkeit betrifft dabei sowohl die Wahl des Regelungsinstrumentes als auch die Regelungsdichte.[139] Bei der Wahl des Rechtsinstrumentes ist demjenigen der Vorzug zu geben, das den Mitgliedstaaten mehr Spielraum läßt und am wenigsten zwingend ist, so daß etwa im Rahmen der Angleichung der Richtlinie Vorrang gegenüber der Verordnung einzuräumen und auf detaillierte Regelungen soweit wie möglich zu ver-

---

133 Reich, ZEuP 1994, 381 (403); Micklitz/Reich, EuZW 1992, 593 (594); Dreher, JZ 1997, 167 (175).

134 Micklitz/Reich, EuZW 1992, 593 (594); Dreher, JZ 1997, 167 (175); Reich, ZEuP 1994, 381 (403).

135 Grub in Lenz, EGV-Kommentar, Art. 153, Rn 6.

136 Reich, ZEuP 1994, 381 (403).

137 Micklitz/Reich, EuZW 1992, 593 (594); Grub in Lenz, EGV-Kommentar, Art. 153, Rn 6; Reich, Europäisches Verbraucherrecht, S. 41 f.; Dreher, JZ 1997, 167 (175); Heiss, ZEuP 1996, 624.

138 Langguth in Lenz, EGV-Kommentar, Art. 5, Rn 30; Schwartz, AfP 1993, 409 (416).

139 Grundmann, Europäisches Schuldvertragsrecht, S. 96, Rn 133.

zichten ist.[140] Die Angleichung hat sich zudem auf die Regelung derjenigen Aspekte zu beschränken, die zur Verwirklichung des angestrebten Zieles erforderlich sind.[141]

B. Das Regelungskonzept des europäischen Verbraucherschutzes

Ungeachtet des Umstandes, daß erst der Unionsvertrag von Maastricht die Grundlagen für eine spezifische Verbraucherschutzpolitik der Gemeinschaft geschaffen hat, ist der Verbraucherschutz bereits seit Anfang der 70er Jahre Bestandteil der EG-Politik und der EuGH-Rechtsprechung.[142] Die Verbraucherschutzpolitik ist dabei durch zwei parallele Entwicklungen gekennzeichnet: Einerseits durch gesetzgeberische Rechtsangleichungsmaßnahmen in ausgewählten Bereichen des Vertrags- und Haftungsrechts, andererseits durch die Rechtsprechung des EuGH zu Inhalt und Schranken der Grundfreiheiten des EG-Vertrages, insbesondere zu ex-Art. 30 EGV. [143]

Im folgenden sollen diese Entwicklungen in Gesetzgebung und Rechtsprechung nachgezeichnet und dabei Zielsetzungen, erfaßte Sachgebiete, Regelungsinstrumente sowie das Verbraucherleitbild der Gemeinschaftsorgane herausgearbeitet werden.

I. Die Ziele der europäischen Verbraucherpolitik

Die Grundsätze und Ziele des europäischen Verbraucherschutzes sind in einer Reihe von Programmen, Aktionsplänen und Maßnahmenkatalogen niedergelegt, die die Kommission und der Rat zur Grundlage ihrer Verbraucherpolitik gemacht haben.[144]

Den ersten Impuls für den Aufbau eines europäischen Verbraucherschutzrechts gab das vom Rat der damaligen EWG am 14. 4. 1975 verabschiedete „Er-

---

140 Schwartz, AfP 1993, 409 (416); Langguth in Lenz, EGV-Kommentar, Art. 5, Rn 31. Vgl. auch die Kommission in der Mitteilung an den Rat betreffend das Subsidiaritätsprinzip unter I. 2 b).

141 Hohloch, ZEuP 1994, 408 (441); Heiss, ZfRV 1995, 54 (60).

142 Oppermann, Europarecht, § 29, Rn 2048; Dauses/Sturm, ZfRV 1996, 133; Dreher, JZ 1997, 167 (168).

143 Dauses/Sturm, ZfRV 1996, 133.

144 Einen chronologischen Überblick über die EG-Verbraucherschutzprogramme und die verbraucherpolitischen Aktionsplände der EG geben Dauses/Sturm, ZfRV 1996, 133 (134 f.).

ste Programm für eine Politik zum Schutz und zur Unterrichtung der Verbraucher"[145], das die Interessen der Verbraucher in fünf „fundamentalen Rechten", nämlich dem Recht auf Schutz ihrer Gesundheit und Sicherheit sowie ihrer wirtschaftlichen Interessen, auf Wiedergutmachung erlittenen Schadens, auf Unterrichtung und Aufklärung sowie auf Vertretung ihrer Interessen als Verbraucher zusammenfaßte und diese zu vordringlichen Zielen legislatorischer Maßnahmen der Gemeinschaft erklärte. Dem Programm lag die Vorstellung der Gemeinschaft zugrunde, daß der Verbraucher in der durch freien Wettbewerb bestimmten Wirtschaft in einem grenzenlosen Binnenmarkt infolge der „außerordentlichen Vielzahl von Gütern und Dienstleistungen", der „Entwicklung neuer Kommunikationsmittel" und des „Aufkommens neuer Absatzmethoden" sowie der „Verwendung neuer Herstellungsverfahren" „Teil eines Massenmarktes" geworden sei, den er in seiner Komplexität nicht mehr zu überschauen vermag.[146] Waren- und Qualitätsvergleiche werden für ihn immer schwieriger; Gefahren und Risiken für Sicherheit und Gesundheit vermag der Verbraucher nicht mehr abzuschätzen.[147] Er ist daher nicht mehr voll in der Lage, seine Rolle als gleichberechtigter Marktteilnehmer wahrzunehmen.[148] Schutz des Verbrauchers vor den Gefahren des Binnenmarkts war also das erklärte Ziel, wobei die Schutzbedürftigkeit des Verbrauchers aus seiner wirtschaftlich schwachen Stellung einerseits und aus der Überlegenheit der Anbieter andererseits abgeleitet wurde.[149]

In einem „Zweiten Programm für eine Politik zum Schutz und zur Unterrichtung der Verbraucher"[150] aus dem Jahre 1981 wurde eine Bestandsaufnahme der bereits realisierten Maßnahmen vorgenommen und die Fortführung der Aktivitäten im Bereich der genannten fundamentalen Verbraucherrechte durch eine weitergehende Harmonisierung von Rechtsvorschriften beschlossen. Betont wurde wiederum, daß die Stellung des Verbrauchers „durch den Schutz seiner Gesundheit, seiner Sicherheit und seiner wirtschaftlichen Interessen zu verbessern"

---

145 ABl EG 1975 Nr. C 92, S. 1.

146 S. Punkt 6 des ersten Verbraucherschutzprogramms.

147 Bleckmann, Europarecht, § 33, Rn 2718.

148 S. Punkt 6 des ersten Verbraucherschutzprogramms; Posch in Mänhardt/Posch, Internationales Privatrecht, S. 170.

149 Reich, Europäisches Verbraucherrecht, S. 32. Dies wird auch deutlich aus Punkt 18 des ersten Verbraucherschutzprogramms, wo es heißt: „Die Käufer von Gütern oder Dienstleistungen sind vor Machtmißbrauch des Verkäufers zu schützen, insbesondere vor einseitig festgelegten allgemeinen Geschäftsbedingungen, vor dem mißbräuchlichen vertraglichen Ausschluß wesentlicher Rechte, vor mißbräuchlichen Kreditbedingungen, vor dem Verlangen nach Bezahlung unbestellter Ware und vor aggressiven Verkaufsmethoden."

150 ABl EG 1981 Nr. C 133, S. 1.

sei.[151] Auch einige Richtlinien heben den Schutzaspekt deutlich hervor. So will die Richtlinie über mißbräuchliche Klauseln in Verbraucherverträgen den Erwerber von Waren oder Dienstleistungen vor „Machtmißbrauch" durch seinen gewerblich handelnden Vertragspartner, „insbesondere vor vom Verkäufer einseitig festgelegten Standardverträgen und vor dem mißbräuchlichen Ausschluß von Rechten in Verträgen" schützen.[152] Die Produkthaftungsrichtlinie bezweckt ausweislich ihrer Erwägungsgründe den Schutz des Verbrauchers vor Schädigungen seiner Gesundheit und seines Eigentums durch fehlerhafte Produkte.[153] Die unterlegene Stellung des Verbrauchers betont die Kommission in ihrer Begründung zum Richtlinienvorschlag über den Verbrauchsgüterkauf, indem sie konstatiert, daß die den klassischen zivilrechtlichen Bestimmungen zugrunde liegende „Idealvorstellung", daß zwischen den Vertragsparteien „völlige Gleichheit herrsche", „nicht mehr den ökonomischen Gegebenheiten der heutigen Zeit der Massenfertigung und des Massenvertriebs" entspreche.[154]

Neben das Ziel, den Verbraucher vor den Gefahren des Binnenmarkts zu schützen, hat in den vergangenen Jahren ein zweiter Aspekt in der europäischen Verbraucherpolitik zunehmend an Bedeutung gewonnen: Das Vertrauen des europäischen Verbrauchers in den Binnenmarkt soll gestärkt werden[155]; der Verbraucher soll in die Lage versetzt werden, ohne Scheu grenzüberschreitend zu agieren und sich auf diese Weise selbst der Vorteile des Binnenmarktes zu bedienen.[156] Bereits im zweiten Verbraucherschutzprogramm wurde die Abkehr von einer rein „defensiven" Verbraucherpolitik gefordert.[157] Eine Mitteilung der Kommission an den Rat über einen „Neuen Impuls für die Politik zum Schutz der Verbraucher" aus dem Jahre 1985[158] enthielt die Forderung, daß der Verbraucher

---

151 S. Punkt 1 des zweiten Verbraucherschutzprogramms.

152 S. den 9. Erwägungsgrund.

153 Vgl. zum Beispiel die Erwägungsgründe 1 und 6.

154 S. Punkt I. A. 4.

155 So die Kommission auf S. 5 und 9 des ersten, auf drei Jahre angelegten verbraucherpolitischen Aktionsplans aus dem Jahre 1990, (KOM (90) 98 endg.), der einen Katalog von Maßnahmen vor allem in den Bereichen Verbrauchervertretung, Verbraucherinformation, Verbrauchersicherheit und Verbrauchertransaktionen enthielt. Vgl. dazu van Miert, EuZW 1990, 401 ff. Vgl. auch den 5. Erwägungsgrund der Richtlinie über Unterlassungsklagen, wonach eine Beeinträchtigung des Vertrauens der Verbraucher in den Binnenmarkt vermieden werden soll, sowie den 5. Erwägungsgrund der Richtlinie über den Verbrauchsgüterkauf, wonach die Schaffung eines Mindestsockels an Verbraucherrechten das Vertrauen des Verbrauchers stärken soll.

156 Heiss, ZEuP 1996, 526 (643); Steindorff, EG-Vertrag, S. 395.

157 S. Punkt 4 des zweiten Verbraucherschutzprogramms.

158 KOM (85) 314 endg.

vom Binnenmarkt profitieren solle.[159] Die Steigerung der Möglichkeiten der Verbraucher, Nutznießer des Gemeinsamen Marktes zu werden, sei ein wichtiger Schritt in Richtung auf ein „Europa der Bürger.“ Eine Entschließung des Rates im Jahre 1992 über künftige Prioritäten für den Ausbau der Verbraucherschutzpolitik[160] nennt als Ziel verbrauchermotivierter Maßnahmen die Förderung des Vertrauens der Verbraucher in den Binnenmarkt, das insbesondere durch größere Transparenz des Marktgeschehens, umfassendere Aufklärung über die am Markt angebotenen Waren und Dienstleistungen, besseren Gesundheitsschutz und größere Sicherheit sowie die Wahrung ihrer wirtschaftlichen Interessen erlangt werden soll. Zudem sollten die Verbraucher durch die Förderung von Verbraucherorganisationen verstärkt in die Lage versetzt werden, sich die verschiedenen Möglichkeiten des Binnenmarktes zunutze zu machen.[161]

Deutlich spiegelt auch der von der Kommission vorgelegte zweite dreijährige verbraucherpolitische Aktionsplan für die Jahre 1993 bis 1995[162] das gewandelte Verständnis der Verbraucherpolitik wieder: Der Binnenmarkt soll in den Dienst des europäischen Verbrauchers gestellt werden[163], wobei vor allem eine verbesserte Unterrichtung der Verbraucher diese befähigen soll, die aus der Schaffung des Binnenmarktes resultierenden Marktvorteile auch für sich selbst zu realisieren.[164] Die Kommission stellt in diesem Zusammenhang die Wechselwirkung zwischen Verbraucherpolitik und den sonstigen wirtschaftsbezogenen Politiken der Gemeinschaft heraus, da nur bei einem ausgewogenen Verhältnis zwischen Anbietern und Verbrauchern das reibungslose Funktionieren des Binnenmarktes gewährleistet sei.[165]

Auch die neueren Richtlinien und Richtlinienvorschläge betonen, daß „der Binnenmarkt nicht nur zum Wohle der Unternehmen geschaffen wurde“[166] und

159 Vgl. etwa S. 9 der Mitteilung, wo es heißt: „Die Verbraucher müssen in der Lage sein, die Vorteile des Gemeinsamen Marktes auszunutzen.“

160 ABl EG 1992, Nr. C 186, S. 1 (2).

161 So der 17. Erwägungsgrund.

162 KOM (93) 378 endg. vom 28. 7. 1993. Vgl. dazu die redaktionellen Mitteilungen „Aktionsplan der EG-Kommission für die Verbraucher“, EuZW 1993, 588 f. sowie „Binnenmarkt im Dienst der Verbraucher“, EuZW 1994, 195 f.

163 So bereits der aussagekräftige Titel des Aktionsplans „Der Binnenmarkt im Dienst der europäischen Verbraucher“.

164 So heißt es auf S. 19: „Information ist die entscheidende Voraussetzung dafür, daß der Verbraucher sich die Vorteile des Binnenmarktes zunutze macht. Informationsmangel macht den Verbraucher unterlegen gegenüber den Anbietern und behindert das freie Spiel des Wettbewerbs. “

165 Siehe S. 4 f. des Aktionsplans.

166 So die Kommission in ihrer Begründung zum ursprünglichen Richtlinienvorschlag über den Verbrauchsgüterkauf, Punkt I C.

die „Verbraucher wie auch die Wirtschaftsakteure die volle Gewähr haben müssen, daß sie in vollem Umfang Nutzen aus dem Binnenmarkt ziehen können“.[167] Der freie Verkehr von Waren und Dienstleistungen betreffe „nicht nur den gewerblichen Handel, sondern auch Privatpersonen.“[168] „Für das reibungslose Funktionieren des Binnenmarkts“ ist es nach Auffassung der Kommission „unabdingbar, daß der Verbraucher sich an ein Unternehmen außerhalb seines Landes wenden kann.“[169] Den Verbrauchern aus einem Mitgliedstaat muß es etwa „möglich sein, in voller Sachkenntnis und auf der Grundlage angemessener Mindestvorschriften über den Verkauf von Verbrauchsgütern im Hoheitsgebiet eines anderen Mitgliedstaates frei einzukaufen.“[170]

Wurde der Verbraucher also zunächst eher als Opfer der Verwirklichung des Binnenmarktes angesehen, das es vor den negativen Folgen des Binnenmarktes zu bewahren galt, wird in der jüngeren europäischen Verbraucherpolitik immer mehr seine Rolle als „aktiver Marktbeteiligter“ in den Vordergrund gerückt. Dem liegt die Erkenntnis zugrunde, daß funktionierender Wettbewerb im Binnenmarkt ohne einen aktiv handelnden Verbraucher, der jenseits heimischer Grenzen tätig wird, nicht denkbar ist[171] und der Binnenmarkt daher nur ordnungsgemäß funktionieren kann, wenn die Verbraucher aktiv daran mitwirken.[172] Dem Verbraucher wird somit bei der Herstellung des Binnenmarktes die Rolle eines „arbiter of the market“, also eine Schiedsrichterrolle, zugedacht.[173] Ziel der europäischen Verbraucherpolitik ist daher auch die Stimulierung der Nachfrage durch die Verbraucher, indem durch die Gewährleistung eines einheitlichen Mindeststandards an Verbraucherrechten Anreize für eine grenzüberschreitende Güter- und Dienstleistungsnachfrage geschaffen werden.[174] Der Verbraucher soll ermutigt

167 So die Kommission, a. a. O.

168 Vgl. den 2. Erwägungsgrund der Fernabsatzrichtlinie sowie den 2. Erwägungsgrund der Richtlinie über den Verbrauchsgüterkauf.

169 So der 3. Erwägungsgrund der Fernabsatzrichtlinie.

170 S. den 1. Erwägungsgrund des ursprünglichen Richtlinienvorschlags über den Verbrauchsgüterkauf.

171 Heiss, ZEuP 1996, 625 (628).

172 So ausdrücklich die Kommission in Punkt I. C. der Begründung des ursprünglichen Vorschlages für die Verbrauchsgüterkaufrichtlinie.

173 Heiss, ZEuP 1996, 624 (629); ders. in Schnyder, Internationales Verbraucherschutzrecht, S. 87 (90). Vgl. auch den 4. Erwägungsgrund der Richtlinie über den Verbrauchsgüterkauf, der dem Verbraucher eine „fundamentale Aufgabe bei der Vollendung des Binnenmarktes“ zuschreibt.

174 Heiss, ZEuP 1996, 624 (625). S. auch den 3. Erwägungsgrund der Fernabsatzrichtlinie, der die Wichtigkeit des grenzüberschreitenden Handelns des Verbrauchers für das reibungslose Funktionieren des Binnenmarktes betont.

werden, von sich aus sämtliche Vorteile des Marktes zu suchen und bewußt wahrzunehmen.[175]

II. Die Richtlinie als Instrument der europäischen Verbraucherpolitik

Die gemeinschaftsrechtliche Normierung des Verbraucherschutzrechts ist seit der Verabschiedung der beiden ersten Verbraucherschutzprogramme mit wachsender Dynamik vorangeschritten. Vorrangiges Instrument ist dabei die Harmonisierung der mitgliedstaatlichen Rechte durch Richtlinien.

Bereits im ersten Verbraucherschutzprogramm der EG wurde festgelegt, daß die Verwirklichung der fünf fundamentalen Verbraucherrechte in erster Linie durch Rechtsakte der Gemeinschaft zu gewährleisten sei, die auf eine Harmonisierung der Rechtsordnungen der Mitgliedstaaten abzielen.[176] Die Errichtung europäischen Verbraucherschutzrechtes vollzieht sich seitdem in Form von EG-Richtlinien, die sicherstellen sollen, daß der Verbraucherschutz in den einzelnen Mitgliedstaaten ein gewisses Mindestschutzniveau nicht unterschreitet.

1. Der gegenwärtige Bestand europäischer Verbraucherschutzrichtlinien

Seit Mitte der 80er Jahre sind folgende Richtlinien und Richtlinienvorschläge erlassen worden:

- Produkthaftungsrichtlinie[177] und Änderungsrichtlinie[178]
- Haustürgeschäfterichtlinie[179]
- Verbraucherkreditrichtlinie[180], erste Änderungsrichtlinie[181] und zweite Änderungsrichtlinie[182]

---

175 Vgl. den 4. Erwägungsgrund der Fernabsatzrichtlinie, wonach die Schaffung eines gemeinsamen Mindestsockels von Rechten das Vertrauen des Verbrauchers in den Binnenmarkt stärkt und ihm gestattet, die durch die Schaffung des Binnenmarkts gebotenen Vorzüge zu nutzen.

176 S. Punkt 18 des ersten Verbraucherschutzprogramms.

177 S. Fn 46.

178 Richtlinie 99/34/EG zur Änderung der Richtlinie 85/374/EWG des Rates zur Angleichung der Rechts- und Verwaltungsvorschriften der Mitgliedstaaten über die Haftung für fehlerhafte Produkte, ABl EG 1999 Nr. L 141, S. 20. Die Änderungsrichtlinie erweitert den Anwendungsbereich der Produkthaftungsrichtlinie, indem nun auch land- und forstwirtschaftliche Naturprodukte in die Produkthaftung einbezogen werden.

179 S. Fn 45.

180 S. Fn 47.

- Vorschlag für eine Dienstleistungshaftungsrichtlinie[183]
- Pauschalreiserichtlinie[184]
- Richtlinie über die zivilrechtliche Haftung für durch Abfälle entstandene Schäden[185]
- Richtlinie über mißbräuchliche Klauseln in Verbraucherverträgen[186]
- Time-Sharing-Richtlinie[187]
- Richtlinie über Vertragsabschlüsse im Fernabsatz[188]
- Richtlinie über den Schutz der Verbraucher bei Preisangaben[189]
- Richtlinie über Unterlassungsklagen[190]
- Richtlinie über den Verbrauchsgüterkauf[191]
- Vorschlag für eine Richtlinie über im Fernabsatz geschlossene Verträge über Dienstleistungen[192]

2. *Gründe für die Harmonisierung nationaler Verbraucherschutznormen durch Richtlinien*

a) *Wahrung der Einheitlichkeit des nationalen Rechts und der mitgliedstaatlichen Souveränität*

Die Bevorzugung der Richtlinie gegenüber den übrigen Handlungsinstrumenten des EG-Vertrages hat ihren Grund vor allem in dem im EG-Vertrag vorgesehenen zweistufigen Rechtsetzungsverfahren, das wegen des Erfordernisses eines nationalen Umsetzungsaktes einen lediglich geringen Eingriff in die Struktur der

---

181 Richtlinie 90/88/EWG des Rates vom 22. Februar 1990 zur Änderung der Richtlinie 87/102/EWG zur Angleichung der Rechts- und Verwaltungsvorschriften der Mitgliedstaaten über den Verbraucherkredit, ABl EG 1990 Nr. L 61, S. 14.

182 Richtlinie 98/7/EG des Europäischen Parlaments und des Rates vom 16. Februar 1998 zur Änderung der Richtlinie 87/102/EWG zur Angleichung der Rechts- und Verwaltungsvorschriften der Mitgliedstaaten über den Verbraucherkredit, ABl EG 1998 Nr. L 101, S. 17. Beide Änderungsrichtlinien befassen sich mit der einheitlichen Berechnung des effektiven Jahreszinses.

183 Vorschlag für eine Richtlinie des Rates über die Haftung bei Dienstleistungen vom 9. November 1990, ABl EG 1991 Nr. C 12, S. 1.

184 S. Fn 48.

185 ABl EG 1991 Nr. C 192, S. 6.

186 S. Fn 49.

187 S. Fn 50.

188 S. Fn 51.

189 S. Fn 97.

190 S. Fn 52.

191 S. Fn 53.

192 Kom (1999) 385 endg.

nationalen Rechtsordnungen verspricht. Dies ist bei der Angleichung privatrechtsrelevanter Materien, wie sogleich ausgeführt wird, von besonderer Bedeutung.

Richtlinien entfalten nicht unmittelbar Rechtswirkungen in den Mitgliedstaaten, sondern müssen durch die innerstaatlichen Stellen, regelmäßig das Parlament, im Wege des Erlasses verbindlicher Vorschriften in nationales Recht umgesetzt werden. Gemäß Art. 249 Abs. 3 EGV[193] ist der nationale Gesetzgeber lediglich an das durch die Richtlinie vorgegebene Ziel gebunden, hinsichtlich der Form der Umsetzung ist er jedoch frei. So bleibt es beispielsweise dem nationalen Gesetzgeber überlassen, ob er die zu erlassenden Vorschriften als öffentlichrechtliche oder privatrechtliche ausgestaltet[194] und ob er sie in bereits bestehende Gesetzeswerke integriert oder Spezialgesetze schafft.[195] Allerdings sind die Mitgliedstaaten verpflichtet, diejenige Form der Umsetzung zu wählen, die den Vorgaben der Richtlinie am besten zur vollen rechtlichen und tatsächlichen Wirksamkeit verhilft.[196] Richtlinien schaffen also – im Gegensatz zur Verordnung nach Art. 249 Abs. 2 EGV – kein unmittelbar und einheitlich geltendes Gemeinschaftsrecht, sondern verpflichten die Mitgliedstaaten zum Erlaß „funktionell äquivalenter" Rechtsvorschriften.[197] Auf diese Weise entsteht rechtstechnisch nationales Recht, das aber – jedenfalls dann, wenn die Richtlinienvorgaben korrekt umgesetzt wurden – in seinen materiellen Wirkungen in allen Mitgliedstaaten gleichwertig ist.[198]

Soweit die nationale Rechtsordnung der Richtlinie bereits entspricht, bedarf es keines besonderen Anpassungsaktes.[199] Die Umsetzung einer Richtlinie kann daher entweder unter Bezugnahme auf schon bestehende Vorschriften, durch Verabschiedung neuer Gesetze oder durch Änderung bzw. Ergänzung vorhande-

---

193 Ex-Art. 189 EGV.

194 Hauschka, JZ 1990, 521 (523); Reich, Privatrecht und Verbraucherschutz, S. 7. Die Rechtsetzungskompetenz der EG richtet sich nicht nach sachgebietlich getrennten Zuständigkeitskatalogen, sondern nach funktionalen Kriterien. Die funktionsorientierten Ermächtigungsnormen des EGV, wie etwa Art. 95 EGV, unterscheiden also nicht zwischen öffentlichem Recht und Privatrecht. Die Entscheidung, ob eine Rechtsangleichungsmaßnahme systematisch dem Privatrecht oder dem öffentlichen Recht zuzuordnen ist, trifft vielmehr der nationale Gesetzgeber, indem er die Vorgaben der Richtlinie entweder in nationale Privatrechtsnormen oder in solche des öffentlichen Rechts transformiert.

195 Oehlert, JuS 1997, 317.

196 Sog. „effet utile" der Richtlinie. Vgl. Steindorff, EG-Vertrag, S. 430 f.

197 Kramer, JBl 1988, 477 (482); Posch in Mänhardt/Posch, Internationales Privatrecht, S. 157; Taupitz, Europäische Privatrechtsvereinheitlichung, S.19; Oehlert, JuS 1997, 317; Blaurock, JZ 1994, 270 (274):

198 Oehlert, JuS 1997, 317.

199 Götz, NJW 1992, 1849 (1852).

ner Vorschriften erfolgen, wobei letzteres vor allem dort in Betracht kommt, wo für das betreffende Rechtsgebiet bereits mehr oder weniger umfassende Regelungen bestehen.[200] Eine „Umsetzung“ des Richtlinieninhaltes durch Fortführung einer schon geltenden Verwaltungspraxis kommt allerdings wegen des Gebotes der Rechtsklarheit und -sicherheit nicht in Betracht.[201]

Die Wahl der Rechtsform der Richtlinie soll gewährleisten, daß die Vorgaben des Gemeinschaftsgesetzgebers möglichst schonend und stimmig in das Regelsystem des nationalen Rechts eingebaut werden können.[202] Anders als die Verordnung, die parallel zu nationalen Regelungen existiert oder an die Stelle nationaler Regelungen tritt[203], ermöglicht die Richtlinie eine Eingliederung der harmonisierten Regeln in bereits bestehende Gesetzeskörper, so daß äußere Einheit und innere Widerspruchsfreiheit des mitgliedstaatlichen Rechts erhalten bleiben können.[204] Das zweistufige Rechtsetzungsverfahren gestattet den Mitgliedstaaten eine Berücksichtigung der jeweiligen Besonderheiten des nationalen Rechts[205] und wahrt damit sowohl die staatliche Souveränität als auch – wegen der im Vergleich zur Verordnung geringeren Eingriffs- und Bindungsintensität – das Subsidiaritäts- und das Erforderlichkeitsprinzip des Art. 5 Abs. 2 und 3 EGV.[206] Durch die Einschaltung des nationalen Gesetzgebers wird zudem eine zusätzliche demokratische Legitimation des europäischen Rechtsaktes erreicht.[207]

Gerade bei der Angleichung nationaler Normen, die, wie die Regelungen zum Schutz des Verbrauchers vor unlauteren Vertragsbedingungen oder vor fehlerhaften Produkten, die nationalen Privatrechte berühren, erscheint eine Harmonisierung durch Richtlinien gegenüber dem Erlaß von Verordnungen vorzugswürdig, da die Struktur der verschiedenen Zivilrechtsordnungen innerhalb der EG uneinheitlich ist. Während das Zivilrecht in einigen Mitgliedstaaten, wie etwa in Deutschland, Österreich oder Italien, durch große Kodifikationen geprägt ist,

---

200 M. Bydlinski in Schuhmacher, Verbraucherschutz in Österreich, S. 211 (228).

201 Steindorff, EG-Vertrag, S. 431 f; Beutler/Bieber/Pipkorn/Streil, Europäische Union, S. 197; Borchardt in Röttinger/Weyringer, Handbuch, S. 94; Grabitz in Grabitz/Hilf, KEU, Art. 189, Rn 57; EuGH vom 3. 3. 1988 (*Kommission/Italien*) Slg. 1988, 1323 (1338), Rn 15 und EuGH vom 2. 8. 1993 (*Kommission/Italien*), Slg. 1993, I-4201 (4217), Rn 17 f.

202 Grundmann, JZ 1996, 274 (283); Oehlert, JuS 1997, 317.

203 Langeheine in Grabitz/Hilf, KEU, Art. 100 a, Rn 40.

204 Rittner, JZ 1995, 849 (852).

205 Borchardt in Röttinger/Weyringer, Handbuch, S. 93.

206 Hauschka, JZ 1990, 521 (524); Gamerith, ÖJZ 1997, 165 (172); Steindorff, EG-Vertrag, S. 406 ff; Hohloch, ZEuP 1994, 408 (441); Beutler/Bieber/Pipkorn/Streil, Europäische Union, S. 195 f; Langguth in Lenz, EGV-Kommentar, Art. 5, Rn 31.

207 Müller-Graff, NJW 1993, 13 (22).

kennt beispielsweise das englische Recht ein solches Zivilgesetzbuch nicht.[208] Auch in bezug auf einzelne Rechtsinstitute und Verfahrensweisen, wie beispielsweise die Kontrolle von Vertragsbedingungen, die Regelung der Schlechtlieferung oder das Recht der rechtsgeschäftlichen Mobiliarsicherheiten, weisen die mitgliedstaatlichen Zivilrechtsordnungen zum Teil erhebliche Unterschiede auf.[209] Die Gemeinschaft muß also bei der Normsetzung verschiedene einzelstaatliche Privatrechtstraditionen und Neukodifikationen berücksichtigen. Die Schaffung von Verbraucherrecht durch Richtlinien ermöglicht es den nationalen Gesetzgebern, die europäischen Vorgaben mittels Instrumenten und Schutzmechanismen des nationalen Rechts zu erfüllen und erlaubt damit eine bessere Einbettung in das jeweilige mitgliedstaatliche Rechtssystem. Namentlich im Privatrecht, das sich in den Mitgliedstaaten über Jahrhunderte weg entwickelt hat, ist es von besonderer Bedeutung, beim Erlaß neuer Regeln den nationalen Gesetzgebern einen großen Gestaltungsspielraum zu eröffnen, damit bewährte einzelstaatliche Regelungen sowie die Struktur und die Kohärenz der nationalen Rechtsordnungen gewahrt bleiben.[210]

b) Bewahrung der erreichten Angleichung infolge der Sperrwirkung der Richtlinie

Ein weiterer Vorteil der Angleichung nationaler Verbraucherschutznormen durch Richtlinien liegt darin, daß die Richtlinie ab dem Zeitpunkt ihres Erlasses eine Sperrwirkung für die Mitgliedstaaten entfaltet, um den status quo der einmal erreichten Vereinheitlichung nicht zu gefährden: Diese sind gehindert, Maßnahmen zu treffen, die im Widerspruch zur Richtlinie stehen.[211] Eine autonome Änderung der angeglichenen Bestimmungen ist für den jeweiligen Mitgliedstaat nur insoweit möglich, als diese Änderung sich im Rahmen der von der Richtlinie eröffneten Spielräume bewegt und nicht von Ziel und Inhalt der zugrunde liegenden Richtlinie abweicht.[212]

---

208 Vgl. zu den verschiedenen Zivilrechtsordnungen ausführlich Zweigert/Kötz, Rechtsvergleichung, unter B.

209 Blaurock, JZ 1994, 270 (274); Hommelhoff, AcP 192 (1992), 71 (101); Hondius, ZEuP 1997, 130 (132).

210 Steindorff, EG-Vertrag, S. 410.

211 Gamerith, ÖJZ 1997, 165 ff.

212 Oehlert, JuS 1997, 317 (318).

c) *Bewahrung der erreichten Angleichung infolge der Verpflichtung zur richtlinienkonformen Auslegung*

Auch nach ihrer Umsetzung in das nationale Recht der Mitgliedstaaten bleibt die Richtlinie für die Rechtsanwendung bedeutsam: Sie bestimmt die Auslegung des nationalen Rechts. Dieses muß nach ständiger Rechtsprechung des EuGH[213] „im Lichte des Wortlautes und des Zwecks der Richtlinie" ausgelegt werden. Die Verpflichtung zur richtlinienkonformen Auslegung wird vom EuGH aus Art. 249 Abs. 3 und Art. 10 EGV[214] hergeleitet, der die Mitgliedstaaten zur Gemeinschaftstreue verpflichtet[215] und dient der Erhaltung der Rechtsvereinheitlichung in der Anwendungspraxis.[216] Sie erstreckt sich sowohl auf das angeglichene Recht selbst als auch auf sonstige nationale Vorschriften, soweit diese einen Auslegungsspielraum aufweisen.[217] Dabei ist unerheblich, ob die nationale Norm vor oder nach Erlaß der einschlägigen Richtlinie in Kraft getreten ist.[218] Bei der Auslegung und Anwendung einer in Umsetzung einer Richtlinie geschaffenen Norm hat der nationale Richter davon auszugehen, daß der Gesetzgeber die Absicht hatte, den sich aus der Richtlinie ergebenden Verpflichtungen in vollem Umfang nachzukommen.[219] Wird im Rahmen einer richtlinienkonformen Auslegung die Auslegung einer Richtlinienbestimmung entscheidungserheblich, so kann das mitgliedstaatliche Gericht die Auslegungsfrage nach Art. 234 Abs. 2 EGV[220] dem EuGH vorlegen. Sind gegen die Entscheidung keine Rechtsmittel mehr gegeben[221], ist der nationale Richter gemäß Art. 234 Abs. 3 EGV zur Vorlage verpflichtet. Das Vorlageverfahren dient also der Sicherung der einheitlichen Auslegung und Anwendung des Gemeinschaftsrechts.[222]

---

213 EuGH vom 10. 4. 1984 (*v. Colson und Kamann*), Slg. 1984, 1891, Rn 26; EuGH vom 13. 11. 1990 (*Marleasing),* Slg. 1990, I-4135, Rn 8; EuGH vom 16. 12. 1993 (*Wagner Miret)*, Slg. 1993, I-6911, 6932, Rn 20.

214 Ex-Art. 5 EGV.

215 EuGH vom 20. 4. 1984 (*v. Colson und Kamann),* Slg. 1984, 1891, Rn 26 = NJW 1984, 2021. Kritisch zu dieser Herleitung di Fabio, NJW 1990, 947 (953).

216 Müller-Graff, NJW 1993, 13 (21).

217 EuGH vom 13. 11. 1990 (*Marleasing),* Slg. 1990, I-4135, Rn 8 f.; Götz, NJW 1992, 1849 (1853 f.).

218 EuGH vom 13. 11. 1990 (*Marleasing),* Slg. 1990, I-4135, Rn 8 f.

219 EuGH vom 16. 12. 1993 (*Wagner Miret)*, Slg. 1993, I-6911, 6932, Rn 20.

220 Ex-Art. 177 EGV

221 Dabei kommt es nach überwiegender Auffassung darauf an, ob die konkrete Entscheidung mit ordentlichen Rechtsmitteln angefochten werden kann (sog. konkrete Theorie), Wohlfahrt in Grabitz/Hilf, KEU, Art. 177, Rn 49 m. w. N.

222 EuGH vom 6. 10. 1982 (*C.I.L.F.I.T)*, Slg. 1982, 3415, Rn 7.

d) Die Angleichungspraxis der Gemeinschaft

In der Angleichungspraxis der Gemeinschaft ist der materielle Spielraum für die Mitgliedstaaten jedoch oftmals nur noch sehr gering, da der Richtliniengeber vielfach über die Vorgabe des Ziels hinausgeht und auch die Mittel nennt, mit Hilfe derer nach seinen Vorstellungen das Ziel erreicht werden soll.[223] Zudem enthalten die Richtlinien regelmäßig zahlreiche Definitionen[224] und sind, beispielsweise bei der Normierung von Informationspflichten[225], so detailgenau, daß dem nationalen Gesetzgeber lediglich noch die Möglichkeit der wortgleichen Umsetzung des Richtlinientextes bleibt.[226]

So umschreibt etwa die Verbraucherkreditrichtlinie den Begriff „Kreditvertrag" als „einen Vertrag, bei dem ein Kreditgeber einem Verbraucher einen Kredit in Form eines Zahlungsaufschubs, eines Darlehens oder einer sonstigen ähnlichen Finanzierungshilfe gewährt oder zu gewähren verspricht. Verträge über die kontinuierliche Erbringung von Dienstleistungen oder Leistungen von Versorgungsbetrieben, bei denen der Verbraucher berechtigt ist, für die Dauer der Erbringung Teilzahlungen zu leisten, gelten nicht als Verträge im Sinne dieser Richtlinie." Der „Kreditgeber" wird definiert als als „natürliche oder juristische Person oder Gruppe von Personen, die in Ausübung ihrer beruflichen oder gewerblichen Tätigkeit einen Kredit gewährt, oder eine Gruppe solcher Personen." Die Fernabsatzrichtlinie bezeichnet als „Vertragsabschluß im Fernabsatz" „jeden zwischen einem Lieferer oder einem Verbraucher geschlossenen, eine Ware oder Dienstleistung betreffenden Vertrag, der im Rahmen eines für den Fernabsatz organisierten Vertriebs- und Dienstleistungssystems des Lieferers geschlossen wird, wobei dieser für den Vertrag bis zu dessen Abschluß einschließlich des Vertragsabschlusses selbst ausschließlich eine oder mehrere Fernkommunikationstechniken verwendet."[227] „Fernkommunikationstechnik" ist dabei „jedes Kommunikationsmittel, das zum Abschluß eines Vertrages zwischen einem Verbraucher und einem Lieferer ohne gleichzeitige körperliche Anwesenheit der Vertragsparteien

---

223 Hauschka, JZ 1990, 521 (524); Hommelhoff, AcP 192 (1992), S. 71 (74); Rittner, JZ 1995, 849 (852); Schmidt in von der Groeben/Thiesing/Ehlermann, Art. 189, Rn 37.

224 Vgl. nur die in zahlreichen Richtlinien enthaltenen Definitionen des Verbrauchers sowie die folgenden Beispiele.

225 S. etwa jeweils Art. 3 der Verbraucherkreditrichtlinie, der Pauschalreiserichtlinie und der Time-Sharing-Richtlinie.

226 Gamerith, ÖJZ 1997, 165 (172); Hauschka, JZ 1990, 521 (526); Schmidt in von der Groeben/Thiesing/Ehlermann, Art. 189, Rn 37. Zu den Auswirkungen auf die Systematik des nationalen Rechts vgl. die unter Punkt D. folgenden Ausführungen.

227 Art. 2 Ziff. 1 der Richtlinie.

eingesetzt werden kann."[228] Ebenfalls definiert werden der „Verbraucher"[229] und der „Lieferer", wobei unter letzterem „jede natürliche oder juristische Person zu verstehen ist, die beim Abschluß von Verträgen im Sinne dieser Richtlinie im Rahmen ihrer gewerblichen oder beruflichen Tätigkeit handelt."[230] Schließlich bezeichnet die Richtlinie noch den „Betreiber einer Kommunikationstechnik." Dieser ist „jede natürliche oder juristische Person des öffentlichen und privaten Rechts, deren gewerbliche oder berufliche Tätigkeit darin besteht, den Lieferern eine oder mehrere Fernkommunikationstechniken zur Verfügung zu stellen."[231]

Einige Richtlinien enthalten zudem sehr umfangreiche Informationskataloge. Die Pauschalreiserichtlinie etwa verpflichtet in Art. 3 Abs. 2 den Reiseveranstalter für den Fall, daß er dem Reisenden einen Prospekt zur Verfügung stellt, in diesem Angaben unter anderem über den Bestimmungsort, die Transportmittel, Art, Lage und Kategorie und Hauptmerkmale der Unterbringung, die Mahlzeiten und die Reiseroute, Paß- und Visaerfordernisse und gesundheitspolizeiliche Formalitäten, über die zu leistende Anzahlung sowie darüber zu machen, ob für das Zustandekommen der Pauschalreise eine Mindestteilnehmerzahl erforderlich ist. Zudem muß der Reiseveranstalter dem Verbraucher nach Art. 4 Abs. 1 lit. b) vor Antritt der Reise die genauen Reisedaten auch für Anschlußorte und Zwischenstationen, Name, Anschrift und Telefonnummer einer örtlichen Vertretung des Reiseveranstalters sowie eventuelle Notrufnummern, unter denen der Reiseveranstalter zu erreichen ist, mitteilen. Außerdem muß er den Reisenden über den möglichen Abschluß einer Reiserücktrittsversicherung informieren. Gemäß Art. 4 Abs. 2 lit. a) i. V. mit dem Anhang der Richtlinie muß der Vertrag zusätzlich zu den bereits im Prospekt enthaltenen Angaben zwingend Informationen über Ausflüge oder sonstige im Pauschalpreis inbegriffene Leistungen, über die Rügefristen sowie Hinweise auf eine etwaige Preisänderung sowie auf die nicht im Gesamtpreis enthaltenen Gebühren enthalten. Auch vom Verbraucher geäußerte und vom Veranstalter akzeptierte Sonderwünsche sind in dem Vertrag festzuhalten.

Noch umfassender legt die Time-Sharing-Richtlinie die einzelnen Punkte fest, über die der Verkäufer eines Teilzeitnutzungsrechts den Erwerber zunächst in einer Informationsbroschüre und dann in dem Vertrag mindestens zu informieren hat. Der im Anhang der Richtlinie enthaltene Informationskatalog führt in 13 Punkten, die jeweils mehrere Unterpunkte enthalten, die zu liefernden Mindestangaben auf. Neben den üblicherweise zu erwartenden Angaben wie dem Preis, der Beschreibung der Immobilie, den Bedingungen für die Rechtsausübung und

228 Art. 2 Ziff. 4 der Richtlinie.
229 Vgl. die unter IV. folgenden Ausführungen.
230 Art. 2 Ziff. 3 der Richtlinie.
231 Art. 2 Ziff. 5 der Richtlinie.

des Nutzungszeitraums müssen beispielsweise bei im Bau befindlichen Immobilien „das Aktenzeichen der Baugenehmigung sowie Name und Anschrift der zuständigen Behörde“ angegeben werden. Im Vertrag niedergelegt sein müssen dazu „der Stand der Arbeiten“ nicht nur an der Immobilie selbst, sondern auch an den „gemeinsamen Dienstleistungen“ wie etwa den „Gas-, Strom-, Wasser- und Telefonanschlüssen“, die „Grundsätze nach denen Instandhaltung und Instandsetzung sowie Verwaltung und Betriebsführung erfolgen“, sowie Angaben „einer angemessenen Schätzung der Frist für die Fertigstellung der Immobilie.“ Der Vertrag muß zudem darüber Auskunft geben, „ob eine Beteiligung an einer Regelung über den Umtausch und/oder die Weiterveräußerung des im Vertrag vorgesehenen Rechts möglich ist, sowie über etwaige Kosten, falls der Umtausch und/oder die Weiterveräußerung vom Verkäufer oder einem von ihm im Vertrag bezeichneten Dritten übernommen werden.“ Schließlich müssen auch Voraussetzungen und Folgen des dem Erwerber nach Art. 5 zustehenden Rücktrittsrechts im Vertrag geregelt sein.

Insgesamt nähern sich sehr detaillierte Richtlinien in der Praxis der Gemeinschaftsorgane daher der Verordnung nach Art. 249 Abs. 2 EGV immer mehr an.[232] Anders als die Richtlinie bedarf die Verordnung keines irgendwie gearteten Umsetzungsaktes mehr, sondern gilt unmittelbar in jedem Mitgliedstaat, ohne Teil der nationalen Rechtsordnung zu sein.[233] Die Verordnung steht also als eigenständiger Gesetzestext neben dem nationalen Recht und birgt daher mehr als die Richtlinie die Gefahr, Systemzusammenhänge zu mißachten und Unordnung in die Strukturen des nationalen Rechts zu bringen.[234] Die Vorteile einer system-

---

232 So auch die Kommission selbst in ihrer Mitteilung an den Rat betreffend das Subsidiaritätsprinzip, in dem sie (unter IV. 2.) einräumt, daß „in der Praxis nicht immer deutlich zwischen Richtlinie und Verordnung unterschieden worden“ ist und „die Richtlinie gegenüber der Verordnung kein privilegiertes Instrument mehr darstellt...“; „zumeist enthalten Richtlinien ebenso detaillierte Vorschriften wie Verordnungen und lassen den Mitgliedstaaten bei der Umsetzung kaum noch Handlungsfreiheit.“ Nach Ansicht von Taupitz, Europäische Privatrechtsvereinheitlichung, S. 20 f. wird die Entwicklung der Richtlinien zu verordnungsähnlichen Rechtsakten auch durch die Judikatur des EuGH zur Direktwirkung von Richtlinien gefördert. Da nach dieser Judikatur die unmittelbare Wirkung von Richtlinienbestimmungen auf solche Richtlinien beschränkt wird, die „inhaltlich unbedingt“ und „hinreichend genau“ sind, würden die Gemeinschaftsorgane geradezu herausgefordert, möglichst detaillierte Richtlinien mit nur geringer Gestaltungsbefugnis für die Mitgliedstaaten zu erlassen, um so dem einzelnen Bürger bei unvollständiger oder nicht rechtzeitiger Umsetzung einer Richtlinie die unmittelbare Berufung auf den Richtlinieninhalt zu ermöglichen.

233 Blaurock, JZ 1994, 270 (273).

234 Oehlert, JuS 1997, 317 (321); Blaurock, JZ 1994, 270 (273); Hauschka, JZ 1990, 531 f.

konformen Einordnung der europäischen Vorgaben in die nationale Rechtsordnung, die die Richtlinie im Rahmen der EG-Rechtsangleichung vor allem bei privatrechtsrelevanten Materien wie dem Verbraucherschutz bietet, werden aber durch die Detailgenauigkeit vieler Richtlinien verschenkt.[235] Nach überwiegender Meinung verlieren solche „verordnungsähnlichen" Richtlinien trotz Art. 249 Abs. 3 EGV dennoch nicht ihren Charakter als Richtlinie.[236] Auch der EuGH hat entschieden, daß die detaillierte Festlegung von Richtlinieninhalten, die den Mitgliedstaaten keinen Spielraum mehr für eine eigene sachliche Gestaltung läßt, zulässig ist.[237]

3. Mindestharmonisierung

Die meisten EG-Verbraucherschutzrichtlinien treffen keine abschließende Regelung des jeweiligen Regelungskomplexes, sondern begnügen sich mit der Angleichung einiger Teilfragen und überlassen andere Teilfragen dem mitgliedstaatlichen Recht. Die Haustürgeschäfterichtlinie etwa räumt dem Überrumpelten ein Rücktrittsrecht ein und verweist in Art. 7 für die Folgen des Rücktritts ausdrücklich auf staatliches Recht. Die Time-Sharing-Richtlinie regelt nur bestimmte Teilaspekte des Vertragsabschlusses und überläßt den Mitgliedstaaten die rechtliche Konstruktion des Time-Sharing-Vertrages.[238] Die Richtlinie über den Verbrauchsgüterkauf befaßt sich nur mit der Sachmängelgewährleistung beim Kaufvertrag und den sog. kommerziellen Garantien. Das Zustandekommen des Kaufvertrages, die Pflichten des Käufers, die allgemeinen Leistungsstörungen oder die Frage eines Schadensersatzes wegen Mangel- oder Mangelfolgeschäden werden nicht behandelt. Diese Angleichungstechnik ist Ausfluß des Binnenmarktbezugs der verbraucherschutzorientierten Harmonisierung: Nur soweit dies der Beseitigung von Behinderungen des freien Verkehrs bzw. der Vermeidung von Wettbewerbsverfälschungen dient, soll eine Angleichung der nationalen Verbraucherrechte erfolgen.[239] Intensität und Grad der Angleichung sind also integrationsge-

---

235 Müller-Graff, NJW 1993, 13 (22); Remien in Jahrbuch Junger Zivilrechtswissenschaftler 1991, S. 11 (39).

236 Oppermann, Europarecht, Rn 460; Grabitz in Grabitz/Hilf, KEU, Art. 189, Rn 59; Beutler/Bieber/Pipkorn/Streil, Europäische Union, S. 394; kritisch Hauschka, JZ 1990 , 521 (524 f.).

237 EuGH vom 8. 4. 1977 (*Royer*), Slg. 1976, 497 (517), Rn 69/73; 74/75 und EuGH vom 32. 11. 1977 (*Enka)*, Slg. 1977, 2203 (2212), Rn 11/12; 15/17. Auch nach Müller-Graff, NJW 1993, 13 (22) kann die detaillierte Festlegung von Richtlinieninhalten im Interesse des Sinnes und des Erfolges der Rechtsangleichung unerläßlich sein.

238 Art. 1 der Richtlinie.

239 Schwartz, ZEuP 1994, 559 (570).

bunden, d. h. abhängig von dem, was das Funktionieren des Binnenmarktes erfordert.[240] Dies kann von Fall zu Fall verschieden sein. Zudem setzen die Richtlinien regelmäßig nur Mindeststandards. Sog. Öffnungsklauseln ermöglichen den Mitgliedstaaten, strengere nationale Vorschriften zum Schutz der Verbraucher aufrechtzuerhalten oder neu zu erlassen[241], so daß etwa die Einbeziehung anderer als von der Richtlinie vorgesehener Personengruppen in den Schutz der Umsetzungsregelungen zulässig ist. Nationales Recht wird also nicht vollständig verdrängt, sondern auf einem bestimmten Schutzniveau festgeschrieben, damit der Verbraucher, gleich wo er sich aufhält, einen gleichen Mindeststandard an Schutz und Information erhält.[242]

Mit dem beschränkten Regelungszugriff trägt die Gemeinschaft dem Subsidiaritäts- und dem Verhältnismäßigkeitsprinzip Rechnung.[243] Das Mindeststandardprinzip hat zur Folge, daß es in den Mitgliedstaaten lediglich einen Kern an gemeinsamen Verbraucherschutznormen gibt.[244] Der Erfolg der Harmonisierung bleibt also durch die Technik der Mindestangleichung beschränkt, da hierdurch Unterschiede zwischen den nationalen Regelungen bestehen bleiben.[245] Zudem werden von den Richtlinien oftmals mit der Regelungsmaterie zusammenhängende Fragen nicht berührt, so daß Divergenzen zwischen den Mitgliedstaaten in diesen Bereichen weiter existieren. Als Beispiel sei das Problem des Schadensersatzes beim Kauf von Waren genannt, das von der jüngst verabschiedeten Verbrauchsgüterkaufrichtlinie nicht aufgegriffen wird und dessen Behandlung in den Mitgliedstaaten nicht unerheblich differiert. Soweit strengere nationale Regelun-

240 Steindorff, EG-Vertrag, S. 415.

241 Vgl. etwa Art. 8 der Pauschalreiserichtlinie, wonach die Mitgliedstaaten „in dem unter diese Richtlinie fallenden Bereich strengere Vorschriften zum Schutz des Verbrauchers erlassen oder aufrechterhalten" können. Ähnlich Art. 15 der Verbraucherkreditrichtlinie, Art. 8 der Richtlinie über mißbräuchliche Klauseln, Art. 11 der Time-Sharing-Richtlinie und Art. 8 Abs. 2 der Verbrauchsgüterkaufrichtlinie.

242 Reich, Europäisches Verbraucherrecht, S. 303.

243 So ausdrücklich der 2. Erwägungsgrund der Time-Sharing-Richtlinie. Auch in Punkt II d) der Begründung des Vorschlages für eine Richtlinie zum Verbrauchsgüterkauf verweist die Kommission auf das Subsidiaritätsprinzip, obwohl für die Richtlinie eine ausschließliche Zuständigkeit der Kompetenz in Anspruch genommen wird, vgl. bereits die Ausführungen unter A. III. 2. S. auch Reich, Binnenmarkt und Verbraucherinteresse, S. 275; Heiss, ZfRV 1995, 54 (60); Langguth in Lenz, EGV-Kommentar, Art. 5, Rn 31.

244 Tonner, JZ 1996, 533 (538).

245 Reich, Europäisches Verbraucherrecht, S. 303; Schwartz, ZEuP 1994, 559 (569); v. Hoffmann, ZfRV 1995, 45 (47).

gen zugelassen werden, können zugleich Wettbewerbsverzerrungen zulasten inländischer Anbieter nicht ganz vermieden werden.[246]

Indem die meisten Richtlinien und Richtlinienvorschläge ein Verbrauchermindestschutzniveau festschreiben, folgen sie der sog. „neuen Strategie" der Gemeinschaft, grundsätzlich auf die Methode der „Totalharmonisierung" zu verzichten und sich zum Grundsatz der funktionellen Äquivalenz nationaler Schutzregelungen zu bekennen, um so die soziale und wirtschaftliche Vielgestaltigkeit der Gemeinschaft zu erhalten.[247] Diese auch „horizontale Rechtsangleichung"[248] oder „minimale Rechtsangleichung"[249] genannte Konzeption der Harmonisierung durch gegenseitige Anerkennung verschiedener nationaler Regelungen hat ihre Grundlage in dem zu ex-Art. 30 EGV ergangenen *Dassonville*-Urteil des EuGH[250], wonach der Einfuhr der in einem Mitgliedstaat rechtmäßig hergestellten und in Verkehr gebrachten Erzeugnisse in andere Mitgliedstaaten grundsätzlich keine Hindernisse entgegengesetzt werden dürfen, und wurde zunächst für die Beseitigung technischer Schranken[251] innerhalb der Gemeinschaft, insbesondere für die Harmonisierung von Sicherheitsstandards, entwickelt.[252] Dagegen wurde das Privatrecht bislang nicht in die neue Konzeption einbezogen.[253]

Nach der „neuen Strategie" sollen Rechtsangleichungsmaßnahmen auf eine Harmonisierung grundlegender Regelungsziele, auf die Festsetzung von Mindest- bzw. Höchststandards sowie auf solche Vorschriften beschränkt bleiben, die zwingende Erfordernisse der Gesundheit oder Sicherheit, des lauteren Handelsverkehrs oder des Verbraucher- und Umweltschutzes festlegen.[254] Die gegenseitige Anerkennung bei Verzicht auf detaillierte Rechtsangleichung entspricht dem

246 Reich, Europäisches Verbraucherrecht, S. 303; Grundmann, JZ 1996, 274 (281).

247 Vgl. das Weißbuch der Kommission an den Europäischen Rat vom 14. 6. 1985 über die „Vollendung des Binnenmarktes", das einen umfangreichen Katalog für Harmonisierungsmaßnahmen aufstellt, KOM (85) 310 endg.; Dauses/Sturm, ZfRV 1996, 133 ff; Taupitz, Europäische Privatrechtsvereinheitlichung, S. 55 ff.; Müller-Graff, EuR 1989, 107 (111).

248 Hommelhoff, AcP 192 (1992), 71 (100).

249 Bruha, ZaöRV 46 (1986), 1 (21).

250 Urteil vom 11. 7. 1974; Slg. 1974, 837.

251 Darunter versteht die Kommission aber nicht nur Handelshemmnisse, sondern auch Behinderungen des Personen-, Dienstleistungs- und Kapitalverkehrs, s. Bruha, ZaöRV 1986, 1 (6).

252 Hommelhoff, AcP 192 (1992), 71 (100); Blaurock, JZ 1994, 270 (273); Basedow, RabelsZ 59 (1995), 1 (5). Vgl. zum Maßnahmenprogramm der Kommission Müller-Graff, EuR 1989, 107 (113 f.).

253 Blaurock, JZ 1994, 270 (273).

254 Aicher in Schuhmacher, Verbraucherschutz in Österreich, S. 89 (94 f.); Taupitz, Europäische Privatrechtsvereinheitlichung, S. 57 f.; Schmidhuber/Hitzler, EuZW 1993, 8 (9).

Herkunftsprinzip des Binnenmarktes, wonach Waren und Leistungen, die in einem Mitgliedstaat legal hergestellt und vermarktet worden sind, auf dem Markt frei zirkulieren sollen und daher in anderen Mitgliedstaaten nicht vom Verkehr ausgeschlossen werden dürfen.[255]

Auf die Angleichung privatrechtlicher Verbraucherschutznormen könnte daher verzichtet werden, soweit die jeweiligen Normen in den mitgliedstaatlichen Rechtsordnungen als gleichwertig anzuerkennen wären.[256] Die mitgliedstaatlichen Rechtsordnungen weisen jedoch im Bereich des Verbraucherschutzrechts zum Teil erhebliche Unterschiede auf.[257] Bei einer bloßen gegenseitigen Anerkennung bestünde daher die Gefahr von Wettbewerbsverzerrungen durch die Begünstigung von Unternehmen in Ländern mit niedrigem Verbraucherschutzstandard und einer faktischen Rechtsangleichung auf das niedrigste Niveau und damit von einer Senkung von Verbraucherschutzstandards.[258] Ein Verzicht auf die Harmonisierung der nationalen Verbraucherschutzrechte im Wege der materiellen Rechtsangleichung wird daher in naher Zukunft nicht in Betracht kommen.[259]

III. Sachgebiete des europäischen Verbraucherschutzes

Die Gemeinschaft beschränkt sich bei der Harmonisierung des Verbraucherschutzrechts bislang im Wesentlichen auf die Regelung ausgewählter Einzelprobleme des Vertrags- und Haftungsrechts, wie beispielsweise den Überrumpelungsschutz an der Haustür oder den Schutz bei Erwerb eines Teilzeitnutzungsrechts, wobei die einzelnen Sachkomplexe nur schrittweise und jeweils einzeln durch Richtlinien erfaßt werden. Es handelt sich dabei zumeist um eine Reaktion auf aktuelle Entwicklungen in den Mitgliedstaaten, die, wie etwa die aggressiven Verkaufspraktiken der Anbieter von Teilzeiteigentum oder die zunehmende Verwendung moderner Technologien beim Abschluß von Rechtsgeschäften, das Schutzbedürfnis des Verbrauchers besonders groß erscheinen lassen und daher

---

255 Steindorff, EG-Vertrag, S. 404; Müller-Graff in von der Groeben/Thiesing/Ehlermann, Art. 30, Rn 190, 191. Vgl. auch den Kommissionsbericht zur Anwendung des Subsidiaritätsgrundsatzes, EuZW 1996, 355, in dem die Kommission betont, daß die Festlegung gemeinsamer Mindestmaßnahmen und der Rückgriff auf gegenseitige Anerkennung ein Pfeiler der gemeinschaftlichen Rechtsetzungspraxis sei

256 Hommelhoff, AcP 192 (1992), 71 (101); Steindorff, EG-Vertrag, S. 403; Basedow, RabelsZ 59 (1995), 1 (4).

257 Blaurock, JZ 1994, 270 (273); Bruha, ZaöRV 1986, 1 (22 f.)

258 Bruha, ZaöRV 1986, 1 (23).

259 Hommelhoff, AcP 192 (1992), 71 (101); Basedow, RabelsZ 59 (1995), 1 (19).

ein Bedürfnis nach Regelung hervorrufen.[260] Allgemeine Regelungen über Verträge zwischen Gewerbetreibenden und Verbrauchern hat die Gemeinschaft dagegen bislang nicht erarbeitet.[261]

Im einzelnen lassen sich Regelungen, die den Verbraucher vor Nachteilen bewahren wollen, die aus dem abgeschlossenen Vertrag oder der spezifischen Vertragsabschlußsituation herrühren sowie solche zum Schutz vor gefährlichen Produkten oder Dienstleistungen unterscheiden. Dem verbesserten Rechtsschutz des Verbrauchers dient eine Richtlinie über Unterlassungsklagen.

1. Die Regelung spezifischer Vertragstypen

Regelungen für spezifische Vertragstypen enthalten die Pauschalreise-, die Verbraucherkredit- und die Time-Sharing-Richtlinie.[262] Die besondere Schutzbedürftigkeit des Verbrauchers hat ihren Grund im Abschluß eines Vertrages, der aufgrund seiner Ausgestaltung erhebliche Risiken für den Verbraucher birgt und daher aus der Sicht des Gemeinschaftsgesetzgebers reglementierungsbedürftig erscheint.[263] Dabei handelt es sich teilweise um Verträge, die rechtlich kompliziert sind, den Verbraucher längerfristig binden und von nicht unerheblicher finanzieller Belastung für ihn sind.

So besteht beim Abschluß eines Kreditvertrages oftmals die Gefahr, daß der Verbraucher die auf ihn zukommende finanzielle Belastung nicht übersehen kann und sich daher dem Risiko der Überschuldung aussetzt.[264] Durch die Auferlegung von Informationspflichten will die Verbraucherkreditrichtlinie deshalb eine angemessene Information des Verbrauchers über Kreditbedingungen und Kreditkosten sowie über seine sonstigen aus dem Kreditvertrag entstehenden Verpflichtungen garantieren.[265]

Bei der Buchung einer Pauschalreise resultieren die besonderen Risiken für den Verbraucher zum einen daraus, daß er zur Vorleistung größerer Geldbeträge an den Reiseveranstalter verpflichtet ist, die versprochenen Dienstleistungen aber

---

260 Tonner, JZ 1996, 533 (538); Krämer in von der Groeben/Thiesing/Ehlermann, Vorbem. zu Art. 129 a, Rn 22; Kramer, JBl 1988, 477 (487); Müller-Graff in FS Börner, S. 303 (335).

261 Krämer in von der Groeben/Thiesing/Ehlermann, Vorbem. zu Art. 129 a, Rn 22.

262 Art. 2 Ziff. 1 der Pauschalreiserichtlinie, Art. 1 Abs. 1 und 2 lit. c) der Verbraucherkreditrichtlinie und Art. 1 und 2, 1. Gedankenstrich der Time-Sharing-Richtlinie.

263 Krämer in von der Groeben/Thiesing/Ehlermann, Vorbem. zu Art. 129 a, Rn 22.

264 Van der haegen in Röttinger/Weyringer, Handbuch, S. 1003.

265 Art. 4 bis 6.

durch Dritte in einem anderen als seinem Heimatstaat bewirkt werden[266], zum anderen aus der ungeklärten Aufteilung der Haftung zwischen dem Reiseveranstalter und den verschiedenen Leistungsträgern, aus deren Dienstleistungen sich die Pauschalreise zusammensetzt.[267] Neben umfangreichen Informationspflichten des Reiseveranstalters[268] bilden Regelungen über Störungen bei der Vertragserfüllung und über den Schutz des Verbrauchers bei einer Insolvenz des Reiseveranstalters daher den zweiten Schwerpunkt der Richtlinie.[269]

Der Vertrag über den Erwerb eines Teilzeitnutzungsrechts ist aufgrund der rechtlich komplizierten Materie für den Erwerber nur schwer verständlich[270]; mit Hilfe irreführender Werbemethoden und aggressiver Verkaufspraktiken werden potentielle Kunden zum Vertragsabschluß gedrängt.[271] Die Time-Sharing-Richtlinie will deshalb den Schutz der Verbraucher vor unseriösen Vertriebspraktiken beim Erwerb von Teilzeiteigentum insbesondere an Ferienimmobilien gewährleisten.[272] Kernstück der Richtlinie bilden Vorschriften über die Informationspflichten des Verkäufers[273] sowie über die Gewährung eines befristeten Rücktrittsrechts.[274] Daneben enthält die Richtlinie Regelungen über den vertraglichen Mindestinhalt[275] sowie über die Verpflichtung zur Verwendung der Sprache des Kunden in der Vertragsurkunde.[276]

Vertragsspezifisches Recht enthält auch die Richtlinie über den Verbrauchsgüterkauf und Verbrauchsgütergarantien. Die Richtlinie regelt im Wesentlichen die Rechte des Verbrauchers bei Sachmängeln des Kaufgegenstandes[277] sowie rechtsgeschäftliche Hersteller- und Verkäufergarantien.[278] Durch die angestrebte Harmonisierung sollen Hindernisse für grenzüberschreitende Käufe beseitigt werden, die nach Ansicht der Kommission aus der Unübersichtlichkeit und Un-

---

266 Vgl. den 9. Erwägungsgrund.

267 EuGH vom 14. 5. 1998 (*Verein für Konsumenteninformation gegen Österreichische Kreditversicherungs AG*), EWS 1998, 260.

268 Art. 3 und 4.

269 Art. 4 bis 7.

270 Kappus, EWS 1996, 273 (275).

271 Jesser/Kiendl, WoBl 1997, 11; Mäsch, EuZW 1995, 8 (9 f.).

272 Mäsch, EuZW 1995, 8.

273 Art. 3 und 4 i. V. mit dem Anhang.

274 Art. 5.

275 Art. 4, 1. Gedankenstrich.

276 Art. 4, 2. Gedankenstrich.

277 Art. 2 und 3. Auch Werklieferungsverträge werden von der Richtlinie erfaßt, vgl. Art. 1 Abs. 4.

278 Art. 6.

zugänglichkeit der fremden Rechtsordnung im Bereich der Gewährleistung resultieren.[279]

2. Die Regelung besonderer Vertragsabschlußsituationen

Andere Richtlinien knüpfen an die besondere Situation an, in welcher sich der Verbraucher bei Abschluß des Vertrages befindet. So trägt die Haustürgeschäfterichtlinie der besonderen Lage des Verbrauchers Rechnung, der, außerhalb der Geschäftsräume des Gewerbetreibenden von dem Verkaufsangebot überrascht, auf einen Vertragsabschluß nicht vorbereitet ist und daher möglicherweise übereilt eine Vertragsabschlußerklärung abgibt.[280] Um den Verbraucher vor aggressiven Verkaufspraktiken an der Haustür zu schützen, räumt die Richtlinie ihm die Möglichkeit ein, sich innerhalb einer Überlegungsfrist von seiner übereilt eingegangenen Verpflichtung zu lösen.[281]

Eine situationsspezifisches Schutzkonzept liegt auch der Richtlinie über Vertragsabschlüsse im Fernabsatz zugrunde. Ähnlich wie bei der Haustürgeschäfterichtlinie ist Anknüpfungspunkt eine bestimmte Vertriebsform, die verstärkte Manipulationsmöglichkeiten gegenüber dem Verbraucher und daher eine erhöhte Gefährdung seiner Entscheidungsfreiheit mit sich bringt. Kennzeichnend für den Vertragsabschluß im Fernabsatz ist der Einsatz moderner Kommunikationsmittel bei Vertragsabschluß, für den die fehlende gleichzeitige Anwesenheit der Vertragspartner charakteristisch ist.[282] Neben traditionellen Vertriebsmethoden wie dem Katalog- und Versandhandel werden auch moderne Formen wie e-Mail-Verkauf, Internetvertrieb, Teleshopping und ähnliches erfaßt.[283] Beim Fernabsatz ist daher die Informationsbeschaffung über Vertragsgegenstand, Vertragspartner und Vertragsbedingungen für den Verbraucher erschwert, so daß er seine vertragliche Entscheidung unter größerer Unsicherheit treffen muß als bei einem Vertragsabschluß in den Geschäftsräumen des Anbieters. Die „Flüchtigkeit" der auf modernen Telekommunikationseinrichtungen übermittelten Informationen kann sich zudem für den Verbraucher bei der Durchsetzung seiner Rechte nachteilig auswirken. Um zu verhindern, daß die Verwendung der genannten Ver-

279 Vgl. Punkt I. A. 3. der Begründung des ursprünglichen Richtlinienvorschlags, wo die Kommission den Grund dafür, daß die Verbraucher „nur sehr zögerlich außerhalb ihres eigenen Landes einkaufen möchten", in den Schwierigkeiten beim Umtausch oder der Reparatur von außerhalb des eigenen Landes gekauften Produkten sieht.

280 So der 4. Erwägungsgrund.

281 S. Art. 5.

282 Vgl. Art. 2 Ziff. 1.

283 Eine beispielhafte Liste der Techniken ist in einer Anlage zur Richtlinie enthalten.

triebsmethoden zu einer Verringerung der dem Verbraucher vermittelten Informationen führt[284], legt die Richtlinie fest, welche Informationen der Verbraucher vor Vertragsabschluß erhalten muß[285] und räumt diesem ein befristetes Widerrufsrecht ein.[286]

Die Richtlinie über mißbräuchliche Klauseln in Verbraucherverträgen knüpft an das Vorliegen „nicht im einzeln ausgehandelter" Vertragsklauseln an. Der Verbraucher findet bei Abschluß des Vertrages bereits im voraus abgefaßte Vertragsbedingungen vor, auf deren Inhalt er keinen Einfluß nehmen kann. In dieser Situation, in der seine Vertragsgestaltungsfreiheit eingeschränkt ist, soll der Verbraucher vor einem Machtmißbrauch durch den die Vertragsbedingungen stellenden Unternehmer, der die Vertragsgestaltungsfreiheit einseitig für sich in Anspruch nimmt, geschützt werden.[287] Zu diesem Zweck statuiert die Richtlinie eine Inhaltskontrolle von vorformulierten Vertragsklauseln.[288] Dabei braucht es sich nicht um Allgemeine Geschäftsbedingungen zu handeln, auch sog. vorformulierte Individualverträge unterliegen der Inhaltskontrolle.[289]

Die genannten Richtlinien enthalten also im Gegensatz zu den unter a) erörterten, sog. „vertikalen" Richtlinien[290], die sich nur auf einen bestimmten Vertragstyp beziehen, vertragsübergreifende, sog. „horizontale" Regelungen, da sie alle Verträge umfassen, die unter bestimmten Umständen, nämlich der Verwendung von vorformulierten Klauseln oder eines Fernkommunikationsmittels oder bei Geschäftsanbahnung außerhalb der ständigen Geschäftsräume des Anbieters geschlossen werden.[291]

Allen Regelungsgegenständen der vertragsrechtlichen Richtlinien ist der Binnenmarktbezug gemein, der sich entweder aus dem grenzüberschreitenden Charakter eines Vertrags selbst oder daraus ergibt, daß der Vertrag die Folge eines grenzüberschreitenden Waren- oder Dienstleistungsverkehrs ist oder dem Ziel dient, einen Binnenmarkt für bestimmte Dienstleistungen herzustellen.[292]

So ergibt sich beim Time-Sharing-Vertrag der grenzüberschreitende Charakter des Vertrages aus der Tatsache, daß die Immobilie, an der ein Nutzungsrecht

284 So ausdrücklich der 11. Erwägungsgrund.

285 Art. 4 und 5.

286 Art. 6.

287 S. den 9. Erwägungsgrund.

288 Art. 3 und 4.

289 Art. 3 Abs. 2. Die ursprünglichen Vorschläge der Kommission gingen noch weiter, indem sie auch individuell ausgehandelte Verträge einer Inhaltskontrolle unterwarfen. Vgl. dazu Brandner/Ulmer, BB 1991, 701 ff.; Bunte in FS Locher, S. 325 ff.; Hommelhoff, AcP 192 (1992), 71 (82 ff., 90 ff.)

290 Vgl. Micklitz, EuZW 1997, 229.

291 Heiss, ZfRV 1995, 54 (59).

292 Reich, Binnenmarkt und Verbraucherinteresse, S. 250.

erworben wird, in der Regel nicht im Heimatstaat des Erwerbers gelegen ist und daher unterschiedliche Rechtsordnungen aufeinander treffen. Auch Pauschalreiseverträge und Haustürgeschäfte in Form von grenzüberschreitenden Ausflugs- und Werbefahrten weisen einen solchen grenzüberschreitenden Charakter auf. Durch die Schaffung eines einheitlichen Mindestsockels an Rechten wollen die Richtlinie über den Verbrauchsgüterkauf sowie die Fernabsatzrichtlinie den Verbraucher zu grenzüberschreitenden Transaktionen anregen.[293] Der Errichtung eines gemeinsamen Marktes für Bankdienstleistungen dient die Verbraucherkreditrichtlinie.[294]

3. Schutz vor gefährlichen Produkten, Dienstleistungen und Abfällen

Den Schutz des Verbrauchers vor gefährlichen Gütern oder Dienstleistungen bezwecken die Produkthaftungsrichtlinie sowie die Richtlinienvorschläge für eine Dienstleistungshaftung und die zivilrechtliche Haftung für durch Abfall verursachte Schäden.

a) Die Produkthaftungsrichtlinie

Die Produkthaftungsrichtlinie statuiert eine verschuldensunabhängige Haftung des Herstellers für fehlerhafte Produkte.[295] Hersteller sind neben dem eigentlichen Produzenten auch Händler, die sich wie Hersteller gerieren, Importeure aus Drittstaaten und unter Umständen auch der Lieferant.[296] Der weite Fehlerbegriff umfaßt die Haftung für Fabrikations-, Konstruktions- und Instruktionsfehler.[297]

b) Der Vorschlag für eine Dienstleistungshaftungsrichtlinie

Der Vorschlag für eine Dienstleistungshaftungsrichtlinie sah analog zur Produkthaftung die Einführung einer Haftung für Schäden vor, die infolge einer fehlerhaften Dienstleistung entstanden sind. Kernpunkt des Vorschlags war die Umkehr der Beweislast für das Verschulden des Dienstleistenden: Diesem sollte nach dem geplanten Art. 1 Abs. 2 der Beweis für sein Nichtverschulden obliegen. Der Richtlinienvorschlag wurde nach zahlreichen negativen Stellungnahmen einzelner Wirtschaftskreise und Berufsgruppen sowie des WSA zurückgezogen. Im

---

293 Von der Verbrauchsgüterkaufrichtlinie werden aber auch rein innerstaatliche Verträge erfaßt.

294 So der 5. Erwägungsgrund.

295 Art. 1.

296 Art. 3.

297 Vgl. Reich, Europäisches Verbraucherrecht, S. 413 ff.

Jahre 1994 gab die Kommission bekannt[298], daß sie den Schutz des Verbrauchers vor fehlerhaften Dienstleistungen in einen größeren Gesamtzusammenhang stellen wolle und zudem in den Bereichen, in denen, wie etwa bei medizinischen oder juristischen Dienstleistungen oder im Bausektor, ein besonderer Handlungsbedarf bestehe, spezifische Maßnahmen erlassen wolle. Konkrete Vorschläge wurden bislang aber noch nicht vorgelegt.

c) Der Vorschlag für eine Richtlinie über die zivilrechtliche Haftung für durch Abfälle entstandene Schäden

Durch die Richtlinie über die zivilrechtliche Haftung für durch Abfälle entstandene Schäden, für die ein (geänderter) Vorschlag vorliegt, sollen Wettbewerbsverzerrungen und Unterschiede im Schutzniveau bei der Gesundheit, den Gütern und der Umwelt beseitigt werden, die durch die unterschiedlichen Rechtsvorschriften hinsichtlich für durch Abfälle verursachte Schäden entstehen.[299] Der Vorschlag statuiert eine verschuldensunabhängige zivilrechtliche Haftung des Abfallerzeugers für Körper- und Sachschäden, die durch im Rahmen seiner gewerblichen oder industriellen Tätigkeit entstandene Abfälle verursacht werden.[300]

Durch die haftungsrechtlichen Richtlinien soll also der Schutz der Gesundheit und Sicherheit des Verbrauchers gewährleistet werden. Gemeinsam ist allen drei Richtlinientexten, daß das schädigende Ereignis im Zusammenhang mit der gewerblichen Tätigkeit des Haftpflichtigen stehen muß[301]; die Schädigung durch Privatpersonen wird vom Gemeinschaftsrecht nicht erfaßt.

4. Verbesserter Rechtsschutz

Auf einen verbesserten Rechtsschutz des Verbrauchers zielt die im Jahre 1998 verabschiedete Richtlinie über Unterlassungsklagen ab. Die Richtlinie bezweckt die Koordinierung der Rechts- und Verwaltungsvorschriften der Mitgliedstaaten über bestimmte Rechtsbehelfe, die dem Schutz der Verbraucherinteressen dienen (Art. 1) und enthält Mindestregelungen für die gegenseitige Anerkennung von Verbraucherverbänden (Art. 4) sowie über die Förderung außergerichtlicher Ver-

---

298 Mitteilung betreffend neue Ausrichtungen in Sachen Haftung bei Dienstleistungen, KOM (94) 260 endg. S. dazu die redaktionelle Mitteilung in EuZW 1995, 164 und Basedow, ZEuP 1995, 1.

299 So der 3. Erwägungsgrund.

300 Art. 3.

301 Vgl. Art. 7 lit. c Produkthaftungsrichtlinie, Art. 3 Abs. 1, 2 Abs. 1 des Richtlinienvorschlages für eine Dienstleistungshaftung und Art. 1 des Richtlinienvorschlages für eine Abfallhaftung.

fahren und die Vereinfachung des Zugangs der Verbraucher zum Recht (Art. 5). Durch die Richtlinie sollen Mißstände bei grenzüberschreitenden Tatbeständen beseitigt werden, die sich daraus ergeben, daß die Voraussetzungen für die Erhebung einer Klage in den Mitgliedstaaten uneinheitlich sind, insbesondere die Klagebefugnis unterschiedlichen Vereinigungen und Organen vorbehalten ist.[302]

5. Gründe für die Beschränkung auf eng umgrenzte Spezialmaterien

Die Ursache für die Beschränkung auf die Vereinheitlichung überschaubarer Spezialmaterien ist vorrangig in den Besonderheiten des europäischen Gesetzgebungsprozesses zu sehen, der einen Konsens der Mehrheit der Mitgliedstaaten erfordert.[303] In den Mitgliedstaaten der EG bestehen zum Teil erhebliche systematische und dogmatische Unterschiede in den nationalen Privatrechtsordnungen; diese sind geprägt durch divergierende Traditionen und rechtspolitische Vorstellungen.[304] Aus nationaler Sicht können daher der Vereinheitlichung bestimmter Bereiche rechtssystematische Vorbehalte einzelner Mitgliedstaaten entgegenstehen.[305] Vor allem bei Materien, die in einigen Mitgliedstaaten bereits eine mehr oder weniger eingehende Regelung erfahren haben, führt es zu Akzeptanzschwierigkeiten, wenn die betreffende Materie zum Gegenstand eines Angleichungsprojekts wird.[306] Ein Beispiel hierfür bildet der erste Vorschlag der Kommission für eine Richtlinie über die Kontrolle mißbräuchlicher Klauseln in Verbraucherverträgen[307], der wegen der Begrenzung der Klauselkontrolle auf Verbraucherverträge, vor allem aber wegen der vorgesehenen Inhaltskontrolle auch von frei ausgehandelten Individualverträgen und der Einbeziehung der Hauptleistungspflichten in die Klauselkontrolle vollständig vom Konzept des deutschen AGB-Gesetzes abwich, das nur die Kontrolle von für eine Vielzahl von Fällen vorformulierten Klauseln, soweit sie andere als die Hauptleistungspflichten betreffen, ermöglicht, und auch Gewerbetreibende grundsätzlich nicht vom Anwendungsbereich des Gesetzes ausnimmt.[308] Der Vorschlag der Kommission stieß deshalb

---

302 S. die redaktionelle Mitteilungen in EuZW 1996, 194 und in EuZW 1998, 547 f.
303 Ulmer, JZ 1992, 1 (4 f.); Blaurock, JZ 1994, 270 (272).
304 Everling in FS Steindorff, S. 1155 (1164).
305 Blaurock, JZ 1994, 270 (274).
306 Blaurock, a. a. O.
307 ABl EG 1990 Nr. C 243, S. 2.
308 S. dazu ausführlich die Ausführungen im zweiten Teil der Arbeit unter A. V. 3. und B. II.

auch auf heftigen Widerstand von deutscher Seite[309], so daß schließlich das ursprüngliche Konzept wenigstens teilweise wieder fallengelassen wurde.

Wegen des Erfordernisses von Mehrheitsentscheidungen kommt es also in vielen Fällen häufig zu Kompromißlösungen, die das Ergebnis des Ringens verschiedener Staaten um den Erhalt ihrer nationalen Regelungskonzeptionen sind[310], eine Angleichung lediglich auf dem „kleinsten gemeinsamen Nenner" ermöglichen und keinen Raum lassen für systematisch weitergreifende und umfassendere Änderungen.[311] Punktuelle Regelungen ohne ein übergreifendes Gesamtkonzept sind die Folge.

Ein weiterer Grund für das Fehlen eines Gesamtkonzepts ist die Integrationsfunktion der EG-Rechtsangleichung.[312] Wegen ihrer begrenzten Zielsetzung, Behinderungen des freien Verkehrs zu beseitigen und Verfälschungen des Wettbewerbs zu vermeiden, erfaßt die EG-Rechtsangleichung das Privatrecht nur ausschnittsweise in den Bereichen, die der Verwirklichung des Binnenmarkts dienen.[313]

IV. Der Verbraucher als Schutzobjekt

Der persönliche Anwendungsbereich der meisten Verbraucherschutzrichtlinien ist schematisch auf Rechtsgeschäfte zwischen gewerblich und beruflich handelnden Anbietern einerseits und Verbrauchern andererseits begrenzt. Unter „Verbrauchern" versteht der Gemeinschaftsgesetzgeber dabei meist Personen, deren Aktivitäten jedenfalls nicht in unmittelbarem Zusammenhang mit ihrer beruflichen Tätigkeit stehen. Im einzelnen ist die Terminologie jedoch nicht einheitlich.

1. Der Grundsatz: Schutz des privaten Endverbrauchers

„Verbraucher" im Sinne der Haustürgeschäfterichtlinie ist eine „natürliche Person, die bei den von dieser Richtlinie erfaßten Geschäften zu einem Zweck handelt, der nicht ihrer beruflichen oder gewerblichen Tätigkeit zugeordnet werden kann."[314] Dieselbe negative Begriffsabgrenzung enthalten auch die Definitionen des Verbrauchers in Art. 1 Abs. 2 lit. a) der Verbraucherkreditrichtlinie, in Art. 2

309 Vgl. nur Brandner/Ulmer, BB 1991, 701 ff.; Bunte in FS Locher, S. 325 ff.; Hommelhoff, AcP 192 (1992), 71 (82 ff., 90 ff.).
310 Timmermans in Schäffer, Europäische Integration, S. 21 (25).
311 Blaurock, JZ 1994, 270 (272, 275).
312 S. bereits unter A. II.
313 Schwartz, ZEuP 1994, 559 ff.
314 Art. 2, 1. Gedankenstrich.

lit. b) der Richtlinie über mißbräuchliche Klauseln, in Art. 2 Ziff. 2 der Fernabsatzrichtlinie und in Art. 1 Abs. 2 lit. a) der Richtlinie über den Verbrauchsgüterkauf. Ähnlich definiert auch Art. 2 lit. e) der Richtlinie über den Schutz der Verbraucher bei der Angabe der Preise der ihnen angebotenen Erzeugnisse den Verbraucher als „natürliche Person, die ein Erzeugnis für Zwecke kauft, die nicht im Zusammenhang mit ihrer kommerziellen oder beruflichen Tätigkeit stehen." Geschützt wird der Betreffende also aufgrund seiner ökonomischen Rolle, die er auf dem Markt einnimmt.[315] Diese wird nach dem Zweck ermittelt, den der konkrete Vertrag für den Vertragsschließenden hat. Den genannten Richtlinien liegt somit ein formeller Verbraucherbegriff zugrunde.[316] In den Verbraucherschutzprogrammen von 1975 und 1981 war dagegen noch ein materieller Verbraucherbegriff verwendet worden. Als Verbraucher wurde danach nicht nur der Käufer oder Benutzer von Gütern oder Dienstleistungen für den privaten Gebrauch, sondern jeder betrachtet, „der an allen Aspekten des sozialen Lebens, die unmittelbar oder mittelbar auf ihn als Verbraucher Auswirkungen haben können, Anteil nimmt."[317] Ähnlich umschreibt der dreijährige verbraucherpolitische Aktionsplan der Kommission aus dem Jahre 1993[318] die Verbraucher als „natürliche oder juristische Personen mit mehr oder weniger großer Kaufkraft, die sich Waren oder Dienstleistungen für einen außerberuflichen Verwendungszweck verschaffen oder sie nutzen."

Durch die Beschränkung der Verbrauchereigenschaft auf natürliche Personen sind juristische Personen, auch soweit sie keine gewerblichen Zwecke verfolgen, generell vom Schutzbereich der genannten Richtlinien ausgeschlossen. Auch Gewerbetreibende, Freiberufler und Landwirte sind keine Verbraucher im Sinne der genannten Richtlinien, sofern der Abschluß des betreffenden Geschäfts mit ihrer ausgeübten Tätigkeit zusammenhängt.[319] Die Verbrauchereigenschaft eines Gewerbetreibenden wird vom EuGH auch dann verneint, wenn das betreffende Geschäft nicht zu denjenigen gehört, die er gewöhnlich tätigt.[320] Dem Gemeinschaftsrecht liegt also die Vorstellung zugrunde, daß zwischen Verbrauchern und gewerblichen Anbietern typischerweise eine Ungleichgewichtslage besteht, wo-

---

315 Reich, Privatrecht und Verbraucherschutz, S. 11. So ausdrücklich auch der 6. Erwägungsgrund der Richtlinie über mißbräuchliche Klauseln in Verbraucherverträgen, der hervorhebt, daß der „Bürger in seiner Rolle als Verbraucher beim Kauf von Waren und Dienstleistungen" zu schützen ist.

316 Der formelle Verbraucherbegriff findet sich auch in Art. 5 EVÜ und Art. 13 EuGVÜ.

317 S. Punkt 3 des ersten Verbraucherschutzprogramms.

318 S. Fn 162.

319 Remien, ZEuP 1994, 34 (38).

320 EuGH vom 14. 3. 1991 (*di Pinto)*, Slg. 1991, I-1189 (zu Art. 2 der Haustürgeschäfterichtlinie).

bei der Verbraucher aufgrund wirtschaftlicher oder intellektueller Unterlegenheit der „schwächere“ Vertragsteil ist, den es zu schützen gilt.[321] Auf die Schutzwürdigkeit des Betroffenen im konkreten Einzelfall, d. h. auf dessen tatsächliche wirtschaftliche Unterlegenheit, Geschäfts- oder Rechtsunkundigkeit kommt es daher nicht an.[322]

2. Erweiterung auf den gewerblichen Endverbraucher

Einen etwas anderen Verbraucherbegriff verwendete noch der Vorschlag für die Richtlinie über den Verbrauchsgüterkauf. Als „Verbraucher“ sollte nach Art. 1 Ziff. 2 lit. a) „jede natürliche Person" gelten, "die im Rahmen der unter diese Richtlinie fallenden Verträge zu einem Zweck handelt, der nicht unmittelbar ihrer beruflichen Tätigkeit zugerechnet werden kann.“ Dies überraschte deshalb, weil die Richtlinie als Ergänzung zur Richtlinie über mißbräuchliche Klauseln in Verbraucherverträgen gedacht ist[323] und sich die Definition nach Ansicht der Kommission „an die klassische Begriffsbestimmung anlehnt, wie sie bereits in anderen Richtlinien enthalten ist.“[324] Diese sprechen aber von der „Zurechnung“ zur „gewerblichen oder beruflichen Tätigkeit.“ Die fehlende Erwähnung der gewerblichen Tätigkeit in dem Richtlinienvorschlag deutete darauf hin, daß, im Unterschied zu den unter Ziffer 1. genannten Richtlinien, (Klein)Gewerbetreibenden die Schutzwürdigkeit zunächst nicht von vornherein abgesprochen werden sollte. Minderkaufleute sollten jedoch im Gegensatz zu einem Vorentwurf nicht in den Schutzbereich der Richtlinie einbezogen sein.[325] Auch das Kriterium des „unmittelbaren“ Bezugs zur Tätigkeit des Handelnden war neu und warf die Frage auf, wo die Grenzen der Unmittelbarkeit der beruflichen Tätigkeit bei einem Verbraucher zu ziehen sind.[326] Nach *Micklitz*[327] war im Kriterium der Unmittelbarkeit eine Erweiterung gegenüber den unter Ziffer 1. zitierten Richtlinien zu sehen: Einbezogen seien nämlich auch Kaufverträge zwischen Gewerbetreibenden, solange der Kaufgegenstand nicht dem Wiederverkauf oder Erwerbszwekken diene, der Gewerbetreibende den Kaufgegenstand also seiner bestimmungsgemäßen Nutzung zuführe.[328] Dies werde auch durch Art. 1 Abs. 2 lit. b) des

---

321 Reich, Privatrecht und Verbraucherschutz, S. 30; Hommelhoff/Wiedenmann, ZIP 1993, 562 (565).
322 Reich, Privatrecht und Verbraucherschutz, S. 30.
323 So die Kommission in ihrer Begründung zum Richtlinienvorschlag, Punkt I. A. 1.
324 Begründung des Richtlinienvorschlages, Punkt III zu Artikel 1.
325 Hondius, ZEuP 1997, 130 (133).
326 Wolf, RIW 1997, 899 (900).
327 In EuZW 1997, 229 (230).
328 In EuZW 1997, 229 (230).

Richtlinienvorschlages bestätigt, wonach nur zum Letztverbrauch bestimmte Güter unter den Anwendungsbereich der Richtlinie fielen.[329] Ein Rechtsanwalt, der eine Kaffeemaschine für seine Kanzlei kauft, wäre demnach Verbraucher i. S. des – insoweit nicht verwirklichten [330]- Richtlinienvorschlages.[331]

3. Der Reisende

Gänzlich anders, nämlich ohne Hinweis auf ein außerberufliches oder nichtgewerbliches Tätigwerden, wird der „Verbraucher" in der Pauschalreiserichtlinie definiert. Nach Art. 2 Ziff. 4 der Richtlinie wird zum einen die „Person" erfaßt, „welche die Pauschalreise bucht oder zu buchen sich verpflichtet („der Hauptkontrahent"). Als „Verbraucher" gelten aber auch „die übrigen Begünstigten"- das sind alle Personen, „in deren Namen der Hauptkontrahent sich zur Buchung der Pauschalreise verpflichtet" – und „der Erwerber", d. h. „jede Person, der der Hauptkontrahent oder eine der übrigen Begünstigten die Pauschalreise abtritt". Angeknüpft wird hier also nicht an die ökonomische Rolle des Betreffenden, sondern es wird schlicht auf die Eigenschaft als Reisender abgestellt. Juristische Personen werden im Gegensatz zu den unter 1. genannten Richtlinien vom Schutzbereich der Richtlinie nicht ausdrücklich ausgeschlossen. Allerdings ist, obwohl auch eine juristische Person Vertragspartner eines Reiseveranstaltungsvertrages sein kann, nach den Erwägungsgründen und der Schutzrichtung der Richtlinie davon auszugehen, daß Reisende im Sinne der Richtlinie lediglich natürliche Personen sein sollen.[332] Unerheblich ist dagegen, ob es sich um eine private oder um eine Geschäftsreise handelt. Auch Freiberufler, die eine Reise zu Geschäftszwecken buchen, sind somit „Verbraucher" im Sinne der Richtlinie. Im Unterschied zu anderen Richtlinien spielt hier also der Zweck des rechtsgeschäftlichen Handelns keine Rolle.

---

329 A. a. O., S. 231. Auch in diesem Punkt wurde jedoch der Richtlinienvorschlag geändert. Unter Verbrauchsgut ist nun nach Art. 1 Abs. 2 lit. b) RL jede bewegliche Sache zu verstehen, die von einem Verkäufer an den Verbraucher geliefert wird.

330 Die inzwischen verabschiedete Richtlinie verwendet die unter 1. genannte Definition des Verbrauchers und schließt damit Gewerbetreibende gänzlich aus ihrem Schutzbereich aus.

331 Wolf, RIW 1997, 899 (900).

332 So bezieht sich der 3. Erwägungsgrund auf das zweite Verbraucherschutzprogramm aus dem Jahre 1981; der 8. Erwägungsgrund spricht vom „Wohnsitz" des Verbrauchers, einen solchen haben aber nur natürliche Personen.

4. Der Geschädigte

Obwohl die Produkthaftungsrichtlinie in ihren Erwägungsgründen vor allem den Schutz des Verbrauchers vor fehlerhaften Produkten zum Ziel der gemeinschaftlichen Regelung erklärt, findet sich in der Richtlinie selbst der Begriff des „Verbrauchers" überhaupt nicht. Vielmehr wird hier der Anspruchsberechtige als „Geschädigter" bezeichnet.[333] Dies kann jede natürliche Person sein, die mit dem fehlerhaften Produkt in Berührung kommt, gleich, in welcher Funktion sie dies tut.[334] Geschädigter kann also nicht nur der Erwerber einer Ware, sondern auch eine dritte Person wie ein Angehöriger oder ein Gast sein. Für Sachschäden ergibt sich eine Begrenzung der Haftung allerdings aus Art. 9 lit. b): Die beschädigte Sache, für die Ersatz zu leisten ist, muß gewöhnlich für den privaten Ge- oder Verbrauch bestimmt und hierzu vom Geschädigten auch hauptsächlich verwendet worden sein. Ähnliches gilt auch für den zurückgezogenen Vorschlag für eine Dienstleistungshaftungsrichtlinie. Auch dieser erwähnt den „Verbraucher" als Schutzbedürftigen in den Erwägungsgründen, spricht aber in den Bestimmungen lediglich vom „Geschädigten". Nach dem Vorbild der Produkthaftungsrichtlinie erfolgt in Art. 4 lit. b) bei Sachschäden eine Begrenzung der Haftung auf den privaten Ge- und Verbrauch.

5. Der Erwerber

Die Time-Sharing-Richtlinie verwendet ebenfalls den Begriff des „Verbrauchers" nicht, nimmt die Abgrenzung aber ähnlich den unter 1. behandelten Richtlinien danach vor, ob der Betreffende zu nicht-beruflichen Zwecken handelt. Geschützt wird hier der „Erwerber". Bei diesem muß es sich nach Art. 2, 4. Gedankenstrich um eine „natürliche Person" handeln, „die bei den unter die Richtlinie fallenden Vertragsabschlüssen für einen Zweck handelt, der als außerhalb ihrer Berufsausübung liegend betrachtet werden kann." Daß die Richtlinie dennoch in erster Linie den Schutz des „Verbrauchers" bezweckt, ergibt sich aus dem 14. Erwägungsgrund, der ausdrücklich auf den Schutz des „Verbrauchers" abstellt, sowie auf die Begrenzung des Schutzes auf Vertragsabschlüsse, die keinen Zusammenhang mit der Berufsausübung aufweisen. Juristische Personen sind wiederum vom Schutzbereich der Richtlinie ausgenommen. Anders als in den unter 1. erwähnten Richtlinen wird keine Differenzierung zwischen gewerblichem und beruflichem Handeln getroffen. Allerdings fehlt in der Time-Sharing-Richtlinie die Beschränkung auf den unmittelbaren Zusammenhang mit der Berufsausübung,

---

333 Vgl. Art. 4, 8, 9,11 und 13.
334 Reich, Europäisches Verbraucherrecht, S. 64.

wie dies der Richtlinienvorschlag zum Verbrauchsgüterkauf vorsah. Auch unterscheidet sich die Formulierung „Berufsausübung“ von der der „beruflichen Tätigkeit“, die in den unter 1. aufgeführten Richtlinien gewählt wurde. Sachlich dürfte hiermit jedoch nichts Anderes gemeint sein.

Obwohl also einige Richtlinien darauf hindeuten, daß der Richtliniengeber bemüht ist, den Begriff des Verbrauchers in den verschiedenen Richtlinien übereinstimmend zu definieren – nämlich als natürliche Person, die zu nichtberuflichen Zwecken handelt – gibt es zu viele Abweichungen, als daß von einem einheitlichen europäischen Verbraucherbegriff gesprochen werden könnte.[335] Im Wesentlichen ist jedoch nur der Schutz des privaten Endabnehmers bezweckt, nicht der des Handel- oder Gewerbetreibenden, der im Rahmen seines Betriebs Waren und Leistungen ge- oder verbraucht. Auffallend ist zudem, daß der Begriff des Verbrauchers lediglich durch Negativkriterien wie „nicht gewerbliches“ oder „nicht berufliches“ Handeln umschrieben wird, eine Beschreibung des schützenden Personenkreises also durch die Abgrenzung zu gewerblich handelnden Personen erfolgt.

V. Schutzinstrumente und Verbraucherleitbild des Gemeinschaftsgesetzgebers

Untersucht man die verbraucherschützenden Richtlinien auf die in ihnen verwendeten Schutzinstrumente hin, läßt sich feststellen, daß der Gemeinschaftsgesetzgeber die von ihm verfolgten Ziele – einerseits Stärkung des Vertrauens des Verbrauchers in den Binnenmarkt, damit dieser aktiv an der Realisierung des Binnenmarktes teilnimmt, andererseits Schutz des Verbrauchers als typischerweise unterlegene Vertragspartei[336] – durch den Einsatz wiederkehrender Rechtsinstrumente zu verwirklichen sucht. Die zur Verbesserung der Position des Verbrauchers eingesetzten Rechtsinstrumente lassen sich dabei einteilen in solche, die dem sog. Informations[337]- oder Transparenzmodell folgen, und solche, die dem sog. Inhaltsschrankenmodell verhaftet sind. Während bei erstem die Privatautonomie der Vertragsparteien nicht eingeschränkt wird, sondern durch möglichst umfassende und klare Informationen die Grundlagen für eine rationale Entscheidung des Verbrauchers und damit die faktischen Voraussetzungen für die Ausübung der Privatautonomie geschaffen werden sollen, führt letzteres zu einer meist zwingenden Normierung der beiderseitigen inhaltlichen Rechte und

335 Ebenso Dreher, JZ 1997, 167 (168); a. A. Heiss, ZfRV 1995, 54 (60); Reich, ZEuP 1994, 381 (389).

336 Vgl. die Ausführungen auf S. 47 f.

337 Die Bezeichnung als Informationsmodell geht auf K. Simitis, Verbraucherschutz-Schlagwort oder Rechtsprinzip?, S. 95 ff. zurück.

Pflichten bzw. zu einer inhaltlichen Überprüfung der bereits getroffenen Entscheidung auf ihre Angemessenheit hin und damit zu einer Einschränkung der Privatautonomie.[338]

1. Verbraucherinformation im Vertragsverhandlungsstadium

In zahlreichen Richtlinien bedient sich der Gemeinschaftsgesetzgeber vorzugsweise sog. marktkomplementärer[339] Schutzinstrumente, also solcher, die die Privatautonomie der Parteien möglichst unangetastet lassen und der Aufklärung und der Information des Verbrauchers den Vorrang einräumen.[340] Durch die Statuierung von vorvertraglichen Informations- und Aufklärungspflichten und die Einräumung von Widerrufsrechten während einer gewissen Bedenkzeit (sog. „cooling-off-period“) soll der Verbraucher vor Übereilung bewahrt und die Transparenz der im Binnenmarkt angebotenen Produkte gefördert werden.[341]

a) Information als Voraussetzung für eine sachgerechte Entscheidung des Verbrauchers

Bereits in den Programmen zur Verbraucherpolitik hatten die Gemeinschaftsorgane stets die Priorität der Verbraucherinformation betont. Beispielsweise formulierte die Kommission in ihrem zweiten dreijährigen Aktionsplan: „Information ist die entscheidende Voraussetzung dafür, daß der Verbraucher sich die Vorteile des Binnenmarktes zunutze macht.“[342]

Auch die Erwägungsgründe der Verbraucherschutzrichtlinien heben vielfach die Bedeutung der Aufklärung des Verbrauchers hervor.

So hält der 7. Erwägungsgrund der Time-Sharing-Richtlinie es für besonders „wichtig, irreführende oder unvollständige Angaben bei der Information“ über ein Time-Sharing-Objekt „zu unterbinden.“ Der 11. Erwägungsgrund der Fernabsatzrichtlinie betont, daß die Verwendung der modernen Kommunikationstechniken „nicht zu einer Verringerung der dem Verbraucher vermittelten Informatio-

338 Canaris, ÖBA 1990, 882 (883); Graf, ÖBA 1994, 4; Knobl, ÖBA 1995, 667 (669 f.); Koziol in Avancini/Iro/Koziol, Österreichisches Bankvertragsrecht II, Rn 1/142. Vgl. zu den verschiedenen Verbraucherschutzmodellen auch Dauner-Lieb, Verbraucherschutz durch Ausbildung eines Sonderprivatrechts, S. 62 ff. und Hart/Köck, ZRP 1991, 61 ff.

339 Die Einteilung in marktkomplementäre und marktkompensatorische Maßnahmen stammt von Reich, Markt und Recht, S. 198 ff.

340 Reich, Binnenmarkt und Verbraucherinteresse, S. 399.

341 Heiss, ZfRV 1995, 54 (60).

342 Vgl. BR-Drs. 724/93, S. 19 unter Punkt 25.

nen führen" dürfe. Nach der Begründung der Richtlinie über mißbräuchliche Klauseln müssen Verträge „in klarer und verständlicher Form abgefaßt sein", damit der Verbraucher „tatsächlich die Möglichkeit hat, von allen Vertragsklauseln Kenntnis zu nehmen."[343] Der 9. Erwägungsgrund der Verbraucherkreditrichtlinie gibt vor, daß „der Verbraucher über Kreditbedingungen und -kosten sowie seine Verpflichtungen angemessen unterrichtet" werden soll. „Angaben über die Kosten in der Werbung und in den Geschäftsräumen des Kreditgebers oder Kreditvermittlers" können dem Verbraucher nach dem 14. Erwägungsgrund der Verbraucherkreditrichtlinie „den Vergleich zwischen verschiedenen Angeboten erleichtern." Schließlich postuliert der 1. Erwägungsgrund der Richtlinie über den Schutz der Verbraucher bei Preisangaben: „Ein transparenter Markt und korrekte Information fördern den Verbraucherschutz und einen gesunden Wettbewerb zwischen Unternehmen."

b) Informationspflichten des Vertragspartners des Verbrauchers

Einige Richtlinien räumen dem Verbraucher im Stadium der Vertragsverhandlungen umfangreiche Informationsrechte bezüglich der Identität des Anbieters, des Vertragsgegenstandes, wesentlicher Vertragsbedingungen sowie der sich aus dem Vertragsschluß ergebenden Risiken und Rechte des Verbrauchers ein. Durch die Aufstellung von Informationsgeboten für den Vertragspartner des Verbrauchers soll die Informationsasymmetrie zwischen Anbieter und Verbraucher beseitigt und eine optimale Entscheidungsgrundlage für den Verbraucher hergestellt werden.[344] Um sicherzustellen, daß der Verbraucher vor seiner Entscheidung die ihm angebotenen Informationen bei seiner Entscheidungsbildung verarbeitet, unterstützt der Gemeinschaftsgesetzgeber die Gewährung von Information durch die Statuierung von Formgeboten, da ein formalisiertes, in der Regel also schriftliches Informationsangebot wegen seiner größeren Dauerhaftigkeit besser genutzt werden kann als ein nur mündlich erfolgendes.[345] Daneben schreibt der Gemeinschaftsgesetzgeber in einigen Richtlinien die Verbindlichkeit von Prospekt- oder Werbeangaben fest.[346] Schließlich will der Richtliniengeber die tatsächliche Informationsaufnahme durch das in einigen Richtlinien enthaltene Gebot gewährleisten, die für den Verbraucher wesentlichen Informationen klar und und in einer ihm verständlichen Sprache abzufassen.

343 So der 20. Erwägungsgrund.
344 Hommelhoff, Verbraucherschutz, S. 44; Kleindiek in Hommelhoff/Jayme/Mangold, Europäischer Binnenmarkt, S. 297 (305).
345 Heiss in Schnyder, Internationales Verbraucherschutzrecht, S. 87 (93).
346 Heiss, a. a. O.

Detaillierte Informationspflichten enthalten vor allem die Verbraucherkreditrichtlinie, die Pauschalreiserichtlinie, die Time-Sharing-Richtlinie und die Fernabsatzrichtlinie.

aa) Informationspflichten des Kreditgebers

Art. 3 der Verbraucherkreditrichtlinie statuiert für potentielle Kreditgeber die Verpflichtung, in jeder Werbung oder in jedem öffentlichen Angebot bzw. jeglicher invitatio ad offerendum in seinen Geschäftsräumen den effektiven Jahreszins anzugeben. Gemäß Art. 6 ist der Verbraucher im Falle der Gewährung eines Überziehungskredites vor Vertragsabschluß oder spätestens zum Zeitpunkt des Vertragsabschlusses über die etwaige Höchstgrenze des Kreditbetrages, den Jahreszins sowie die Modalitäten der Beendigung des Vertragsverhältnisses zu informieren, wobei ihm die Informationen schriftlich zu bestätigen sind.

bb) Informationspflichten des Reiseveranstalters

Auch die Pauschalreiserichtlinie enthält ein sehr umfassendes und detailliert geregeltes, abgestuftes System der Verbraucherinformation und streicht so die Bedeutung von Informationspflichten deutlich heraus. Zunächst dürfen nach Art. 3 Abs. 1 die Vertragsbedingungen keine irreführenden Angaben enthalten. Art. 3 Abs. 2 enthält zwingende Regeln über Angaben, die in einem Reisekatalog enthalten sein müssen.[347] Die Prospektangaben müssen deutlich lesbar sowie klar und genau abgefaßt sein und sind überdies vertragsrechtlich bindend. Nach Aushändigung des Prospekts ist dem Reiseveranstalter die einseitige Änderung der Angaben nur möglich, wenn der Prospekt einen entsprechenden Hinweis enthält und diese Änderungen dem Verbraucher vor Abschluß des Vertrages klar mitgeteilt worden sind. Nach Art. 4 Abs. 2 lit. b) sind dem Verbraucher noch vor Vertragsabschluß alle ausgehandelten Vertragsbedingungen schriftlich zu übermitteln. Die Aushändigung einer solchen „vorbereitenden Vertragsurkunde“[348] ermöglicht dem Verbraucher eine letzte Prüfung des intendierten Rechtsgeschäfts.[349] Des weiteren hat der Veranstalter den Verbraucher vor Vertragsabschluß schriftlich oder in anderer geeigneter Form über Paß- und Visaerforder-

---

347 Dies sind Angaben über Bestimmungsort, Transportmittel, ihre Merkmale und ihre Klasse; Art, Lage, Kategorie und Hauptmerkmale der Unterbringung; Mahlzeiten; Reiseroute; allgemeine Angaben über Paß- und Visaerfordernisse, die Anzahlung und die Zahlungsmodalitäten für den Restbetrag sowie über die Mindestteilnehmerzahl.

348 Heiss in Schnyder, Internationales Verbraucherschutzrecht, S. 87 (100).

349 Heiss, a. a. O.

nisse sowie über gesundheitspolizeiliche Formalitäten zu informieren.[350] Schließlich sind dem Verbraucher nach Art. 4 Abs. 1 lit. b) rechtzeitig vor Reisebeginn Zeit und Ort von Zwischenstationen, reservierte Plätze, Daten der örtlichen Vertretung des Veranstalters oder Notrufnummern, bei Reisen Minderjähriger die Möglichkeit der Verbindung zu diesem sowie Daten zur Möglichkeit einer Reiserücktrittsversicherung mitzuteilen.

cc) Informationspflichten des Verkäufers von Teilzeitnutzungsrechten

Art. 3 der Time-Sharing-Richtlinie verpflichtet den Anbieter, im Vorfeld des Vertragsschlusses „jedem Interessenten, der Informationen über die Immobilie(n) wünscht", ein Schriftstück auszuhändigen, in dem sich unter anderem neben einer möglichst genauen Beschreibung des Vertragsobjekts einschließlich der juristischen Natur des zu erwerbenden Nutzungsrechts Angaben zur Identität des Anbieters, über Umfang und Nutzungsbedingungen der gemeinsamen Dienstleistungen (Licht, Wasser, Instandhaltung, Müllabfuhr) und Einrichtungen (Schwimmbad, Sauna etc.) und zur Berechnungsgrundlage für die Umlage der Betriebs- und Verwaltungskosten auf die einzelnen Nutzer finden müssen.[351] Kommt es zum Abschluß eines Vertrages, werden die genannten Angaben Vertragsbestandteil.[352] Abweichungen dürfen abgesehen von den Fällen ausdrücklicher vertraglicher Vereinbarung nur vorgenommen werden, wenn diese dem Erwerber vor Abschluß des Vertrages mitgeteilt werden und der Vertrag ausdrücklich auf die Änderungen hinweist. Überdies sind Abweichungen nur aufgrund solcher Umstände möglich, auf die der Anbieter keinen Einfluß hat.[353] Zudem hat der Anbieter in jeder Werbung für eine Immobilie einen Hinweis auf die Erhältlichkeit des Schriftstückes zu geben.[354] Einer verbesserten Verbraucherinformation dient auch das in Art. 4, 2. Gedankenstrich der Time-Sharing-Richtlinie enthaltene Gebot, die Informationsschrift auf Verlangen des Erwerbers in der Sprache seines Wohnsitzes oder Heimatstaates abzufassen. Grundgedanke ist, dem Verbraucher die Informationen in einer ihm verständlichen Sprache zu übermitteln.[355]

350 Art. 4 Abs. 1 lit. a).
351 Insgesamt handelt es sich um 9 im Anhang der Richtlinie aufgeführte Informationspunkte.
352 Art. 3 Abs. 2.
353 Art. 3 Abs. 2, S. 2 und 3.
354 Art. 3 Abs. 3.
355 Reich, Europäisches Verbraucherrecht, S. 306.

dd) Informationspflichten des Lieferanten bei Vertragsabschlüssen im Fernabsatz

Die Fernabsatzrichtlinie legt in Art. 4 Abs. 1 detaillierte Informationspflichten für den Lieferanten nieder. Der Verbraucher soll über Informationen über die wesentlichen Vertragsbestandteile betreffend die Identität des Vertragspartners, die Eigenschaften der Ware oder Dienstleistung einschließlich des Preises, die Liefer- und Zahlungsmodalitäten, das Bestehen eines Widerrufsrechtes und die Kosten für den Einsatz des Fernkommunikationsmittels verfügen können. Er soll die Möglichkeit haben, sich rechtzeitig, also bevor er seine Bestellung aufgibt, einen umfassenden Überblick über Vertragspartner und über die Einzelheiten der vertraglichen Leistung zu verschaffen. Zudem erleichtern diese Angaben dem Verbraucher den Vergleich mit anderen Angeboten. Die Informationen müssen klar und verständlich sein und auf eine dem jeweils verwendeten Fernkommunikationsmittel angepaßte Weise übermittelt werden.[356]

ee) Erforderlicher Informationsgehalt der Verkäufer- bzw. Herstellergarantie

Der Sicherstellung von Transparenz dienen auch die in Art. 6 Abs. 2 der Verbrauchsgüterkaufrichtlinie festgelegte Anforderungen an sog. Garantien. Diese müssen zum einen klarstellen, daß die dem Verbraucher im Rahmen der innerstaatlichen Rechtsvorschriften zustehenden gesetzlichen Rechte von einer Garantie nicht berührt werden. Zum anderen muß eine Garantie ihren Inhalt und die wesentlichen Angaben, insbesondere die Dauer und den geographischen Geltungsbereiches des Garantieschutzes, sowie den Namen und die Anschrift des Garantiegebers enthalten. Dadurch soll dem Verbraucher die Möglichkeit eingeräumt werden, sich über den Inhalt der Garantie zu informieren.[357] Nach Art. 6 Abs. 1 ist der Garantiegeber nicht nur an die in den Garantieunterlagen festgelegten, sondern auch an die „in der einschlägigen Werbung angegebenen Bedingungen" gebunden. Hierdurch soll dem Umstand Rechnung getragen werden, daß der Verbraucher die Garantien oftmals nur aus der Werbung kennt und sich sein Vertrauen und seine Kenntnisse über die Garantien auf Werbeaussagen gründen.[358] Nach Art. 6 Abs. 3 muß die Garantie dem Verbraucher auf seinen Wunsch schriftlich oder auf einem anderen dauerhaften Datenträger zur Verfügung gestellt werden. Schließlich enthält Art. 6 Abs. 4 eine optionelle Sprachenklausel, wonach die Mitgliedstaaten für ihr Gebiet vorschreiben können, daß die

356 Art. 4 Abs. 2.
357 Micklitz, EuZW 1997, 229 (235).
358 Micklitz, EuZW 1997, 229 (234).

Garantie in einer oder in mehreren Sprachen abzufassen ist, die der jeweilige Mitgliedstaat unter den Amtssprachen der Gemeinschaft auswählt.

ff) Transparenz bei Preisangaben

Zu mehr Transparenz für den Verbraucher soll auch die in Art. 4 Abs. 1 der Richtlinie über Preisangaben statuierte Verpflichtung führen, den Verkaufspreis und den Preis je Maßeinheit unmißverständlich, klar erkennbar und gut lesbar zu gestalten.

gg) Verständlichkeit von Information und Vertragsbedingungen

Einige Richtlinien enthalten auch den sog. Verständlichkeitsgrundsatz[359], der sicherstellen soll, daß den Verbraucher die wesentlichen Informationen erreichen und er vom Inhalt des Vertrages tatsächlich Kenntnis nimmt.

So sind die dem Verbraucher vor Abschluß eines Vertrages im Fernabsatz zu übermittelnden Informationen gemäß Art. 4 Abs. 2 der Fernabsatzrichtlinie „klar und verständlich" zu erteilen.

Art. 5 der Richtlinie über mißbräuchliche Klauseln schreibt vor, daß schriftlich niedergelegte Klauseln in Verbraucherverträgen „klar und verständlich" abgefaßt sein müssen. Dadurch soll der Verbraucher in die Lage versetzt werden, vom Inhalt der Vertragsbestimmungen tatsächlich Kenntnis zu nehmen.[360]

Nach Art. 6 Abs. 2 der Verbrauchsgüterkaufrichtlinie müssen der Inhalt der Garantie sowie die wesentlichen Angaben, die zu ihrer Inanspruchnahme notwendig sind, „in einfachen und verständlichen Formulierungen" wiedergegeben werden.

2. Übereilungsschutz im Stadium des Vertragsschlusses

Im Stadium des Vertragsabschlusses setzt der Gemeinschaftsgesetzgeber Rechtsinstrumente ein, die dem Verbraucher die Bedeutung seiner Entscheidung vor Augen führen und ihn vor unüberlegten rechtsgeschäftlichen Entscheidungen bewahren sollen. Zu diesem Zweck stellt er Formgebote für den Vertragsschluß auf und räumt dem Verbraucher vor einer endgültigen rechtsgeschäftlichen Bindung Bedenkzeit ein.

---

359 So Reich, Europäisches Verbraucherrecht, S. 306.

360 So der 21. Erwägungsgrund der Richtlinie. Vgl. auch Reich, Europäisches Verbraucherrecht, S. 306.

a) Abschlußformen und Sprache der Verbraucherverträge

Dazu gehören Regelungen, die für den Vertrag eine bestimmte Abschlußform vorsehen. Beispiele hierfür bilden der Verbraucherkreditvertrag und der Time-Sharing-Vertrag, die beide der Schriftform bedürfen.[361] Der Verbraucher muß eine Ausfertigung des schriftlichen Kreditvertrages erhalten.[362] Zu nennen ist in diesem Zusammenhang aber auch Art 5 Abs. 1 der Fernabsatzrichtlinie, der den Lieferanten verpflichtet, die vor Abschluß des Vertrages erteilten Informationen schriftlich zu bestätigen. Der Grund hierfür ist in der „Flüchtigkeit" der mittels eines Fernkommunikationsmittels erteilten Informationen zu sehen.[363] Der Verbraucher soll die wichtigsten Vertragsbedingungen schriftlich oder auf einem anderen für ihn verfügbaren dauerhaften Datenträger erhalten, damit er seine Rechte auch tatsächlich geltend machen kann.[364] Zusätzlich sind dem Verbraucher rechtzeitig während der Erfüllung des Vertrages nach Art. 5 Abs. 1 Satz 2 schriftliche Informationen über die Bedingungen des Widerrufsrechts, die geographische Anschrift der Niederlassung des Lieferanten, Informationen über Kundendienst und geltende Garantiebestimmungen sowie über die Kündigungsbedingungen bei unbestimmter bzw. mehr als einjähriger Vertragsdauer zu übermitteln.

Informationen können den Verbraucher nur erreichen, wenn sie ihm in einer für ihn verständlichen Sprache übermittelt werden.[365] Der Vertrag über den Erwerb eines Teilzeitnutzungsrechts muß daher nach Art. 4, 2. Gedankenstrich der Time-Sharing-Richtlinie auf Verlangen des Erwerbers in der Sprache seines Wohnsitzes oder Heimatstaates abgefaßt werden. Denn nur in diesem Fall kann garantiert werden, daß er vom Inhalt des Vertrages tatsächlich Kenntnis zu nehmen vermag.[366] Daneben ist der Verkäufer verpflichtet, dem Erwerber auch eine beglaubigte Übersetzung des Vertrages in der Sprache des Mitgliedstaates auszuhändigen, in dem sich die Immobilie befindet.[367]

---

361 Art. 4 Abs. 1 S. 1 der Verbraucherkreditrichtlinie und Art. 4, 1. Gedankenstrich der Time-Sharing-Richtlinie.

362 Art. 4 Abs. 1 S. 2 der Verbraucherkreditrichtlinie.

363 Reich, Europäisches Verbraucherrecht, S. 378.

364 Bodewig, DZWiR 1997, 447 (451); Reich, a. a. O.

365 Reich, Europäische Verbraucherrecht, S. 378.

366 Mäsch, EuZW 1995, 8 (11).

367 Art. 5, 3. Gedankenstrich.

b) Bedenkzeit

Um sicherzustellen, daß der Verbraucher vor einer endgültigen rechtsgeschäftlichen Bindung genügend Zeit hat, die ihm angebotenen Informationen zu verarbeiten[368], gewährt ihm der Gemeinschaftsgesetzgeber in einigen Richtlinien eine nachträgliche Bedenkzeit in Form von Rücktritts- und Widerrufsrechten. Unterstützt werden diese Rechte durch formalisierte Aufklärungspflichten über das Bestehen der Rücktritts- bzw. Widerrufsmöglichkeit sowie durch die Verpflichtung zur Aushändigung von Urkunden über den Vertragsinhalt.[369]

aa) Das Rücktrittsrecht bei Haustürgeschäften

Art. 5 der Haustürgeschäfterichtlinie räumt dem Verbraucher ein auf sieben Tage befristetes Rücktrittsrecht ein. Dadurch soll verhindert werden, daß sich der Verbraucher, der an der Haustür oder auf einer Kaffeefahrt von dem Vertragsangebot überrascht wird, einen Vertrag aufdrängen läßt, den er bei normaler Überlegung im Geschäft nicht abgeschlossen hätte.[370] Um zu gewährleisten, daß der Verbraucher die ihm eingeräumte Überlegungsfrist nutzen kann, ist er über sein Rücktrittsrecht schriftlich zu belehren.[371] Erst diese Belehrung setzt die Rücktrittsfrist in Lauf.

bb) Das Rücktrittsrecht nach Erwerb eines Teilzeitnutzungsrechts

Auch das in Art. 5 Ziff. 1, 1. Gedankenstrich der Time-Sharing-Richtlinie vorgesehene Rücktrittsrecht, das den Erwerber des Teilzeitnutzungsrechts berechtigt, sich innerhalb von zehn Tagen ohne Angabe von Gründen vom Vertrag zu lösen, dient dazu, den Verbraucher eine wohlüberlegte Entscheidung treffen zu lassen. Dem Verbraucher soll auch nach Vertragsschluß noch einmal eine Bedenkfrist eingeräumt werden, innerhalb derer er die wirtschaftliche Bedeutung und Tragweite der eingegangenen Verpflichtungen und die Risiken des Vertrages überdenken kann.[372] Zu diesem Zweck ist ihm eine Urkunde über den Vertragsinhalt auszuhändigen, damit er diesen im einzelnen noch einmal überprüfen kann.[373] Zudem muß der Time-Sharing-Vertrag Informationen über das Rücktrittsrecht

368 Heiss in Schnyder, Internationales Verbraucherschutzrecht, S. 87 (94).
369 Heiss, a. a. O.
370 Reich, Europäisches Verbraucherrecht, S. 356 f.
371 Art. 4 Abs. 1.
372 Vgl. den 11. Erwägungsgrund.
373 Art. 4, 3. Gedankenstrich.

enthalten.[374] Die Frist beginnt ab der Unterzeichnung des Vertrages zu laufen und verlängert sich bei lückenhaften oder fehlerhaften Angaben im Vertrag auf drei Monate.[375] Um eine Einschränkung der Willensfreiheit des Erwerbers bezüglich des Rücktritts infolge bereits geleisteter Zahlungen zu vermeiden[376], hat der Gemeinschaftsgesetzgeber in Art. 6 für die Dauer der Rücktrittsfrist ein Anzahlungsverbot normiert.

Die Erwägungsgründe der Richtlinien und die in den Richtlinien vorgesehenen informationspolitischen Maßnahmen verdeutlichen das Anliegen des Richtliniengebers, dem Verbraucher zu einer freien und wohlinformierten Entscheidung zu verhelfen. Durch den Abbau typischer Informationsdefizite sollen die Voraussetzungen für eine rationale, unbeeinflußte Entscheidung des Verbrauchers geschaffen werden, damit dieser seiner Rolle als aktiver Marktteilnehmer gerecht werden kann. Dies entspricht grundsätzlich dem Leitbild des „mündigen" oder „informierten" Verbrauchers, der seine Privatautonomie bei Abschluß und inhaltlicher Gestaltung des Vertrages selbstverantwortlich und seinen Interessen gemäß ausübt.[377]

3. Instrumente zur inhaltlichen Gestaltung des Vertragsverhältnisses

Die Normierung von Informationspflichten und die Gewährung von Bedenkzeit soll den Wissensvorsprung des Vertragspartners des Verbrauchers verringern. Wo es aber um die sog. wirtschaftliche Unterlegenheit des Verbrauchers geht, d.h., wo die ungleiche wirtschaftliche Machtverteilung zwischen den Vertragsparteien zu einer als ungerecht empfundenen Vertragsimparität führt[378], setzen Kommission und Rat auch solche Schutzinstrumente ein, die den Inhalt des Schuldverhältnisses beeinflussen und die Privatautonomie der Vertragsparteien in erheblichem Maße einschränken.

Dies geschieht vor allem durch die Schaffung zwingender positiver Vorgaben für einzelne Vertragstypen, durch die Kontrolle des Vertragsinhaltes zur Beseitigung unangemessener Vertragsbedingungen, durch Verschiebung der Verantwortung in schuldrechtlichen Beziehungen und durch die Unabdingbarkeit der dem Verbraucher eingeräumten Rechte.

---

374 Art. 4, 1. Gedankenstrich i. V. m. lit. l) des Anhangs.

375 Art. 5, 2. Gedankenstrich.

376 Mäsch, EuZW 1995, 8 (13).

377 Hommelhoff, AcP 192 (1992), 71 (93 f.); ders., Verbraucherschutz, S. 44; Heiss in Schnyder, Internationales Verbraucherschutzrecht, S. 89 (90).

378 Reich, Europäisches Verbraucherrecht, S. 334 f.

a) Zwingende Inhaltsvorgaben für Verträge

Eine Reihe von Richtlinien enthält gesetzliche Mindestanforderungen hinsichtlich des Inhalts des Vertrages. Dabei handelt es sich um Verträge, bei denen die komplizierte rechtliche Gestaltung oder die Unübersehbarkeit der wirtschaftlichen Folgen des Geschäfts den Verbraucher aus der Sicht des europäischen Gesetzgebers besonders schutzbedürftig erscheinen lassen.

aa) Vertrag über den Erwerb eines Teilzeitnutzungsrechts

So muß der Vertrag über den Erwerb eines Teilzeitnutzungsrechts nach Art. 4, 1. Gedankenstrich der Time-Sharing-Richtlinie zusätzlich zu den bereits im Verkaufsprospekt enthaltenen Informationen Angaben über den Nutzungszeitraum und die Gesamtdauer des Rechts sowie Angaben zur Möglichkeit und den Kosten eines Umtauschs bzw. der Weiterveräußerung enthalten.

bb) Pauschalreisevertrag

Der Pauschalreisevertrag muß gemäß Art. 4 Abs. 2 lit a) der Pauschalreiserichtlinie alle 11 im Anhang der Richtlinie aufgeführten Angaben enthalten. Diese sind teilweise identisch mit den im Prospekt zwingend aufzunehmenden Bestimmungen und betreffen neben einer genauen Beschreibung der Reiseroute, der Transportmittel, der Unterbringung und etwaiger anderer Nebenleistungen wie Ausflüge die Identität des Veranstalters, den Preis der Pauschalreise, die Zahlungsmodalitäten, Sonderwünsche des Verbrauchers, die von beiden Seiten akzeptiert worden sind, und Fristen für mögliche Beanstandungen.

cc) Kreditvertrag

Im Verbraucherkreditvertrag sind zwingend anzugeben der effektive Jahreszins sowie die Bedingungen, unter denen er geändert werden kann.[379]

b) Die Kontrolle mißbräuchlicher Vertragsklauseln

Verträge, die durch eine Vertragspartei vorformuliert werden, teilen nicht die Richtigkeitsgewähr des frei ausgehandelten, auf Selbstbestimmung beruhenden Vertrages.[380] Die Richtlinie über mißbräuchliche Klauseln in Verbraucherverträ-

379 Art. 4 Abs. 2.
380 S. bereits unter B. III. 2.

gen ermöglicht daher eine Inhaltskontrolle von nicht im einzelnen ausgehandelten Vertragsbedingungen. Erfaßt werden vom sachlichen Anwendungsbereich aber nicht nur die für eine Vielzahl von Fällen vorformulierten Allgemeinen Geschäftsbedingungen in sog. Standardverträgen, sondern auch sog. vorformulierte Individualklauseln, d. h. Vertragsbedingungen, die, ohne Teil eines Standardvertrags zu sein, nicht im Wege des freien Aushandelns zwischen den Vertragsparteien vereinbart wurden.[381] Art. 4 Abs. 2 nimmt die Hauptleistungen der Parteien von der Inhaltskontrolle aus, sofern die entsprechenden Klauseln „klar und verständlich" abgefaßt sind. Die Maßstäbe für die Mißbrauchskontrolle sind in Art. 3 Abs. 1 und 4 Abs. 1 enthalten und werden durch eine Hinweisliste im Anhang der Richtlinie konkretisiert. Eine Vertragsklausel gilt danach als mißbräuchlich, wenn sie „entgegen dem Gebot von Treu und Glauben zum Nachteil des Verbrauchers ein erhebliches und ungerechtfertigtes Mißverhältnis der vertraglichen Rechte und Pflichten der Vertragspartner verursacht." Für die Beurteilung der Mißbräuchlichkeit ist eine Gesamtwürdigung der beanstandeten Klausel im Zusammenhang des Vertrages und der Vertragsumstände zum Zeitpunkt des Vertragsschlusses maßgeblich.

Für den Gemeinschaftsgesetzgeber steht bei der Inhaltskontrolle der „Schutz des Schwächeren" im Vordergrund.[382] Der Schutzzweck kommt zunächst im 6. Erwägungsgrund zum Ausdruck, wo es heißt: „Um die Errichtung des Binnenmarktes zu erleichtern und den Bürger in seiner Rolle als Verbraucher beim Kauf von Waren und Dienstleistungen mittels Verträgen zu schützen, ... ist es von Bedeutung, mißbräuchliche Klauseln aus diesen Verträgen zu entfernen." Verdeutlicht wird das Anliegen des Gemeinschaftsgesetzgebers auch im 9. Erwägungsgrund der Richtlinie, wonach „Käufer von Waren oder Dienstleistungen vor Machtmißbrauch des Verkäufers oder Dienstleistungserbringers, insbesondere vor einseitig festgelegten Standardverträgen und vor dem mißbräuchlichen Ausschluß von Rechten in Verträgen zu schützen" sind.[383] Dem 10. Erwägungsgrund zufolge kann der Verbraucher „durch die Aufstellung einheitlicher Rechtsvorschriften auf dem Gebiet mißbräuchlicher Klauseln besser geschützt werden." Daß es dem Richtliniengeber vor allem um das subjektive Kräfteverhältnis der Parteien während der Vertragsverhandlungen geht, zeigt auch der 16. Erwägungsgrund der Richtlinie, wonach bei der Beurteilung der Mißbräuchlichkeit einer Klausel besonders zu berücksichtigen ist, „welches Kräfteverhältnis zwischen

381 Art. 3 Abs. 1.
382 Kleindiek in Hommelhoff/Jayme/Mangold, Europäischer Binnenmarkt, S. 297 (308).
383 Hommelhoff/Wiedenmann, ZIP 1993, 562 (567); Dreher, JZ 1997, 167 (171); Kleindiek, in Hommelhoff/Jayme/Mangold, Europäischer Binnenmarkt, S. 297 (308);

den Verhandlungspositionen der Parteien bestand."[384] Zudem sind Gegenstand der Inhaltskontrolle nach der Richtlinie nicht nur die in Standardverträgen enthaltenen Allgemeinen Geschäftsbedingungen, sondern auch vorformulierte Klauseln in einem Individualvertrag, sofern es sich beim Klauselgegner um einen Verbraucher und beim Klauselverwender um einen Gewerbetreibenden handelt. Ziel des Richtliniengebers ist also nicht so sehr die Bekämpfung des Mißbrauchs einseitig beanspruchter und ausgenutzter Gestaltungsfreiheit, sondern vielmehr der Schutz des typisch unterlegenen Verbrauchers vor dem aufgrund seiner Geschäftserfahrung regelmäßig überlegenen Gewerbetreibenden.[385]

Gegen mißbräuchliche Klauseln sind auch einige Regelungen der Verbraucherkreditrichtlinie gerichtet.[386] So sieht der Richtliniengeber in Art. 8 der Richtlinie ein Recht des Verbrauchers zur vorzeitigen Rückzahlung des Kredits gegen den Willen des Kreditgebers vor, wobei dem Verbraucher eine „angemessene" Ermäßigung der Kreditgesamtkosten zu gewähren ist. Art. 9 soll verhindern, daß dem Verbraucher durch Zession des Rückzahlungsanspruchs an einen Dritten die Einwendungen abgeschnitten werden.[387] Art. 10 verpflichtet die Mitgliedstaaten, den Verbraucher bei Wechselgeschäften im Zusammenhang mit der Erfüllung oder Sicherung seiner Schuld „angemessen" zu schützen.

Alle genannten Regelungen sollen den Verbraucher vor mißbräuchlichen Klauseln in Kreditverträgen bewahren.[388]

c) Der Einwendungsdurchgriff bei drittfinanzierten Verträgen

Dem Inhaltsschrankenmodell verhaftet ist die Regelung des Art. 11 der Verbraucherkreditrichtlinie über einen Einwendungsdurchgriff bei drittfinanzierten Warenkäufen und Dienstleistungsverträgen, der dem Verbraucher zwingend vom nationalen Gesetzgeber zugestanden werden muß und daher selbst in denjenigen Fällen zur Anwendung kommt, in denen der Verbraucher über alle relevanten Faktoren, insbesondere über die Risiken, die sich aus der Existenz zweier grundsätzlich rechtlich voneinander unabhängiger Verträge ergeben, aufgeklärt worden ist.[389] Durch die Regelung des Art. 11 wird also das Verwendungsrisko auf den

384 Hommelhoff/Wiedenmann, ZIP 1993, 562 (567); Dreher, JZ 1997, 167 (171).
385 Hommelhoff/Wiedenmann, a. a. O.
386 So der 10. Erwägungsgrund. S. auch Knobl, ÖBA 1995, 667 (671f.).
387 S. den 19. Erwägungsgrund.
388 Knobl, ÖBA 1995, 667 (672).
389 Knobl, ÖBA 1995, 667 (671 f.); Graf, ÖBA 1994, 4; Canaris, ÖBA 1990, 882 (883); Dauner-Lieb, Verbraucherschutz durch Ausbildung eines Sonderprivatrechts, S. 82 ff., 129 ff.

Kreditgeber übergewälzt; der Schutz des Verbrauchers hat grundsätzlich Vorrang.

Ähnliche Regelungen sehen sowohl Art. 6 Abs. 4 der Fernabsatzrichtlinie als auch Art. 7 der Time-Sharing-Richtlinie vor. Der Widerruf des im Fernabsatz geschlossenen Vertrages bzw. der Rücktritt vom Time-Sharing-Vertrag lösen gleichzeitig den Kreditvertrag „entschädigungsfrei" auf.

d) Das Widerrufsrecht bei Verträgen im Fernabsatz

Von der Leitidee des generell unterlegenen Verbrauchers getragen erscheint auch das in Art. 6 Abs. 1 der Fernabsatzrichtlinie vorgesehene „Widerrufsrecht"[390] des Verbrauchers, das diesen berechtigt, seine Vertragsabschlußerklärung innerhalb einer Frist von mindestens sieben Werktagen „ohne Angabe von Gründen und ohne Strafzahlung" zu widerrufen. Die Frist beginnt bei der Lieferung von Waren mit dem Tag ihres Eingangs beim Verbraucher, sofern dieser über sein Widerrufsrecht rechtzeitig schriftlich belehrt worden ist.[391] Bei Dienstleistungen ist für den Fristbeginn der Tag des Vertragsschlusses maßgebend.[392] Versäumt der Lieferant es, den Verbraucher rechtzeitig und schriftlich über das Bestehen des Widerrufsrechts zu informieren, verlängert sich die Frist auf drei Monate, wobei bei Waren wiederum der Tag des Eingangs, bei Dienstleistungen hingegen der Vertragsschluß entscheidend ist.[393] Die ratio der Norm ist nicht eindeutig erkennbar. Nach den Erwägungen des Richtliniengebers ist der Grund für die Gewährung eines solchen Widerrufsrechtes allein darin zu sehen, daß der Verbraucher bei Abschluß eines Vertrages unter Einsatz von Kommunikationstechnik keine Möglichkeit hat, das bestellte Erzeugnis vor Abschluß des Vertrages in Augenschein zu nehmen oder von den Eigenschaften der Dienstleistung Kenntnis zu nehmen.[394] Dem Verbraucher, dem der Vertragsgegenstand nur im Katalog bzw. mittels Fernkommunikationstechnik angeboten wurde, soll dadurch ein nachträgliches Überprüfungs- und Beanstandungsrecht eingeräumt werden.[395] Anders als bei der Gewährung der Rücktrittsrechte in der Haustürgeschäfte- und der Time-Sharing-Richtlinie geht es dem Gemeinschaftsgesetzgeber hier also nicht – zumindest nicht vorrangig – um Übereilungs- oder Überrumpelungsschutz.[396]

390 Tatsächlich handelt es sich hierbei um ein Rücktrittsrecht, da es nach der Richtlinie um die Rückabwicklung eines bereits geschlossenen Vertrages geht.
391 Art. 6 Abs. 1 S. 3, 1. Gedankenstrich.
392 Art. 6 Abs. 1 S. 3, 2. Gedankenstrich.
393 Art. 6 Abs. 1 S. 4 und 5.
394 Vgl. den 14. Erwägungsgrund der Richtlinie.
395 Reich, Europäisches Verbraucherrecht, S. 379.
396 Reich, Europäisches Verbraucherrecht, S. 379.

Eine mit der Lage beim klassischen Haustürgeschäft vergleichbare Situation liegt auch nicht vor: Zum einen fehlt es bereits an einem persönlichen Kontakt zwischen Anbieter und Kunden, so daß die Einflußnahme und damit die psychologische Zwangssituation für den Kunden, der ja die Kommunikation via Internet oder Btx anders als persönlich geführte Verkaufsverhandlungen jederzeit abbrechen kann, nicht gegeben ist. Zum anderen beteiligt sich der Kunde an der Herstellung des Verkaufskontakt regelmäßig selbst aktiv und freiwillig, so daß auch eine dem Haustürgeschäft ähnliche Überrumpelungssituatuion nicht vorliegt.[397] Zwar gilt dies nicht in allen von der Richtlinie erfaßten Fällen. Auch beim Empfang eines unerbetenen -e-Mails steht es dem Kunden jedoch frei, sich das Angebot zunächst in Ruhe zu überlegen und nicht sogleich auf das e-Mail zu reagieren, anders als dies bei einem persönlichen Verkaufsgespräch der Fall ist.

Der Verbraucher wird mithin ganz pauschal und ohne Rücksicht auf seine tatsächliche Schutzwürdigkeit und -bedürftigkeit geschützt, also auch dann, wenn er den geschäftlichen Kontakt, etwa durch Anklicken einer Seite im Internet oder Anwählen eines Bildschirmtextes, selbst hergestellt hat, vorher in aller Ruhe zu Hause überlegen konnte, ob er einen Vertrag abschließt und demnach keine Überrumpelungssituation vorliegt. Demgegenüber erscheint den Gemeinschaftsorganen das Vertrauen des Anbieters, der seine vertraglichen Verpflichtungen erfüllt, in den Bestand des ordnungsgemäß zustande gekommenen Vertrages nicht schutzwürdig. Anders als das in Art. 5 der Time-Sharing-Richtlinie vorgesehene Rücktrittsrecht, das sich mit der wirtschaftlichen Tragweite des Geschäfts, der längerfristigen Bindung des Verbrauchers und der Schwierigkeit der Materie rechtfertigen läßt[398], fallen unter das Widerrufsrecht des Art. 6 auch solche alltäglichen Geschäfte wie die telefonische Bestellung eines Buches beim Buchhändler.[399] Das Widerrufsrecht kann deshalb nicht allein als Schutz vor dem Anbieter verstanden werden, vielmehr geht es dem Gemeinschaftsgesetzgeber hier offensichtlich auch um den Schutz des Verbrauchers vor sich selbst, vor der eigenen Unfähigkeit, den Entschluß zum Vertrag zuvor sorgfältig und vollständig zu durchdenken und unüberlegte, ohne Rücksicht auf die tatsächlichen Bedürfnisse erfolgte Bestellungen zu vermeiden.

---

397 So zutreffend Thorn, IPRax 1999, 1 (2); Grundmann, Europäisches Schuldvertragsrecht, S. 232 f., Rn 18.

398 Mäsch, EuZW 1995, 8 (12).

399 Hommelhoff, Verbraucherschutz, S. 11.

e) Die Verschiebung der Beweislast

Manche Richtlinien enthalten Regelungen, die die Beweislast für bestimmte Tatsachen zwischen Anbieter und Verbraucher verschieben. Solche Beweislastregelungen finden sich in der Fernabsatzrichtlinie und in der Richtlinie über den Verbrauchsgüterkauf sowie in dem zurückgezogenen Vorschlag für eine Dienstleistungshaftungsrichtlinie.

aa) Die Beweislast des Verkäufers für die Mängelfreiheit der Ware zum Zeitpunkt der Lieferung

Nach Art. 5 Abs. 3 der Verbrauchsgüterkaufrichtlinie wird bis zum Beweis des Gegenteils die Vermutung aufgestellt, daß alle Vertragswidrigkeiten, die in den ersten sechs Monaten nach der Lieferung des Gutes auftreten, bereits bei der Lieferung bestanden.[400] Dies stellt eine Beweiserleichterung für den Verbraucher dar, der ansonsten nach allgemeinen Grundsätzen zu beweisen hätte, daß ein Fehler bereits zum Zeitpunkt der Annahme der Ware bestand. Nach dem Willen des Richtliniengebers muß nun der Verkäufer die Vermutung widerlegen, daß die Vertragswidrigkeit bereits bei der Lieferung vorhanden war. Die Beweislastverschiebung wird von der Kommission damit begründet, daß es für den Gewerbetreibenden „viel leichter zu beweisen" sei, daß die Vertragswidrigkeit zum Zeitpunkt der Lieferung noch nicht bestand.[401]

bb) Die Beweislast des Lieferanten für die Einhaltung der Informationspflichten

Eine optionelle Regelung der Beweislast trifft Art. 11 Abs. 3 lit. a) der Fernabsatzrichtlinie: Danach können die Mitgliedstaaten eine Beweislastumkehr zu Lasten des Lieferanten insoweit treffen, als es um die Einhaltung der Informations- und Belehrungspflichten geht. Auch dieser Regelung liegt der Gedanke einer Beweislastverteilung nach Sphären zugrunde.[402]

cc) Die Beweislast des Dienstleistungserbringers für fehlendes Verschulden

Dem Dienstleistungserbringer sollte nach dem zurückgezogenen Richtlinienvorschlag über eine Haftung für Dienstleistungen die Beweislast für sein Nichtver-

---

400 Etwas anderes gilt nur, wenn diese Annahme mit der Art des Gutes oder der Art der Vertragswidrigkeit unvereinbar ist.

401 Begründung zum Vorschlag für eine Verbrauchsgüterkaufrichtlinie, Punkt III zu Artikel 3, Abs. 3.

402 Reich, EuZW 1997, 581 (588).

schulden hinsichtlich der fehlerhaften Dienstleistung auferlegt werden.[403] Denn da seine geschäftliche Sphäre betroffen ist, vermag auch er besser als der Geschädigte zu beurteilen, weshalb es zur Mangelhaftigkeit der Dienstleistung gekommen ist.

f) Die Unabdingbarkeit der dem Verbraucher zustehenden Rechte

Um zu gewährleisten, daß der Verbraucher die ihm eingeräumten Rechte tatsächlich wahrnehmen bzw. durchsetzen kann, werden in allen Richtlinien die dem Verbraucher eingeräumten Rechte für unabdingbar erklärt. Nach Art. 7 Abs. 1 der Verbrauchsgüterkaufrichtlinie etwa sind „Vertragsklauseln oder mit dem Verkäufer vor dessen Unterrichtung über die Vertragswidrigkeit getroffene Vereinbarungen, durch welche die mit dieser Richtlinie gewährten Rechte unmittelbar oder mittelbar außer Kraft gesetzt oder eingeschränkt werden ... für den Verbraucher nicht bindend.“ Dadurch werden die in den nationalen Rechtsordnungen in aller Regel dispositiven Vorschriften im Bereich der Gewährleistung für Waren und Dienstleistungen für den Verbraucher zwingend gestellt. Der Verbraucher kann also nicht einmal dann auf seine Rechte verzichten, wenn er dies wohlüberlegt und in Kenntnis aller Umstände tut. Keinen Unterschied macht es auch, ob der Gewährleistungsausschluß in AGB oder frei und individuell ausgehandelt wurde. Dasselbe gilt bei Abschluß eines Vertrages im Fernabsatz. Nach Art. 12 der Fernabsatzrichtlinie kann der Verbraucher „auf die Rechte, die ihm aufgrund der Umsetzung der Richtlinie in innerstaatliches Recht zustehen, nicht verzichten.“ Dieselbe Regelung enthält Art. 6 der Haustürgeschäfterichtlinie. Nach Art. 12 der Produkthaftungsrichtlinie kann die Haftung des Herstellers gegenüber dem Geschädigten „nicht begrenzt oder ausgeschlossen werden“.[404] Zudem enthalten einige Richtlinien eine Kollisionsnorm, die verhindern soll, daß der dem Verbraucher durch die Richtlinie gewährte Schutz dadurch entzogen wird, daß das Recht eines Drittlandes anwendbar ist.[405] Auf diese Weise wird nach der Transformation der Richtlinien in nationales Recht dispositives Vertragsrecht zunehmend durch zwingendes Recht ersetzt.

Insgesamt läßt sich bei einer Analyse der Rechtsinstrumente also feststellen, daß der Richtliniengeber vor allem zwei Rechtsinstitute einsetzt, um die Stellung des Verbrauchers gegenüber dem als übermächtig angesehenen Unternehmer zu verbessern: Er erlegt dem Vertragspartner des Verbrauchers eine Vielzahl an In-

---

403 Art. 1 Abs. 2.

404 Vgl. auch Art. 8 der Time-Sharing-Richtlinie.

405 Art. 6 Abs. 2 der Klauselrichtlinie, Art. 9 der Time-Sharing-Richtlinie und Art. 7 Abs. 2 der Verbrauchsgüterkaufrichtlinie.

formationspflichten bzw. -obliegenheiten auf und/oder gewährt dem Verbraucher Widerrufsrechte, damit sich dieser von seiner wirksam abgegebenen Willenserklärung wieder befreien kann. Marktkomplementäre Maßnahmen stehen also im Vordergrund. Dennoch folgt der Richtliniengeber nicht durchweg dem Leitbild des „mündigen“ Verbrauchers.[406] Der Ausgestaltung einiger Richtlinien liegt vielmehr die Vorstellung zugrunde, der Verbraucher sei wegen seiner typischen Unterlegenheit dem Gewerbetreibenden gegenüber zu schützen. Dies gilt auch in den Fällen, in denen der Gewerbetreibende alle ihm obliegenden Aufklärungs- und Informationspflichten erfüllt hat oder der Verbraucher wegen seiner geschäftlichen Erfahrung oder wirtschaftlichen Stärke nicht schutzbedürftig ist und es daher keinen Grund gibt, ihn nicht an seiner Entscheidung festzuhalten. Die vom Richtliniengeber normierten Schutzinstrumente lassen hier darauf schließen, daß die Gemeinschaftsorgane vom Leitbild des „unmündigen“ oder „unvernünftigen“ Bürgers ausgehen, der umfassender staatlicher Fürsorge bedarf.[407]

Gemeinsam ist allen erörterten Schutzinstrumenten, daß sie allgemeine Prinzipien des Vertragsrechts modifizieren.[408] Die Aufstellung von Informationsgeboten für den Anbieter berühren das aus dem Konzept der Privatautonomie fließende Prinzip, wonach es jedem Vertragsteil selbst obliegt, sich die für den Vertragsschluß relevanten Informationen selbst zu besorgen.[409] Die dem Verbraucher eingeräumten befristeten Widerrufs- und Rücktrittsrechte setzen das im Vertragsrecht allgemeingültige Prinzip der Vertragstreue („pacta sunt servanda“) außer Kraft, während die zahlreichen Formvorschriften den Kreis formbedürftiger Geschäfte erweitern und auf diese Weise die Vertragsabschlußfreiheit der Vertragsparteien beschränken. Die Inhaltskontrolle von Vertragsklauseln bewirkt eine Einschränkung der Vertragsgestaltungsfreiheit der Parteien. Dasselbe gilt für die zwingende Gestaltung von Vertragsinhalten durch den Gesetzgeber. Die beweisrechtlichen Regelungen weichen von dem im Vertragsrecht- wie im Haftungsrecht geltenden Grundsatz ab, daß jeder die ihm günstigen Tatsachen zu beweisen hat.

4. Spezifische Rechtsschutzinstrumente in einzelnen Richtlinien

Neben regelmäßig wiederkehrenden Rechtsinstrumenten hält der Gemeinschaftsgesetzgeber einzelne Schutzinstrumente bereit, die das einem Vertrag oder einer

---

406 Dreher, JZ 1997, 167 (171).
407 Müller-Graff in FS Börner, S. 303 (336); Dreher, JZ 1997, 167 (171); Hommelhoff, Verbraucherschutz, S. 4 f.
408 Heiss, ZfRV 1995, 54 (60).
409 Kemper, Verbraucherschutzinstrumente, S. 186.

Situation spezifisch anhaftende Risiko zugunsten des Verbrauchers verringern sollen.

Beispielhaft seien die Fernabsatzrichtlinie, die Pauschalreiserichtlinie und die Produkthaftungsrichtlinie genannt.

a) Schutz der Privatsphäre des Verbrauchers

Vertriebsspezifische Lauterkeitsregeln enthält die Fernabsatzrichtlinie. Diese wollen den Verbraucher gegen ein unerwünschtes Eindringen in seine Privatsphäre, insbesondere vor Belästigungen durch besonders aufdringliche Kommunikationstechniken schützen.[410] Art. 10 Abs. 2 verpflichtet daher die Mitgliedstaaten, dafür Sorge zu tragen, daß Fernkommunikationstechniken, die eine individuelle Kommunikation erlauben, nur dann verwendet werden, wenn der Verbraucher ihre Verwendung „nicht offenkundig abgelehnt“ hat. Darunter fallen etwa unerbetene Telefonanrufe oder e-Mails.[411] Die Verwendung der Kommunikation mit Automaten als Gesprächspartner (Voice-Mail-System) und der Fernkopie (Telefax) bedarf der vorherigen Zustimmung des Verbrauchers.[412]

Art. 9 regelt die Zusendung unbestellter Waren oder Erbringung nicht angeforderter Dienstleistungen. Diese sollen, sofern sie mit einer Zahlungsaufforderung verbunden sind, verboten werden. Bei unbestellt zugesendeten Waren ist der Verbraucher von jeder Gegenleistung freizustellen, sein Schweigen darf nicht als Annahme gedeutet werden.

b) Insolvenzschutz des Verbrauchers

Eine nichtvertragliche Regelung enthält auch Art. 7 der Pauschalreiserichtlinie, der den Verbraucher gegen eine Zahlungsunfähigkeit des Reiseveranstalters schützen will.[413] Danach hat der Veranstalter nachzuweisen, daß im Falle des Konkurses oder der Zahlungsunfähigkeit die Erstattung gezahlter Beiträge und die Rückreise des Verbrauchers sichergestellt ist. Da die Bundesrepublik die diesbezüglichen Vorgaben der Richtlinie nicht rechtzeitig umgesetzt hat, kann er nach den Grundsätzen der Francovich-Entscheidung des EuGH[414] im Wege der Schadensersatzklage wegen unterlassener Umsetzung haftbar gemacht werden.[415]

---

410 S. den 17. Erwägungsgrund.

411 Bodewig, DZWiR 1997, 447 (454).

412 Art. 10 Abs. 1.

413 Tonner, EuZW 1990, 409 (411).

414 Urteil vom 19. 11. 1991, Slg. 1991, I-5357 = JZ 1992, 305. Diese Rechtsprechung wurde fortgeführt in den Entscheidungen *Brasserie du Pecheur* und *Factortame III* vom 3. 5. 1996, Slg. 1996, I-1029, *British Telecommunications* vom 26. 3. 1996,

Auch die ursprünglichen Vorschläge der Kommission für eine Fernabsatzrichtlinie hatten noch vorgesehen, daß Vorkehrungen für den Fall der Zahlungsunfähigkeit des Lieferantens zu treffen sind.

c) Verschuldensunabhängige Haftung des Herstellers

Der Hersteller eines Produkts, durch das der Verbraucher geschädigt worden ist, haftet ohne Rücksicht auf ein etwaiges Verschulden. Er kann seine Haftung lediglich durch in Art. 7 der Richtlinie abschließend aufgezählte Entlastungsgründe abwenden, etwa dadurch, daß der vorhandene Fehler nach dem Stand der Wissenschaft und Technik zum Zeitpunkt des Inverkehrbringens nicht erkennbar war. Der Grund für die strenge Haftung liegt in der zunehmend arbeitsteiligen Produktion und Distribution, die dadurch spezifische Risiken für den Verbraucher mit sich bringt, daß dieser nicht zu erkennen vermag, wer für den verursachten Schaden verantwortlich ist.[416]

C. Verbraucherschutz in der Rechtsprechung des EuGH

I. Verbraucherschutz als zwingendes nationales Interesse

Neben den Rechtsangleichungsmaßnahmen von Rat und Kommission hat die Rechtsprechung des EuGH den Verbraucherschutz in der EG maßgeblich geprägt.[417] Der EuGH ist insoweit mit Verbraucherinteressen befaßt, als es um die Rechtfertigung mitgliedstaatlicher Maßnahmen geht, die die Grundfreiheiten, insbesondere den freien Waren- bzw. Dienstleistungsverkehr gemäß Art. 28 und

---

Slg. 1996, I-1631, *Hedley Lomas* vom 23. 5. 1996, Slg. 1996, I-2553, sowie *Bonifaci u. a.* vom 10. 7. 1997, EuZW 1997, 534. Der Entschädigungsanspruch setzt im einzelnen voraus, daß das durch die Richtlinie vorgeschriebene Ziel die Verleihung von Rechten an den einzelnen umfaßt, deren Inhalt auf der Grundlage der Richtlinie bestimmt werden kann und ein Kausalzusammenhang zwischen dem Verstoß gegen die dem Staat auferlegte Verpflichtung und dem dem Geschädigten entstandenen Schaden besteht. Dabei stellt der Umstand, daß die Richtlinie nicht hinreichend oder fristgemäß umgesetzt worden ist, als solcher einen „qualifizierten Verstoß" gegen das Gemeinschaftsrecht dar. Vgl. dazu auch Reich, EuZW 1997, 709 ff.

415 EuGH vom 8. 10. 1996 (*Dillenkofer)*, Slg.1996, I-4845 = EuZW 1996, 654.

416 Reich, Europäisches Verbraucherrecht, S. 409.

417 Dauses/Sturm, ZfRV 1996, 133 (139). Vgl. zur sog. gerichtlichen Rechtsangleichung auch Remien, ZfRV 1995, 116 (128 f.).

49 EGV[418], einschränken.[419] In dem Leiturteil *Cassis-de-Dijon*[420] hat der Gerichtshof erstmals anerkannt, daß die Mitgliedstaaten die Freiheit des grenzüberschreitenden Warenverkehrs in der EG durch nationale Produktvorschriften und Handelsregelungen einseitig einschränken dürfen, sofern die betreffende Regelung notwendig ist, um „zwingenden Erfordernissen einer wirksamen steuerlichen Kontrolle, des Schutzes der öffentlichen Gesundheit, der Lauterkeit des Handelsverkehrs oder des Verbraucherschutzes gerecht zu werden."[421] Erforderlich ist also eine Abwägung zwischen dem freien Warenverkehr und dem seine Beschränkung verlangenden Allgemeininteresse.[422] Bei Vorliegen eines „zwingenden Erfordernisses" ist der Tatbestand einer verbotenen „Maßnahme gleicher Wirkung" im Sinne des Art. 28 EGV nicht erfüllt.[423] Zugleich stellen die „zwingenden Erfordernisse" ein Korrektiv für die *Dassonville*-Formel des EuGH dar, der als Maßnahme gleicher Wirkung „jede Handelsregelung der Mitgliedstaaten" ansieht, „die geeignet ist, den innergemeinschaftlichen Handel unmittelbar oder mittelbar, tatsächlich oder potentiell zu behindern."[424]

„Zwingende Erfordernisse" des Verbraucherschutzes können etwa ein nationales Verbot verwechslungsfähiger Produktaufmachung oder irreführender Werbung oder auch nationale Vorschriften über die Produktkennzeichnung rechtfertigen.[425] Die mitgliedstaatliche Regelung muß jedoch gleichermaßen für eingeführte und einheimische Erzeugnisse gelten und den Grundsatz der Verhältnismäßigkeit wahren, d.h., sie muß für die Verwirklichung des mit ihr verfolgten

---

418 Ex-Art. 30 und 59 EGV.

419 Reich, Europäisches Verbraucherrecht, S. 32.

420 EuGH vom 20. 2. 1979 *(Rewe)*, Slg. 1979, 649.

421 EuGH, a. a. O., Rn 8.

422 Steindorff, EG-Vertrag, S. 86.

423 EuGH vom 17. 6. 1981 *(Kommission/Irland)*, Slg. 1981, 1625 (1639), Rn 9. Nach überwiegender Meinung handelt es sich bei den zwingenden Erfordernissen um „immanente Grenzen" des Art. 28 EGV, Aicher in Schuhmacher, Verbraucherschutz in Österreich, S. 89 (93); Ackermann, WRP 1996, 502 (515).

424 EuGH vom 11. 7. 1974 *(Dassonville)*, Slg. 1974, 837 (852), Rn 5. Vgl. zur Dassonville-Formel Müller-Graff in von der Groeben/Thiesing/Ehlermann, Art. 30, Rn 39 f.

425 Dauses/Sturm, ZfRV 1996, 133 (140 f.) Sog. Verkaufsmodalitäten fallen nach der jüngsten Rechtsprechung des EuGH nicht mehr unter den Anwendungsbereich des Art. 28 EGV; vgl. nur EuGH vom 24. 11. 1993 (*Keck und Mithouard*), Slg. 1993, I-6097 (6131), Rn 16. Dies betrifft etwa nationale Regelungen über die Umstände des Verkaufs oder der Leistungserbringung beispielsweise hinsichtlich des Orts oder des Zeitpunkts, vgl. EuGH vom 15. 12. 1993 (*Hünermund u. a.*), Slg. 1993, I-6787 (6823), Rn 22; EuGH vom 2. 6. 1994 (*Tankstation 't Heukske und Boermans)*, Slg. 1994, I-2199 (2234), Rn 14; EuGH vom 20. 6. 1996 (*Semeraro Casa Uno u. a.)*, Slg. 1996, I-2975 (3008), Rn 28.

Zieles geeignet sein und darf in ihrer beschränkenden Wirkung nicht über das hinausgehen, was zur Erreichung dieses Zieles erforderlich ist.[426] Es ist also stets derjenigen Maßnahme der Vorzug zu geben, die den geringstmöglichen Eingriff in die Freiheit des Warenverkehrs bedeutet.[427] Ein absolutes Warenverkehrsverbot kann daher nicht durch zwingende Erfordernisse des Verbraucherschutzes gerechtfertigt werden, wenn der Schutz der Verbraucher durch angemessene Information, beispielsweise durch eine Etikettierung des angebotenen Erzeugnisses in bezug auf Art, Inhaltsstoffe und Eigenschaften, ausreichend gewährleistet wird.[428] Die *Cassis-de Dijon*-Formel wurde durch eine große Zahl von Folgeurteilen bestätigt[429] und vom EuGH für den freien Dienstleistungsverkehr weiterentwickelt.[430] Entsprechend seiner Judikatur zu Art. 28 EGV hält der Gerichtshof auch im Falle der Dienstleistungsfreiheit Beschränkungen neben den in Art. 49 EGVund Art. 55 EGV[431] genannten Gründen nur für gerechtfertigt, wenn sie „aus zwingenden Gründen des Allgemeininteresses" erforderlich sind.[432]

Dem Anwendungsbereich der *Cassis-de-Dijon*-Formel werden jedoch durch bereits ergangene Rechtsangleichungsmaßnahmen im Bereich des Verbraucherschutzes Grenzen gesetzt: Die Berufung auf zwingende Erfordernisse des Verbraucherschutzes – ebenso wie der Rückgriff auf ex-Art. 36 EGV[433] – ist ausgeschlossen, sobald eine Richtlinie der Gemeinschaft eine vollständige Harmonisierung des betreffenden Bereiches herbeigeführt hat.[434] In diesem Fall sind sämtliche materiell-rechtlichen Anforderungen dem Harmonisierungsakt zu entneh-

426 EuGH vom 10. 11. 1982 *(Rau)*; Slg. 1982, 3961 (3972), Rn 12; EuGH vom 30. 11. 1995 *(Gebhard)*, Slg. 1995, I- 4164 (4197), Rn 37.

427 EuGH vom 10. 11. 1982 *(Rau)*; Slg. 1982, 3961 (3972), Rn 12.

428 EuGH vom 23. 2. 1988 *(Kommission/Frankreich)*; Slg. 1988, 793 (812), Rn 10; EuGH vom 2. 2. 1989 *(Kommission/Deutschland)*, Slg. 1989, 229; Schuhmacher in ders., Verbraucherschutz in Österreich, S. 235 (240); Dauses/Sturm, ZfRV 1996, 133 (140).

429 EuGH vom 12. 3. 1987 *(Kommission/Deutschland)*, Slg. 1987, 1227 = NJW 1987, 1133; EuGH vom 14. 7. 1988 *(Drei Glocken)*; Slg. 1988, 4233; EuGH vom 7. 3. 1990 *(GB-INNO-BM)*; Slg.1990, I- 667 = EuZW 1990, 222; EuGH vom 18. 5. 1993 *(Yves Rocher)*, Slg. 1993, I-2361 = EuZW 1993, 420; EuGH vom 2. 2. 1994 *(Clinique)*, Slg. 1994, I-317 = EuZW 1994, 148.

430 EuGH vom 25. 7. 1991 *(Säger/Dennemeyer)*, Slg. 1991, I-4221; EuGH vom 24. 3 1994 *(Schindler)*, Slg. 1994, I-1039.

431 Ex-Art. 66 EGV.

432 EuGH vom 4. 12. 1986 *(Kommission/Deutschland)*, Slg. 1986, 3755 (3803), Rn 29.

433 Müller-Graff in von der Groeben/Thiesing/Ehlermann, Art. 36, Rn 14.

434 v. Hoffmann, ZfRV 1995, 45 (46).

men.[435] Eine Befugnis zur Abweichung von einer Richtlinienvorschrift besteht für einen Mitgliedstaat nur dann, wenn diese selbst die Anwendung abweichender innerstaatlicher Bestimmungen zuläßt[436] oder die vertragliche Ermächtigungsgrundlage selbst, wie Art. 153 Abs. 5 EGV für binnenmarktunabhängige Maßnahmen oder Art. 95 Abs. 4 EGV[437] für binnenmarktbezogene Angleichungsmaßnahmen, die Beibehaltung oder Einführung strengerer Schutzvorschriften gestattet.[438] Allerdings müssen die höheren nationalen Standards ihrerseits mit der spezifischen Zielsetzung der jeweiligen Richtlinie vereinbar und verhältnismäßig im Sinne der *Cassis*-Doktrin sein.[439]

Die *Cassis-de-Dijon*-Doktrin hat daher auch eine bedeutsame Auswirkung auf die binnenmarktbezogene Harmonisierungspolitik der Gemeinschaftsorgane auf dem Gebiet des Verbraucherschutzes. Ein Bedürfnis nach Rechtsangleichung zur Verwirklichung des Binnenmarktes besteht regelmäßig dort, wo sich die Mitgliedstaaten auf die „zwingenden Erfordernisse" im Sinne der *Cassis*-Formel oder auf die Ausnahmetatbestände des Art. 30 EGV[440] stützen können, die Beschränkung des freien Verkehrs also gerechtfertigt und nicht unverhältnismäßig ist.[441] Denn die Anerkennung nationaler Verbraucherschutzinteressen kann ihrerseits zu Wettbewerbsverzerrungen führen, die der Verwirklichung des Binnen-

---

435 Dauses, EuZW 1995, 425 (428) mit zahlreichen Nachweisen aus der EuGH-Rechtsprechung.

436 Allerdings ist eine solche Öffnungsklausel unwirksam, wenn das von der Richtlinie zugelassene nationale Recht eine Grundfreiheit beschränkt und auch nicht durch zwingende Erfordernisse des Allgemeininteresses gerechtfertigt ist, weil dieses Interesse bereits durch die Richtlinie ausreichend geschützt wird, vgl. Steindorff, EG-Vertrag, S. 426.

437 Die Voraussetzungen für die Ausübung des Ausscherrechtes nach dieser Vorschrift sind umstritten. Vgl. dazu Müller-Graff, EuR 1989, 107 (147 f.).

438 Dauses/Sturm, ZfRV 1996, 133 (140); Steindorff, EG-Vertrag, S. 417 f; v. Hoffmann, ZfRV 1995, 45 (46); Aicher in Schuhmacher, Verbraucherschutz in Österreich, S. 89 (93).

439 Schmidt, RabelsZ 59 (1995), 569 (581).

440 Art. 30 EGV erfaßt jedoch nicht den Schutz wirtschaftlicher Verbraucherinteressen, vgl. Reich, Europäisches Verbraucherrecht, S. 109.

441 Bleckmann, Europarecht, § 26, Rn 2180; Bardenhewer/Pipkorn in von der Groeben/Thiesing/Ehlermann, Art. 100a, Rn 12; von der Heide in Dauses, EG-Recht, S. 183 f.; Steindorff, EG-Vertrag, S. 219; Schmidt, RabelsZ 59 (1995), 569 (581 f.); Schwartz, ZEuP 1994, 559 (576); Remien, JZ 1994, 349 (353), ders., ZfRV 1995, 116 (119); Joerges, ZEuP 1995, 181 (186). Allerdings bleibt auch darüber hinausgehend – etwa zur Standardisierung, zur Informationsverbesserung oder zur Beseitigung von standortbezogenen Wettbewerbsverzerrungen – eine Rechtsangleichung zulässig, vgl. Müller-Graff in von der Groeben/Thiesing/Ehlermann, Art. 30, Rn 350; Bleckmann, Europarecht, § 26, Rn 2180; Bardenhewer/Pipkorn in von der Groeben/Thiesing/Ehlermann, Art. 100 a, Rn 13.

marktes zuwiderlaufen. Hier bedarf es daher einer gewissen Harmonisierung des Verbraucherschutzrechts.[442] Durch die Harmonisierung werden die gemeinschaftsrechtlich zulässigen Beschränkungen der Grundfreiheiten beseitigt und gemeinschaftsweite Mindeststandards für alle Mitgliedstaaten festgesetzt, die die Funktionsfähigkeit des Binnenmarktes gewährleisten sollen.[443] Soweit nationale Regelungen den genannten Erfordernissen nicht entsprechen, sind sie bereits nach den Vorschriften des EG-Vertrags – Art. 28 und 43[444] – unzulässig. Hier erfolgt eine Harmonisierung im Wege der gegenseitigen Anerkennung zwischen den Mitgliedstaaten.[445]

II. Das Verbraucherleitbild des EuGH

Im Gegensatz zum Richtliniengeber zeichnet der EuGH in seiner Rechtsprechung zu den Grundfreiheiten und in seinen lauterkeitsrechtlichen Entscheidungen das Bild des wohlinformierten oder zumindest informierbaren Verbrauchers, der in eigener Verantwortung und ohne paternalistische Fürsorge seine Entscheidungen treffen kann und muß.[446]

Bereits im Urteil *Cassis-de-Dijon* hat der EuGH ausgeführt, daß „eine angemessene Unterrichtung der Käufer sich ohne Schwierigkeiten dadurch erreichen läßt, daß man die Angabe von Herkunft und Alkoholgehalt auf der Verpackung des Erzeugnisses vorschreibt."[447]

Auch in seinen weiteren Entscheidungen hat der Gerichtshof bei der Abwägung zwischen der Verwirklichung der Marktfreiheiten und dem Verbraucherschutz stets betont, „daß das Gemeinschaftsrecht eines der grundlegenden Erfordernisse des Verbraucherschutzes in der Unterrichtung der Verbraucher sieht"[448] und Einfuhr- und Vermarktungsverbote für unverhältnismäßig erklärt, wenn „der Schutz der Verbraucher ebenso wirksam durch andere Maßnahmen, wie zum Beispiel Etikettierungsvorschriften gewährleistet werden kann, die den freien Warenverkehr weniger behindern."[449] Insbesondere Verkehrsverbote für Import-

---

442 Schwartz, ZEuP 1994, 559 (576).

443 Basedow, RabelsZ 59 (1995), 1 (4); Joerges, ZEuP 1995, 181 (186).

444 Ex-Art. 52.

445 Dauses, EuZW 1990, 8 (11); Aicher in Schuhmacher, Verbraucherschutz in Österreich, S. 89 (94); Schwartz, ZEuP 1994, 559 (577); von der Heide in Dauses, EG-Recht, S. 183 f.

446 Müller-Graff in FS Börner, S. 303 (336); Hommelhoff, AcP 192 (1992), 71 (94).

447 EuGH vom 20. 2. 1979 (*Rewe)*; Slg. 1979, 649 (664), Rn 13.

448 EuGH vom 7. 3. 1990 (*GB-INNO-BM),* Slg. 1990, I-667 (689), Rn. 18.

449 EuGH vom 10. 11. 1982 (*Rau)*, Slg. 1982, 3961 (3973), Rn 17; EuGH vom 18. 5 1993 (*Yves Rocher*), Slg. Slg. 1993, I-2361 (2390), Rn 18.

waren, die aus nationalen Bezeichnungsvorschriften resultieren, erkennt der EuGH grundsätzlich nicht an, wenn die eingeführten Waren im Ausfuhrstaat unter einer entsprechenden Bezeichnung rechtmäßig hergestellt und in den Verkehr gebracht worden sind und eine korrekte Information des Käufers gewährleistet ist.[450] Der nationale Gesetzgeber ist in diesen Fällen verpflichtet, zunächst zu prüfen, ob er die dem Verbraucher drohende Täuschungs- oder Irreführungsgefahr nicht durch eine geeignete Etikettierung hinsichtlich der Art des verkauften Erzeugnisses und Angaben über die Inhaltsstoffe vermeiden kann, „durch die der Verbraucher die notwendigen Angaben erhalten und somit seine Wahl in Kenntnis aller Umstände treffen kann.“[451] Ist dies möglich, dann „darf ein Mitgliedstaat sich nicht hinter den Erfordernissen des Verbraucherschutzes verschanzen, indem er sich auf die Gefahr einer Irreführung der Verbraucher beruft.“[452] Nur unter der Voraussetzung einer wesentlichen Täuschungsgefahr, die durch keine richtigstellenden Angaben beseitigt werden kann, darf der Verbraucher folglich durch Handelsverbote geschützt werden.[453] Nach Auffassung des EuGH ist Verbraucherschutz also in erster Linie durch produktbezogene Information zu gewährleisten.[454] Dabei wird der Verbraucher auch mit einer Informationsobliegenheit belastet.[455] So hat der EuGH im Fall *Pall/Dahlhausen*[456] entschieden, daß „umsichtige Wirtschaftsteilnehmer, die wissen möchten, ob ein Warenzeichen eingetragen ist, im öffentlichen Register die Rechtslage in bezug auf das fragliche Warenzeichen prüfen können.“ Nach Auffassung des Gerichtshofes ist dem Verbraucher sogar eine fremdsprachige Etikettierung zuzumuten, wenn diese den gleichen Informationsgehalt aufweist und ebenso verständlich ist wie die Aufmachung einheimischer Produkte.[457]

---

450 EuGH vom 14. 7. 1988 *(Smanor)*, Slg. 1988, 4489 (4513), Rn 25. Vgl. auch EuGH vom 9. 12. 1981 *(Kommission/Italien)*, Slg. 1981, 3019 (3036), Rn 27; EuGH vom 12. 3. 1987 *(Kommission/Deutschland)*, Slg. 1987, 1227 (1271), Rn 35.

451 EuGH vom 7. 3. 1990 *(GB-INNO-BM)*, Slg. 1990, I-667 (689), Rn 17. Vgl. auch EuGH vom 9. 12. 1981 *(Kommission/Italien)*, Slg. 1981, 3019; EuGH vom 12. 3. 1987 *(Reinheitsgebot für Bier)*, Slg. 1987, 1227 sowie EuGH vom 18. 05. 1993 *(Yves Rocher)*, Slg. 1993, I-2361 (2390), Rn 17, wonach Preisgegenüberstellungen „sehr nützlich sein können, um es dem Verbraucher zu ermöglichen, seine Wahl in voller Kenntnis der Sachlage zu treffen.“

452 EuGH vom 23. 2. 1988 *(Kommission/Frankreich)*, Slg. 1988, 793; EuGH vom 11. 5. 1989 *(Kommission/Deutschland)*, Slg. 1989, 1021.

453 Leisner, EuZW 1991, 498 (502).

454 Aicher in Schuhmacher, Verbraucherschutz in Österreich, S. 89 (112).

455 Meyer, WRP 1993, 215 (223); Hommelhoff, AcP 192 (1992), 71 (95).

456 Urteil vom 13. 12. 1990, Slg. 1990 I-4827 (4849), Rn 21= EuZW 1991, 183.

457 EuGH vom 16. 12. 1980 *(Fietje)*, Slg. 1980, 3839 (3854), Rn 12.

In seiner Entscheidung vom 12. 3. 1987[458] hat der EuGH zudem betont, daß das Recht eines Mitgliedstaates nicht dazu dienen dürfe, gegebene Verbrauchergewohnheiten zum Nachteil von Einfuhrerzeugnissen zu zementieren. Gerade die Einführung eines Gemeinsamen Marktes sei ein wesentlicher Faktor zur Fortentwicklung von Verbrauchervorstellungen. Der einheimische Verbraucher soll nicht daran gehindert werden, ein nach den Traditionen eines anderen Mitgliedstaates hergestelltes Erzeugnis kennenzulernen, wenn dessen Etikett deutlich die Herkunft aus einem anderen Gebiet der Gemeinschaft anzeigt.[459] Nach Ansicht des EuGH soll also der Verbraucher dazu erzogen werden, seine Konsumgewohnheiten der Dynamik des europäischen Marktes anzupassen.[460]

Aus den zitierten Urteilen des EuGH wird deutlich, daß der Gerichtshof sich am Bild des aufmerksamen, kritischen und informierbaren Verbrauchers orientiert, der Informationen aufnehmen und bewerten kann, und sodann in der Lage ist, auf der Grundlage der ihm gegeben Informationen, eine eigenverantwortliche Entscheidung zu treffen.[461] Geschützt wird nur die Freiheit der Informationsaufnahme; macht der Verbraucher von ihr keinen Gebrauch, ist er nicht schutzwürdig.[462] Der EuGH legt also seinen Entscheidungen das Leitbild des „mündigen“[463] oder des „verständigen“[464] Verbrauchers zugrunde.

D. Defizite der EG-Rechtsangleichung im Bereich des Verbraucherschutzes

Die europäischen Vereinheitlichungsbemühungen im Bereich des privatrechtlichen Verbraucherschutzes stoßen in der deutschen Literatur zunehmend auf Kritik. Die Bedenken richten sich zum einen gegen die Schaffung von Verbraucherrecht durch punktuelle und detailgenaue Richtlinien, die nach Ansicht der Kritiker die nationale Gesetzgebung sowie die Gesetzesanwendung und -auslegung mit Problemen belastet, zum anderen gegen die Begrenzung des persönlichen Anwendungsbereichs der Richtlinien auf „Verbraucher“, die die Gefahr der Eta-

458 *Kommission/Deutschland*, Slg. 1987, 1227 (1270), Rn 32.
459 EuGH vom 17. 3. 1983 (*De Kikvorsch)*, Slg. 1983, 947(958), Rn 8.
460 Leisner, EuZW 1991, 498 (501).
461 Meyer, WRP 1993, 215 (224); Leible, DZWir 1994, 177 (178 f.); Everling, ZLR 1994, 221 (234).
462 Leisner, EuZW 1991, 498 (502).
463 Dauses, EuZW 1995, 425 (430); Müller-Graff in FS Börner, S. 303 (336).
464 Dreher, JZ 1997, 167 (172).

blierung eines von den grundlegenden Wertungen der Zivilrechtsordnung abweichenden Sonderprivatrechts in sich berge.[465]

I. Systembrüche in der nationalen Rechtsordnung

Einer der Hauptkritikpunkte an der bisherigen Methode europäischer Rechtsangleichung ist, daß es infolge der Umsetzung von Richtlinieninhalten zu Systembrüchen in der nationalen Rechtsordnung in Form von begrifflichen und konzeptionellen Fremdartigkeiten sowie zu Rechtszersplitterung kommt. Die Gründe hierfür werden in dem punktuellen Charakter der Angleichung, die ohne durchgehendes Gesamtkonzept vorgenommen wird, sowie in der Detailgenauigkeit vieler Richtlinien gesehen, die dem nationalen Gesetzgeber die Einarbeitung der europäischen Regelungen in die innerstaatliche Rechtsordnung erschweren.

1. Terminologische und systematische Fremdkörper im nationalen Recht

Kritisiert wird vor allem der fragmentarische Charakter der europäischen Verbraucherschutzregelungen. Wie bereits an anderer Stelle ausgeführt,[466] beschränkt sich der Gemeinschaftsgesetzgeber bislang auf das Aufgreifen von einzelnen Fragen des Vertrags- und Haftungsrechts; ein übergreifendes Gesamtkonzept ist nicht ersichtlich. Das Fehlen einer Gesamtkonzeption zeigt sich bereits auf Gemeinschaftsebene daran, daß die einzelnen, auf den Schutz des Verbrauchers abzielenden Richtlinien konzeptionell und begrifflich nicht aufeinander abgestimmt sind[467]. So wird etwa in der Pauschalreiserichtlinie ein anderer Verbraucherbegriff verwendet als in der Verbraucherkreditrichtlinie; die Richtlinien weisen teils einen vertragsspezifischen, teils einen situationsspezifischen Schutzansatz auf.[468] Kritisiert wird auch die fehlende Abstimmung der zum Schutz der Verbraucher eingesetzten Rechtsinstrumente, die sich etwa in dem unterschiedlich geregelten Fristenlauf der in der Verbraucherkredit-, in der Time-Sharing-

---

465 Im folgenden werden die Defizite der europäischen Rechtsangleichung im Bereich des Verbraucherschutzes sowie der aktuelle Diskussionsstand in der deutschen Literatur dargestellt. Eine Auseinandersetzung mit den diskutierten Problemen erfolgt im dritten Teil der Arbeit unter F. IV.

466 S. unter B. IV.

467 Dreher, JZ 1997, 167 (167 (168); Müller-Graff, NJW 1993, 13 (19). S. auch Steindorff, EG-Vertrag, S. 51.

468 Vgl. dazu die Ausführungen unter B. III. und IV.

und in der Haustürgeschäfterichtlinie normierten Widerrufsrechte zugunsten des Verbrauchers zeigt.[469]

Die Tatsache, daß die europäischen Regelungen in ihrer letztlich beschlossenen Fassung Kompromisse zwischen den unterschiedlichen rechtlichen Traditionen der Mitgliedstaaten darstellen, die weder auf einem homogenen Rechtsverständnis der Verfasser noch auf einem einheitlichen Rechtssystem aufbauen, und daher die Systemzusammenhänge in den einzelnen Mitgliedstaaten nicht beachten, bereitet dem nationalen Gesetzgeber Schwierigkeiten bei der Umsetzung des Richtlinieninhalts, da er unter Umständen Rechtskonzeptionen übernehmen muß, die seiner Rechtsordnung fremd sind.[470] Zwar liegt der Vorzug des zweistufigen Rechtsetzungsverfahrens gerade darin, daß es dem nationalen Gesetzgeber ermöglicht wird, die europäischen Vorgaben an die Systematik des inländischen Rechts zu adaptieren.[471] Der nationale Gesetzgeber kann sich jedoch vor allem dort, wo ein neuartiges Regelungskonzept eingeführt wird, weder von der Systematik noch von der Terminologie – beispielsweise von dem Begriff des Verbrauchers – der Richtlinie vollständig lösen.[472] Namentlich dort, wo die Privatrechtsordnung, wie in Deutschland, durch eine alte, dogmatisch durchdrungene Kodifikation geprägt ist, können deren Systematik und Kohärenz durch die schrittweise „Europäisierung" beeinträchtigt werden.[473]

Erschwert wird eine systemgerechte Einpassung der europäischen Rechtsakte auch durch die hohe Regelungsdichte vieler Richtlinien.[474] Vor allem die Pauschalreise- und die Time-Sharing-Richtlinie enthalten umfangreiche Informationskataloge, die vom nationalen Gesetzgeber nicht mehr im Sinne des Art. 249 Abs. 3 EGV „umgesetzt" werden können. Vielmehr verbleibt dem Gesetzgeber in diesen Fällen, will er den Richtlinieninhalt vollständig transformieren, nur das „Abschreiben" des Richtlinientextes.[475] Dasselbe gilt für die in den meisten Richtlinien enthaltenen Definitionen des persönlichen und sachlichen Anwendungsbereichs.[476]

Die in fremder Rechtsterminologie abgefaßten Richtlinientexte enthalten aber vielfach Begriffsbildungen und Formulierungen, die in den nationalen Rechts-

469 Kappus, EWS 1996, 273 (277).
470 Blaurock, JZ 1994, 270 (276).
471 S. bereits die Ausführungen unter B. II. 2.
472 Ulmer, JZ 1992, 1 (6); Schlechtriem, JZ 1997, 441 (443).
473 Blaurock in Starck, Rechtsvereinheitlichung, S. 90 (93); Joerges, ZEuP 1995, 181 (201), Steindorff, EG-Vertrag, S. 410; Müller-Graff, NJW 1993, 13 (22).
474 Hauschka, JZ 1990, 521 (524); Blaurock, JZ 1994, 270 (276); Müller-Graff, NJW 1993, 13 (22).
475 Hauschka, JZ 1990, 521 (526).
476 Vgl. bereits die Beispiele unter B. II. 2. d).

ordnungen nicht gebräuchlich sind oder einen anderen Sinngehalt aufweisen und deren Übernahme daher auch strukturelle Auswirkungen auf die nationalen Rechte haben kann.[477]

Ungebräuchlich im deutschen Recht sind etwa die durch die Verbraucherkreditrichtlinie eingeführten Begriffe des „Kreditvertrages", des „Zahlungsaufschubes" sowie der einem Darlehen „ähnlichen Finanzierungshilfe." Das Hinausschieben des Fälligkeitszeitpunktes durch vertragliche Vereinbarung, das mit dem Begriff „Zahlungsaufschub" gemeint ist, wird in Deutschland als „Stundung" bezeichnet.[478] Durch den gemeinschaftsrechtlichen „Kreditvertrag" wird in der deutschen Vertragsrechtsordnung ein neuer Vertragstypus eingeführt, der neben dem eigentlichen Darlehen i. S. der §§ 607 ff. BGB auch die Stundung und „ähnliche Finanzierungshilfen" umfaßt und sich daher nicht in die herkömmliche Einteilung der Schuldvertragstypen im BGB einordnen läßt.[479]

Der Grund für die abweichende Begriffswelt auf europäischer Ebene ist darin zu sehen, daß den Richtliniengebern wegen der Vielzahl der vertretenen Sprachen und infolge der unterschiedlichen nationalen Rechtsdogmatik keine allen Mitgliedstaaten gemeinsame juristische Fachsprache zur Verfügung steht.[480] Zudem fördert das schwierige Entscheidungsverfahren in der EG den Hang zu formelhaften, umständlichen und unklaren Formulierungen.[481]

Der nationale Gesetzgeber befindet sich bei der Umsetzung punktueller und detaillierter Richtlinien daher in einem Dilemma: Will er den Richtlinieninhalt an Systematik und Terminologie des inländischen Rechts anpassen, so kann er einerseits die gegebenen Definitionen nicht unbesehen übernehmen, sondern muß sie in die jeweilige nationale Rechtssprache „übersetzen".[482] Diese Vorgehensweise birgt andererseits ein gewisses Risiko für den nationalen Gesetzgeber: Weicht er nämlich zu weit von der Definition des Richtliniengebers ab, läuft er Gefahr, die Richtlinie inhaltlich nicht vollständig umzusetzen, so daß der Mitgliedstaat wegen Verstoßes gegen die gemeinschaftsrechtliche Umsetzungsverpflichtung einem Vertragsverletzungsverfahren nach Art. 227 EGV[483] ausgesetzt werden kann.[484] Auch nach der Judikatur des EuGH erfordert die Umsetzung ei-

477 Blaurock in Starck, Rechtsvereinheitlichung, S. 90 (95).
478 Vgl. Palandt-Heinrichs, § 271, Rn 12.
479 Hauschka, JZ 1990, 521 (526); Müller-Graff in FS Börner; S. 303 (339).
480 Heiss, ZfRV 1995, 54 (55).
481 Borchardt in Lenz, EGV-Kommentar, Art. 220, Rn 14; Timmermans in Schäffer, Europäische Integration, S. 21 (25 f.)
482 Blaurock in Starck, Rechtsvereinheitlichung, S. 91 (95).
483 Ex-Art. 170 EGV.
484 Müller-Graff in FS Börner, S. 303 (339); Rittner, JZ 1995, 849 (852); Hauschka, JZ 1990, 521 (526).

ner Richtlinie zwar nicht notwendig die wörtliche Übernahme ihrer Bestimmungen.[485] Zur Sicherstellung eines wirksamen Schutzes sei es aber unter Umständen unerläßlich, den Richtlinientext wörtlich in den Umsetzungsakt zu übernehmen, um der Umsetzungsverpflichtung vollständig nachzukommen.[486] Aus diesem Grund wird sich der nationale Gesetzgeber eher darauf beschränken, die von der Richtlinie vorgegebenen Definitionen wörtlich oder nur leicht verändert zu übernehmen.[487] Dies hat aber nicht selten zur Folge, daß terminologische und systematische Fremdkörper in die innerstaatliche Rechtsordnung eingebaut werden.[488] Zudem passen die detaillierten Vorschriften etwa der Pauschalreiserichtlinie nicht zu der relativ geringen Regelungsdichte der sonstigen Vertragstypen des BGB.[489] Durch die Übernahme sehr detaillierter Regelungen besteht außerdem die Gefahr einer fortschreitenden Unübersichtlichkeit des nationalen Rechts.[490]

Richtlinien mit bis in die Einzelheiten ausgefeiltem Inhalt, die kaum gestalterische Freiräume zur Berücksichtigung nationaler Besonderheiten lassen, führen also in vielen Fällen zu einer Reduktion der nationalen Gesetzgebungstätigkeit; der nationale Gesetzgeber wird zu einem „Kopier-“[491] oder „Umsetzungsautomaten.“[492] Für eine eigenständige Gesetzgebung verbleiben ihm regelmäßig nur noch die Spielräume, die in der Richtlinie selbst vorgesehen sind.[493] Der Legitimationszuwachs, der durch die Wahl des Instrumentes der Richtlinie erreicht werden soll, wird somit durch die detailgenauen Festlegungen des Richtliniengebers wieder zunichte gemacht.[494]

---

485 EuGH vom 9. 4. 1987 (*Kommission/Italien)*, Slg. 1987, 1733 (1742), Rn 7; EuGH vom 27. 4. 1988 (*Kommission/Frankreich)*, Slg. 1988, 2243 (3363), Rn 5; EuGH vom 28. 2. 1991 (*Kommission/Deutschland*), Slg. 1991 I-825 (867), Rn 6.

486 EuGH vom 27. 4. 1988 (*Kommission/Frankreich*), Slg. 1988, 2243 (2266), Rn 19; EuGH vom 28. 2. 1991 (*Kommission/Deutschland)*, Slg. 1991 I-825 (870), Rn 19.

487 Rittner, JZ 1995, 849 (852).

488 Müller-Graff, in FS Börner, S. 303 (339); Hauschka, JZ 1990, 521 (526).

489 Führich, NJW 1994, 2446 (2447); ders., EuZW 1993, 347 (348); Tonner, EuZW 1990, 409 (412).

490 Remien in Jahrbuch Junger Zivilrechtrechtswissenschaftler 1991, S. 11 (39).

491 Taupitz, Europäische Privatrechtsvereinheitlichung, S. 20.

492 Remien in Jahrbuch junger Zivilrechtswissenschaftler 1991, S. 11 (39); Everling in FS Steindorff, S. 1155 (1166).

493 Hauschka, JZ 1990, 521 (527).

494 Müller-Graff, NJW 1993, 13 (22); Taupitz, Europäische Privatrechtsvereinheitlichung, S. 48 f.

2. *Zunehmende Rechtszersplitterung*

In der deutschen Umsetzungspraxis haben der „pointillistische“[495] Charakter und die Detailgenauigkeit der Verbraucherschutzrichtlinien dazu geführt, daß der Gesetzgeber von einer Eingliederung der Richtlinieninhalte in das BGB abgesehen und eine Anzahl von Spezialgesetzen geschaffen hat. Hier wurden in Umsetzung der europäischen Verbraucherschutzrichtlinien das Haustürwiderrufsgesetz[496], das Produkthaftungsgesetz[497], das Verbraucherkreditgesetz[498] und das Teilzeit-Wohnrechtegesetz[499] geschaffen. Lediglich die in Umsetzung der Pauschalreiserichtlinie erlassenen Vorschriften wurden in das BGB integriert.[500]

In der deutschen Literatur wird aufgrund dieser Entwicklung der Zerfall der nationalen Kodifikation befürchtet[501]; europäische Rechtsvereinheitlichung werde, so manche Stimmen, mit nationaler Rechtszersplitterung erkauft.[502] Bemängelt wird auch, daß die Umsetzung der Richtlinien aufgrund der mangelnden Integration in das bereits bestehende Recht in manchen Bereichen zu einer Zweispurigkeit von tradiertem und angeglichenem Recht führt.[503] So ist in Deutschland bei Ansprüchen wegen Schädigung durch ein fehlerhaftes Produkt neben dem in einem Sondergesetz geregelten Produkthaftungsrecht europäischer Provenienz das fortgeltende Deliktsrecht der §§ 823 ff. BGB ergänzend heranzuziehen. Auch die Umsetzung der Verbrauchsgüterkaufrichtlinie könnte, falls sie als besonderes Kaufrecht für Verbraucher umgesetzt würde, neben den Regeln der §§ 459 ff. BGB und den Vorschriften über den Handelskauf in einem dritten Rechtsnormenstrang den Verbraucherkauf einführen.[504]

---

495 Der Begriff geht auf Kötz, RabelsZ 50 (1986), 1 (5), zurück.

496 S. Fn 26. Das Haustürwiderrufsgesetz (HWiG) wurde nur kurze Zeit nach dem Beschluß der EG-Richtlinie verkündet und wird daher als vorweggenommene Anpassung an das europäische Recht betrachtet, vgl. den Bericht des Rechtsausschusses, BT-Drucks. 10/4210, 9.

497 S. Fn 27.

498 S. Fn 28.

499 S. Fn 29.

500 §§ 651 a ff. BGB.

501 Remien, in Jahrbuch junger Zivilrechtswissenschaftler 1991, S. 11 (39).

502 Taupitz, Europäische Privatrechtsvereinheitlichung, S. 42, Blaurock, JZ 1994, 270 (276); Gilles, ZRP 1989, 299 (303).

503 Tonner, JZ 1996, 533 (538); Taupitz, Europäische Privatrechtsvereinheitlichung, S. 43.

504 So die Befürchtung von Schlechtriem, JZ 1997, 441.

3. Verlust an Rechtssicherheit bei der Rechtsanwendung

Die punktuell ausgerichtete Rechtsetzungspolitik der Gemeinschaft belastet auch die Rechtsanwendung mit Problemen. Kritisiert wird von deutschen Autoren insbesondere, daß die zunehmende Zahl von Spezialgesetzen im Bereich des Vertrags- und Haftungsrechts zur Unübersichtlichkeit über die verschiedenen Rechtsquellen führe und so die Rechtsanwendung erschwere.[505] Das Auffinden der in Frage kommenden Rechtsquellen und ihre richtige Anwendung werde immer schwieriger: Die Prüfung, welches Recht mit welchem Anwendungsbereich gilt und welche Normen daher möglicherweise Vorrang genießen, erfordere aufgrund des Bestehens mehrerer Rechtsnormenstränge teils autonomer, teils europarechtlicher Herkunft einen zunehmenden Aufwand.[506]

Punktuelle Regelungen durch Richtlinien ziehen zudem eine Fülle von Abgrenzungsfragen nach sich.[507] Dies gilt namentlich für solche Richtlinien, die, wie die Mehrzahl der Verbraucherschutzrichtlinien, Regelungen nur für einen bestimmten Kreis von Geschäften treffen, die nach Parteien und Vertragsgegenstand abgegrenzt sind. So wirft die Beschränkung des subjektiven Anwendungsbereiches auf Geschäfte zwischen „Verbrauchern“ einerseits und „Kreditgebern“ bzw. „Verkäufern“ andererseits zahlreiche Probleme auf. Welches Recht soll etwa zur Anwendung gelangen, wenn ein Händler in Vertretung eines „Verbrauchers“ einen Pkw verkauft: europäisches oder nationales Kaufrecht? Was soll bei gemischten Geschäften gelten, wenn beispielsweise ein Rechtsanwalt einen Pkw teils zu privaten, teils zu geschäftlichen Zwecken erwirbt und diesen Erwerb mit Hilfe eines Kredites finanzieren will? Ist ein solcher Kredit als „Verbraucherkredit“ im Sinne der Verbraucherkreditrichtlinie zu qualifizieren?

Mangels entsprechender Klarstellung ist auch oft fraglich, ob und welche Grenzen das vereinheitlichte Recht dem Rückgriff auf das nationale Zivilrecht setzt[508]: Sollen die bisherigen allgemeinen Regeln durch die neuen Vorschriften ausgeschaltet werden oder sind sie weiterhin ergänzend zur Beurteilung eines Sachverhalts heranzuziehen? So stellt sich etwa bei der Pauschalreise das Problem, ob die allgemeinen Regelungen des BGB über Leistungsstörungen und

505 Kötz, RabelsZ 50 (1986), 1 (5 f.); Müller-Graff in ders., Gemeinsames Privatrecht, S. 267 (291).

506 Taupitz, Europäische Privatrechtsvereinheitlichung, S. 43; Kötz, RabelsZ 50 (1986), 1 (5 f.).

507 Ulmer, JZ 1992, 1 (6); Junker, DZWiR 1997, 271 (278).

508 Ulmer, JZ 1992, 1 (6).

Gewährleistung neben den besonderen Rechtsbehelfen der Richtlinie bzw. den in Umsetzung hierzu ergangenen Vorschriften anwendbar sein sollen.[509]

4. *Auslegungsprobleme infolge der fehlenden Erkennbarkeit der europäischen Herkunft nationaler Rechtsnormen*

Der fragmentarische Charakter der Richtliniengesetzgebung hat auch Auswirkungen auf die Auslegung der in Umsetzung einer Richtlinie geschaffenen nationalen Normen durch die Gerichte. Der Vereinheitlichungseffekt der Rechtsangleichung kann in der Praxis nur gewahrt werden, wenn das angeglichene Recht in den Mitgliedstaaten nach einer einheitlichen Methode ausgelegt und angewendet wird.[510] Da angeglichenes Recht nationales Recht ist, besteht jedoch die Gefahr, daß die mitgliedstaatlichen Gerichte ihre tradierten Methoden bei der Auslegung einsetzen und so die Rechtsangleichung ihrer praktischen Wirksamkeit beraubt wird.[511] Um die Rechtsvereinheitlichung in der Anwendungspraxis zu erhalten, hat der EuGH den Grundsatz der richtlinienkonformen Auslegung entwickelt.[512] Die nationalen Gerichte sind verpflichtet, die Vorschriften im Hinblick auf die in den Richtlinien enthaltenen Regelungsvorgaben zu interpretieren und es „im Lichte des Wortlauts und des Zwecks der Richtlinie“[513] auszulegen. Die Verpflichtung zur richtlinienkonformen Auslegung erstreckt sich sowohl auf das angeglichene Recht selbst als auch auf sonstige nationale Vorschriften, soweit diese einen Auslegungsspielraum aufweisen.[514] Dabei ist unerheblich, ob die nationale Norm vor oder nach Erlaß der einschlägigen Richtlinie in Kraft getreten ist.[515] Da das Gemeinschaftsrecht eine eigene besondere Terminologie verwendet und daher viele in den Gemeinschaftsvorschriften enthaltenen Begriffe einen gemeinschaftsspezifischen Begriffsinhalt aufweisen, der mit dem Inhalt derselben Rechtsbegriffe in den verschiedenen nationalen Rechten nicht immer überein-

509 In Deutschland werden die Sonderregelungen der §§ 651 a ff. für abschließend gehalten werden, vgl. Palandt-Thomas, Vorbem. v. §§ 651 c bis g, Rn 1, 9.

510 Blaurock, JZ 1994, 270 (275); Schmidt, RabelsZ 59 (1995), 569 (571); Müller-Graff, NJW 1993, 13 (21).

511 Schmidt, RabelsZ 59 (1995), 569 (571).

512 Vgl. etwa EuGH vom 10. 4. 1984 (*v. Colson und Kamann*), Slg. 1984, 1891 (1909), Rn 26; EuGH vom 13. 11. 1990 (*Marleasing*), Slg. 1990, I-4135 (4159), Rn 8; EuGH vom 16. 12. 1993 (*Wagner Miret*), Slg. 1993, I-6911 (6932), Rn 20. S. auch die Ausführungen unter B. II. 2. c).

513 EuGH, a. a. O.

514 EuGH vom 13. 11. 1990 (*Marleasing*), Slg. 1990, I-4135 (4159), Rn 8; Götz, NJW 1992, 1849 (1853 f.).

515 EuGH, a. a. O.

stimmt[516], muß der Inhalt rechtsangleichender Richtlinien autonom, d. h. aus der Richtlinie selbst nebst den Erwägungsgründen und den Begründungen und ohne Rückgriff auf nationale Normen interpretiert werden.[517] Dies wird jedoch wegen der Beschränkung der Rechtsvereinheitlichung auf eng begrenzte Gebiete erschwert.[518] Denn zum einen gibt der fehlende systematische und inhaltliche Regelungszusammenhang der privatrechtsrelevanten Richtlinien nur wenig Anhaltspunkte für eine systematische Auslegung der einzelnen Richtlinienvorschriften.[519] Zum anderen führt der fragmentarische Charakter der Richtliniengebung dazu, daß sich die Vorschriften europäischen Ursprungs häufig in einer schwer überschaubaren Gemengelage mit rein nationalen Normen befinden, so daß der Rechtsanwender nicht immer zu erkennen vermag, aus welcher Quelle die betreffende Norm stammt.[520] Manchmal führt die Rechtsangleichung gar nur zu neuen Sätzen oder Abschnitten einer im übrigen unveränderten Bestimmung.[521] Bei der Auslegung europäisch geprägter Normen stellt sich zudem das Problem, daß, anders als bei der Auslegung nationaler Normen, regelmäßig nur wenig Materialien zur Verfügung stehen, die einen Schluß auf den historischen Willen des Richtliniengebers zulassen.[522] Die wörtliche und die historische Auslegung sind überdies wegen der Besonderheiten des EG-Rechtsetzungsverfahrens wenig ergiebig, da die einzelnen Richtlinien, wie bereits erwähnt, häufig das Ergebnis eines Kompromisses darstellen und daher ein Konglomerat von Elementen verschiedener Rechtsordnungen bilden.[523] Daneben ist dem Umstand Rechnung zu tragen, daß die Texte in mehreren Sprachen abgefaßt sind und die verschiedenen Fassungen gleichermaßen verbindlich sind; die Auslegung einer gemeinschaftsrechtlichen Vorschrift erfordert daher einen Vergleich ihrer sprachlichen Fassungen.[524] Hinzu bewirken der bereits erwähnte Hang zu Formelkompromissen sowie die von Art. 249 Abs. 3 EGV getroffene Aufgabenverteilung, wonach der Richtliniengeber von der Verantwortung für die verbindliche Fassung der nach der Umsetzung in den Mitgliedstaaten geltenden Regelungen befreit ist, daß die Richtlinien eine Vielzahl unbestimmter oder mehrdeutiger und daher auslegungs-

---

516 EuGH vom 6. 10. 1982 (*C.I.L.F.I.T.)*, Slg. 1982, 3415 (3430), Rn 19; Borchardt in Lenz, EGV-Kommentar, Art. 220, Rn 17.

517 Blaurock, JZ 1994, 270 (275); Schmidt, RabelsZ 59 (1995), 569 (576).

518 Kramer, JBl 1988, 477 (487); Blaurock, JZ 1994, 270 (275); Rittner, JZ 1995, 849 (853).

519 Lutter, JZ 1992, 593 (602).

520 Lutter, JZ 1992, 593 (594 f.); Hirte, Wege, S. 45.

521 Lutter, JZ 1992, 593 (S. 595).

522 Stabentheiner, JBl 1997, 65 (79). Vgl. zu diesem Problem auch Hirte, Wege, S. 46 f.

523 Lutter, JZ 1992, 593 (599).

524 EuGH vom 6. 10. 1982 (*C.I.L.F.I.T.*), Slg. 1982, 3415 (3430), Rn 18.

bedürftiger Rechtsbegriffe enthalten.[525] Divergierende Begriffsverständnisse in den Mitgliedstaaten sind die Folge.[526]

Ein Rückgriff auf nationale Normen und Grundbegriffe kann daher nicht immer vermieden werden.[527] Dies kann jedoch zu Auslegungsdivergenzen zwischen den mitgliedstaatlichen Gerichten führen.[528] Diese Tendenz wird einerseits durch die Existenz zahlreicher unbestimmter und daher konkretisierungsbedürftiger Gesetzesbegriffe, andererseits dadurch verstärkt, daß sich die Methoden der Gesetzesauslegung in den Mitgliedstaaten oft erheblich unterscheiden.[529] Zudem werden in den privatrechtlichen Richtlinien auch Grundbegriffe des Vertragsrechts verwandt, die sich zwar in vielen Vertragsrechtsordnungen der Mitgliedstaaten finden, deren sachlicher Gehalt jedoch durchaus unterschiedlich sein kann.[530] Der Effekt der Rechtsvereinheitlichung kann also durch Auslegungsdivergenzen in den Mitgliedstaaten bis zu einem gewissen Grade wieder beseitigt werden.[531]

II. Blockiereffekt für die einzelstaatliche Rechtsentwicklung

Eine weitere Gefahr, die bei sehr detaillierten Richtlinien, die nur einen geringen Fortentwicklungsspielraum lassen, gesehen wird, ist die der Versteinerung des nationalen Rechts.[532] Aufgrund der dargestellten[533] Sperrwirkung der Richtlinie kann das angeglichene Recht nur soweit durch ein isoliertes Vorgehen des nationalen Gesetzgebers abgeändert und so an veränderte Verhältnisse angepaßt werden, wie diese Änderung sich im Rahmen der von der Richtlinie eröffneten Spielräume bewegt und noch von den Zielen und dem Inhalt der Richtlinie gedeckt ist.[534] Im übrigen ist eine Abänderung wiederum nur auf Gemeinschaftsebene durch eine Zustimmung der Mehrheit der anderen Mitgliedstaaten zu der von

---

525 Borchardt in Lenz, EGV-Kommentar, Art. 220, Rn 14; Müller-Graff in FS Börner, S. 303 (324).

526 Heiss, ZfRV 1995, 54 (55).

527 Blaurock, JZ 1994, 270 (275).

528 Kötz, RabelsZ 50 (1986), 1 (8).

529 Blaurock, JZ 1994, 270 (275); Kötz, RabelsZ 50 (1986), 1 (8); Schmidt, RabelsZ 59 (1995), 569 (572 f.)

530 Blaurock in Starck, Rechtsvereinheitlichung, S. 91 (95).; Kötz, RabelsZ 50 (1986), 1 (7).

531 Kramer, JBl 1988, 477 (487); Blaurock in Starck, Rechtsvereinheitlichung, S. 91 (95).

532 Taupitz, Europäische Privatrechtsvereinheitlichung, S. 41; Blaurock, JZ 1994, 270 (276).

533 S. unter B II. 2. b).

534 Oehlert, JuS 1997, 317 (318).

einem einzelnen Mitgliedstaat für erforderlich gehaltenen Anpassung zu erreichen.[535] Dieser Weg ist nach Ansicht einiger Autoren sehr schwerfällig und zeitraubend und nicht immer von Erfolg gekrönt.[536] Die EG-Rechtsangleichung bewirkt also eine „Veränderungssperre" für den nationalen Gesetzgeber[537] und damit letztlich auch eine Behinderung des Wettbewerbs der verschiedenen Rechtssysteme um die Entwicklung der besten rechtlichen Lösung.[538]

Vor dem Hintergrund der genannten Defizite wird in der deutschen Literatur darüber nachgedacht, ob bei der Vereinheitlichung von Privatrechtsmaterien künftig die Verordnung der Richtlinie als Rechtsetzungsinstrument vorzuziehen ist.[539] Zwar besteht gleichermaßen wie bei der Richtlinie die Gefahr der Rechtszersplitterung bzw. von Systembrüchen aufgrund von begrifflichen und konzeptionellen Fremdkörpern.[540] Die Verordnung führt aber zu einem einheitlichen Rechtstext und hat gegenüber der Richtlinie den Vorteil, daß das mit der Umsetzung der Richtlinie verbundene langwierige Verfahren entfällt[541] Anders als bei der Angleichung durch Richtlinien ist hier zudem eine einheitliche Auslegung des vereinheitlichten Rechts durch den Europäischen Gerichtshof gewährleistet.[542]

Der fragmentarische Charakter der bisherigen Rechtsangleichungsmaßnahmen hat zudem das Europäische Parlament bewogen, die Kommission zur Ausarbeitung eines einheitlichen europäischen Gesetzbuches für das Privatrecht aufzufordern.[543] Auch manche Stimmen in der Literatur favorisieren die Schaffung eines solchen Gesetzbuchs.[544]

---

535 Ulmer, JZ 1992, 1 (6); Kötz, RabelsZ 50 (1986), 1 (10 f.).

536 So etwa Kötz, RabelsZ 50 (1986), 1 (11); Taupitz, Europäische Privatrechtsvereinheitlichung , S. 50.

537 Ulmer, JZ 1992, 1 (6); Kötz,RabelsZ 50 (1986), 1 (10).

538 Taupitz, Europäische Privatrechtsvereinheitlichung, S. 41; Müller-Graff in FS Börner, S. 303 (324).

539 So beispielsweise Müller-Graff in ders., Gemeinsames Privatrecht, S. 9 (47 f.); S. 267 (291 f.); Remien, JZ 1992, 277 (282); dagegen Hauschka, JZ 1990, 521 (523 f., 530). Vgl. zu dieser Alternative auch Rittner, JZ 1995, 849 (852).

540 Remien, JZ 1992, 277 (282).

541 Bardenhewer/Pipkorn in von der Groeben/Thiesing/Ehlermann, Art. 100 a, Rn 68; Remien, JZ 1992, 277 (281).

542 Hirte, Wege, S. 39.

543 Beschluß vom 6. 5. 1994; abgedruckt in ZEuP 1995, 669. Vgl. bereits die Entschließung des Europäischen Parlaments vom 26. 5. 1989, ABl EG 1989 Nr. C 158, S. 400, abgedruckt in ZEuP 1993, 613 ff., in der die besondere Bedeutung einer Vereinheitlichung des europäischen Schuldrechts betont wird.

544 Für ein Europäisches Zivilgesetzbuch vor allem Tilmann in Müller-Graff, Gemeinsames Privatrecht, S. 579 ff. und Zimmermann, JZ 1992, 8. Gegen die Schaffung eines einheitlichen europäischen Zivilgesetzbuchs sprechen sich etwa Sandrock, EWS 1994, 1 (5 f.), Rittner, JZ 1995, 849 (854 f.) und Ulmer, JZ 1992, 1 (5, 7)

Neben den Problemen, die sich in erster Linie aus den Besonderheiten des zweistufigen Rechtsetzungsverfahrens ergeben, ist die Begrenzung des subjektiven Anwendungsbereichs der Verbraucherschutzrichtlinien auf Verbraucher Gegenstand von Kontroversen in der deutschen Literatur.

Dem deutschen Recht war bis zur Transformation der EG-Verbraucherschutzrichtlinien eine Begrenzung des subjektiven Anwendungsbereichs vertraglicher Regelungen auf Verbraucher fremd. Das BGB kannte weder den Begriff des Verbrauchers[545] noch enthielt es nach generell angenommener Schutzbedürftigkeit abgestufte Regelungen für bestimmte Personengruppen. Vielmehr liegt ihm das Prinzip der formal-abstrakten Gleichheit aller Bürger zugrunde. Lediglich für Kaufleute finden sich Sonderregelungen im HGB. Der Gemeinschaftsgesetzgeber will dagegen Regelungen für „Verbraucher" als eine Gruppe von Personen schaffen, die er im Verhältnis zu ihren Vertragspartnern als wirtschaftlich und intellektuell unterlegen betrachtet.[546]

Dies hat in Deutschland die bereits in den 70er Jahren geführte Debatte[547] um Vorteile und Gefahren von Sonderprivatrechten erneut aufleben lassen. Gegen das Regelungskonzept der Verbraucherschutzrichtlinien wird vorgebracht, ein den persönlichen Anwendungsbereich auf Verbraucher beschränkendes Sonderrecht gefährde als „Sonderprivatrecht"[548] die „Grundprinzipien des klassischen Vertragsrechts"[549] und zerstöre die „Einheit des Privatrechts"[550], diese werde durch eine eigenständige Kategorie „Verbraucherrecht" „erodiert".[551]

---

aus. Vgl. auch Remien, JZ 1992, 277 (281) und Kieninger in Jahrbuch junger Zivilrechtswissenschaftler 1996, S. 245 (254 f.).

545 Dazu Medicus in FS Kitagawa, S. 471 ff.

546 Hommelhoff, Verbraucherschutz, S. 4 f. Vgl. auch die Begründung zum Verbrauchsgüterkaufrichtlinienvorschlag, wonach die den „klassischen zivilrechtlichen Bestimmungen" zugrunde liegende „Idealvorstellung von der völligen Gleichheit zwischen zwei Personen (gemeint sind die Vertragsparteien) ... nicht mehr den ökonomischen Gegebenheiten der heutigen Zeit der Massenfertigung und des Massenvertriebs" entsprechen.

547 Vgl. etwa Lieb, AcP 178 (1978), 196 ff.; ders., AcP 183 (1983), 327 (348 ff.); Damm, JZ 1978, 173 ff.; Gilles, JA 1980, 1 ff.; Schwark, JZ 1980, 741 ff.; Westermann, AcP 178 (1978), 150 ff.; Dauner-Lieb, Verbraucherschutz durch Ausbildung eines Sonderprivatrechts.

548 Daß das Verbraucherschutzrecht ein Sonderprivatrecht bildet, ist heute allgemeine Meinung, vgl. Hommelhoff, Verbraucherschutz, S. 4 m. w. N; a. A. nur Gärtner, BB 1995, 1753 ff.

549 Kleindiek in Hommelhoff/Jayme/Mangold, Europäischer Binnenmarkt, S. 297 (310).

Bemängelt wird zum einen, der Begriff des Verbrauchers sei „konturlos“ und mangels einer übergreifenden Definition als normatives Abgrenzungskriterium nicht geeignet.[552] Schon die unterschiedliche Beschreibung des Verbrauchers auf Gemeinschaftsebene, die einmal juristische Personen und Freiberufler erfasse, ein anderes Mal jedoch nicht, zeige, daß sich ein für alle Schutzbedürfnisse brauchbarer Begriff nicht finden lasse.[553] Darüber hinaus führe die typisierende Umschreibung des Verbrauchers dazu, daß auch im Einzelfall nicht schutzbedürftige Personen den Schutz in Anspruch nehmen könnten, während andererseits Kaufleute, Handwerker und Freiberufler im Rahmen ihrer gewerblichen oder beruflichen Tätigkeit von vornherein aus dem Schutzbereich herausfielen, selbst wenn sie, wie beispielsweise bei der Verwendung von Allgemeinen Geschäftsbedingungen oder bei der Vereinbarung eines Kredits, durchaus schutzbedürftig sein könnten.[554] Überdies bringe das Abstellen auf Verbraucher zahlreiche Abgrenzungsschwierigkeiten mit sich. Vor allem bei sog. gemischten Geschäften, bei denen der Zweck des rechtsgeschäftlichen Handelns eindeutig weder der gewerblichen noch der privaten Sphäre des Betroffenen zugerechnet werden kann, sei fraglich, welches Recht zur Anwendung gelangen solle.[555]

Vorzugswürdig sei daher eine situative Abgrenzung: Geprüft werden müsse jeweils, wer in der regelungsbedürftigen Situation, also etwa bei der Verwendung Allgemeiner Geschäftsbedingungen, tatsächlich schutzbedürftig sei.[556]

Kritisch gesehen wird auch die Beschränkung des persönlichen Anwendungsbereichs der Richtlinien auf Rechtsgeschäfte zwischen „Verbrauchern“ auf der einen Seite und Gewerbetreibenden auf der anderen. Dies führe zu einer Spaltung

---

550 Junker, DZWiR 1997, 271 (278); Kleindiek in Hommelhoff/Jayme/Mangold, Europäischer Binnenmarkt, S. 297 (310).

551 So Dreher, JZ 1997, 167 (177). Dagegen sehen Tonner, JZ 1996, 533 ff. und Micklitz, EuZW 1997, 229 ff. in der Sonderentwicklung, die der Gemeinschaftsgesetzgeber vorzeichnet, eher eine begrüßenswerte Vorreiterrolle des Verbraucherrechts. Auch Knops, VuR 1998, 107 (109) sieht die Einheit der Rechtsordnung durch die Entwicklung eines speziellen Verbraucherprivatrechts unter Hinweis auf Entwicklungen im Arbeits- und Handelsrecht nicht gefährdet.

552 Dreher, JZ 1997, 167 (170); 176; Medicus, JuS 1996, 761 (767); Preis, ZHR 158 (1994), 567 (593); Schünemann in FS Brandner, S. 279 (280).

553 Dreher, JZ 1997, 167 (168, 170); Medicus in FS Kitagawa, S. 471 (484).

554 Kleindiek in Hommelhoff/Jayme/Mangold, Europäischer Binnenmarkt, S. 297 (306); Gilles, ZRP 1989, 299 (305); Schlechtriem, JZ 1997, 441 (443). S. auch Damm, JZ 1994, 161 (169).

555 Gilles, ZRP 1989, 299 (305); Junker, DZWiR 1997, 271 (278); Medicus, ZIP 1996, 1925 (1926); Preis, ZHR 158 (1994), 567 (599).

556 Medicus in FS Kitagawa, S. 471 (486); Hönn in Schultz-GedS, S. 79 (94); Dreher, JZ 1997, 167 (170); Hommelhoff, AcP 192 (1992), 71 (104); Preis, ZHR 158 (1994), 567 (594).

des nationalen Vertragsrechts und gefährde damit die äußere Einheit der Zivilrechtsordnung, da neben den bereits bestehenden Kategorien des Handelsrechts als dem Sonderrecht der Kaufleute und dem allgemeinen Zivilrecht, das die privatrechtlichen Beziehungen zwischen natürlichen Personen zum Gegenstand hat, eine dritte Kategorie des „Verbraucherrechts" eingeführt werde.[557] Da nahezu jedermann Verbraucher sein könne, werde das allgemeine Zivilrecht in weiten Teilen vom Verbrauchersonderprivatrecht verdrängt, sein Allgemeinheitsanspruch damit also in Frage gestellt.[558] Die Befürchtung einer Dreiteilung des Rechts hat sich im deutschen Recht bereits bewahrheitet: Die Umsetzung der Richtlinie über mißbräuchliche Klauseln hat durch die Einfügung des neuen § 24 a AGBG eine weitere Differenzierung des persönlichen Anwendungsbereichs mit sich gebracht, so daß bei der Einbeziehungs- und Inhaltskontrolle künftig danach zu unterscheiden ist, ob es sich um einen Vertrag unter Kaufleuten, um einen Vertrag zwischen Gewerbetreibenden und Verbrauchern oder um einen Vertrag zwischen zwei Nichtkaufleuten bzw. Privatpersonen handelt.[559]

Schließlich wird vorgebracht, daß der vom Gemeinschaftsgesetzgeber betriebene Unterlegenenschutz die Leitprinzipien des bürgerlichen Rechts, insbesondere die Gleichheit aller Rechtssubjekte sowie Vertragsfreiheit und selbstverantwortliches Handeln als Ausfluß der Privatautonomie untergrabe.[560] Das Privatrecht geht von der abstrakt-formalen Gleichheit aller Bürger aus, indem es allen geschäftsfähigen Rechtssubjekten gleichermaßen, also unabhängig von wirtschaftlicher Macht und geschäftlicher Erfahrung und unabhängig davon, ob mit dem Rechtsgeschäft gewerbliche oder private Zwecke verfolgt werden, die Befugnis zu freiem und selbstverantwortlichen Handeln gewährt.[561] Leitbild des Bürgerlichen Rechts ist der freie und verständige Bürger, der seine Angelegenheiten eigenverantwortlich regelt und seine Interessen selbst am besten wahren kann.[562] Das Richtlinienrecht beseitigt nach Auffassung der Kritiker die formal-abstrakte Gleichheit aller Bürger dadurch, daß es an den Umstand anknüpft, daß

557 Kleindiek in Hommelhoff/Jayme/Mangold, Europäischer Binnenmarkt, S. 297 (298); Hommelhoff, Verbraucherschutz, S. 6 ff. Vgl. auch Hönn in Schultz-GedS, S. 79 (94), der von einem „Zwei-Klassen-Zivilrecht" spricht.

558 Kleindiek in Hommelhoff/Jayme/Mangold, Europäischer Binnenmarkt, S. 297 (300).

559 S. dazu die Ausführungen im zweiten Teil der Arbeit unter A. V. 3. und B. II.

560 Kleindiek in Hommelhoff/Jayme/Mangold, Europäischer Binnenmarkt, S. 297 (298); Wolf, RIW 1997, 899 (902); Hommelhoff, Verbraucherschutz, S. 4 f.

561 Kleindiek in Hommelhoff/Jayme/Mangold, Europäischer Binnenmarkt, S. 297 (301).

562 Gröner/Köhler, Verbraucherschutz, S. 50 ff.

auf der einen Seite des Vertrages ein Verbraucher beteiligt ist.[563] Rechte und Pflichten würden so nicht mehr aufgrund des Prinzips der Vertragsfreiheit verteilt, sondern aufgrund der Verschiedenheit der Vertragsparteien. Detaillierte und zwingende Vorgaben für den Vertragsinhalt, Formzwang für bestimmte Verträge sowie die Unabdingbarkeit der dem Verbraucher durch die Richtlinien verliehenen Rechte schränkten die Privatautonomie der Vertragsparteien immer weiter ein und zeigten, daß der Gemeinschaftsgesetzgeber dem Verbraucher die Fähigkeit zu eigenverantwortlichem Handeln abspreche.[564]

Grundsätzlich sei es aber Aufgabe des Marktes, für ein ausgewogenes Verhältnis zwischen den Vertragsparteien zu sorgen.[565] Nur dort, wo die Voraussetzungen für ein souveränes Konsumentenverhalten infolge von Wettbewerbsstörungen nicht mehr gegeben sind, sollte regelnd in das Verhältnis zwischen Verbraucher und Unternehmer eingegriffen werden dürfen.[566] Die Sicherung der Funktionsgewähr des Vertragsmechanismusses müsse aber durch „privatrechtssystem-immanente" Schutzinstrumente, wie etwa die Verbesserung der Verbraucherinformation, erfolgen.[567] Ein solches Schutzinstrumentarium entspreche zudem der Rechtsprechung des EuGH, an dessen Leitbild des „mündigen" und „informierbaren" Verbrauchers sich der Gemeinschaftsgesetzgeber auch im Sinne eines einheitlichen Verbraucherschutzkonzepts orientieren solle.[568]

---

563 Kleindiek, in Hommelhoff/Jayme/Mangold, Europäischer Binnenmarkt, S. 297 (301); Dreher, JZ 1997, 167 (177).

564 Wolf, RIW 1997, 899 (902).; Dreher, JZ 1997, 167 (177); Kleindiek in Hommelhoff/Jayme/Mangold, Europäischer Binnenmarkt, S. 297 (299) . Kritisch auch Martinek, ZEuP 1994, 470 (478).

565 Dreher, JZ 1997, 167 (170, 177); Kleindiek in Hommelhoff/Jayme/Mangold, Europäischer Binnenmarkt, S. 297 (301 f).

566 Kleindiek in Hommelhoff/Jayme/Mangold, Europäischer Binnenmarkt, S. 297 (302).

567 Hommelhoff, Verbraucherschutz, S. 44 f.; Kleindiek in Hommelhoff/Jayme/Mangold, Europäischer Binnenmarkt, S. 297 (305).

568 Kleindiek in Hommelhoff/Jayme/Mangold, Europäischer Binnenmarkt, S. 297 (305). Das divergierende Verbraucherleitbild der Gemeinschaftsorgane kritisiert auch Müller-Graff in FS Börner, S. 303 (336).

Zweiter Teil: Privatrechtlicher Verbraucherschutz in der österreichischen Rechtsordnung

Im vorangegangenen Teil wurde versucht, die Verbraucherpolitik der Europäischen Gemeinschaften seit den 70er Jahren zu erläutern. Bevor im dritten Teil der Arbeit untersucht wird, wie sich die Rezeption des europäischen Verbraucherschutzrechts auf das nationale Recht in Österreich auswirkt, soll im folgenden zunächst ein Überblick über das Konsumentenschutzgesetz gegeben werden, das den Kern des privatrechtlichen Verbraucherschutzes in Österreich bildet und bis zum EWR-Beitritt Österreichs im Jahre 1993 die wichtigsten zivilrechtlichen Bestimmungen zum Schutz der Verbraucher enthielt. Dabei werden bereits auch diejenigen Veränderungen des KSchG berücksichtigt, die unabhängig vom Einfluß europäischer Rechtsangleichungsmaßnahmen durch den österreichischen Gesetzgeber durch mehrere Gesetzesnovellen vorgenommen wurden. Anschließend wird ein Überblick über weitere zivilrechtliche Bestimmungen zum Schutz der Verbraucher gegeben, die nicht auf den Einfluß rechtsangleichender Maßnahmen der Europäischen Gemeinschaften zurückzuführen sind.

A. Das Konsumentenschutzgesetz (KSchG)

I. Die Entstehung des Konsumentenschutzgesetzes

Die Verabschiedung des Konsumentenschutzgesetzes am 8. 3. 1979[569] stand am Abschluß einer Entwicklung, die in Österreich[570] wie in zahlreichen anderen europäischen Staaten seit dem Beginn der 70er Jahre zu zahlreichen Gesetzen und Gesetzesentwürfen zur Verbesserung der Rechtsstellung des Verbrauchers geführt hat. Bereits seit Mitte der 70er Jahre war die Schaffung eines umfassenden Konsumentenschutzgesetzes erklärtes politisches Ziel.[571] Getragen wurde die Forderung nach einem verstärkten, über den Schutz des allgemeinen Zivilrechts hinausgehenden Schutz des Konsumenten von dem zunehmenden Bewußtsein, daß die von der Zivilrechtsordnung vorgegebenen Rahmenbedingungen, unter

569 BGBl 1979/140. Das KSchG trat am 1. 10. 1979 in Kraft.

570 Zu den gesetzgeberischen Maßnahmen in Österreich seit Anfang der 70er Jahre ausführlich Schuhmacher in Krejci, Handbuch, S. 2 ff.

571 Vgl. die Regierungserklärung 1975, StenProtNr.,14. GP, 2. Sitzung, S. 36

denen Verbrauchergeschäfte getätigt werden, den Interessen des Verbrauchers im Zeitalter von Massenproduktion und Massenumsatz nicht mehr hinreichend Rechnung tragen.[572] Vor dem Hintergrund einer sich dynamisch entwickelnden Wirtschaft sollte die Rechtsstellung des Verbrauchers gegenüber dem Unternehmer materiell verbessert werden.[573]

Die österreichische Zivilrechtsordnung ist entscheidend geprägt durch eine privatrechtliche Kodifikation aus dem 19. Jahrhundert, das den Übergang zu einer marktwirtschaftlich organisierten Gesellschaft gebracht hatte[574] und in dem die aus der Gewerbefreiheit resultierende Freiheit des Wettbewerbs zum beherrschenden Prinzip des Marktes wurde.[575]

Kennzeichnend für das ABGB, das am Ende der Aufklärungszeit am 1. 6. 1811 in Kraft trat, ist die Betonung der Vertragsfreiheit[576] in ihren Ausprägungen der Abschluß- und der Inhaltsgestaltungsfreiheit sowie die formal-juristische Gleichheit aller Bürger ohne Rücksicht auf ständische Unterschiede oder besondere Schutzbedürfnisse einzelner Bevölkerungsgruppen.[577]

Der Wandel der von einem unabhängigen Bürgertum getragenen Wirtschaftsgesellschaft des 19. Jahrhunderts zu der modernen Industrie- und Konsumgesellschaft brachte die Erkenntnis, daß die Voraussetzungen, die nach den Vorstellun-

---

572 Kosesnik-Wehrle, Konsumentenschutzgesetz, S. 9.

573 Lehofer/Mayer, KSchG-Novelle, S. 111; Kosesnik-Wehrle, Konsumentenschutzgesetz, S. 9.

574 Coing, Handbuch III/1, S. 8.

575 Schuhmacher, Verbraucher und Recht, S. 35 ff.

576 Unter Vertragsfreiheit ist die rechtlich gewährleistete Möglichkeit zu verstehen, in selbstverantwortlichem Handeln und in freier Entscheidung Rechtsbeziehungen einzugehen. Die liberale Vertragsfreiheit geht von der Idee aus, daß die Privatrechtssubjekte ihre Rechtsbeziehungen in freier Selbstverantwortung und freier Entscheidung auf der Ebene der Gleichberechtigung gestalten, wobei die regulierende Kraft des von einem freien Wettbewerb gekennzeichneten Marktes Leistung und Gegenleistung in ein angemessenes Verhältnis bringt. Die von den Parteien in diesem Rahmen getroffenen vertraglichen Vereinbarungen werden von der Rechtsordnung – mit Ausnahme sittenwidriger oder wucherischer Vereinbarungen – ohne Inhaltskontrolle als rechtsverbindlich anerkannt. Insbesondere findet eine Bewertung der Äquivalenz der vertraglichen Leistungen nicht statt, da im Ausgleich zweier gegensätzlicher interessierter Willen durch den Vertragsschluß eine ausreichende Gewähr für den Vertragsinhalt liegt. Vgl. zum Ganzen Kramer, Die "Krise" des liberalen Vertragsdenkens, S. 20; Wolf, Rechtsgeschäftliche Entscheidungsfreiheit, S. 9; Lange, JBl 1956, 386 ff.; Raiser, JZ 1958, 1 ff.; F. Bydlinski, Privatautonomie, S. 126 ff.; 151 ff. Grundlegend zur Richtigkeitsgewähr des privatautonom ausgehandelten Vertrages Schmidt-Rimpler, AcP 147 (1942), 130 ff.; ders. in FS Raiser, S. 3 ff.

577 Coing, Handbuch III/1, S. 5; Hackl, ÖJZ 1980, 645 ff.; Kramer, ZSR 1979, 49 (57); Gutachten des Max-Planck-Instituts, S. 46.

gen des ABGB einen durch gleich starke Parteien selbstverantwortlich gestalteten Interessenausgleich ermöglichen sollten, nicht mehr der Realität entsprachen.[578] Vielmehr zeigte sich, daß bestimmte Bevölkerungsgruppen infolge ungleicher Machtverteilung in der selbstbestimmten Wahrnehmung ihrer Interessen bei der Vertragsgestaltung beeinträchtigt werden und gezwungen sind, sich dem einseitigen Diktat des wirtschaftlich stärkeren Vertragspartners zu beugen oder auf den Abschluß des Vertrages zu verzichten.[579]

Für die Wandlung des Verhältnisses Unternehmer-Verbraucher war vor allem die Zunahme der standardisierten Massenproduktion von grundlegender Bedeutung:[580]

Die Rationalisierung der Produktion von Gebrauchsgütern, das Anwachsen der Betriebsgrößen sowie die Verfeinerung der Vertriebsmethoden haben zu einer "Entfremdung zwischen Produktion und Konsumtion"[581] geführt. Der Verbraucher hat den persönlichen Kontakt zum Hersteller verloren und vermag in der Regel weder die Herstellung eines Produkts noch die Vertriebswege zu durchschauen.[582] Infolge des unüberschaubaren Angebots an Waren und Dienstleistungen wird die Orientierung für den Verbraucher immer schwieriger, gleichzeitig ist die Beratung der Kunden aufgrund neuer Vertriebsformen zurückgegangen.[583] Folge der fehlenden Markttransparenz ist ein gesteigertes Informationsbedürfnis des Verbrauchers.[584]

Daneben hat das Aufkommen von Massengeschäften die Standardisierung und Typisierung von Verträgen und damit eine vermehrte Verwendung von Vertragsschablonen hervorgebracht[585], deren Nutzen für die Rationalisierung des rechtsgeschäftlichen Massenverkehrs zwar nicht bestritten werden kann. Der Gebrauch von vorformulierten Vertragsklauseln begünstigt jedoch auch den Mißbrauch durch den Aufsteller, indem dieser, etwa durch Abbedingen der gesetzlichen Dispositivnormen, die vertraglichen Risiken zu Lasten des Kunden verschiebt.[586] Der Kunde muß auch diesen unangemessenen Bedingungen zustimmen, um die Vertragsleistung zu erhalten; das Fehlen eines Wettbewerbs im Hin-

---

578 Migsch, Stb 1977/7, S. 1; Kramer in Kramer/Mayrhofer, Konsumentenschutz, S. 9 (11); Kosesnik-Wehrle, Konsumentenschutzgesetz, S. 11.

579 SWA-Gutachten Nr. 54, S. 5; Migsch, Stb 1977/7, S. 1.

580 Schuhmacher, Verbraucher und Recht, S. 37.

581 So anschaulich Kramer, ZSR 1979, 49 (53). Vgl. auch die Erläuternden Bemerkungen zur Regierungsvorlage 744 BlgNr 14. GP (im folgenden kurz EB), S. 12, wo von einer "Distanzierung zwischen Erzeuger und Konsumenten" die Rede ist.

582 EB, a. a. O.

583 von Hippel, JZ 1972, 417.

584 Schuhmacher, Verbraucher und Recht, S. 48.

585 Kohlegger in FS Broda, S. 137 (139).

586 Eccher in Kramer/Mayrhofer, Konsumentenschutz, S. 53 (54).

blick auf allgemeine Geschäftsbedingungen[587] schließt ein Ausweichen auf andere Anbieter aus.[588] Infolge seiner wirtschaftlichen Überlegenheit kann daher der Unternehmer dem Verbraucher die Vertragsbedingungen einseitig diktieren[589], die wirklichen Einflußchancen des Verbrauchers auf den Vertragsinhalt sind infolge seiner "verdünnten Willensfreiheit"[590] nur gering.

Schließlich bewirkt die gestiegene Aggressivität der Verkaufs- und Vertriebsmethoden, wie beispielsweise die Zusendung unbestellter Waren, Lockvogelangebote und als Ausflugsfahrten getarnte Werbeveranstaltungen[591], daß sich der Konsument zu unüberlegten Vertragsabschlüssen hinreißen läßt.[592]

Die genannten Entwicklungen führen eine Beeinträchtigung der Vertragsfreiheit zum Nachteil des Konsumenten herbei, so daß diese ihre Funktion, einen Ausgleich gegensätzlicher Interessen herbeizuführen, nicht mehr erfüllen kann und damit die Richtigkeitsgewähr für ein ausgewogenes Verhältnis der Vertragsleistungen nicht mehr gegeben ist.[593]

Der Endverbraucher, dem in der marktwirtschaftlichen Ordnung die zentrale wirtschaftssteuernde Funktion zugemessen wird[594] und der daher als Nachfrager gleich stark sein sollte wie der Unternehmer als Anbieter[595], ist aufgrund dessen wirtschaftlicher Überlegenheit und wegen der fehlenden Markttransparenz in Wirklichkeit die schwächere Vertragspartei.[596]

Um die Vertragsgerechtigkeit zum Schutz des Endverbrauchers wieder herzustellen, entschloß sich der österreichische Gesetzgeber daher zur Schaffung spezifisch konsumentenschützender Vorschriften, die die rechtsgeschäftliche Entscheidungsfreiheit des Verbrauchers möglichst umfassend absichern sollten.[597] Zwar wurden die Verbraucher schon vor Erlaß des KSchG durch Normen des Privat- und des öffentlichen Rechts unmittelbar oder mittelbar geschützt.[598] Die über zahlreiche Gesetze verstreuten Regelungen verwirklichten den Schutz aber

587 Wolf, Rechtsgeschäftliche Entscheidungsfreiheit, S. 15; Schuhmacher in Krejci, Handbuch, S. 1 (56).

588 Wolf, a. a. O.

589 EB, S. 12; Eccher in Kramer/Mayrhofer, S. 55.

590 So F. Bydlinski in FS Kastner, S. 44 (63, 66).

591 Vgl. dazu von Hippel, JZ 1972, 417.

592 EB, S. 12.

593 Hackl, ÖJZ 1980, 645.

594 Kramer, ZSR 1979, 49 (50).

595 von Hippel, JZ 1972, 417.

596 Kramer, ZSR 1979, 49 (55).

597 Schuhmacher in Krejci, Handbuch, S. 1 (61).

598 Vgl. zu den konsumentenschützenden Regelungen in anderen Gesetzen Reindl, ZVP 1979, 71 (72) und Schuhmacher in Krejci, Handbuch, S. 1 (2 f.).

nur in Teilbereichen[599] und ließen so ein umfassendes, dem verstärkten Schutzbedürfnis der Verbraucher Rechnung tragendes Gesamtkonzept vermissen.

Ziel der Verfasser des KSchG war deshalb eine möglichst umfassende, von einzelnen Spezialgebieten und -materien losgelöste Regelung des privatrechtlichen Konsumentenschutzes.[600] Allerdings wurden die Bestimmungen über die Produzentenhaftung nicht in das KSchG aufgenommen, sondern 1988 in einem eigenständigen Gesetz geregelt.[601] Der Grund für die gesonderte Regelung liegt darin, daß sich zur Zeit der Entstehung des KSchG bereits eine einheitliche europäische Lösung des Problems durch die Produkthaftungsrichtlinie abzeichnete, welcher der österreichische Gesetzgeber nicht vorgreifen wollte.[602] Auch wurden zunächst Schutzbestimmungen für verschiedene spezielle Vertragstypen wie dem Reisevertrag nicht in das KSchG integriert; dies wurde jedoch im Zuge der Anpassung des KSchG an das EWR-Abkommen nachgeholt. Daneben finden sich solche Schutzbestimmungen in den entsprechenden Sondergesetzen, wie z. B. dem Mietengesetz (MRG)[603] oder dem Wohnungseigentumsgesetz (WEG).[604]

Trotz des Gesetzestitels, der auf eine Kodifikation des gesamten Konsumentenschutzrechts hindeutet, enthält das KSchG also noch nicht einmal den privatrechtlichen Teil des Konsumentenschutzrechts.[605] Vielmehr dient das Gesetz der Regelung einiger spezieller Fragen des zivil- und verfahrensrechtlichen Konsumentenschutzes.

Das Konsumentenschutzgesetz wurde seit dem Inkrafttreten mehrfach novelliert: zum ersten Male im Jahre 1983[606], wobei vor allem verfahrensrechtliche Änderungen vorgenommen wurden[607], dann erfolgten kleinere Änderungen 1984 und 1985[608]. Eine umfassendere Novelle aus dem Jahre 1993[609] diente der Anpassung des KSchG an die EG-Richtlinien über Haustürgeschäfte, über Verbraucherkredite und über Pauschalreisen. Im Jahre 1996 wurde das KSchG durch das

---

599 Vgl. nur das Ratengesetz vom 15. 11. 1961 (BGBl 1961/279), das sich auf den Schutz des Abzahlungskäufers beschränkt, einerseits, sowie das in den §§ 54 Abs. 3, 60 Gewerbeordnung enthaltene Rücktrittsrecht bei Vertragsabschlüssen außerhalb von Geschäftsräumen andererseits.

600 So die EB, S. 13

601 Bundesgesetz vom 21. 1. 1988 über die Haftung für ein fehlerhaftes Produkt (PHG), BGBl 1988/99 i. d. F. BGBl I 1999/185.

602 EB, S. 13; Reindl, ZVP 1979, 71 (73).

603 BGBl 1981/520 i. d. F. BGBl I 1999/147.

604 BGBl 1975/417 i. d. F. BGBl I 1997/140.

605 Krejci in ders., Handbuch, S. 85.

606 BGBl 1983/135.

607 BGBl 1984/456.

608 BGBl 1985/481.

609 BGBl 1993/247.

Maklergesetz[610] novelliert, das besondere Aufklärungspflichten des Immobilienmaklers sowie ein Rücktrittsrecht zugunsten des Immobilienkäufers begründet.[611] Durch eine weitere Novelle von 1997 wurde das Schutzinstrumentarium des KSchG durch eine Erweiterung der Kreditregelungen, die Einführung eines Rücktrittsrechts wegen Nichteintritts erwarteter Umstände, eine Ergänzung des Katalogs verbotener Vertragsklauseln, die Normierung des Transparenzgebotes sowie durch die Einführung einer neuen vertraglichen Nebenpflicht des Werkunternehmers weiter ausgebaut.[612] Mit der letztgenannten Novelle verfolgte der österreichische Gesetzgeber das Ziel, das KSchG umfassend zu ändern und das Niveau des Verbraucherschutzes dort anzuheben, wo sich in der Vergangenheit Unzulänglichkeiten ergeben haben.[613] Mit der „Erweiterten Wertgrenzen-Novelle" 1997[614] wurde eine Änderung des § 14 KSchG zur Anpassung an das Lugano-Übereinkommen beschlossen. Durch die Novelle BGBl I 1998/119 wurde ein neuer § 13 a KSchG über Verbraucherverträge mit Auslandsbezug eingefügt. Zuletzt wurde das KSchG durch das Fernabsatz-Gesetz aus dem Jahre 1999[615] geändert und ergänzt. Diese letzte Novelle dient in erster Linie der Umsetzung der EG-Richtlinien über Vertragsabschlüsse im Fernabsatz, über Unterlassungsklagen, über irreführende Werbung sowie der Richtlinie zur Änderung der Produkthaftungsrichtlinie.

II. Zielvorstellungen des österreichischen Gesetzgebers

Das KSchG verfolgt im Wesentlichen zwei Schutzzwecke:

Zum einen will es den Verbraucher, der gegenüber den im Geschäftsleben erfahreneren Unternehmer typischerweise ein Informationsdefizit hat, vor Überrumpelung und Übervorteilung schützen.[616] Zu diesem Zweck werden dem Verbraucher in Abweichung von den allgemeinen Regeln über die Bindungswirkung von Willenserklärungen erweiterte Rücktrittsrechte gewährt und dem Unternehmer besondere Informationspflichten auferlegt.

---

610 BGBl 1996/262. Das Gesetz ist am 1. Juli 1996 in Kraft getreten.
611 Vgl. die neu eingefügten §§ 30 a bis 31 KSchG. Im folgenden sind §§ ohne Bezeichnung solche des KSchG.
612 BGBl I 1997/6. Vgl. dazu Reidinger, JAP 1997, 260 ff.
613 EB zur RV 311 BlgNr 20. GP, S. 10.
614 BGBl I 1997/140.
615 BGBl I 1999/185.
616 EB zur RV 744 BlgNr 14. GP, S. 13.

Zum anderen zielt das KSchG auf eine stärkere Einschränkung der vertraglichen Gestaltungsfreiheit mittels einer Inhaltskontrolle der zwischen Unternehmer und Verbraucher geschlossenen Verträge, um so den Verbraucher vor unlauteren Vertragsbedingungen, insbesondere vor mißbräuchlichen Klauseln in Standardverträgen zu bewahren.[617]

Der Schutz des Verbrauchers wird dabei schematisch verwirklicht: Maßgeblich ist allein, ob ein sog. Verbrauchergeschäft vorliegt; auf eine tatsächliche Ungleichgewichtslage zwischen Verbraucher und Unternehmer kommt es nicht an.[618] Denn der Gesetzgeber des KSchG ging davon aus, daß im Verhältnis Unternehmer – Verbraucher wegen des unzureichenden Überblicks des Letzteren über die rechtlichen und wirtschaftlichen Folgen, die mit der Eingehung eines Geschäfts verbunden sind, die Vertragsparität typischerweise gestört ist.[619]

Die neuen Regelungen sollten nach dem Willen des Gesetzgebers einerseits die gesamte Vielfalt des Rechtslebens, vor allem auch künftige Entwicklungen, erfassen, andererseits sollten sie allgemeinverständlich, die Formulierungen klar und eindeutig sein.[620] Neben der Verstärkung des vertragsrechtlichen Schutzes des Konsumenten, die den rechtspolitischen Anlaß für die Entstehung des KSchG bildete[621], sollten auch Normen mit allgemeiner Geltung geschaffen werden, um diejenigen Personengruppen zu erfassen, die zwar nicht wegen ihrer Eigenschaft als Verbraucher zu schützen sind, bei denen aber, etwa im Fall der Verwendung unlauterer AGB, ein gleichgelagertes Bedürfnis nach vermehrtem Schutz besteht.[622]

III. Konzeption, Aufbau und Inhalt des KSchG

1. Die Konzeption des KSchG

Die Konzeption des KSchG ist das Ergebnis der Arbeitsweise des Gesetzgebers, der bei der Gestaltung des KSchG bereits vorhandene Regelungen zum Schutz der Verbraucher mit neuem Recht verbunden hat. Vielfach griff man etwa die Lösungen auf, die von der Rechtsprechung bereits anhand der allgemeinen pri-

617 EB, a. a. O.; Reindl in Krejci, Handbuch, S. 71 (73).

618 Koziol/Welser, Grundriß I, S. 512.

619 Krejci in Rummel, ABGB II, vor § 1 KSchG, Rn 2. Vgl. hierzu auch den Bericht des Justizausschusses (im folgenden JAB) über die Regierungsvorlage zum KSchG, AB 1223 14. GP, S. 1.

620 Vgl. die EB, S. 13.

621 Reindl in Krejci, Handbuch, S. 71 (79).

622 Reindl, a. a. O.

vatrechtlichen Regelungen, insbesondere der Sittenwidrigkeitsklausel des § 879 Abs. 1 ABGB, entwickelt worden waren und nun um der Rechtssicherheit willen ausdrücklich festgeschrieben wurden.[623] Daneben wurde auch die überwiegende Zahl der Vorschriften des Ratengesetzes von 1961[624], das den Abzahlungskäufer schützte, in das KSchG integriert, deren Geltungsbereich also über das Abzahlungsgeschäft hinaus auf alle Verbraucherverträge ausgedehnt.[625]

Die Verwirklichung der verschiedenen Anliegen in einem äußerlich einheitlichen Gesetzeskörper hat einerseits zu einem Nebeneinander von stark konkretisierten Einzeltatbeständen und Generalklauseln, die mit unbestimmten Rechtsbegriffen arbeiten, geführt.[626] Andererseits stehen im KSchG spezielle Konsumentenschutzbestimmungen neben solchen mit allgemeiner Geltung.[627] Übersichtlichkeit und Lesbarkeit des KSchG sind dadurch erschwert. Eine lineare Darstellung des KSchG ist infolgedessen nur schwer möglich.

Im folgenden werden zunächst die äußere Gliederung des KSchG und der Geltungsbereich des KSchG dargestellt. Anschließend wird der Inhalt des KSchG unter rechtssystematischen Kriterien erläutert, wobei die wichtigsten Bestimmungen beleuchtet, andere dagegen nur gestreift oder gar nicht behandelt werden. Die Reihenfolge, die das KSchG vorgibt, kann dabei nicht durchweg eingehalten werden.

Diejenigen Vorschriften, die im Zuge des EWR- bzw. des EU-Beitritts Österreichs in das KSchG eingefügt wurden, werden ebenfalls erwähnt, zumeist aber erst im Zusammenhang mit der Umsetzung der EG-Verbraucherschutzrichtlinien in Österreich ausführlich erörtert.[628]

2. Äußerer Aufbau und Inhalt des KSchG

Das KSchG gliedert sich in drei Hauptstücke, von denen sich das erste, umfangreichste, ausschließlich auf Rechtsbeziehungen zwischen Unternehmern und Verbrauchern bezieht.[629] Das I. Hauptstück ist selbst wieder unterteilt in einen Ab-

---

623 EB, S. 17; Kosesnik-Wehrle, Konsumentenschutzgesetz, S. 12.

624 BGBl 1961/279; die erste Fassung stammt aus dem Jahre 1896.

625 Mayrhofer in Kramer/Mayrhofer, Konsumentenschutz, S. 33 (35).

626 Kosesnik-Wehrle, Konsumentenschutzgesetz, S. 13.

627 Krejci in Krejci/Schilcher/Steininger, Konsumentenschutzgesetz, S. 13.

628 Vgl. dazu die Ausführungen zur Umsetzung der EG-Richtlinien in Österreich im dritten Teil der Arbeit.

629 §§ 1-27 a. Obwohl der Gesetzgeber den Titel "Konsumentenschutzgesetz" gewählt hat, verwendet er im folgenden für den Konsumenten den Begriff des Verbrauchers. Eine inhaltliche Unterscheidung ergibt sich hieraus jedoch nicht, vgl. Krejci in Krejci/Schilcher/Steininger, Konsumentenschutzgesetz, S. 11.

schnitt über allgemeine Regeln[630], die für alle Verbrauchergeschäfte gelten, und einen über besondere Vertragsarten[631], der Sonderregelungen für solche Geschäfte enthält, die der Gesetzgeber für den Verbraucher als besonders gefährlich erachtet.[632] Grundtatbestand für die "Allgemeinen Regeln" und die "Besonderen Vertragsarten" ist das Verbrauchergeschäft, daß in § 1 definiert wird.

„Herzstück“[633] des allgemeinen Teils ist der konkrete Klauselkatalog des § 6, der durch das Verbot von benachteiligenden Vertragsbestimmungen den Verbraucher davor schützen will, daß der wirtschaftlich stärkere Unternehmer ihm seine Vertragsbedingungen aufzwingt.[634] Die Vorschrift erklärt in Absatz 1 bestimmte, beispielhaft aufgezählte Vertragsbestimmungen schlechthin für ungültig. In Absatz 2 wird die Unwirksamkeit dagegen davon abhängig gemacht, daß die betreffende Vertragsklausel nicht im einzelnen ausgehandelt ist, wofür dem Unternehmer nach allgemeinen Regeln der Beweis obliegt. Im Unterschied zu den §§ 9-11 des deutschen AGBG[635] setzt die Inhaltskontrolle nach § 6 nicht das Vorliegen von Allgemeinen Geschäftsbedingungen voraus, sondern erfaßt auch Individualvereinbarungen. Dem liegt die Überlegung zugrunde, daß der Verbraucher bei seinen Vertragsschlüssen ganz allgemein schutzbedürftig ist und nicht nur dann, wenn ein Formularvertrag geschlossen wird.[636]

Neben der durch § 6 eröffneten Inhaltskontrolle enthalten die “Allgemeinen Regeln” des I. Hauptstücks Bestimmungen, die den Verbraucher einerseits bei Eingehung eines Vertrages schützen sollen, andererseits die ordnungsgemäße Abwicklung eines Vertrages bezwecken.[637] Von besonderer Bedeutung ist das in § 3 normierte Rücktrittsrecht des Verbrauchers bei außerhalb von ständigen Geschäftsräumen des Unternehmers geschlossenen Verträgen. Dieses soll den Verbraucher vor übereilt abgegebenen Erklärungen schützen.[638] Dagegen gewährt § 3 a dem Verbraucher ein Rücktrittsrecht in den Fällen, in denen er durch verlockende Hinweise des Unternehmers auf im Zusammenhang mit dem Vertrag stehende, wirtschaftlich vorteilhafte Umstände, etwa die Aussicht auf steuerliche Begünstigungen, zum Vertragsschluß bewogen wurde, diese aber hernach nicht eintreten.

---

630 §§ 1-14.
631 §§ 15-27a.
632 Deixler-Hübner, Konsumentenschutz, S. 86, Rn 85.
633 So Schilcher in Krejci/Schilcher/Steininger, Konsumentenschutzgesetz, S. 68.
634 Deixler-Hübner, Konsumentenschutz, S. 50, Rn 41.
635 Gesetz zur Regelung des Rechts der Allgemeinen Geschäftsbedingungen vom 9. 12. 1976, BGBl. I, S. 3317 i. d. F. BGBl. 1996 I, S. 1013.
636 Kramer, SJZ 1985, 33 (38).
637 Vgl. zu dieser Einteilung auch die EB, S. 14.
638 Kosesnik-Wehrle, Konsumentenschutzgesetz, S. 56.

Neu eingefügt durch die Novelle 1999 wurden die §§ 5 a-i, die den überwiegenden Teil der Bestimmungen der Fernabsatzrichtlinie[639] in das österreichische Recht umsetzen.[640] Die Vorschriften gelten allerdings erst seit dem 1. 06. 2000.[641] Ebenfalls neu ist die Vorschrift des § 5 j, der die Einklagbarkeit von Gewinnzusagen regelt. Die weiteren Regelungen stellen größtenteils Sondertatbestände zu Regelungen des ABGB dar und betreffen die Entgeltlichkeit bzw. die Verbindlichkeit von Kostenvoranschlägen (§ 5), das richterliche Mäßigungsrecht bei der Vereinbarung eines An- bzw. Reugeldes, das sich vor allem gegen überhöhte "Stornogebühren" richtet[642] (§ 7), den Erfüllungsort der Gewährleistungspflichten des Unternehmers und die damit zusammenhängenden Pflichten zur Gefahr- und Kostentragung (§ 8), die Zulässigkeit der vertraglichen Beschränkung der Gewährleistungsansprüche des Verbrauchers (§ 9), den Umfang einer von einem Unternehmer erteilten Vollmacht sowie die Rechtswirksamkeit formloser Erklärungen (§ 10). Schutz bei der Vertragsabwicklung bieten das Verbot des Orderwechsels (§ 11), das Zessionsverbot für Lohn- oder Gehaltsforderungen des Verbrauchers (§ 12), das Recht des Verbrauchers zur vorzeitigen Kreditrückzahlung (§ 12 a) sowie die Beschränkung der vertraglich vereinbarten Möglichkeit der Geltendmachung des Terminverlustes bei Ratengeschäften (§ 13). Der durch BGBl I 1998/119 neu eingefügte und durch BGBl I 1999/185 ergänzte § 13 a enthält eine Kollisionsnorm für Verbraucherverträge.[643] Schließlich normiert die Vorschrift des § 14 eine verfahrensrechtliche Regelung über die örtliche Zuständigkeit für Klagen aus Konsumentengeschäften, die sich gegen dem Verbraucher nachteilige Gerichtsstandsklauseln wendet.

Als besondere Vertragsarten werden neben den Verträgen über wiederkehrende Leistungen (§ 15) vor allem der Handel mit Druckwerken (§§ 26 f.) sowie Abzahlungs- und Vorauszahlungsgeschäfte (§§ 16 ff., 27), insbesondere die drittfinanzierten Rechtsgeschäfte (§§ 18 ff.) geregelt. Für alle Kreditverträge zur Finanzierung von Warenlieferungs- oder Dienstleistungsverträgen räumt § 26 c dem Verbraucher einen Einwendungsdurchgriff gegen den Geldgeber ein, sofern er zuvor seine Rechte gegen den Lieferanten erfolglos geltend gemacht hat. Sondervorschriften bestehen auch für Kreditverbindlichkeiten von Verbrauchern (§§ 25 a ff.). Hervorzuheben ist hier die Vorschrift des § 25 d KSchG, der die schwierige Frage der Mithaftung einkommens- und vermögensloser Personen für fremde Verbindlichkeiten behandelt. § 26 d sieht für Verbraucherverträge über

---

639 Nämlich die Art. 2 bis 7 sowie Art. 10 Abs. 1, 1. Gedankenstrich.

640 Auf die Vorschriften wird erst im dritten Teil der Arbeit im Zusammenhang mit der Umsetzung von EG-Recht in Österreich eingegangen.

641 Vgl. § 41 a Abs. 8.

642 Krejci in Rummel, ABGB II, § 7 KSchG, Rn 1.

643 Die Ergänzung erlangt jedoch erst ab dem 1. 6. 2000 Geltung.

Leistungen zur Erhaltung und Verbesserung von Wohnräumen die schriftliche Errichtung sowie bestimmte Mindestangaben vor. § 27 a enthält eine Regelung der Darlegungslast bei Werkverträgen. Die Bestimmungen im III. Abschnitt regeln die angesprochenen Vertragsarten nicht abschließend, vielmehr sind sowohl die allgemeinen Vorschriften des KSchG als auch die allgemeinen zivilrechtlichen Bestimmungen ergänzend heranzuziehen.[644]

Die Bestimmungen des I. Hauptstückes sind relativ zwingend, § 2 Abs. 2. Abweichende vertragliche Vereinbarungen zu Lasten des Verbrauchers sind unwirksam, der Verbraucher muß sich allerdings, um den Schutz einer Norm für sich in Anspruch nehmen zu können, auf die Ungültigkeit berufen.[645] Nach § 2 Abs. 1 lassen die Vorschriften des I. Hauptstücks Regelungen unberührt, nach denen die vorgesehenen Rechtsfolgen in anderen Fällen eintreten. Damit sollen Umkehrschlüsse des Inhalts vermieden werden, daß diese Regelungen nunmehr ausschließlich für Verbrauchergeschäfte Geltung haben sollen.[646]

Das II. Hauptstück[647] behandelt die Verbandsklage, die die Anfechtbarkeit von Allgemeinen Geschäftsbedingungen durch abschließend aufgezählte Interessenvereinigungen zum Gegenstand hat. Die darin enthaltenen Vorschriften beanspruchen allgemeine Geltung und finden daher auch dann Anwendung, wenn die in Streit stehenden Allgemeinen Geschäftsbedingungen zwischen Unternehmern gebraucht werden.[648] Über die Verwendung verbots- und sittenwidriger Bedingungen in Allgemeinen Geschäftsbedingungen hinausgehend dehnt der in Umsetzung der Richtlinie über Unterlassungsklagen neu eingefügte § 28 a den Anwendungsbereich der Verbandsklage auf jegliche unerlaubte Geschäftsspraktiken aus, die im Zusammenhang mit Haustürgeschäften, Verbraucherkreditverhältnissen, Pauschalreisevereinbarungen, Abschlüssen im Fernabsatz oder der Vereinbarung von mißbräuchlichen Klauseln stehen.

Das III. Hauptstück[649] mit der Überschrift "Ergänzende Bestimmungen" enthält neben Verwaltungsstrafbestimmungen[650], die hier nicht weiter behandelt werden sollen, Änderungen des ABGB und der ZPO sowie verschiedener anderer privatrechtlicher und prozessualer Gesetze. Ihr Ziel ist der Schutz des wirtschaft-

---

644 Mayrhofer in Krejci, Handbuch, S. 467 (468).
645 Deixler-Hübner, Konsumentenschutz, S. 34, Rn 11.
646 EB, S. 17.
647 §§ 28 bis 30.
648 Reindl, ZVP 1979, 71 (74).
649 §§ 30 a bis 37.
650 Die Verwaltungsstrafen entsprechen in etwa den Bußgeldern im deutschen Recht, wobei jedoch in Österreich die Überprüfung der Rechtmäßigkeit der Entscheidung grundsätzlich nur einer verwaltungsinternen Kontrolle unterworfen ist. Eine gerichtliche Kontrolle ist lediglich mit einem außerordentlichen Rechtsbehelf möglich.

lich Schwächeren schlechthin.[651] Sie beziehen sich daher nicht nur auf Verbraucherverträge, sondern gelten für Rechtsgeschäfte zwischen beliebigen Personen.[652] Die hier aufgeführten Bestimmungen sind im KSchG lediglich erlassen worden, gehören aber den betreffenden Gesetzen an.[653] Der Grund für ihre systematisch nicht ganz geglückte Einordnung in das KSchG ist wohl in der Zielsetzung des Gesetzgebers zu sehen, vor allem ein Gesetz zum Schutz der Konsumenten zu schaffen.[654] Kernstück der geänderten Bestimmungen ist die Ergänzung des § 879 ABGB um einen Absatz 3, der die Sittenwidrigkeit von Standardverträgen regelt. Daneben wird in den §§ 871 Abs. 2, 873 ABGB die Möglichkeit der Irrtumsanfechtung erweitert. Dadurch soll die vom Gesetzesverfasser gewünschte stärkere Verbindung des Zivilrechts zum öffentlichen Recht hergestellt werden.[655]

Außerdem im III. Hauptstück enthalten sind besondere Schutzbestimmungen für Verträge mit Immobilienmaklern.[656] Neben einem Rücktrittsrecht des Verbrauchers bei Immobiliengeschäften[657] finden sich Regelungen über Informations- und Aufklärungspflichten des Immobilienmaklers sowie über die Höchstdauer von Alleinvermittlungsaufträgen.[658]

§ 31 a, der in Umsetzung des Art. 8 der Fernabsatzrichtlinie neu eingefügt wurde, regelt das Problem der mißbräuchlichen Verwendung von Zahlungskarten.

Schließlich enthält das III. Hauptstück in den §§ 31 b bis 31 f Sonderbestimmungen über den Reiseveranstaltungsvertrag.[659] Die Einordnung der den Reisevertrag betreffenden Normen in das III. und nicht in das I. Hauptstück verdeut-

---

651 Krejci in ders., Handbuch, S. 85 (86).

652 EB, S. 44.

653 Vgl. die EB, a. a. O.

654 So Krejci in Krejci/ Schilcher/ Steininger, Konsumentenschutzgesetz, S. 13.

655 Vgl. die EB, S. 14.

656 §§ 30 a -31. Die Vorschriften wurden durch das Maklergesetz von 1996 eingefügt. Bis zur Verabschiedung des Maklergesetzes enthielt das KSchG in § 31 eine Bestimmung, die die Informationspflicht des Personalkreditvermittlers sowie dessen Provisionsanspruch regelte. Diese Bestimmung wurde nun in das MaklerG übernommen (§ 39). Die Rechtslage wird dadurch jedoch nicht verändert, da § 31 – entsprechend seiner Stellung im III. Hauptstück – schon bisher allgemein und nicht nur im Verhältnis zwischen Unternehmer und Verbraucher galt. In § 31 Abs. 2 n. F. wird der neue § 39 MaklerG zugunsten von Verbrauchern für zwingend erklärt.

657 § 30 a.

658 §§ 30 b – 31.

659 Mit der Einfügung dieser Vorschriften sollte die EG-Pauschalreiserichtlinie umgesetzt werden; vgl. dazu die Ausführungen im dritten Teil dieser Arbeit unter D.

licht, daß es unerheblich ist, ob der Reiseteilnehmer die Pauschalreise in unternehmerischer Eigenschaft oder zu privaten Zwecken bucht.

IV. Der Geltungsbereich des I. Hauptstückes: Das Verbrauchergeschäft

Das KSchG beginnt mit der Beschreibung des persönlichen Anwendungsbereiches. § 1 Abs. 1 lautet:

"(1) Dieses Hauptstück gilt für Rechtsgeschäfte, an denen
1. einerseits jemand, für den das Geschäft zum Betrieb seines Unternehmens gehört (im folgenden kurz Unternehmer genannt) und
2. andererseits jemand, für den dies nicht zutrifft, (im folgenden kurz Verbraucher genannt) beteiligt sind."

Die Bestimmung des persönlichen Anwendungsbereiches beruht auf der Auffassung des Gesetzgebers, daß ein Verbraucher bei Rechtsgeschäften mit einem Unternehmer besonders und typischerweise schutzbedürftig sei.[660] Hinsichtlich der Umstände, die die besondere Schutzbedürftigkeit des Verbrauchers begründen, verweist der Gesetzgeber auf dessen Unterlegenheit gegenüber dem Unternehmer an wirtschaftlicher Macht und an Wissen durch die Spezialisierung auf eine besondere Art von Geschäften.[661] Auch die größere geschäftliche Erfahrung des Unternehmers sowie dessen Wissen um mögliche Zwischenfälle bei der Vertragsabwicklung und um die rechtlichen Möglichkeiten, wie für solche Zwischenfälle die eigene rechtliche Stellung möglichst günstig gestaltet werden kann, tragen nach Auffassung des Gesetzgebers zur Überlegenheit des Unternehmers bei.[662]

Der Gesetzgeber umschreibt die Ungleichgewichtssituation in § 1 in Anlehnung an das Handelsrecht, indem er sich einer personen- und betriebsbezogenen Abgrenzungsmethode bedient[663]: Erstens gelten die Sonderregeln für Rechtsgeschäfte zwischen jemandem, für den das Geschäft zum Betriebe seines Unternehmens gehört, und jemandem, auf den dies nicht zutrifft. Es werden also nur solche Geschäfte erfaßt, bei denen sich Unternehmer auf der einen Seite und Verbraucher auf der anderen Seite gegenüber stehen. Geschäfte zwischen Unternehmern und solche zwischen Verbrauchern sind dem Anwendungsbereich des I. Hauptstückes entzogen. Zweitens muß das Geschäft betriebsbezogen sein, d. h. im Rahmen der Unternehmertätigkeit geschlossen werden. Auch Personen, die

---

660 EB, S. 15.
661 EB, a. a. O.
662 EB, S. 15 f.
663 EB, S. 16.

ein Unternehmen betreiben, können mithin Verbraucher im Sinne des Gesetzes sein, wenn sie ein Geschäft für den privaten Bereich abschließen.[664]

Gesetzlich definiert wird lediglich das Unternehmen. Unternehmen im Sinne des KSchG ist nach § 1 Abs. 2 S. 1 "jede auf Dauer angelegte Organisation selbständiger wirtschaftlicher Tätigkeit, mag sie auch nicht auf Gewinn gerichtet sein." Juristische Personen des öffentlichen Rechts gelten nach Satz 2 der Vorschrift immer als Unternehmer. Auf eine bestimmte Betriebsgröße des Unternehmens, ein Mindestkapital oder eine sonstige Mindestorganisation kommt es nicht an.[665] Der Unternehmensbegriff des KSchG ist neu, da er sich weder mit den Begriffen des bürgerlichen noch des Handelsrechts deckt.[666] Insbesondere ist er nicht mit dem Kaufmannsbegriff identisch.[667] Vielmehr geht das KSchG von einem weiteren Unternehmensbegriff aus[668] und erfaßt beispielsweise auch Angehörige der freien Berufe[669], Forst- und Landwirte[670] und unter Umständen auch Vermieter.[671]

Für den Begriff des Verbrauchers stellt das KSchG keine eigenen Kriterien auf, vielmehr zeigt sich die Verbrauchereigenschaft lediglich im Fehlen der Unternehmerqualifikation[672]: Verbraucher ist nur, für den das betreffende Geschäft nicht zum Betrieb seines Unternehmens gehört. Der Verbraucherbegriff wird also ausschließlich negativ umschrieben und hängt vom Begriff des Unternehmers bzw. des Unternehmens ab.[673] Wer nicht als Unternehmer auftritt, gilt prima facie als Verbraucher, wobei der Vertragspartner die Verbrauchereigenschaft zu widerlegen hat.[674] Will jemand die Bestimmungen des I. Hauptstückes auf ein von ihm geschlossenes Rechtsgeschäft angewendet wissen, so muß er darlegen, daß er selbst Verbraucher, sein Vertragspartner hingegen Unternehmer war, und daß das Rechtsgeschäft zu dessen Unternehmensbetrieb gehört.[675] Die Frage, ob das Geschäft zum Betrieb des Unternehmens gehörte, ist in Analogie zu § 344 HGB zu lösen.[676]

---

664 Krejci in Rummel, ABGB II, § 1 KSchG, Rn 9.
665 Krejci in ders., Handbuch, S. 209 (213 f.).
666 Welser in Krejci, Handbuch, S. 193 (195).
667 EB, S. 16.
668 So die EB, a. a. O.
669 Vgl. OGH SZ 54/74 (Rechtsanwälte); OGH EvBl 1989/116 (Finanzberater).
670 Vgl. OGH SZ 55/157.
671 Vgl. OGH SZ 53/103.
672 Kosesnik-Wehrle, Konsumentenschutzgesetz, S. 50.
673 Krejci in Rummel, ABGB II, § 1 KSchG, Rn 4.
674 OGH RdW 1991, 109.
675 Krejci in Rummel, ABGB II, § 1 KSchG, Rn 4.
676 EB, S. 16. Vgl. auch OGH RdW 1991, 109.

Stehen die tatbestandlichen Voraussetzungen des § 1 fest, so spielt es keine Rolle, ob zwischen Unternehmer und Verbraucher im konkreten Fall tatsächlich eine Ungleichgewichtslage besteht. Das Gesetz verwirklicht seinen Schutz somit nur schematisch; auf tatsächliche wirtschaftliche Gegebenheiten oder Fähigkeiten der Beteiligten kommt es nicht an.[677] Daher liegt ein Verbrauchergeschäft auch dann vor, wenn sich der Verbraucher bei Vertragsabschluß von einem fachkundigen Rechtsanwalt beraten läßt.[678] Der Anwendungsbereich des KSchG ist selbst dann gegeben, wenn sich ein Verbraucher durch einen Unternehmer vertreten läßt, da "Beteiligung" im Sinne des § 1 ausschließlich im Sinne der Beteiligung als Vertragspartei zu verstehen ist.[679] Die rein formale Betrachtungsweise mag in Einzelfällen zu unbilligen Ergebnissen führen; der Gesetzgeber wollte jedoch im Interesse der Rechtssicherheit und -klarheit einen praktikablen Grundtatbestand schaffen, der die richterliche Beurteilung nicht von im Einzelfall verhältnismäßig unbestimmten Faktoren abhängig macht.[680]

Umstritten ist die Frage, ob andere Ungleichgewichtslagen, die nicht dem Tatbestand des § 1 unterfallen, dennoch nach den Regeln des KSchG zu beurteilen sind, mit anderen Worten, ob diese analogiefähig sind. Die EB scheinen dies zuzulassen, indem sie es „der Rechtsprechung überlassen, für einen Fall, auf den die Merkmale der gesetzlichen Umschreibung nicht ganz zutreffen, die im Gesetz für den typischen Fall zum Ausdruck kommenden Wertungen auch auf andere Fälle anzuwenden, auf die sie passen."[681] Nach Teilen der Literatur sind die EB ganz eindeutig als Aufforderung an den Rechtsanwender zu sehen, den Zielvorstellungen des KSchG durch Analogie Rechnung zu tragen.[682] Nach *Krejci*[683] ist die analoge Anwendung der besonderen konsumentenschützenden Normen auf Geschäfte zwischen Unternehmern oder auf solche zwischen ungleichgewichtigen Verbrauchern dagegen im Hinblick auf die Rechtssicherheit grundsätzlich

677 Welser in Krejci, Handbuch, S. 193 (195).
678 OGH JBl 1982, 313.
679 Welser, JBl 1980, 1 (2).
680 EB, S. 16.
681 S. 16.
682 So z. B. Fenyves, JBl 1980, 475 (476); Kosesnik-Wehrle, Konsumentenschutzgesetz, S. 21; Meinhart, Verkehrsjurist ARBÖ 1979, 19 ff.; Schilcher in Krejci/Schilcher/Steininger, S. 62; Hanreich in Verhandlungen des 7. ÖJT II/3, S. 11.
683 Handbuch, S. 209 (232 f). unter Hinweis auf den Kaufmannsbegriff des Handelsrechts und den Begriff des Arbeitnehmers im Arbeitsrecht. Welser, JBl 1980, 2 hält es für denkbar, bestimmte Vorschriften des I. Hauptstückes analog auf solche Situationen anzuwenden, in denen das allgemeine Recht sonst eine Rechtslücke entstehen ließe.

ausgeschlossen. Andernfalls würde der Grundtatbestand überhaupt unbrauchbar.[684]

Ebenfalls fraglich ist, ob in Fällen mangelnder Ungleichgewichtslage, in denen also der Verbraucher dem Unternehmer an Erfahrung und wirtschaftlicher Stärke ebenbürtig ist, eine teleologische Reduktion des Grundtatbestandes zu erfolgen hat. Auch hier gehen die Meinungen auseinander.[685] Die EB geben einen Anstoß in diese Richtung, wenn sie davon sprechen, daß sich eine teleologische Reduktion des Geltungsbereiches dann ergeben kann, "wenn ein Fall, in dem die gesetzlichen Geltungsmerkmale verwirklicht sind, gänzlich verschieden ist von dem Typ, der dem Gesetzgeber bei seiner Regelung vorgeschwebt ist." Im Schrifttum wird eine solche teleologische Reduktion überwiegend abgelehnt, da die Definition in § 1 bewußt von einer Typisierung ausgehe, um eine rechtssichere Regelung zu schaffen.[686] Im übrigen seien auch die EB in sich widersprüchlich und erlaubten daher keine eindeutigen Rückschlüsse.[687]

Auch der OGH[688] lehnt bislang sowohl eine sinngemäße Anwendung als auch eine teleologische Reduktion des Grundtatbestandes des § 1 unter Hinweis auf die Rechtssicherheit ab. Zwar sei es dem Gesetzgeber darum gegangen, die Unterlegenheit des Verbrauchers gegenüber dem Unternehmer an wirtschaftlicher Macht und Wissen auszugleichen, dennoch habe er bewußt nicht auf die schwer faßliche Ungleichgewichtslage im Einzelfall abgestellt, sondern auf objektive, einigermaßen genau zu beschreibende Umstände, bei denen die Lage, die das Motiv der Regelungen bildet, typischerweise gegeben sei. Die Beurteilung als Verbrauchergeschäft hänge deshalb nur davon ab, daß sich Unternehmer und Verbraucher als Vertragspartner gegenüber stehen.

Nach § 1 Abs. 3 gehören Gründungsgeschäfte werdender Unternehmer noch nicht zum Betrieb ihres Unternehmens im Sinne des § 1 Abs. 1 Ziff. 1.[689] Der künftige Unternehmer – im Gegensatz zu Absatz 1 sind hier nur natürliche Personen erfaßt – wird vom Gesetzgeber während seiner ersten Schritte zur geplanten unternehmerischen Tätigkeit als noch geschäftlich unerfahren und daher schutzbedürftig angesehen.[690]

---

684 A. a. O.

685 Einen Überblick über den Meinungsstand gibt Krejci in ders., Handbuch, S. 209 (229 f.).

686 Welser in Krejci, Handbuch, S. 193 (196); Krejci in Rummel, ABGB II, § 1 KSchG, Rn 5; a. A. z. B. Kosesnik-Wehrle, Konsumentenschutzgesetz, S. 57; Apathy in Schwimann, ABGB VI, § 1 KSchG, Rn 4.

687 Krejci in Rummel ABGB II, § 1 KSchG, Rn 10.

688 OGH SZ 54/58; OGH SZ 55/159; OGH SZ 56/159.

689 Im Gegensatz dazu qualifiziert § 343 HGB auch die vorbereitenden Geschäfte als Handelsgeschäfte.

690 EB, S. 16.

Verträge, die jemand als Arbeitnehmer oder als arbeitnehmerähnliche Person mit dem Arbeitgeber schließt, sind nach § 1 Abs. 4 vom Anwendungsbereich des I. Hauptstücks ausgenommen. Begründet wird diese Ausnahmeregelung damit, daß für Arbeitsverträge "spezielle, viel eingehendere Schutzbestimmungen bestehen".[691]

Nach § 1 Abs. 5 sind die Bestimmungen des I. und II. Hauptstücks auch auf den Beitritt zu und die Mitgliedschaft bei Vereinen anzuwenden, wenn diese zwar von ihren Mitgliedern Beiträge oder sonstige Geldzahlungen verlangen, ihnen aber nur eingeschränkte Mitgliedschaftsrechte einräumen und die Mitgliedschaft nicht geschäftlichen Zwecken dient.[692] Der österreichische Gesetzgeber will damit vor allem sog. „außerordentliche" Mitgliedschaften erfassen, die den Betroffenen zwar bestimmte Leistungen gewähren, aber keine Mitsprache bei der Willensbildung des Vereins einräumen.[693] In dieser Mißachtung des „demokratischen Prinzips" im Verein kommt nach Ansicht des Gesetzgebers das dem Verbraucherschutzrecht allgemein zugrunde liegende Moment des typischen Ungleichgewichts zum Ausdruck.[694]

Unter den sachlichen Umfang des ersten Hauptstückes fallen entgegen der Überschrift, die nur Verträge nennt, auch andere rechtsgeschäftliche Akte wie die Offerte, Kündigungen, Rücktritte, Anfechtungshandlungen und sonstige rechtsgestaltende Erklärungen.[695]

V. Schwerpunkte des vertraglichen Schutzes nach dem KSchG

Obwohl das KSchG ein einheitliches Konzept vermissen läßt, können doch nach seinen Schutzzwecken sowie nach den zur Kompensation der vorausgesetzten Ungleichgewichtslage zwischen Verbraucher und Unternehmer eingesetzten Instrumenten bestimmte sachliche Regelungsschwerpunkte gebildet werden: Einen Schwerpunkt stellen diejenigen Vorschriften des KSchG dar, die den Verbraucher vor Überrumpelung bei den Vertragsverhandlungen schützen sollen. Andere Vorschriften zielen auf die Beseitigung des Informationsgefälles zwischen Unternehmer und Verbraucher ab. Wieder andere betreffen die Kontrolle des Vertragsinhalts. Schließlich befaßt sich das KSchG mit dem Schutz des Verbrauchers

---

691 So die EB, S. 17. Zur Kritik am Ausnahmetatbestand des Absatz 4 vgl. Krejci in Rummel, ABGB II, § 1 KSchG, Rn 62 ff.

692 Absatz 5 wurde erst durch die Novelle 1999 geschaffen.

693 EB zur RV 1998 BlgNr 20. GP, S. 19.

694 So die EB, S. 19.

695 Kosesnik-Wehrle, Konsumentenschutzgesetz, S. 20; Krejci in Rummel, ABGB II, § 1 KSchG, Rn 2.

bei bestimmten Vertragstypen. Zwingende oder halbzwingende Vorschriften, die das dispositive Recht ersetzen, runden das Instrumentarium des KSchG ab.

Im folgenden werden diese Regelungsschwerpunkte anhand einiger ausgewählter Normengruppen näher erläutert, wobei die Mehrfachnennung mancher Vorschriften wegen des gebotenen Zusammenhangs nicht vermieden werden kann.

1. Schutz des Verbrauchers vor Übereilung

Der Schutz des KSchG setzt bereits im vorvertraglichen Stadium an[696] und richtet sich hier vor allem gegen die mit dem sog. Direktvertrieb verbundenen Gefahren, denen in erster Linie sozial schwächere Personen mit geringer Geschäftsgewandheit ausgesetzt sind.[697] Vielfach hat der Verbraucher keine reale Möglichkeit, vor Abgabe seiner auf den Vertragsschluß gerichteten Willenserklärung die für eine interessengerechte Abwägung erforderlichen Überlegungen anzustellen.[698] Vielmehr führen aggressive Verkaufsmethoden vor allem von Vertretern, das irreführende Anpreisen einer Ware, das geschickte Ausnutzen einer für den Verbraucher unerwarteten Situation oder schlicht Zeitmangel dazu, daß der Verbraucher typischerweise übereilt vertragliche Bindungen eingeht, und Leistungen entgegennimmt, für die oft kein echter Bedarf besteht und deren Entgelt seinen finanziellen Mitteln nicht entspricht.[699] In den Fällen, in denen er auf das benötigte Gut dringend angewiesen ist, wie etwa im Fall der Miete oder des Erwerbs einer Wohnung oder der Aufnahme eines Darlehens besteht die Gefahr, daß der Verbraucher sich auf das erstbeste, nicht immer günstigste Angebot einläßt, ohne sich zuvor einen Überblick über die Marktverhältnisse zu verschaffen.

Das KSchG gibt dem Verbraucher daher die Möglichkeit, seine übereilt getroffene Entscheidung nochmals zu überdenken, indem ihm in Abweichung von den Regeln des allgemeinen Privatrechts[700], nach denen sich eine voll geschäftsfähige Person grundsätzlich an ihrem rechtsgeschäftlich geäußerten Willen festhalten lassen muß, die zeitlich begrenzte Befugnis eingeräumt wird, sich von einer vorschnell abgegebenen Willenserklärung zu lösen. Zudem stellt es für bestimmte Vereinbarungen Formgebote auf.

---

696 Reindl, ZVP 1979, 71 (73).

697 Schuhmacher, Vertragsanbahnung, S. 75.

698 Deixler-Hübner, Konsumentenschutz, S. 34 f., Rn 12.

699 Deixler-Hübner, a. a. O.
Vgl. zu den Motiven, die den Gesetzgeber zum Schutz des Verbrauchers vor Überrumpelung veranlaßt haben, auch Schilcher in Krejci, Handbuch, S. 271 (274 f.).

700 Vgl. die §§ 861 ff. ABGB.

a) Rücktrittsrechte

aa) Der Rücktritt vom Haustürgeschäft (§ 3)

Bei Verträgen, die ein Unternehmer außerhalb seiner dauernden Geschäftsräume schließt, und bei denen daher typischerweise die Gefahr unüberlegter Vertragsabschlüsse besteht, kann der Verbraucher nach § 3 Abs. 1 binnen einer Woche von seiner Willenserklärung zurücktreten.[701] Voraussetzung ist, daß die Vertragserklärung des Verbrauchers "weder in den vom Unternehmer für seine geschäftlichen Zwecke dauernd benützten Räumen noch bei einem von diesem dafür auf einer Messe oder einem Markt benützten Stand" abgegeben wird. Mit dieser Umschreibung will die Vorschrift vor allem die sog. Haustürgeschäfte erfassen. Der Schutz des Verbrauchers geht jedoch darüber hinaus:[702] Ein Rücktrittsrecht steht ihm beispielsweise auch dann zu, wenn er das fragliche Geschäft auf offener Straße abschließt.[703] Über das Rücktrittsrecht hat der Unternehmer den Verbraucher bei Vertragsschluß schriftlich zu belehren; die Belehrung ist dem Verbraucher anläßlich der Entgegennahme der Vertragserklärung auszufolgen.[704] Erst die Aushändigung der Belehrung setzt die Rücktrittsfrist in Lauf. Belehrt der Unternehmer den Verbraucher überhaupt nicht, so erlischt das Rücktrittsrecht erst einen Monat nach der vollständigen Erfüllung des Vertrages.[705]

Nach Absatz 2 besteht das Rücktrittsrecht auch dann, wenn der Verbraucher anläßlich einer Werbe- oder Ausflugsfahrt oder durch persönliches, individuelles Ansprechen auf der Straße in die Geschäftsräume des Unternehmers gebracht wird. Damit wird dem Umstand Rechnung getragen, daß auf solchen Werbefahrten ein erhöhter psychologischer Kaufzwang gegenüber dem Verbraucher ausgeübt wird.[706]

---

701 Das Rücktrittsrecht nach § 3 entspricht in etwa dem Widerrufsrecht nach § 1 HWiG; während hier jedoch der Vertrag zunächst vollwirksam zustande kommt und durch den Rücktritt wieder beseitigt wird, ist dort der Vertrag bis zum Ablauf der Widerrufsfrist schwebend unwirksam.

702 Kosesnik-Wehrle, Konsumentenschutzgesetz, S. 56.

703 Krejci in Rummel, ABGB II, § 3, Rn 12.

704 Die Pflicht des Unternehmers zur schriftlichen Belehrung über das Rücktrittsrecht wurde erst in Umsetzung der Haustürgeschäfterichtlinie durch BGBl 1993/247 eingeführt.

705 Die Begrenzung des Rücktrittsrechts durch die absolute Einmonatsfrist entspricht nicht den Vorgaben der Richtlinie, die ein Erlöschen der Rücktrittsfrist an die Bedingung einer ordnungsgemäßen Belehrung knüpft. Kritisch zu der Einmonatsfrist des § 3 Dessulemoustier-Bovekercke, AnwBl 1994, 670 (671); Riedler, ecolex 1994, 87 (88).

706 Vgl. die EB, S. 18.

Der Rücktritt ist ausgeschlossen, wenn der Verbraucher selbst die geschäftliche Verbindung angebahnt hat oder wenn dem Zustandekommen des Geschäfts keine Besprechungen vorausgegangen sind (§ 3 Abs. 3). In diesen Fällen ist eine besondere Schutzwürdigkeit des Verbrauchers typischerweise nicht gegeben.[707] Eine weitere Ausnahme gilt für Bargeschäfte geringen Umfangs, das Gesetz sieht eine Obergrenze von 200 bzw. 600 öS vor.[708]

Für die Rechtswirksamkeit des Rücktritts schreibt § 3 Abs. 4 die Schriftform vor. Dabei soll es genügen, daß der Verbraucher die Vertragsurkunde mit einem Vermerk zurückstellt, der erkennen läßt, daß er die Aufrechterhaltung des Vertrages ablehnt.

Die bereicherungsrechtlichen Folgen des Rücktritts regelt § 4. Neben der Rückerstattung der empfangenen Leistung ist der Unternehmer zum Aufwendungsersatz, der Verbraucher zur Entrichtung eines angemessenen Benützungsentgelts verpflichtet.[709] Im Gegensatz zu den allgemeinen Regeln der §§ 331 und 332 ABGB differenziert die Vorschrift nicht zwischen redlichem und unredlichem Verbraucher. Besonderheiten gelten auch für den Fall, daß dem Verbraucher die Rückgabe der Sache unmöglich ist.[710]

Unabhängig von einem nach § 3 bestehenden Rücktrittsrecht räumen die §§ 54 Abs. 3 und 60 GewO dem Verbraucher bei Verstößen gegen die gewerberechtlichen Verbote des Aufsuchens von Privatpersonen und der Entgegennahme von Bestellungen auf Waren durch Gewerbetreibende und Handlungsreisende ein Rücktrittsrecht ein.[711] Das nach der Gewerbeordnung bestehende Rücktrittsrecht soll die Einhaltung der gewerberechtlichen Regeln sichern; diese dienen hier aber im Gegensatz zur Vorschrift des § 3 nicht nur dem Schutz des Kunden vor unüberlegten Kauferklärungen, sondern auch dem Schutz der Mitbewerber vor unlauteren Geschäftsmethoden.[712]

bb) Der Rücktritt vom Immobiliengeschäft (§ 30 a)

Eng verwandt mit dem Rücktrittsrecht nach § 3 ist das nach § 30 a bestehende Rücktrittsrecht des Verbrauchers bei Immobiliengeschäften. Mit dieser Vorschrift will der Gesetzgeber der Überrumpelungsgefahr begegnen, die entsteht, wenn der am Kauf oder an der Miete einer Liegenschaft interessierte Konsument schon bei der ersten Besichtigung des Objekts eine verbindliche Vertragserklä-

707 Deixler-Hübner, Konsumentenschutz, S. 37, Rn 16.
708 Vgl. dazu die EB zur RV 744 BlgNr 14. GP, S. 19.
709 Zum Ganzen ausführlich Rummel in Krejci, Handbuch, S. 315 ff.
710 Vgl. dazu Rummel in Krejci, Handbuch, S. 315 (322 f.).
711 Dazu Krejci, ÖZW 1976, 97 ff.
712 OGH RdW 1991, 145.

rung abgeben soll.[713] Obwohl die Vorschrift des § 30 a auf den Begriff des Verbrauchers abstellt, wie er in § 1 definiert wird, ist die Bestimmung in das III. Hauptstück eingebaut worden. Der Grund hierfür liegt darin, daß die Überrumpelungsgefahr, die häufig bei der ersten Besichtigung einer dem Verbraucher bislang unbekannten Wohnung oder Liegenschaft unter dem Druck zu einer raschen Entscheidung entsteht und die der Gesetzgeber mit der Schaffung eines Rücktrittsrecht bekämpfen will[714], nicht nur durch das Einschreiten eines Immobilienmaklers, sondern auch dann geschaffen werden kann, wenn ein versierter sonstiger Unternehmer oder ein erfahrener Verbraucher dem Besichtigenden als Verhandlungspartner gegenüberstehen. Maßgeblich für die Anwendbarkeit der Vorschrift soll daher nach dem Willen der Gesetzesverfasser nur sein, daß der Besichtigende Verbraucher im Sinne des § 1 ist.[715] Nach der gesetzgeberischen Wertung wird dann angesichts der besonderen Abschlußumstände die Gefahr der Übereilung unwiderleglich vermutet.[716] Auch hier ist der Verbraucher schriftlich über sein Rücktrittsrecht zu belehren, der Fristbeginn für das Rücktrittsrecht ist wie bei § 3 verknüpft mit der Aushändigung einer Zweitschrift der Vertragserklärung und der schriftlichen Belehrung. Anders als bei Haustürgeschäften schließt jedoch ein "verbraucherangebahnter" Kontakt den Rücktritt nicht aus. Dies ist damit zu erklären, daß der Verbraucher alle positiven und negativen Aspekte seiner Entscheidung erst nach Besichtigung des konkreten Objekts abwägen kann.[717] Voraussetzung für die Ausübung des Rücktrittsrechts ist lediglich die Abgabe der Vertragserklärung am Tag der erstmaligen Besichtigung des Objektes sowie die Tatsache, daß der Erwerb des Vertragsobjektes der Deckung eines dringenden Wohnbedürfnisses des Verbrauchers oder eines nahen Angehörigen dient; Anlage- und Ferienobjekte sind damit vom Schutzbereich der Norm ausgenommen.[718] Für die Form der Rücktrittserklärung gelten die zu § 3 gemachten Ausführungen (§ 30 a Abs. 2 S. 3).

cc) Exkurs: Der Rücktritt wegen Nichteintritts erwarteter Umstände (§ 3 a)

Ein Rücktrittsrecht wegen Nichteintritts maßgeblicher Umstände sieht der durch die Novelle 1997 neu eingefügte § 3 a vor: Dem Verbraucher wird ein Rücktrittsrecht für den Fall eingeräumt, daß ohne sein Verschulden bestimmte Umstände,

---

713 EB zur RV 2 BlgNr 20. GP, S. 37.
714 Vgl. dazu die EB, a. a. O.
715 EB, S. 38.
716 EB, a. a. O.; Jesser in Jesser/Kiendl/Schwarzenegger, Konsumentenschutzrecht, S. 146.
717 EB, S. 37.
718 EB, a. a. O.

auf die der Unternehmer im Zuge der Vertragsverhandlungen hingewiesen hat, nicht oder in erheblich geringerem Ausmaß eintreten. Die insoweit maßgeblichen Umstände sind in Absatz 2 der Vorschrift abschließend aufgeführt. Es handelt sich dabei um Hinweise oder Äußerungen des Unternehmers, die sich nicht unmittelbar auf den Vertragsgegenstand beziehen, sondern vor allem steuerliche Absatzmöglichkeiten, öffentliche Förderungen oder besonders günstige Kreditmöglichkeiten betreffen. Mit der Normierung dieser Umstände wollte der Gesetzgeber die oft schwierige Abgrenzung, ob es sich bei der diesbezüglichen Vorstellung des Verbrauchers um einen zur Anfechtung nach §§ 871 ff. ABGB berechtigenden Geschäftsirrtum oder um einen unbeachtlichen Motivirrtum im Sinne des § 901 ABGB handelt, überflüssig machen.[719] Voraussetzung ist aber stets, daß der Unternehmer verstärkt auf den Willensbildungsprozeß des Verbrauchers eingewirkt hat, indem er die betreffende Erwartung auf Seiten des Verbrauchers geweckt oder doch zumindest kausal beeinflußt hat; ein bloßer Hinweis auf eine mögliche öffentliche Förderung genügt beispielsweise nicht.[720] Das in § 3 a normierte Rücktrittsrecht stellt sich somit als Sanktion für enttäuschtes Vertrauen des Verbrauchers in das Vorhandensein für ihn wesentlicher Vertragsumstände und nicht, wie das Rücktrittsrecht beim Haustürgeschäft, als Sanktion für eine beim Vertragsabschluß gegebene Überrumpelungssituation dar.[721]

Der Rücktritt kann binnen einer Woche erklärt werden (Absatz 3), wobei die Frist – vorausgesetzt, daß der Verbraucher schriftlich auf sein Rücktrittsrecht hingewiesen worden ist – ab dem Zeitpunkt zu laufen beginnt, in dem für den Verbraucher der Nichteintritt der Umstände erkennbar wird.

In Absatz 4 sind Ausschlußgründe für die Fälle festgelegt, in denen der Verbraucher, etwa weil er wegen Kenntnis der Unrichtigkeit der Angaben von vornherein nicht auf die Aussagen des Unternehmers vertraut hat, nicht zum Rücktritt berechtigt ist. Der Unternehmer kann den Rücktritt abwenden, wenn er sich zu einer angemessenen Anpassung des Vertrages bereit erklärt.

b) Formgebote

Als weiteres Schutzinstrument gegen eine möglicherweise übereilte Entscheidung des Verbrauchers sieht das KSchG für bestimmte Vereinbarungen einen Formzwang vor. Die Schriftlichkeit soll dem Verbraucher die rechtlichen und finanziellen Folgen seiner Entscheidung deutlich vor Augen führen und übt damit eine Warnfunktion aus. In diesen Zusammenhang gehören auch die Bestimmungen

---

719 EB zur RV 311 BlgNr. 20. GP, S. 16.

720 EB, S. 17.

721 EB, S. 16; Apathy in Schwimann, ABGB VI, § 3 a KSchG, Rn 2.

des KSchG, die für bestimmte Vereinbarungen einen Mindestinhalt zwingend vorschreiben, um den Verbraucher vor Überraschungen infolge Irreführung oder geschickter Beeinflussung seiner Entscheidung durch den Unternehmer zu schützen.

aa) Haustürgeschäfte im Handel mit Druckwerken (§ 26)

§ 26 behandelt Verträge im Buch-, Kunst-, Zeitschriften- und Musikalienhandel, die keine Abzahlungsgeschäfte im Sinne der §§ 16 ff. sind, sondern sowohl den Verbraucher als auch den Unternehmer zu wiederkehrenden Leistungen verpflichten. Werden diese Verträge als Haustürgeschäfte abgeschlossen, sind sie schriftlich zu errichten (§ 26 Abs. 1), der Mindestinhalt der Vertragsurkunde ist in § 26 Abs. 2 geregelt und umfaßt vor allem Angaben über die Zahl, Höhe und Fälligkeit der vom Verbraucher zu leistenden Zahlungen sowie eine Belehrung über das Rücktrittsrecht nach § 3. Dem Verbraucher ist eine Abschrift der Vertragsurkunde auszufolgen (§ 26 Abs. 3). Verträge, in denen der Gesamtpreis 310 000 öS übersteigt, sind nach § 26 b vom Schriftformerfordernis ausgenommen.

bb) Wohnraumsanierung (§ 26 d)

Auch der durch die Novelle von 1997 eingefügte § 26 d schreibt für Verträge über die Lieferung von Geräten für die Sanierung von Wohnraum die Schriftform vor, wenn der Besteller Verbraucher und der Vertrag für ihn ein Haustürgeschäft im Sinne des § 3 ist. Der Mindestinhalt der zu errichtenden Vertragsurkunde ist in Absatz 2 geregelt und sieht unter anderem die Umschreibung des Vertragsgegenstandes mit Marke und Type vor. Damit soll die zunehmende Praxis verhindert werden, daß bei Vertragsverhandlungen über die Lieferung von Ersatzteilen häufig die Lieferung eines Ersatzteils oder eines Geräts eines bestimmten Markenherstellers erwähnt, im Vertrag jedoch nicht näher umschrieben wird und in der Folge ein weniger bekanntes oder beliebtes Erzeugnis geliefert wird.[722] Das Schriftformgebot dient also dem Schutz des Verbrauchers vor irreführenden Angaben und geschickter Beeinflussung.

cc) Maklervertrag (§ 31)

§ 31 normiert ein Schriftformgebot für besonders einschneidende Gestaltungen des Vertragsverhältnisses zwischen einem Verbraucher und einem Makler, die zu

722 EB, S. 28.

einer Verschiebung des vertraglichen Gleichgewichts zu Lasten des Verbrauchers führen und mit denen der rechtsunkundige Verbraucher regelmäßig nicht rechnet.[723] Schriftlich niederzulegen sind danach Vereinbarungen über Aufwendungsersatz aufgrund von zusätzlichen Aufträgen (Ziff. 1), über den Abschluß und die Verlängerung von Alleinvermittlungsaufträgen (Ziff. 2) sowie besondere Vereinbarungen für den Fall eines fehlenden Vermittlungserfolgs (Ziff. 3).

c) Unternehmervollmacht (§ 10)

Als letztes seien an dieser Stelle noch die Regelungen des § 10 Abs. 1 und 2 über den Umfang der Unternehmervollmacht erwähnt, deren Anliegen die Bekämpfung der Mißbräuche beim sog. "Vertretergeschäft" ist.[724] Der Gesetzgeber wollte dem häufig auftretenden Umstand Rechnung tragen, daß Vertreter rechtlich und geschäftlich unerfahrene Personen durch Versprechungen "ins Blaue" zum Abschluß von Verträgen bewegen und hierbei entsprechende Vollmacht vortäuschen. Der Unternehmer verhindert jedoch durch entsprechende Klauseln, vor allem in AGB, daß ihm derartige Zusagen zugerechnet werden.[725]

Die genannten Regelungen erweitern nun den Schutz des Vertrauens des Verbrauchers im Hinblick auf den Umfang von Vertretervollmachten: Beschränkungen der Vollmacht sind dem Verbraucher gegenüber nur wirksam, wenn sie ihm bewußt waren. Der Vertrauenstatbestand wird – in Abweichung von den allgemeinen Grundsätzen – lediglich durch positives Wissen des Verbrauchers vom Vollmachtsmangel zerstört.

Somit stellen auch die Regelungen des § 10 Schutzvorschriften zugunsten des Verbrauchers gegen unlautere Beeinflussung beim Vertragsschluß dar.

2. Ausgleich des Informationsdefizits des Verbrauchers

Der Verbraucher vermag oftmals weder die für seine Erwerbsentscheidung maßgeblichen Marktverhältnisse noch die rechtlichen und wirtschaftlichen Auswirkungen eines Vertragsschlusses zu überschauen. Die Gründe hierfür sind vielfältig; beispielhaft seien hier die Informationsflut, der sich der Verbraucher ausgesetzt sieht, das Überangebot an Waren sowie die Komplexität der hochtechnisierten und arbeitsteiligen Produktion von Gütern genannt.[726] Der Unternehmer

723 Ostermayer/ Schuster, Maklerrecht, Anm. 1 zu § 31 KSchG, S. 157; Apathy in Schwimann, § 31 KSchG, Rn 4.
724 Schilcher in Krejci, Handbuch, S. 409 (428); Apathy in Schwimann, ABGB VI, § 10 KSchG, Rn 1.
725 Schilcher in Krejci, Handbuch, S. 409 (429).
726 Vgl. dazu auch die EB zur RV 744 BlgNr 14. GP, S. 12.

verfügt dagegen regelmäßig über einen Erfahrungsvorsprung, der aus der massenhaften Abwicklung bestimmter Geschäfte resultiert.[727]

Ausgehend von der Prämisse, daß neben einem funktionierenden Wettbewerb interessengerecht ausgeübte Privatautonomie ein Mindestmaß an Information voraussetzt, die Unternehmer aber nicht immer ein Interesse daran haben, den Verbraucher objektiv zu informieren[728], statuiert der Gesetzgeber besondere Aufklärungs- und Informationspflichten, die die Markttransparenz fördern und so das Informationsdefizit des Verbrauchers im Zeitpunkt des Vertragsschlusses beseitigen sollen.[729] Dazu zählen beispielsweise die Belehrungspflicht über die objektive Rechtslage[730], die Hinweisobliegenheit bei Bestimmungen ungewöhnlichen Inhalts und die Informationspflicht bei überraschenden Zahlungspflichten. Die Erfüllung dieser Pflichten wird regelmäßig durch die Anordnung eines Schriftformgebots sichergestellt. Bei Verletzung der Pflichten durch den Unternehmer stellt das KSchG vielfältige Sanktionen bereit, die von der Gewährung von Anfechtungsrechten des Verbrauchers über den Verlust von Entgeltansprüchen des Unternehmers bis zur Nichteinbeziehung von Vertragsbestimmungen in den Vertrag reichen. In einigen Fällen ist die Nichteinhaltung der gesetzlich festgelegten Informationspflichten mit der Zahlung einer Verwaltungsstrafe bedroht.

a) Kostenvoranschläge (§ 5)

Vor überraschender Entgeltlichkeit soll die Regelung des § 5 den Verbraucher schützen.[731] Kostenvoranschläge gelten danach bei Verbraucherverträgen, sofern nicht vorher auf ihre Unentgeltlichkeit hingewiesen worden ist, als unentgeltlich und – im Gegensatz zur Regelung des § 1170 a ABGB – im Zweifel als verbindlich.

b) Informationspflichten bei besonderen Vertragsarten

Hervorzuheben sind auch die Informationspflichten bei besonderen Vertragsarten, die einschneidende finanzielle Belastungen für den Verbraucher zur Folge haben können und bei denen aufgrund der äußeren Umstände bei Vertragsschluß oder wegen der besonderen seelischen Motivation des Verbrauchers die Gefahr

727 So auch die EB, S. 16.

728 Schuhmacher in Krejci, Handbuch, S. 1 (20).

729 Kramer, KritV 1986, 270 (272 f.).

730 Etwa die Pflicht zur Belehrung über ein bestehendes Rücktrittsrecht nach den §§ 3, 30 a; vgl. dazu oben unter V. 1. a).

731 Schilcher in Krejci Handbuch, S. 409; Apathy in Schwimann, ABGB VI, § 5 KSchG, Rn 2.

eines unüberlegten Vertragsabschlusses erhöht und daher der Schutz des Verbrauchers vor wirtschaftlich ungesunden Vertragsabschlüssen in besonderem Maße geboten ist.[732]

Der Beseitigung der "ungleichgewichtigen Informationsstruktur"[733] dienen in erster Linie die Vorschriften des KSchG über die Verpflichtung des Ratenverkäufers und des Kreditgebers, in ihren Vertragsurkunden die wichtigsten Vertragsdaten offenzulegen und den Vertragspartner über die für den Vertrag einschlägige objektive Rechtslage zu belehren.

aa) Abzahlungsgeschäfte

So schreibt § 24 Abs. 1 bei Abzahlungsgeschäften im Sinne der §§ 16 ff. die Errichtung eines schriftlichen Vertrages, des sog. Ratenbriefes vor. Dieser muß neben dem Barzahlungspreis und dem Gesamtentgelt auch Angaben über die Höhe des effektiven Jahreszinssatzes enthalten (§ 24 Abs. 1 Ziff. 4 und 5).[734] Dadurch soll der Verbraucher in die Lage versetzt werden, die Konditionen der Kreditierung auf einen Blick zu bewerten; hierfür stellt der effektiv zu zahlende Jahreszins das maßgebliche Kriterium dar.[735] Überdies soll dem Verbraucher die Entscheidung erleichtert werden, ob er ein Ratengeschäft eingehen oder das Geschäft besser über einen Bankkredit finanzieren soll.[736]

Verstößt der Unternehmer gegen die Pflicht zur Offenlegung der Kreditkosten, ist ihm nach § 32 Abs. 1 Ziff. 1 a eine Verwaltungsgeldstrafe bis zu 20 000 öS aufzuerlegen. Die Gültigkeit des Abzahlungsgeschäfts bleibt dagegen unberührt (§ 24 Abs. 3).

bb) Kreditverbindlichkeiten

Informationspflichten zum Schutz vor Überschuldung normieren die §§ 25 a bis c, die Regelungen über Kreditgeschäfte von Verbrauchern enthalten. Die Vorschriften wollen den Verbraucher, der bei einem Unternehmer, dessen Unternehmensgegenstand die Gewährung oder Vermittlung von Krediten ist, entweder als Solidarschuldner[737] einen Kredit aufnimmt oder sich bereit erklärt, für eine

---

732 Koziol/Welser, Grundriß I, S. 524; Apathy in Schwimann, ABGB VI, § 16 KSchG, Rn 1.

733 Kramer, KritV 1986, 270 (272).

734 § 24 Abs. 1 Ziff. 5 wurde durch BGBl I 1997/6 eingefügt.

735 So die EB zur RV 311 BlgNr 20. GP, S. 24.

736 EB, a. a. O.

737 § 1347 ABGB. Der Begriff des Solidarschuldners entspricht dem des Gesamtschuldners i. S. d. §§ 421 ff. BGB.

fremde Kreditverbindlichkeit als Bürge, Garant oder Mitschuldner zu haften, vor nachteiligen Überraschungen schützen, die sich aus der unzureichenden Kenntnis über den Umfang der eingegangenen Verpflichtung ergeben.

In § 25 a werden Bestimmungen zum Schutz des für einen Kredit mithaftenden Ehegatten getroffen.[738] Die fortschreitende private Verschuldung sowie die Praxis der Banken, Kredite nur dann zu vergeben, wenn sich der Ehegatte als Gesamtschuldner oder als Bürge mitverpflichtet, hat in den vergangenen Jahren – in Österreich wie in Deutschland – in zunehmendem Maße dazu geführt, daß einkommenslose Ehegatten durch die Inanspruchnahme seitens der Bank an den Rand des Existenzminimums gebracht werden. Das Problem betrifft vor allem Frauen, die während der Ehe im Vertrauen auf deren Bestand ein Schuldverhältnis eingegangen sind und nach der Scheidung der Ehe vor einem Schuldenberg stehen, den sie nach dem Ausfall des geschiedenen Ehegatten abtragen sollen.[739]

Um diesen Mißständen entgegenzuwirken, hat der Gesetzgeber eine Belehrungspflicht des Unternehmers eingeführt, die Informationsdefizite beseitigen und die Ehegatten vor einer unbedachten Haftungsübernahme warnen soll.[740] So müssen die Ehegatten durch Übergabe einer gesonderten Urkunde ausdrücklich auf die rechtlichen Folgen der Solidarschuld hingewiesen werden sowie darauf, daß diese Folgen auch im Falle der Scheidung grundsätzlich bestehen bleiben und nur durch einen Antrag nach § 98 EheG auf eine Ausfallbürgschaft beschränkt werden können.

Die Bestimmung des § 25 b verpflichtet den Unternehmer im Falle des Verzugs der solidarisch verpflichteten Verbraucher, jede Mahnung oder sonstige Erklärung, welche die Säumigkeit betrifft, beiden Schuldnern zuzustellen (Absatz 1). Ist der Verbraucher Bürge oder Garant, so hat der Unternehmer ihn in angemessener Frist vom Verzug des Hauptschuldners zu verständigen, andernfalls haftet der Verbraucher nicht für die Verzugszinsen (Absatz 2).[741]

---

738 Die Vorschrift entspricht inhaltlich unverändert dem bislang geltenden § 31 a und wurde in das I. Hauptstück übernommen, damit der Zusammenhang mit anderen kreditrechtlichen Regeln des KSchG gewahrt wird, EB, S. 24.

739 Vgl. zur Problematik Fink, AnwBl 1986, 629; Gamerith, RdW 1987, 183.

740 Apathy in Schwimann, ABGB VI, § 25 a KSchG, Rn 2, 8; Kosesnik-Wehrle, KSchG, § 25 a, Rn 3; a. A. Gamerith, RdW 1987, 183 (184, Fn 6) und Koziol in Avancini/Iro/Koziol, Bankvertragsrecht II, Rn 1/180, die den Zweck der Informationspflicht in der bloßen Aufklärung der Ehegatten sehen.

741 Die Regelungen entsprechen den bisherigen § 31 Abs. 2 und Abs. 3 über die Informationspflichten des Gläubigers gegenüber einem Ehegatten als Solidarschuldner oder Bürge und sind nun generell auf Kreditverbindlichkeiten von Verbrauchern ausgeweitet worden.

§ 25 c enthält – wie § 25 d, auf den in anderem Zusammenhang eingegangen wird[742] – Schutzbestimmungen für Interzedenten, die als Verbraucher einer fremden Verbindlichkeit beitreten. Der Begriff "Interzedent" umfaßt dabei Bürgen, Garanten und Mitschuldner, wobei unter Mitschuldner nur Verbraucher zu verstehen sind, die einer fremden Schuld beitreten.[743]

Die Vorschrift verpflichtet den Gläubiger, den beitretenden Interzedenten auf die wirtschaftliche Lage des Schuldners hinzuweisen, wenn er Grund zu der Annahme hat, daß der Schuldner seine Verbindlichkeit voraussichtlich nicht oder nicht vollständig erfüllen wird.[744] Die Auskunftspflicht übt damit eine Warnfunktion aus.[745] Verletzt der Unternehmer seine Informationspflicht, haftet der Verbraucher nur dann, wenn er seine Verpflichtung auch bei Kenntnis von der finanziellen Situation des Hauptschuldners übernommen hätte.[746] Die Informationspflicht soll einerseits neben die von der Judikatur[747] anerkannte Informationspflicht treten, wonach ein Kreditinstitut eine Aufklärungspflicht trifft, wenn es von der Zahlungsunfähigkeit oder dem unmittelbar drohenden wirtschaftlichen Zusammenbruch seines Kunden Kenntnis hat, und andererseits im Rahmen des Bankgeheimnisses gem. § 38 BWG bleiben.[748]

cc) Maklervertrag

Besondere Aufklärungspflichten treffen nach § 30 b auch den Immobilienmakler. Dieser muß noch vor Abschluß des Maklervertrages dem Auftraggeber eine schriftliche Übersicht über sämtliche dem Auftraggeber durch den Geschäftsabschluß voraussichtlich erwachsende Kosten einschließlich der Kosten der Vermittlungsprovision übergeben (Absatz 1). Ähnlich wie in § 5 soll hier die Hin-

---

742 Vgl. dazu die Ausführungen unter V. 5. e).

743 So die EB, S. 25.

744 Zu dem Problem, inwieweit den Gläubiger eine Verpflichtung trifft, sich über die wirtschaftliche Lage des Schuldners zu informieren, vgl. Graf, ÖBA 1995, 776 (781).

745 EB, S. 25; Kosesnik-Wehrle, KSchG, § 25 c, Rn 1.

746 Schon bisher hat der OGH in bestimmten Fällen eine Aufklärungspflicht des Gläubigers anerkannt; nämlich dann, wenn der Gläubiger Kenntnis von der Zahlungsunfähigkeit bzw. von dem unmittelbar bevorstehenden wirtschaftlichen Zusammenbruch des Schuldners hat und dem Schuldner gerade wegen der vom Bürgen geleisteten Sicherheit noch einmal Kredit gewährt, und ihm erkennbar war, daß der Hauptschuldner mit an Sicherheit grenzender Wahrscheinlichkeit den Kredit nicht zurückzahlen kann. Vgl. dazu OGH SZ 57/79; OGH SZ 58/153; OGH WBl 1987, 211; OGH ÖBA 1993, 61; zuletzt OGH ÖBA 1995, 909.

747 OGH JBl 1992, 711.

748 EB, S. 25; Kosesnik-Wehrle, KSchG, § 25 c, Rn 12 f.

weisobliegenheit den Verbraucher vor überraschenden Zahlungspflichten schützen; dem Verbraucher soll die auf ihn zukommende finanzielle Belastung bewußt gemacht werden.[749] Außerdem muß der Immobilienmakler den Auftraggeber über sämtliche Umstände informieren, die für die Beurteilung des zu vermittelnden Geschäfts wesentlich sind (Absatz 2). Das Fachwissen des Immobilienmaklers soll damit dem in Immobiliengeschäften unerfahrenen Verbraucher zugute kommen.[750]

c) Transparenzfördernde Maßnahmen nach dem ABGB

Die durch das KSchG geänderten Vorschriften des ABGB sanktionieren die Verletzung von Hinweisobliegenheiten und Aufklärungspflichten.

aa) Überraschende Klauseln (§ 364 a ABGB)

§ 364 a ABGB, der durch das KSchG den Bestimmungen über den Vertragsschluß angefügt wurde, schützt den Vertragspartner vor versteckten Einzelbestimmungen in Allgemeinen Geschäftsbedingungen[751] und Vertragsformblättern.[752] Solche "ungewöhnlichen Klauseln" in Formularverträgen werden von Gesetzes wegen nicht Vertragsbestandteil, wenn sie für den Vertragspartner des Aufstellers nachteilig sind, er nach den Umständen, vor allem nach dem äußeren Erscheinungsbild der Urkunde, nicht mit ihnen zu rechnen brauchte und er nicht besonders auf sie hingewiesen worden ist. Die Ungewöhnlichkeit einer Klausel richtet sich dabei nach der Verkehrsüblichkeit beim betreffenden Geschäftstyp.[753] Allerdings läßt die Gesetzesformulierung, daß der Vertragspartner mit der Klausel "nicht zu rechnen brauchte", erkennen, daß auch die subjektive Sicht des Vertragspartners zu berücksichtigen ist.[754] Selbst dann, wenn eine Bestimmung objektiv ungewöhnlich, mit ihr also im allgemeinen nicht zu rechnen ist, gelangt § 864 a ABGB nicht zur Anwendung, wenn der Vertragspartner tatsächlich Kenntnis von der betreffenden Klausel hatte, weil der Verwender ihn besonders

---

749 Apathy in Schwimann, ABGB VI, § 30 b KSchG, Rn 2.

750 EB zur RV 2 BlgNr 20. GP, S. 39 f.

751 Weder das KSchG noch das ABGB definieren den Begriff der Allgemeinen Geschäftsbedingungen. Nach h. M. ist jedoch die Definition des § 1 AGBG auch für das österreichische Recht zu übernehmen, vgl. Rummel in ders., ABGB I, § 864 a, Rn 1; Krejci in Krejci/ Schilcher/Steininger, Konsumentenschutzgesetz, S. 42.

752 Das Gesetz enthält keine Umschreibung des Begriffs der Vertragsformblätter. Auch die EB geben hierüber keinen Aufschluß. Vgl. dazu die Kritik bei Krejci in ders., Handbuch, S. 85 (99 f.).

753 Rummel in ders., ABGB I, § 864 a, Rn 5; JAB, S. 4.

754 Krejci in ders., Handbuch, S. 85 (109).

darauf hingewiesen hat.[755] Mit der Regelung des § 864 a ABGB wollte der Gesetzesverfasser einen bereits vor Erlaß des KSchG in der Rechtsprechung anerkannten Grundsatz zum Ausdruck bringen.[756] Sie entspricht im Wesentlichen der Regelung des § 3 AGBG. Allerdings enthält § 3 AGBG das einschränkende Merkmal der Nachteiligkeit nicht.[757] Die Einordnung der Bestimmung in die Regelungen über den Vertragsschluß stellt klar, daß kein Fall der Nichtigkeit oder der Anfechtung vorliegt, sondern daß die betreffende Vertragsklausel gar nicht Inhalt der Erklärung des Vertragspartners wird.[758] Der durch die Klausel benachteiligte Vertragspartner muß aber die Unwirksamkeit geltend machen[759], die Voraussetzungen des § 864 a ABGB sind von ihm zu beweisen.[760]

Nicht geregelt im österreichischen Recht ist die Frage der Einbeziehung von AGB in den Vertrag, eine dem § 2 AGBG entsprechende Vorschrift existiert nicht. Anerkannt ist, daß AGB nur dann Anwendung finden, wenn ihre Geltung vertraglich vereinbart ist.[761] Dies kann ausdrücklich oder stillschweigend geschehen. Grundsätzlich muß aber der Verwender deutlich darauf hinweisen, daß er seine AGB dem Vertrag zugrunde legen will.[762] Eine stillschweigende Unterwerfung des Vertragspartners kann nur angenommen werden, wenn ihm trotz des fehlenden Hinweises deutlich erkennbar war, daß der Unternehmer nur zu seinen AGB abschließen wollte und er zumindest die Möglichkeit hatte, vom Inhalt der AGB Kenntnis zu nehmen.[763] Die Rechtsprechung geht zum Teil noch weiter und nimmt bei Unternehmen des Massenverkehrs wie etwa Banken oder Elektrizitätsunternehmen an, daß die Geltung der AGB trotz des Fehlens eines entspre-

755 Krejci in ders., Handbuch, S. 85 (109, Fn 165). Vgl. auch die EB zur RV 744 BlgNr 14. GP, S. 44.

756 EB, S. 44 m. w. N. Kritisch zum Judikaturverweis Doralt/Koziol, Ministerialentwurf , S. 103 f. S. auch Krejci in ders., Handbuch, S. 85 (88) mit dem Hinweis, daß der OGH den genannten Grundsatz lediglich im Zusammenhang mit im Vertragstext enthaltenen Verweisungen auf in dem unterschriebenen Formular nicht enthaltene Geschäftsbedingungen zum Ausdruck gebracht hat.

757 Kritisch zu diesem Tatbestandsmerkmal Krejci, Krejci in ders., Handbuch, S. 85 (114 f.

758 Krejci, ÖJZ 1981, 113.

759 Welser, JBl 1979, 449 (450); Krejci in ders., Handbuch, S. 85 (122); a. A. Rummel in ders., ABGB I, § 864 a, Rn 9.

760 Vgl. dazu OGH JBl 1987, 247; OGH WBl 1987, 242; OGH SZ 60/52.

761 So schon OGH EvBl 1966/194; OGH SZ 32/153; OGH SZ 26/180; Rummel in ders., ABGB I, § 864 a, Rn 2.

762 OGH SZ 24/108; OGH SZ 38/77; OGH JBl 1961, 635; OGH EvBl 1966/156; OGH EvBl 1969/81.

763 F. Bydlinski in FS Kastner, S. 45 (52); OGH JBl 1974, 473; OGH JBl 1984, 90, OGH RdW 1988, 318; OGH SZ 63/54 und 203; OGH JBl 1992, 316; SZ 55/52; OGH VersRdSch 1993, 197.

chenden Hinweises schlüssig vereinbart sei, wenn der Vertragspartner wissen müsse, daß der Verwender Allgemeiner Geschäftsbedingungen nur unter diesen abschließe.[764]

bb) Irrtumsanfechtung bei Verletzung von Aufklärungspflichten (§§ 871, 873 ABGB)

Um eine engere Verbindung zwischen der Verletzung öffentlich-rechtlicher Vorschriften und der zivilrechtlichen Wirksamkeit von Verträgen herzustellen, wird die Irrtumsanfechtung bei der Verletzung von Aufklärungspflichten[765] und beim Mangel der behördlichen Befugnis zu der ausgeübten unternehmerischen Tätigkeit erweitert.[766] Nach § 871 Abs. 2 ABGB ist der Irrtum eines Vertragspartners, „über den ihn der andere nach geltenden Rechtsvorschriften hätte aufzuklären gehabt hätte, immer als Irrtum über den Inhalt des Vertrages und nicht bloß als solcher über den Beweggrund oder den Endzweck" anzusehen. Der Gesetzgeber dehnt also den Anwendungsbereich des beachtlichen Geschäftsirrtums aus, um die oft schwierige Abgrenzung zwischen beachtlichem Geschäftsirrtum und unbeachtlichem Motivirrtum im Einzelfall obsolet zu machen.[767] Als Geschäftsirrtum hinsichtlich der Person des Vertragspartners gilt gemäß § 873 S. 2 ABGB jedenfalls der Irrtum über das Vorhandensein einer erforderlichen verwaltungsrechtlichen Befugnis zur Erbringung der Leistung. Hintergrund ist das Anliegen des Gesetzgebers, den Verbraucher vor Unternehmern zu schützen, die Geschäfte abschließen, ohne die dazu erforderliche gewerbebehördliche, bankaufsichtsbehördliche oder versicherungsaufsichtsbehördliche Befugnis zu haben.[768]

---

764 OGH RdW 1989, 126; OGH RdW 1988, 42; OGH ÖBA 1987, 264; OGH RdW 1983, 72; OGH JBl 1974, 261 u. 624. Kritisch zu dieser Rechtsprechung F. Bydlinski in FS Kastner, S. 45 (54); Rummel in ders., ABGB I, § 864 a, Rn 2.

765 Der österreichische Gesetzgeber dachte dabei in erster Linie an Aufklärungspflichten aus dem öffentlichen Recht wie etwa die Verpflichtung des Kreditvermittlers zur Mitteilung des kontokorrentmäßig berechneten Jahreszinssatzes, vgl. die EB, S. 15. Streitig ist, ob nur gesetzlich positivierte oder auch solche Aufklärungspflichten von der Vorschrift erfaßt werden, die sich, wie etwa die vorvertraglichen Aufklärungspflichten, aus allgemeinen Rechtsgrundsätzen herleiten lassen. Vgl. dazu JAB, S. 4; OGH SZ 54/71; Reindl in Verhandlungen des 7. ÖJT II/3, S. 20; Welser, JBl 1979, 449 (452); Krejci in ders., Handbuch, S. 85 (128 f.); OGH WBl 1988, 129; OGH JBl 1992, 520; OGH ÖBA 1993, 485; OGH JBl 1994, 404. Nach den EB, S. 45 sind mit den geltenden Rechtsvorschriften nicht nur ausdrücklich normierte Aufklärungspflichten gemeint, sondern auch Pflichten, die sich nur durch Auslegung aus derartigen Vorschriften ergeben.

766 § 33 Ziff 2, 3 und 6, die die §§ 871 und 873 ABGB geändert haben.

767 EB, S. 45.

768 EB, a. a. O.

3. Schutz vor unlauteren Vertragsbedingungen

Zentrales Anliegen des KSchG ist, wie bereits mehrfach erwähnt, die Förderung der materiellen Vertragsgerechtigkeit zugunsten des Verbrauchers durch eine stärkere Inhaltskontrolle von Verbraucherverträgen. Dabei soll der Verbraucher insbesondere vor unlauteren Klauseln in AGB geschützt werden.[769] Die rechtliche Problematik der Verwendung von AGB liegt bekanntlich vor allem in der bewußten Ausnutzung der schwächeren Ausgangslage des AGB-Kunden und damit in der Gefährdung des vertraglichen Gleichgewichts.[770] In der konkreten Vertragsabschlußsituation hat der Kunde regelmäßig weder Zeit noch genügend rechtliche oder geschäftliche Erfahrung, um die Tragweite der ihm vorgelegten AGB zu erkennen oder gar mit den AGB konkurrierender Unternehmer zu vergleichen.[771] Die Beeinträchtigung seiner gesetzlichen Rechte wird ihm in aller Regel erst bei Störungen in der Vertragsabwicklung bewußt.[772] Zudem erweckt das äußere Erscheinungsbild der AGB, in denen einzelne Bestimmungen wie Gesetzesnormen als Paragraphen bezeichnet und in Absätze untergliedert werden, in dem Durchschnittskunden das Gefühl der Allgemeingültigkeit; der Kunde wird zu der Annahme verleitet, an der Geltung und inhaltlichen Ausgestaltung der AGB ohnehin nichts mehr ändern zu können.[773] Der Kunde, der eine Ware oder Dienstleistung dringend benötigt, hat somit oft gar keine andere Wahl, als sich den AGB zu „unterwerfen“ und dabei auch unbillige Klauseln in Kauf zu nehmen, zumal in vielen Fällen alle Unternehmer einer bestimmten Branche zu denselben AGB kontrahieren.[774] Der an der Aufstellung der AGB nicht beteiligte Kunde schließt also zu Vertragsbedingungen ab, die er oft nicht wirklich will.[775] Sowohl Abschlußfreiheit als auch die Möglichkeit individueller Vertragsgestaltung des Kunden sind bei Vertragsschlüssen unter Einbezug von AGB beeinträchtigt. Auf Seiten des Kunden besteht daher beim Abschluß eines solchen Vertrages nur eine "verdünnte Willensfreiheit".[776]

Schon vor Erlaß des KSchG war der Verbraucher gegenüber unbilligen Vertragsklauseln nicht schutzlos. Die Kontrolle von sittenwidrigen Vertragsklauseln

---

769 EB, S. 20.
770 Kramer, ZSR 1979, 49 (63 f.).
771 Kramer, KritV 1986, 270 (273); F. Bydlinski in FS Kastner, S. 45 (54); Neumayer in FS Kitagawa, S. 487 (490).
772 F. Bydlinski in FS Kastner, S. 45 (47).
773 Eccher in Kramer/Mayrhofer, Konsumentenschutz, S. 53 (54); Fitz in Krejci, Handbuch, S. 249 (255); Neumayer in FS Kitagawa, S. 487 (490).
774 F. Bydlinski in FS Kastner, S. 45 (60); Lehofer/Mayer, KSchG-Novelle, S. 114.
775 So auch die EB, S. 46.
776 F. Bydlinski in FS Kastner, S. 45 (60).

lag in der Hand der Rechtsprechung, die bei der Prüfung der AGB eine Geltungs- und eine Inhaltskontrolle vornahm. Gesetzlicher Maßstab hierfür waren zum einen der § 863 ABGB[777], zum anderen § 879 Abs. 1 ABGB, der den §§ 134, 138 Abs. 1 BGB entspricht, und § 915 ABGB.[778] Schwerpunkte der richterlichen Inhaltskontrolle bildeten die Freizeichnung von der Schadenshaftung und der Gewährleistungsausschluß bei fabrikneuen Waren.[779] Das Bedürfnis nach Rechtsklarheit sowie die Forderungen nach einem verstärkten Verbraucherschutz führten zum Entschluß des österreichischen Gesetzgebers, besondere gesetzliche Regelungen für die Inhaltskontrolle von unlauteren Vertragsklauseln zu schaffen.[780] Einige Klauseln stellen mithin keine grundlegende Neuerung dar, sondern schreiben lediglich die bisherige Judikatur fest.[781]

Ähnlich wie im deutschen AGBG stellt das KSchG eine Generalklausel und eine Aufzählung einer Reihe typischer Klauseln bereit, die verboten werden, wobei die Generalklausel allgemein gilt, also etwa auch Kaufleute schützt, und daher in das ABGB eingebaut wurde[782], während die Einzeltatbestände im I. Hauptstück des KSchG stehen.

Anders als das AGBG – vor seiner Novellierung durch die Einfügung des § 24 a[783] – beschränkt das KSchG das Verbot abweichender Vereinbarungen je-

---

777 Die Vorschrift lautet: „(1) Man kann seinen Willen nicht nur ausdrücklich durch Worte und allgemein angenommene Zeichen, sondern auch stillschweigend durch solche Handlungen erklären, welche mit Überlegung aller Umstände keinen vernünftigen Grund, daran zu zweifeln, übrig lassen. (2) In bezug auf die Bedeutung und Wirkung von Handlungen und Unterlassungen ist auf die im redlichen Verkehr geltenden Gewohnheiten und Gebräuche Rücksicht zu nehmen."

778 Dieser lautet: „Bei einseitig verbindlichen Verträgen wird im Zweifel angenommen, daß sich der Verpflichtete eher die geringere als die schwerere Last auferlegen wollte; bei zweiseitig verbindlichen wird eine undeutliche Äußerung zum Nachteile desjenigen erklärt, der sich derselben bedient hat." Vgl. zum Ganzen Eccher in Kramer/Mayrhofer, Konsumentenschutz, S. 53 (55).

779 F. Bydlinski in FS Meier-Hayoz, S. 65 (66). Vgl. auch die Beispiele aus der Rechtsprechung bei F. Bydlinski in FS Kastner, S. 45 (63 f).

780 EB, S. 20; F. Bydlinski in FS Meier-Hayoz, S. 65 (67). Einfluß auf das Anliegen des Gesetzgebers hatten auch die Verabschiedung des AGBG im Jahre 1977 – insbesondere die Formulierung des österreichischen Klauselkatalogs ist an das AGBG angelehnt – sowie die Empfehlung 76 (47) des Europarates an die Regierungen der Mitgliedstaaten, Verbraucher vor unfairen Klauseln in Standardverträgen zu schützen.

781 Vgl. die EB, S. 21 f.

782 § 33 Ziff. 4 fügte § 879 ABGB einen dritten Absatz an.

783 Die Vorschrift wurde in Umsetzung der Richtlinie über mißbräuchliche Klauseln durch BGBl. 1996 I, S. 1013 in das AGBG eingefügt und stellt für sog. Verbraucherverträge Sonderregeln auf. Insbesondere setzt die Inhaltskontrolle solcher Verträge nicht voraus, daß die Vertragsbedingungen für eine Vielzahl von Ver-

doch nicht auf vorformulierte, d. h. auf solche Klauseln, auf deren Inhalt der Verbraucher keinen Einfluß nehmen konnte. Vielmehr erstreckt sich der überwiegende Teil der besonderen Klauselverbote auch auf Individualvereinbarungen. Der Grund hierfür ist in den unterschiedlichen Schutzzwecken des AGBG und des KSchG zu sehen:[784] Während das AGBG vorrangig nicht den Schutz des Verbrauchers im Auge hat, sondern verhindern will, daß eine Partei die Vertragsgestaltungsfreiheit für sich allein in Anspruch nimmt[785] und dabei im Grundsatz keine Einschränkungen des persönlichen Anwendungsbereichs vornimmt[786], geht das KSchG von einer typischen wirtschaftlichen und intellektuellen Unterlegenheit des Verbrauchers aus, die selbst dann gegeben ist, wenn der Unternehmer keine AGB verwendet.[787] Die Vorschriften des KSchG setzen dementsprechend

---

tragsbedingungen vorformuliert sind (Ziff. 2). Bei der Inhaltskontrolle sind dann auch die den Vertragsschluß begleitenden Umstände zu berücksichtigen (Ziff. 3). Schließlich gelten nach Ziff. 1 AGB als vom Unternehmer gestellt; dem Unternehmer wird damit der Einwand verwehrt, die vorformulierten Vertragsbedingungen seien ohne sein Zutun in den Vertrag einbezogen worden. Die Begriffe Unternehmer und Verbraucher werden aus der Richtlinie übernommen und in Übereinstimmung mit dem VerbrKrG definiert. Vgl. zum Ganzen die Kommentierung zu § 24 a AGBG bei Ulmer/Brandner /Hensen, AGBG; Eckert, ZIP 1996, 1238 ff.; Bunte DB 1996, 1389 ff. und Heinrichs, NJW 1996, 2190 ff.

784 Vgl. zum Folgenden Fitz in Krejci, Handbuch, S. 249 (260 f.); Hanreich in Verhandlungen des 7. ÖJT, S. 10 f.; Ulmer in Ulmer/Brandner/Hensen, AGBG, Einl., Rn 28 f.

785 Palandt- Heinrichs, vor § 1 AGBG, Rn 5. Allerdings übernimmt der in Umsetzung der Klauselrichtlinie neu eingefügte § 24 a AGBG den Schutzzweck der Richtlinie, die den Verbraucher in seiner rollenspezifischen Unterlegenheit schützen will. Vgl. dazu Heinrichs, NJW 1996, 2190 (2194) und Eckert, ZIP 1996, 1238 (1239). An der grundsätzlichen Schutzkonzeption des AGBG hat sich jedoch hierdurch nichts geändert, da der spezielle Zweck des Verbraucherschutzes nur im Rahmen des § 24 a AGBG zu berücksichtigen ist, vgl. Ulmer in Ulmer/Brandner/Hensen, AGBG, Einl., Rn 34 a; Horn in Wolf/Horn/Lindacher, AGB-Gesetz, § 24, Rn 3.

786 Das AGBG gilt – abgesehen von den Sachbereichsausnahmen des § 23 AGBG – für alle AGB ohne Rücksicht auf den persönlichen Status des Verwenders und seines Vertragspartners. Für den Geschäftsverkehr mit Unternehmern – der ursprünglich verwendete Begriff des Kaufmanns wurde durch das Handelsreformgesetz vom 22. 6. 1998, BGBl. 1998 I, S. 1474, durch den des Unternehmers ersetzt – macht § 24 Abs. 1 Nr. 1 AGBG eine Ausnahme: Die Geltung des § 2 AGBG sowie der Einzelverbote der §§ 10 und 11 AGBG ist hier ausgeschlossen; die Generalklausel des § 9 AGBG findet hingegen auch im Verkehr mit Unternehmern uneingeschränkte Anwendung. Handelt es sich bei dem Vertragspartner des Verwenders um einen Verbraucher i. S. des § 24 a AGBG, gelten die Sonderregeln des § 24 a AGBG. Die Vorschrift hat also den Anwendungsbereich des AGBG weiter modifiziert.

787 F. Bydlinski in FS Meier-Hayoz, S. 65 (69).

auch nicht einen Vertrag unter Verwendung von Allgemeinen Geschäftsbedingungen, sondern ein "Verbrauchergeschäft“ voraus. Das Kontrahieren unter Verwendung von AGB ist lediglich als ein Fall der Ausnutzung der Unternehmerüberlegenheit und damit als Indiz für die Ungleichgewichtslage zwischen Unternehmer und Verbraucher anzusehen.[788] Der Kompensation dieser Ungleichgewichtslage dienen die Regelungen über die verschärfte Inhaltskontrolle. Dem umfassenderen Schutzzweck entsprechend unterwirft das KSchG auch Individualvereinbarungen den Inhaltsschranken des § 6.

a) Die Generalklausel des § 879 Abs. 3 ABGB

Die Generalklausel des § 879 Abs. 3 ABGB erklärt "eine in Allgemeinen Geschäftsbedingungen oder Vertragsformblättern enthaltene Vertragsbestimmung, die nicht eine der beiderseitigen Hauptleistungen festlegt" für "jedenfalls" nichtig, wenn sie "unter Berücksichtigung aller Umstände des Falles" zu einer "gröblichen" Benachteiligung des einen Teiles führt.

Die Nichtigkeitsandrohung erstreckt sich somit nicht auf die Bemessung von Leistung und Entgelt, sondern nur auf das, was üblicherweise als Nebenabrede bezeichnet wird.[789] Eine entsprechende Beschränkung im deutschen AGB-Recht findet sich in § 8 AGBG.

§ 879 Abs. 3 ABGB stellt zwar auf die Verwendung von Allgemeinen Geschäftsbedingungen und Vertragsformblättern ab, die Formulierung "jedenfalls" verweist jedoch zum einen darauf, daß formularmäßig vereinbarte Nebenbestimmungen auch ohne gröbliche Benachteiligung des einen Teiles aus anderen Gründen nichtig sein können.[790] Zum anderen wollte der Gesetzgeber dadurch klarstellen, daß auch gröblich benachteiligende Bestimmungen außerhalb von Formularverträgen nichtig sein können.[791] Dabei kann dahin gestellt bleiben, ob für diese Fälle § 879 Abs. 3 ABGB analog heranzuziehen ist, oder ob § 879 Abs. 1 ABGB im Sinne des § 879 Abs. 3 ABGB zu konkretisieren ist.[792] Andererseits

788 EB, S. 46.

789 Die Regelung von Äquivalenzstörungen hinsichtlich der Hauptleistungen ist anderen Bestimmungen, etwa den §§ 879 Abs. 1, 879 Abs. 2 Ziff. 4, 934, 873 ff. ABGB, vorbehalten. Zur Abgrenzung von Haupt- und Nebenbestimmungen eines Vertrages vgl. Krejci in ders., Handbuch, S. 85 (149 f.).

790 Welser JBl 1979, 449 (452).

791 So ausdrücklich JAB, S. 5, wonach aus der Fassung des § 879 Abs. 3 „kein Umkehrsschluß auf die Gültigkeit anderer Nebenabreden gezogen werden darf.“ Deutlicher erkennbar war das Anliegen des Gesetzgebers noch in der Fassung der Regierungsvorlage, in der die Verwendung von AGB lediglich als Beispiel für die "verdünnte Willensfreiheit" des Vertragspartners genannt wurde.

792 Welser, JBl 1979, 449 (453).

kann trotz des Vorliegens von AGB die Anwendung von § 879 Abs. 3 ABGB ausgeschlossen sein, wenn sich aus den Umständen des Falles ergibt, daß zwischen den Vertragspartnern eine Gleichgewichtslage bestanden hat, etwa, weil über die AGB individuell verhandelt worden ist.[793]

Das Merkmal der Benachteiligung ist durch einen Vergleich der Rechtspositionen zu bestimmen.[794] Dabei wird in erster Linie die vertragliche Position des Vertragspartners mit derjenigen verglichen, die er aufgrund des dispositiven Rechts inne hätte.[795] Allerdings führt nicht schon jede Abweichung vom dispositiven Recht zu einer gröblichen Benachteiligung.[796] Zu vergleichen sind außerdem die vertraglichen Rechtspositionen des einen Vertragspartners mit denjenigen des anderen.[797]

Für die Gröblichkeit der Benachteiligung sind als Bewertungskriterien zum einen das Ausmaß der Abweichung von dispositiven Regeln, zum anderen das Ausmaß der "verdünnten Willensfreiheit", d. h. der realen Beschränkung der Entscheidungsfreiheit des anderen heranzuziehen.[798] Dabei sind objektive Äquivalenzstörung und subjektive Willensverdünnung voneinander abhängig: Je freier die Willensentscheidung des benachteiligten Vertragspartners war, desto weniger ist die Unangemessenheit einer Vertragsbestimmung anzunehmen.[799]

Als Konkretisierungsmaßstab für die Generalklausel des § 879 Abs. 3 ABGB sind auch die Tatbestände des § 6 heranzuziehen.[800] Dies ergibt sich neben dem Zitat des § 879 ABGB in § 6 aus dem Gesamtkonzept des KSchG: Auch § 6 baut – wie § 879 Abs. 3 ABGB – auf der Unangemessenheit von Vertragsinhalten einerseits und der Ungleichgewichtslage andererseits auf.[801] Die Ungleichgewichtslage wird jedoch beim Vorliegen eines Verbrauchergeschäfts als typisch vorausgesetzt, in § 879 Abs. 3 ABGB dagegen durch das Vorliegen von AGB indiziert.[802] Es wäre ein Wertungswiderspruch, wenn das, was der Gesetzgeber in

793 Krejci in Rummel, ABGB I, § 879, Rn 234.
794 Krejci in Rummel, ABGB I, § 879, Rn 240.
795 Krejci in ders., Handbuch, S. 85 (153).
796 JAB, S. 5.
797 Krejci in ders., Handbuch, S. 85 (153).
798 F. Bydlinski in FS Meier-Hayoz, S. 65 (74); Krejci in Rummel, ABGB I, § 879, Rn 242. Diese beiden Gesichtspunkte – die Äquivalenzstörung, die zu einer unangemessenen Benachteiligung des Vertragspartners führt und die Störung in der Bildung seines rechtsgeschäftlichen Willens – wurden in der nicht Gesetz gewordenen Fassung der Regierungsvorlage viel deutlicher herausgestellt; vgl. dazu Krejci in ders., Handbuch, S. 85 (133 f.).
799 EB, S. 46, unter Berufung auf F. Bydlinski in FS Kastner, S. 45 (S. 60).
800 Krejci in ders., Handbuch, S. 85 (167 f.).
801 Krejci in ders., Handbuch, S. 85 (169.
802 Eccher in Kramer/Mayrhofer, Konsumentenschutz, S. 53 (66).

§ 6 ausdrücklich als nicht angemessen ansieht, nach § 879 Abs. 3 ABGB für angemessen erachtet würde.[803]

Die Nichtigkeit im Sinne des § 879 Abs. 3 ABGB ist eine relative, die Unwirksamkeit ist also durch den benachteiligten Kunden geltend zu machen.[804] Nach dem eindeutigen Gesetzeswortlaut erfaßt die Nichtigkeit jedoch nur die betreffende Vertragsklausel, der Vertrag im übrigen bleibt wirksam.

b) Der Klauselkatalog des § 6

Die Aufzählung verbotener Klauseln in § 6 unterscheidet solche, die auch in Individualvereinbarungen unzulässig sind (Absatz 1) und solche, die nur in AGB nicht wirksam vereinbart werden können (Absatz 2). Letztere weisen einen geringeren Grad an inhaltlicher Unangemessenheit auf, die für sich allein noch nicht die absolute Ungültigkeit der betreffenden Vertragsbestimmung rechtfertigt.[805] Vielmehr muß das fehlende Aushandeln als Umstand hinzukommen, der das Vorhandensein der Ungleichgewichtslage im konkreten Fall belegt.[806] Allerdings wird dieser Umstand vom Gesetzgeber vermutet. Anders als das AGBG unterscheidet das KSchG nicht zwischen Klauselverboten mit und ohne Wertungsmöglichkeit. Jedoch enthalten einige der konkreten Klauselverbote unbestimmte Gesetzesbegriffe wie "angemessen", "unangemessen" oder "zumutbar", die eine Wertung im Einzelfall zulassen.[807] Die Klauselkataloge sind nicht abschließend.[808]

Die Novelle von 1997 hat die Vorschrift um einige Klauselverbote erweitert. Zum Teil wurden damit Anpassungen an die EG-Richtlinie über mißbräuchliche Klauseln in Verbraucherverträgen, insbesondere an den in ihrem Anhang enthaltenen unverbindlichen Klauselkatalog vorgenommen, teilweise wurden aber auch davon unabhängige rechtspolitische Vorstellungen von einer Verbesserung des Verbraucherschutzes verwirklicht.

Nach § 6 Abs. 1 sind die dort aufgeführten Klauseln für den Verbraucher "im Sinn des § 879 ABGB jedenfalls nicht verbindlich". Damit will der Gesetzgeber

---

803 Krejci in Krejci/ Schilcher/ Steininger, Konsumentenschutzgesetz, S. 35 ff. Auch die EB, S. 21, nehmen zu dem aufgezeigten Zusammenhang in eindeutiger Weise Stellung: "Für die Anwendung der Generalklausel des § 879 bietet die hier (gemeint ist § 6) vorgesehene Aufzählung einen Anhaltspunkt dafür, was der Gesetzgeber als wesentliche Äquivalenzstörung betrachtet."

804 F. Bydlinski in FS Meier-Hayoz, S. 65 (76).

805 EB, S. 21.

806 Krejci in Rummel, ABGB II, § 6 KSchG, Rn 5.

807 F. Bydlinski in FS Meier-Hayoz, S. 65 (77) spricht in diesem Zusammenhang von eingebauten "kleinen Generalklauseln".

808 EB, S. 21.

den Zusammenhang zwischen beiden Bestimmungen klarstellen[809]: In § 6 wird von einer typischen durchschnittlichen Unterlegenheit und damit auch Verdünnung der Willensfreiheit des Verbrauchers im Verhältnis zum Unternehmer ausgegangen.[810] Die angeführten Klauseln stellen hingegen jenes Maß an Äquivalenzstörung dar, die zusammen mit der typischen Unterlegenheit des Verbrauchers die Unverbindlichkeit einer Klausel im Sinne des § 879 Abs. 3 ABGB rechtfertigen.[811] § 6 Abs. 1 hat also auch über Verbraucherverträge hinaus Bedeutung, weil er erkennen läßt, welche Vertragsregelungen der Gesetzgeber für ungültig erachtet, wenn einander ungleich starke Vertragspartner gegenüber stehen.[812] Während aber § 879 Abs. 3 ABGB nur bei AGB oder Vertragsformblättern zur Anwendung kommt, im übrigen aber allgemein und somit auch im Verhältnis zwischen Kaufleuten oder Unternehmern gilt, findet § 6 Anwendung auf alle Verträge mit Verbrauchern, gleichgültig, ob sie unter Verwendung von AGB geschlossen werden oder nicht. Die Verbotsklauseln des § 6 schränken also die Vertragsfreiheit zum Schutz des Verbrauchers sehr weitgehend ein.

§ 6 Abs. 2 nennt beispielhaft sechs Vertragsklauseln, deren sachliche Unangemessenheit dann nicht zur Nichtigkeit führt, wenn sie im einzelnen ausgehandelt wurden. Der Beweis für das Aushandeln einer Klausel obliegt dabei dem Unternehmer. Ein "Aushandeln" liegt nach den erläuternden Bemerkungen des Gesetzgebers in Anlehnung an die deutsche Rechtsprechung zu § 1 Abs. 2 AGBG nur dann vor, daß der Vertragspartner des Verwenders tatsächlich die Möglichkeit gehabt hat, auf den Inhalt der betreffenden Bestimmung Einfluß zu nehmen.[813] Diese Konzeption ist auch sachlich gerechtfertigt: Fehlen AGB als typische Anzeichen für eine Unterlegenheitssituation und sind die betreffenden Klauseln zudem unter nachweislicher Mitwirkung des Verbrauchers ausgehandelt worden, so besteht kein Grund, ihnen die Wirksamkeit zu versagen.[814] Im einzelnen betreffen die Klauseln Rechte des Unternehmers zum willkürlichen Rücktritt (Ziff.1), zur Übertragung der Vertragspflichten auf einen Dritten (Ziff. 2), einseitige Änderungsrechte bezüglich der eigenen Leistungen des Unternehmers (Ziff. 3), Rechte zur kurzfristigen Entgelterhöhung sowie Freizeichnungen hinsichtlich der Schäden an zur Bearbeitung übernommenen Sachen (Ziff. 4 und 5) und

---

809 Vgl. die EB, S. 21.

810 Doralt/Koziol, Ministerialentwurf, S. 23; Schilcher in Krejci/Schilcher/Steininger, Konsumentenschutzgesetz, S. 69.

811 Eccher in Kramer/Mayrhofer, Konsumentenschutz, S. 53 (66); Krejci in Krejci/ Schilcher/ Steininger, Konsumentenschutzgesetz, S. 35 f.

812 OGH EvBl 1981/5; Schilcher in Krejci/Schilcher/Steininger, Konsumentenschutzgesetz, S. 69.

813 EB, S. 48.

814 So zutreffend F. Bydlinski in FS Meier-Hayoz, S. 65 (78).

schließlich die Rückerstattung des doppelten Angeldes bei schuldhafter Nichterfüllung durch den Unternehmer (Ziff. 6).[815]

§ 6 Abs. 1 zählt die ungültigen Vertragsbestandteile in fünfzehn Einzelverboten auf. Die Aufzählung ist nicht abschließend. Die einzelnen Vertragsbestimmungen sind weitgehend dem AGBG nachgebildet[816] und für den Verbraucher in jedem Fall unwirksam. Dies bedeutet, daß die Klauselverbote selbst dann gelten, wenn der Verbraucher Einfluß auf den Inhalt der konkreten Bestimmung hatte, die Vermutung seiner Unterlegenheit, die ja dem Konzept des KSchG zugrunde liegt, also durch das Aushandeln widerlegt ist.[817] Die Klauselverbote betreffen die Vereinbarung von Annahme- und Bindungsfristen (Ziff. 1), die Festlegung einer Erklärungsbedeutung für bestimmte Verhaltensweisen (Ziff. 2), die Bestimmung von Zugangsfiktionen und von strengen Formerfordernissen (Ziff. 3 und 4), das Recht des Unternehmers zur einseitigen Entgelterhöhung (Ziff. 5)[818], den Ausschluß der Einrede des nicht erfüllten Vertrages, von Zurückbehaltungsrechten sowie den Ausschluß der Aufrechnungsbefugnis mit konnexen oder gerichtlich festgestellten Forderungen (Ziff. 6, 7 und 8), die Freizeichnung von der Schadenshaftung des Unternehmers für vorsätzlich oder grob fahrlässig verursachte Schäden (Ziff. 9), die bindende Entscheidung durch den Unternehmer über die Vertragsgemäßheit seiner eigenen Leistung (Ziff. 10), Verschiebungen der gesetzlichen Beweislast sowie die Verfallsklausel (Ziff. 11 und 12), die Begrenzung der Verzugszinsen bei Kreditierungsgeschäften (Ziff. 13), den Voraus-Verzicht auf das Recht zur Irrtumsanfechtung (Ziff. 14) und die Übernahme von Beitreibungskosten durch den Verbraucher (Ziff. 15).[819]

Liegen die Voraussetzungen der Absätze 1 oder 2 vor, so gilt dieselbe Rechtsfolgenanordnung wie nach § 879 Abs. 3 ABGB:[820] Die betreffende Vertragsbestimmung ist nicht absolut nichtig, vielmehr obliegt es dem Verbraucher,

---

815 Vgl. zu den einzelnen Klauselverboten ausführlich Welser in Krejci, Handbuch, S. 333 (352 f.) und Deixler-Hübner, Konsumentenschutz, S. 64 f., Rn 56 f. Das durch die Novelle 1997 neu eingefügte Klauselverbot in Ziff. 6 dient der sinngemäßen Umsetzung der Bestimmung aus Punkt 1 lit. d des Anhangs der Klausel-Richtlinie.

816 Krejci in Rummel, ABGB II, § 6 KSchG, Rn 6.

817 F. Bydlinski in FS Meier-Hayoz, S. 65 (78).

818 Die Ziffern 5 und 9 wurden anläßlich der Novelle von 1997 in Umsetzung der Punkte 1 lit. l und lit. a der Klausel- Richtlinie umformuliert. Neu geschaffen wurden die Ziffern 13, 14 und 15.

819 Vgl. zu den Klauselverboten wiederum Welser in Krejci, Handbuch, S. 333 (335 f.) und Deixler-Hübner, Konsumentenschutz, S. 51 f., Rn 43 f.

820 Dies ergibt sich für Absatz 1 aus dem Wortlaut "Für den Verbraucher ... im Sinn des § 879 ... nicht verbindlich" und für Absatz 2 aus der Verweisung auf Absatz 1 ("gilt das gleiche").

deren Nichtigkeit geltend zu machen.[821] Die Nichtigkeit bezieht sich nur auf die gesetzwidrige Bestimmung.[822]

Die Novelle 1997 hat – in Umsetzung des Art. 5 der EG-Richtlinie über mißbräuchliche Klauseln in Verbraucherverträgen – dem § 6 einen Absatz 3 angefügt, der das sog. Transparenzgebot normiert. Danach sind in AGB oder Vertragsformblättern enthaltene Klauseln unwirksam, die unklar oder unverständlich abgefaßt sind. § 6 Abs. 3 geht damit weiter als § 5 AGBG und Art. 5 der Klauselrichtlinie, die bei nicht auflösbarer Mehrdeutigkeit einer Klausel die kundenfreundlichste Deutung vorschreiben. Nach § 6 Abs. 3 ist eine unklare Bestimmung in einem Verbrauchervertrag selbst dann zwingend unwirksam, wenn sie den Verbraucher ihrer Natur nach begünstigt, ihm also beispielsweise aufgrund einer Garantiezusage des Unternehmers weitergehende Rechte eingeräumt werden, als ihm von Gesetzes wegen zustünden.[823]

Der durch BGBl I 1998/119 neu eingefügte § 13 a enthält eine kollisionsrechtliche Regelung, wonach die §§ 6 und 864 a und 879 ABGB zum Schutz des Verbrauchers ohne Rücksicht darauf anzuwenden sind, welchem Recht der Vertrag unterliegt, sofern dieser im Zusammenhang mit einer in Österreich entfalteten Tätigkeit des Unternehmers oder der von ihm hierfür verwendeten Personen zustande gekommen ist.

c) Die Rechtswirksamkeit formloser Erklärungen nach § 10 Abs. 3

Im Zusammenhang mit den Regelungen über mißbräuchliche Klauseln ist auch die Bestimmung des § 10 Abs. 3 zu sehen. Danach ist ein Ausschluß der Rechtswirksamkeit formloser Erklärungen des Unternehmers oder seiner Vertreter zum Nachteil des Verbrauchers unzulässig. Durch die Norm soll die Praxis bekämpft werden, daß dem Verbraucher durch besonders günstige mündliche Zusagen der Vertragsschluß schmackhaft gemacht wird, später jedoch darauf hingewiesen wird, daß die mündlichen Vereinbarungen unwirksam seien, da aufgrund der vom Verbraucher anerkannten AGB mündliche Zusagen ohne schriftliche Bestätigung nicht getroffen werden dürfen.[824]

---

821 Welser in Krejci, Handbuch, S. 333 (369).
822 Krejci in Rummel, ABGB II, § 6 KSchG, Rn 10.
823 Kritisch zur Unwirksamkeitsfolge Wukoschitz, RdW 1997, 264 (267).
824 EB, S. 30.

d) Die Verbandsklage (§§ 28 ff.)

Werden AGB verwendet, die "gegen ein gesetzliches Verbot oder gegen die guten Sitten verstoßen", so kann der Verwender gemäß § 28 Abs. 1 S. 1 auf Unterlassung verklagt werden. Zur Klage legitimiert sind die in § 29 aufgeführten Interessenvereinigungen. Hintergrund der Regelung der sog. Verbandsklage ist der Befund, daß der einzelne Verbraucher, sei es aus Unkenntnis über die Ungültigkeit einer Bestimmung, sei es aus Furcht vor dem Kostenrisiko, nur sehr selten einen Prozeß gegen den AGB-Verwender anstrengt.[825] Andererseits hat sich in der Vergangenheit gezeigt, daß die Bereitschaft der Unternehmer, ihre AGB von sich aus den Anforderungen des KSchG anzupassen, sehr gering ist. Dies hat zur Folge, daß AGB trotz ihrer Nichtigkeit weiter in Verträgen verwendet und auch vom Verbraucher eingehalten werden.[826] Mit der Einrichtung der Verbandsklage sollte daher ein Präventivsystem geschaffen werden, das verhindert, daß sittenwidrige Abreden in Verträge aufgenommen werden.[827] Im Gegensatz zum Individualprozeß spielt die Frage nach einer etwaigen teilweisen Zulässigkeit der beanstandeten Klausel im Hinblick auf den restlichen Vertrag keine Rolle, eine geltungserhaltende Reduktion findet nicht statt.[828]

Die Verbandsklage kann nach § 28 Abs. 1 S. 2 auch gegen denjenigen erhoben werden, der – wie beispielsweise ein Berufsverband, der für seine Mitgliedsunternehmen Musterbedingungen ausarbeitet – gesetz- oder sittenwidrige Allgemeine Geschäftsbedingungen zwar nicht selbst verwendet, deren Verwendung jedoch anderen empfiehlt.[829] Nach dem durch die Novelle 1999 neu eingefügten § 28 a Abs. 1 kann auch auf Unterlassung verklagt werden, wer im geschäftlichen Verkehr mit Verbrauchern im Zusammenhang mit Haustürgeschäften, Verbraucherkreditverhältnissen, Pauschalreisevereinbarungen, Teilzeitnutzungsrechtsverhältnissen, Abschlüssen im Fernabsatz oder der Vereinbarung von mißbräuchlichen Vertragsklauseln gegen ein gesetzliches Verbot verstößt oder dadurch die allgemeinen Interessen der Verbraucher beeinträchtigt. § 28 Abs. 2 räumt den nach § 29 klagebefugten Einrichtungen die Möglichkeit der Durchführung eines Abmahnverfahrens ein.

Das Instrument der Verbandsklage wird seit seiner Einführung nur zurückhaltend genutzt. Der Grund für diesen Befund ist darin zu sehen, daß sich die

825 Reindl, ZVP 1979, 71 (77).
826 Vgl. die EB, S. 14.
827 Reindl in Krejci, Handbuch, S. 71 (73).
828 Vgl. OGH EvBl 1987/107.
829 § 28 Abs. 1 S. 2 wurde durch BGBl I 1997/6 eingefügt und entspricht § 13 AGBG.

potentiellen Kontrahenten oftmals außergerichtlich einigen und so der Unternehmer zur Rücknahme der in Streit stehenden AGB-Klauseln bewegt wird.[830]

4. *Weitere Regelungen zur Einschränkung der Privatautonomie der Vertragsparteien*

Neben der Inhaltskontrolle von Verbraucherverträgen stellt das KSchG vor allem in dem 1. Abschnitt über „Allgemeine Regeln" weitere Schutzinstrumente zur Verfügung, die den Inhalt des Vertrages und die Durchsetzung der Verbraucherrechte beeinflussen. Im Gegensatz zu den dispositiven Normen des ABGB, die zumindest durch Individualvertrag abbedungen werden können, ist diese Art von Regelungen dadurch gekennzeichnet, daß anders lautende Vereinbarungen zu Lasten des Verbrauchers selbst dann nicht zulässig und daher unwirksam sind, wenn die Vertragspartner den Vertrag in allen Einzelheiten ausgehandelt haben und sich der Verbraucher über die rechtlichen und wirtschaftlichen Folgen des Geschäftes völlig im klaren ist.

a) Angeld und Reugeld (§ 7)

Ein bei Vertragsschluß übergebenes Angeld (§ 908 ABGB) sowie ein vereinbartes Reugeld (§ 909 ABGB) unterliegen, wie ein pauschalierter Schadenersatz (§ 1336 Abs. 1 ABGB) der richterlichen Mäßigung (§ 7). Die Mäßigung ist eine richterliche Vertragskorrektur.[831] Sie kann nur auf Verlangen der betroffenen Partei ausgeübt werden.[832] Mit der Gleichstellung von Reugeld und Konventionalstrafe soll unter anderem die Frage, ob eine vereinbarte Stornogebühr Reugeld oder pauschalierter Schadenersatz ist, entschärft werden.[833] Mit der Anwendung des richterlichen Mäßigungsrechts auch auf das Angeld wird die bisherige Judikatur festgeschrieben.[834]

b) Gewährleistung (§ 9)

Nach § 929 ABGB kann keine Gewährleistungsansprüche geltend machen, wer „ausdrücklich darauf Verzicht getan hat." Die Gewährleistungsregeln der §§ 922

830 Mayrhofer, JBl 1993, 94 (96); Krejci in FS Ostheim, S. 161 (166 f.).
831 Koziol/Welser, Grundriß I, S. 212.
832 Koziol/Welser, a. a. O.
833 Zur Kritik an der Gleichstellung vgl. Doralt/Koziol, Ministerialentwurf, S. 50 f.
834 EB zur RV 311 BlgNr 20. GP, S. 23. Vgl. zur Judikatur des OGH SZ 54/46.

ff. ABGB sind also grundsätzlich durch Parteivereinbarung abdingbar.[835] § 9 setzt der vertraglichen Beschränkung der Gewährleistungsansprüche beim Verbrauchergeschäft Grenzen. Danach ist eine Begrenzung der Gewährleistungsrechte des Verbrauchers nur in zwei Fällen möglich:

Bei Gattungsschulden kann nach Ziffer 1 das Recht auf Wandelung oder Minderung abbedungen werden, wenn der Unternehmer die mangelhafte Sache in angemessener Frist gegen eine mangelfreie austauscht. Dabei tritt die befreiende Wirkung der Vereinbarung nach dem Gesetzeswortlaut erst ein, wenn der Austausch tatsächlich stattfindet.[836]

Der zweite Fall bezieht sich auf den Preisminderungsanspruch des Verbrauchers und begründet eine Lösungsbefugnis des Unternehmers: Dieser kann sich von dem Minderungsanspruch des Verbrauchers dadurch befreien, daß er in angemessener Frist und zumutbarer Weise eine Verbesserung erwirkt oder das Fehlende nachbringt.

Der in § 9 angeordnete Gesetzeszwang ist, wie aus dem Wort „beschränkt" deutlich wird, relativ, d. h., Vereinbarungen, die zugunsten des Verbrauchers von den gesetzlichen Gewährleistungsregeln abweichen, sind gültig.[837]

c) Verbot der Gehaltsabtretung (§ 12)

Gemäß § 12 dürfen dem Unternehmer zur Sicherung oder Befriedigung seiner noch nicht fälligen Forderungen keine Lohn- oder Gehaltsforderungen des Verbrauchers abgetreten werden. Durch diese Regelung soll der unüberlegt handelnde Verbraucher davor bewahrt werden, durch voreilige Anschaffungen auf Kredit seine finanzielle Existenzgrundlage zu gefährden.[838] Allerdings wird die Vermögensdisposition des Konsumenten sehr weit eingeschränkt. Ein Verstoß gegen das Abtretungsverbot macht zwar eine dennoch vorgenommene Abtretung nicht unwirksam.[839] Dem Verbraucher steht aber ein Rücktrittsrecht gegen den Unternehmer zu.

---

835 Allerdings wird dieser Grundsatz von Lehre und Rechtssprechung auch außerhalb des KSchG durchbrochen, vgl. hierzu die EB, S. 28.

836 Vgl. dazu Welser, JBl 1979, 449 (457).

837 OGH EvBl 1990/112.

838 Kosesnik-Wehrle, KSchG, § 12, Rn 1.

839 Krejci in Rummel, ABGB II, § 12 KSchG, Rn 2.

d) Prorogationsverbot (§ 14)[840]

Die Vorschrift des § 14 enthält zwei die örtliche Zuständigkeit betreffende Prorogationsverbote, die verhindern sollen, daß sich der Verbraucher allein durch die Aussicht auf einen Distanzprozeß von der Geltendmachung seiner Rechte abhalten läßt.[841] Die Prorogationsverbote beziehen sich auf alle aus dem zwischen Verbraucher und Unternehmer bestehenden Rechtsverhältnis entspringenden Rechtsstreitigkeiten.[842] Nach § 14 Abs. 1 können Ansprüche gegen den Verbraucher aus einem dem KSchG unterliegenden Vertrag nur am sachlich zuständigen Gericht des Wohnsitzes, des gewöhnlichen Aufenthaltsortes oder des Beschäftigungsortes des Verbrauchers geltend gemacht werden. Anders lautende Vereinbarungen sind unzulässig und für den Verbraucher nicht bindend. Diese Bestimmung soll verhindern, daß der Verbraucher aufgrund einer etwa in AGB enthaltenen Gerichtsstandsvereinbarung gezwungen wird, außerhalb seines Wohnsitzes, gewöhnlichen Aufenthaltsortes oder Beschäftigungsortes zu prozessieren.[843] Unabdingbar sind nach § 14 Abs. 3 die gesetzlichen Gerichtsstände für Klagen des Verbrauchers gegen den Unternehmer. Absatz 4 räumt anders lautendem Völkerrecht den Vorrang ein.

e) § 917 a ABGB

Durch § 917 a ABGB wird eine Bindung des vertraglichen Entgeltes an öffentlich-rechtliche Preisvorschriften hergestellt[844]: Ist zum Schutze eines Vertragspartners gesetzlich ein Höchst- oder Mindestpreis festgelegt, so sind Entgeltvereinbarungen insoweit unwirksam, als sie davon abweichen.

f) Laesio enormis (§ 935 ABGB)

Gegen den Inhalt des Vertrages richtet sich – trotz der Stellung im Anschluß an die Gewährleistungsvorschriften und trotz des Wortlauts, der eine vollständige Erfüllung des Vertrages zu fordern scheint – auch die Anfechtung wegen Verletzung über die Hälfte des wahren Wertes nach § 934 ABGB (laesio enormis).[845] Erfaßt werden vertragliche Vereinbarungen, in denen die Werte der vertraglichen

---

840 Die Vorschrift wurde durch BGBl I 1997/140 novelliert.
841 Reindl, ZVP 1979, 71 (78).
842 Krejci in Rummel, ABGB II, § 14 KSchG, Rn 3.
843 SWA-Gutachten Nr. 54, S. 24.
844 EB zur RV 744 BlgNr 14. GP, S. 49.
845 Vgl. zur dogmatischen Einordnung der laesio enormis P. Bydlinski, JBl 1983, 410 ff. Dem BGB ist die laesio enormis unbekannt.

Leistungen in einem derartig krassen Mißverhältnis stehen, daß die sonst freie Preisbestimmung durch die Gewährung eines Anfechtungsrechtes von der Rechtsordnung beschränkt wird.[846] § 934 ABGB orientiert sich also an der objektiven Äquivalenz der vertraglichen Hauptleistungspflichten.[847] Das KSchG verstärkt nun den Schutz des Verbrauchers, indem es den Rechtsbehelf der laesio enormis dem Nichtkaufmann auch beim einseitigen Handelsgeschäft gewährt und eine Abbedingung dieses Rechtsbehelfes zu seinen Lasten nach § 935 S. 1 ABGB für unzulässig erklärt.[848] Der Verzicht auf die laesio enormis ist nach § 935 S. 1 ABGB auch beim individuell ausgehandelten Vertrag ungültig. Das Anfechtungsrecht muß gerichtlich geltend gemacht werden.[849]

5. Schutz bei bestimmten Geschäftstypen

Im dritten Abschnitt des I. Hauptstücks stellt das KSchG für bestimmte Vertragsarten besondere Regeln auf, mit denen vertragsspezifischen Mißbräuchen in Bereichen begegnet werden soll, die zum Zeitpunkt des Erlasses des KSchG als besonders problematisch angesehen wurden.[850] Gemeinsam ist den geregelten Vertragsarten die Pflicht des Verbrauchers zu wiederkehrenden Zahlungen.[851] Die Schutzbedürftigkeit des Verbrauchers resultiert entweder aus der Gefahr überlanger Vertragsbindung[852] oder aus der Unüberschaubarkeit der sich über einen längeren Zeitraum erstreckenden Zahlungsbelastungen für den Verbraucher.[853] Bei den Bestimmungen handelt es sich überwiegend um die modifizierten Vorschriften des durch das KSchG abgelösten Ratengesetzes von 1961, dessen übrige Regelungen durch die Übernahme in die "Allgemeinen Regeln" des I. Hauptstücks eine Ausdehnung auf alle Verbrauchergeschäfte erfahren haben.[854] Entgegen der

---

846 P. Bydlinski, JBl 1983, 410 (411).

847 Koziol/Welser, Grundriß I, S. 215.

848 Vgl. die §§ 33 Ziff. 7 und 34, durch die § 935 ABGB novelliert und ein neuer § 351 a HGB eingeführt wird. Beim einseitigen Handelsgeschäft konnte bislang nach h. M. kein Teil die laesio enormis geltend machen.

849 Reischauer in Rummel, ABGB I, § 934, Rn 8.

850 Kosesnik-Wehrle, Konsumentenschutzgesetz, S. 104.

851 Krejci in Rummel, ABGB II, vor §§ 15-27 KSchG, Rn 1; Kosesnik-Wehrle, KSchG, vor § 15, Rn 3.

852 Krejci in Rummel, ABGB II, § 15 KSchG, Rn 1; Mayrhofer in Krejci, Handbuch, S. 467 (470); Kosesnik-Wehrle, Konsumentenschutzgesetz, S. 105.

853 Krejci in Rummel, ABGB II, § 16 KSchG, Rn 6; Straberger, AnwBl 1977, Sonderheft Dezember, S. 15 (18).

854 Mayrhofer in Krejci Handbuch, S. 467. Es sind dies im einzelnen: Das Rücktrittsrecht bei Haustürgeschäften (§ 3), das Verbot des Orderwechsels (§ 11), der Terminsverlust (§ 13) und die Gerichtsstandsbeschränkungen (§ 14).

weitgespannten Überschrift finden sich im dritten Abschnitt keineswegs alle verbraucherschutzrelevanten „besonderen Vertragsarten". Regeln für andere „besondere Vertragsarten" enthalten vielmehr noch die §§ 31 b ff. für den Reiseveranstaltungsvertrag[855], das Maklergesetz[856], das Teilzeitnutzungsgesetz[857] und das Bauträgervertragsgesetz[858].

a) Verträge über wiederkehrende Leistungen (§ 15)

Für Verträge über wiederkehrende Leistungen führt § 15 ein erweitertes Kündigungsrecht ein. Diese können nach längstens einem Jahr gekündigt werden. Durch diese Bestimmung soll der Verbraucher vor einer unangemessen langen Vertragsbindung geschützt werden.[859] Betroffen sind Verträge, durch die sich der Unternehmer zur wiederholten Lieferung beweglicher körperlicher Sachen einschließlich Energie oder zu wiederholten Werkleistungen und der Verbraucher zu wiederholten Geldzahlungen verpflichtet und die entweder auf unbestimmte Zeit oder für eine ein Jahr übersteigende Zeit eingegangen worden sind. Vor allem Dauerschuldverhältnisse wie beispielsweise Strom- und Gaslieferungsverträge und Zeitungsabonnements sind von der Vorschrift erfaßt.[860] Die Kündigungsfrist beträgt gemäß Absatz 1 zwei Monate zum Ende des ersten Jahres, danach zum Ablauf eines jeden Halbjahres. Ergeben die Teilleistungen ein unteilbares Ganzes, so kann nach Absatz 2 der erste Kündigungstermin bis zum Ablauf des zweiten Jahres hinausgeschoben werden. Der Begriff der Unteilbarkeit ist dabei nach objektiven Kriterien zu bestimmen.[861] Sind zur Erfüllung des Vertrages erhebliche Aufwendungen des Unternehmers erforderlich und hat der Unternehmer dies dem Verbraucher bei Vertragsabschluß mitgeteilt, können gemäß Absatz 3 den Umständen angemessene Kündigungsfristen vereinbart werden. Nach Absatz 4 wird eine nicht fristgerecht ausgesprochene Kündigung zum nächsten Kündigungstermin wirksam.

---

855 Vgl. dazu die Ausführungen im dritten Teil unter D.
856 S. dazu die unter D. folgenden Ausführungen.
857 Vgl. die Ausführungen im dritten Teil der Arbeit unter E.
858 S. die Ausführungen unter D.
859 Mayrhofer in Krejci, Handbuch, S. 467 (470); Deixler-Hübner, Konsumentenschutz, S. 87, Rn 86.
860 Mayrhofer in Krejci, Handbuch, S. 467 (470).
861 EB, S. 37, Mayrhofer in Krejci, Handbuch, S. 467 (471).

b) Abzahlungsgeschäfte (§§ 16 ff.)

Den Kern des dritten Abschnitts bilden die §§ 16 bis 25, die Sonderregelungen für Abzahlungsgeschäfte enthalten. Die besondere Gefährdung des Verbrauchers wird bei diesem Vertragstypus durch die Abrede begründet, daß die Zahlungsverpflichtung nur in Teilbeträgen zu erfüllen ist, die Ware jedoch sofort übergeben wird, der Unternehmer also vorleistungspflichtig ist. Dadurch wird für den Verbraucher ein besonderer Anreiz zu einem Kaufabschluß geschaffen, der ihn möglicherweise finanziell überfordert.[862] Vor allem durch die Verpflichtung zur Errichtung eines Ratenbriefes (§ 24)[863], durch eine zwingend vorgeschriebene Mindestanzahlung (§ 20) sowie durch die in § 21 normierte Höchstlaufzeit von fünf Jahren soll der Verbraucher vor unüberlegten, seine Finanzkraft übersteigenden Vertragsabschlüssen bewahrt werden.[864]

Das Abzahlungsgeschäft ist in § 16 Abs. 2 definiert: Ein Abzahlungsgeschäft liegt vor, wenn ein Kaufvertrag über eine bewegliche körperliche Sache geschlossen wird, aufgrund dessen der Unternehmer die Sache vor vollständiger Bezahlung dem Verbraucher zu übergeben und dieser das Entgelt in – abgesehen von der Anzahlung – mindestens zwei Teilzahlungen zu entrichten hat. Dabei darf der Barzahlungspreis 310 000 öS nicht übersteigen oder es darf bei Vertragsschluß nicht feststehen, daß es diesen Betrag übersteigen wird.[865] Die Betragsgrenze beruht auf der Erwägung, daß derartige Geschäfte lediglich bis zu einer gewissen Größe typische Verbrauchergeschäfte sind, die regelmäßig ohne allzu große vorherige Überlegung abgeschlossen werden.[866] Bei umfangreicheren Geschäften wird dagegen im allgemeinen größere Vorsicht angewendet, weshalb der besondere Schutz der §§ 16 ff. nicht erforderlich erscheint.[867] Nach dem eindeutigen Gesetzeswortlaut sind Werkverträge nicht erfaßt.[868]

---

862 Mayrhofer in Krejci, Handbuch, S. 467 (473).

863 S. dazu bereits unter IV. 2. b) aa).

864 Deixler-Hübner, Konsumentenschutz, S. 90, Rn 92 und S. 92, Rn 93; Reindl, ZVP 1979, 71 (75).

865 Der Barzahlungspreis ist nach § 16 Abs. 3 das Entgelt, das bei sofortiger Barzahlung zu entrichten wäre. Der Betrag orientiert sich an der EG-Verbraucherkredit-Richtlinie, die eine Beschränkung von bis zu 20 000 ECU vorsieht.

866 OGH WBl 1988, 61.

867 OGH, a. a. O.

868 Die Einbeziehung der Werkverträge war noch in der Regierungsvorlage vorgesehen, wurde jedoch vom Justizausschuß des Nationalrats nicht gebilligt und ist daher nicht Gesetz geworden. Zu den Bedenken des Ausschusses vgl. JAB, S. 3.

Kommt der Abzahlungskäufer mit der Begleichung der Raten in Verzug, so kann der Unternehmer die gesamte Schuld nur unter den Voraussetzungen des § 13[869] einfordern:

Erforderlich ist neben der Vereinbarung des Terminsverlustes, daß der Unternehmer seine eigene Leistung bereits erbracht hat und seine Forderung seit mindestens sechs Wochen überfällig ist. Außerdem muß er den Verbraucher unter Androhung des Terminsverlustes und unter Setzung einer Nachfrist von mindestens zwei Wochen erfolglos gemahnt haben.

§ 23 enthält eine Sonderregelung für die Sachmängelgewährleistung: Die Gewährleistungsfrist wird über die in § 933 ABGB vorgesehenen Fristen von sechs Monaten bei beweglichen und drei Jahren bei unbeweglichen Sachen hinaus bis zur Fälligkeit der letzten Teilzahlung verlängert. Dadurch soll verhindert werden, daß der Ratenkäufer für einen mangelhaften Kaufgegenstand die noch ausstehenden Raten zu zahlen hat, obgleich er wegen des Ablaufs der gesetzlichen Fristen keine Gewährleistungsrechte mehr geltend machen kann.[870]

Den Abzahlungsgeschäften gleichgestellt sind nach § 17 andere Rechtsgeschäfte als Kaufverträge, wenn die Beteiligten damit den gleichen wirtschaftlichen Zweck verfolgen wie bei einem Ratenkauf. Entscheidend ist, daß der kreditierte Preis in mindestens zwei Teilbeträgen zu entrichten ist.[871] Mit der Vorschrift wollte der Gesetzgeber Umgehungsgeschäfte des Unternehmers verhindern.[872] Erfaßt werden vor allem der Mietkauf und Leasingverträge, insbesondere das Finanzierungsleasing, bei dem der Leasingnehmer nach Ablauf einer bestimmten Zeit das Eigentum an der Leasingsache erwirbt.[873]

c) Drittfinanzierte Geschäfte (§§ 18, 19)

Der Anwendungsbereich der Abzahlungsregelungen wird in den §§ 18 und 19 auf drittfinanzierte Geschäfte erweitert. Bei Eingehung solcher Geschäfte soll der Verbraucher vor den Auswirkungen der Rollenspaltung geschützt werden, die sich daraus ergibt, daß Verkäufer und Kreditgeber voneinander unabhängige Personen sind.[874] Dabei sind zwei Konstellationen zu unterscheiden:

---

869 Die Regelung des § 13 ist allerdings – entsprechend ihrer Stellung im Allgemeinen Teil – nicht auf Abzahlungsgeschäfte beschränkt, sondern gilt für alle Verbraucherverträge.

870 Kosesnik-Wehrle, KSchG, § 23, Rn 3.

871 Deixler-Hübner, Konsumentenschutz, S. 90, Rn 91.

872 Mayrhofer in Krejci, Handbuch, S. 467 (475).

873 Deixler-Hübner , Konsumentenschutz, S. 90, Rn 91.

874 Kosesnik-Wehrle, KSchG, § 18, Rn 2; Migsch, Stb 1977/7, S. 1.

aa) Drittfinanzierungsgeschäfte in wirtschaftlicher Einheit

Die Finanzierung des Geschäfts erfolgt durch einen Vertrag zwischen dem Verbraucher und dem Geldgeber; der Finanzierungsvertrag und der Kaufvertrag bilden sowohl für den Verkäufer als auch für den Geldgeber eine "wirtschaftliche Einheit". In diesem Fall gelten die Vorschriften über Abzahlungsgeschäfte auch im Verhältnis Verbraucher-Geldgeber, wenn die Darlehensrückzahlung in Raten zu erfolgen hat, § 18 S. 1.

Satz 2 der Vorschrift eröffnet dem Verbraucher den sog. Einwendungsdurchgriff gegen den Geldgeber, d. h., er kann diesem alle Einwendungen aus dem Kaufvertrag – etwa wegen Nichterfüllung oder Gewährleistung – entgegenhalten.[875]

Das Gesetz nennt beispielhaft[876] zwei Fälle, in denen von wirtschaftlicher Einheit auszugehen ist:

- Geldgeber und Unternehmer treten im Rahmen der Finanzierung zueinander in Rechtsbeziehung
- Geldgeber und Unternehmer stehen wegen derartiger Finanzierungen in ständiger Geschäftsbeziehung

Eine Rechtsbeziehung ist etwa anzunehmen, wenn sich der Geldgeber die Kaufpreisforderung samt vorbehaltenem Eigentum übertragen läßt.[877]

Das Vorliegen einer ständigen Geschäftsbeziehung ist jedenfalls dann zu vermuten, wenn Kauf- und Finanzierungsvertrag inhaltlich aufeinander abgestimmt sind oder aufeinander Bezug nehmen.[878] Ein weiteres Indiz kann der Umstand sein, daß der Unternehmer auf die Abwicklung des Darlehensvertrages durch ganz bestimmte, mit der Sachlage vertraute Mitarbeiter des Geldgebers Wert legt.[879] Neben vertraglicher Zusammenarbeit wird auch ein auf Dauer angelegtes, aber bloß faktisches Zusammenwirken erfaßt.[880]

Nach dem Wortlaut des § 18 ist der Einwendungsdurchgriff auf Kaufverträge über bewegliche körperliche Sachen beschränkt. Dennoch ist die Vorschrift nach

---

875 Die Vorschrift positiviert die bis zum Erlaß des KSchG zu diesem Problemkreis herrschende Lehre und Rechtsprechung, vgl. EB, S. 38.

876 So Kosesnik-Wehrle, Konsumentenschutzgesetz, S. 124; a. A. Mayrhofer in Krejci, Handbuch, S. 467 (478).

877 Mayrhofer in Krejci, Handbuch, S. 467 (479).

878 Krejci in Rummel, ABGB II, § 18 KSchG, Rn 14 bis 20.

879 Kosesnik-Wehrle, Konsumentenschutzgesetz, S. 124. Vgl. im übrigen zu weiteren Fällen wirtschaftlicher Einheit Deixler-Hübner, Konsumentenschutz, S. 97 f., Rn 98; Kosesnik-Wehrle, KSchG, § 18, Rn 15 f.

880 Kiendl/Schwarzenegger, ÖBA 1994, 852 (853).

herrschender Lehre[881] auch auf andere drittfinanzierte Verbraucherverträge analog anzuwenden. Auch die Rechtsprechung[882] hat den Anwendungsbereich des Einwendungsdurchgriffs ausgedehnt, etwa auf Verträge über den „Erwerb von Hotelanteilscheinen“[883] oder auf Verträge über Dienstleistungen.[884] Darüber hinaus ist § 18 nach der Rechtsprechung des OGH[885] und der überwiegenden Auffassung in der Lehre[886] auch auf drittfinanzierte Käufe von Unternehmern analog anzuwenden, da die in § 18 S. 2 angeordnete Rechtsfolge nicht Ausdruck eines spezifischen Verbraucherschutzgedankens sei, sondern auf dem Gedanken des Wegfalls der Geschäftsgrundlage beruhe.[887]

Durch die Novelle 1993 wurde in Umsetzung des Art. 11 der Verbraucherkreditrichtlinie die Vorschrift des § 26 c neu geschaffen, die dem Verbraucher einen subsidiären Einwendungsdurchgriff bei sämtlichen drittfinanzierten Warenlieferungs- und Dienstleistungsverträgen einräumt, sofern zwischen dem Leistenden und dem Dritten eine Rahmenvereinbarung besteht. Nach ausdrücklicher Absicht der Gesetzesverfasser sollen die §§ 18 und 26 c nebeneinander anwendbar sein.[888] Überdies soll nach dem Willen des Gesetzgebers[889] neben den Regelungen der §§ 18 und 26 c der von Judikatur und Lehre anerkannte allgemeine zivilrechtliche Einwendungsdurchgriff weiter anwendbar sein.[890]

In § 22 Abs. 1 ist die Ausübung einer zwischen Verbraucher und Unternehmer vereinbarten Entziehungs- und Verkaufsabrede geregelt. Diese ist dann nicht als Rücktritt vom Vertrag anzusehen, wenn die Voraussetzungen des Terminverlusts nach § 13 vorliegen, und dem Verbraucher der gesamte Verkaufserlös, mindestens aber der gemeine Wert der Sache zur Zeit des Verkaufs angerechnet wird.

---

881 Reidinger, JBl 1987, 357 ff.; Graf, ecolex 1990, 8 ff.; P. Bydlinski, JBl 1988, 205 (208 f.); Kosesnik-Wehrle, KSchG, § 18, Rn 50 f.

882 OGH JBl 1988, 172; JBl 1994, 260.

883 OGH JBl 1987, 378.

884 OGH JBl 1985, 354; JBl 1985, 427; OLG Wien, JBl 1989, 657 („Partnervermittlungsverträge“).

885 OGH ÖBA 1989, 320.

886 Vgl. statt vieler Wilhelm, ecolex 1994, 83 ff., 381 ff. m. w. N. aus Rechtsprechung und Literatur. A. A Koziol in Avancini/Iro/Koziol, Bankvertragsrecht II, Rn 1/102 ff., der die analoge Anwendung des § 18 auf Verbraucherverträge beschränken will.

887 Vgl. Canaris, ÖBA 1990, 882 (884 f.); Koziol in Avancini/Iro/Koziol, Bankvertragsrecht II, Rn 1/102.

888 EB zur RV 809 BlgNr 18. GP, S. 7. Die Vorschrift des § 26 c und ihr Verhältnis zu § 18 werden im Zusammenhang mit der Umsetzung der Verbraucherkreditrichtlinie im dritten Teil der Arbeit unter C. VI. näher erläutert.

889 EB, S. 7.

890 Vgl. dazu Mayrhofer in Krejci, Handbuch, S. 467 (479).

§ 22 Abs. 2 normiert für den Fall des Rücktritts des Verbrauchers von einem drittfinanzierten Haustürgeschäft eine Verpflichtung des Geldgebers zur Rückerstattung auch jener Leistungen, die nicht dem Verbraucher, sondern dem Verkäufer zugeflossen sind. Damit wird dem Verbraucher die Rückabwicklung erleichtert und zugleich das Risiko der Insolvenz des Unternehmers abgenommen.[891]

bb) Sonderfall der Drittfinanzierung

§ 19 betrifft eine Fall der Drittfinanzierung, bei dem weder ein Abzahlungsgeschäft im Sinne des § 16 vorliegt, noch eine wirtschaftliche Einheit zwischen Verkäufer und Geldgeber gegeben ist. Der Unternehmer veranlaßt den Verbraucher zum Zwecke der Durchführung des Kaufvertrags, ein in Teilbeträgen rückzahlbares Darlehen aufzunehmen, und wirkt bei der Vorbereitung dieser Darlehensaufnahme mit, indem er beispielsweise die Bindung zum Geldgeber herstellt oder dem Verbraucher die Kreditantragsformulare zur Verfügung stellt.[892] Der Darlehensbetrag wird also hier, anders als in den Fällen des § 18, nicht direkt an den Verkäufer, sondern an den Verbraucher ausgezahlt.[893]

Sind die Voraussetzungen des § 19 erfüllt, so gelangen die §§ 18 bis 25 mit gewissen Abwandlungen auf das Verhältnis zwischen Unternehmer und Verbraucher zur Anwendung: Der Verbraucher hat zwar keinen Einwendungsdurchgriff gegen den Geldgeber, der Unternehmer muß ihn aber schuldrechtlich so stellen, als wäre der Darlehensvertrag ein Rechtsgeschäft nach § 18: Der Verbraucher ist von seiner Zahlungsverpflichtung gegenüber dem Geldgeber freizustellen; bereits erbrachte Beträge sind ihm zu erstatten. Auf das Rechtsverhältnis zwischen Verbraucher und Geldgeber finden die Abzahlungsregeln dagegen keine Anwendung. Dies erklärt sich daraus, daß der Geldgeber den Darlehensbetrag nicht unter der Voraussetzung ausbezahlt, daß er zur Finanzierung eines bestimmten Kaufvertrages mit einem bestimmten Verkäufer verwendet wird, mag er auch von dem Vorhaben des Verbrauchers Kenntnis haben.[894] Eine Unterstellung des Darlehensvertrages unter die Abzahlungsbestimmungen ist daher nicht gerechtfertigt.

Im Zusammenhang mit den Regelungen über Abzahlungs- und drittfinanzierte Geschäfte ist auch § 12 a zu sehen, dessen systematische Stellung im I. Haupt-

---

891 Mayrhofer, in Krejci, Handbuch, S. 467 (491); Kosesnik-Wehrle, KSchG, § 22, Rn 8.
892 EB zur RV 744 BlgNr 14. GP, S. 39.
893 Mayrhofer in Krejci, Handbuch S. 467 (481).
894 Mayrhofer in Krejci, Handbuch, S. 467 (484 f.)

stück angesichts der ausdrücklichen Beschränkung auf Kreditverträge[895] erstaunt. Nach dieser Bestimmung ist der Verbraucher berechtigt, seine Verbindlichkeiten aus einem Kreditvertrag vorzeitig zu erfüllen, wobei er gleichzeitig einen Anspruch auf Ermäßigung der laufzeitabhängigen Kreditkosten hat. Die Vorschrift wurde durch die Novelle 1993 eingefügt und soll Art. 8 der Verbraucherkreditrichtlinie auf nationaler Ebene gesetzlich umsetzen.[896]

d) Vorauszahlungskäufe (§ 27)

In § 27 werden als Gegensatz zu den Abzahlungsgeschäften Verträge behandelt, mit denen sich der Käufer einer später zu liefernden Sache verpflichtet, den Kaufpreis in Teilbeträgen vorauszuzahlen. Die Vorschrift gewährt dem Käufer ein Rücktrittsrecht in den Fällen, in denen entweder die Ware nicht von vornherein im einzelnen bestimmt ist oder der Preis sich nicht nach den Preisverhältnissen zur Zeit des Vertragsabschlusses berechnet. Zudem darf der Vertrag noch nicht beiderseits vollständig erfüllt sein. Durch diese Regelung wollte der Gesetzgeber den Verbraucher vor Ansparverträgen schützen, bei den entweder Art, Qualität bzw. Ausmaß der gekauften Ware oder deren Preis bei Vertragsschluß nicht hinreichend feststeht und der Verbraucher sich somit einer langfristigen, einseitig belastenden Bindung unter erschwerten Bedingungen aussetzt.[897] Anders als in den Fällen der §§ 3, 3a und 30 a wird hier das Rücktrittsrecht somit als Sanktion für einen unangemessenen Vertragsinhalt eingeräumt.[898]

e) Kreditverbindlichkeiten (§§ 25 a ff.)

In den §§ 25 a bis d werden Kreditgeschäfte von Verbrauchern geregelt. Auf die Vorschriften der §§ 25 a bis c wurde bereits im Zusammenhang mit der Statuierung von Informationspflichten eingegangen.[899]

§ 25 d führt ein richterliches Mäßigungsrecht für Verbindlichkeiten des Interzedenten ein, die in einem unter Berücksichtigung aller Umstände unbilligen Verhältnis zu dessen Leistungsfähigkeit stehen. Die Vorschrift soll nach dem Willen der Gesetzesverfasser das Problem der Mithaftung einkommmens- und vermögensloser Personen für fremde Verbindlichkeiten lösen, das in den vergan-

895 Vgl. zum Begriff des Kreditvertrages die Ausführungen im dritten Teil der Arbeit unter C. III. 3. d).

896 Vgl. dazu näher die Ausführungen im dritten Teil der Arbeit unter C. V.

897 Krejci in Rummel, ABGB, § 27 KSchG, Rn 1. Vgl. auch die EB, S. 36.

898 Mayrhofer in Krejci, Handbuch, S. 467 (499); Kosesnik-Wehrle, KSchG, § 27, Rn 5.

899 S. die Ausführungen unter V. 2. b) bb).

genen Jahren, ähnlich wie in Deutschland, in erster Linie bei Bürgschaftsverträgen mit mittellosen Angehörigen virulent geworden ist.[900] Das Mäßigungsrecht soll jedoch nicht nur Familienangehörigen, sondern allgemein Verbrauchern zugute kommen. Voraussetzung dafür ist, daß die das Mißverhältnis begründenden Umstände sowie die Tatsache, daß der Verbraucher bloß Interzedent ist, für den Gläubiger bei Vertragsschluß erkennbar waren. Nur dann ist eine Reduzierung seiner Ansprüche gerechtfertigt.[901] Absatz 2 der Vorschrift enthält einen Katalog von Kriterien, die bei der Anwendung des Mäßigungsrechtes zu berücksichtigen sind. Es sind dies das Interesse des Gläubigers an der Begründung der Mithaftung (Ziff. 1), ein etwaiges Verschulden des Interzedenten an den das wirtschaftliche Mißverhältnis begründenden Umständen (Ziff. 2), die Vorteile, die der Interzedent aus dem Kredit (Ziff. 3) zieht, sowie die psychische Lage, in der er sich bei Eingehung seiner Verbindlichkeit befunden hat (Ziff. 4), wobei insbesondere die Kriterien der Unerfahrenheit und der familiären Abhängigkeit von Bedeutung sind. Die Regelung berücksichtigt daher sowohl das berechtigte Interesse eines Gläubigers, Vermögensverschiebungen zugunsten von Angehörigen zu verhindern und durch die Einbindung einer dem Hauptschuldner nahestehenden Person die ordnungsgemäße Kreditabwicklung zu fördern, als auch das Interesse vor allem des angehörigen Interzedenten, vor einer übermäßigen Einschränkung seiner Lebensführung auf Jahrzehnte hin bewahrt zu werden.[902]

Zur Beurteilung des Mißverhältnisses soll nach dem Willen des Gesetzgebers nicht einseitig auf den Zeitpunkt des Vertragsschlusses abgestellt werden, sondern auch darauf, wie sich die Umstände bei der Inanspruchnahme des Interze-

---

900 EB zur RV 311 BlgNr 20. GP, S. 26. Vgl. dazu auch OGH in ecolex 1995, 638, der – der deutschen Judikatur folgend – in dieser Entscheidung zum ersten Mal für das österreichische Privatrecht ausgesprochen hat, daß die Übernahme einer Mithaftung durch mittellose Angehörige sittenwidrig und damit nichtig sein kann. Als die Sittenwidrigkeit begründende Umstände führt der OGH dabei an: die Höhe der eingegangenen Verpflichtung, das Fehlen einer betragsbeschränkten Haftung, die Verharmlosung der Tragweite oder des Risikos der Verpflichtung durch einen Angestellten der Bank, die Überrumpelung des Angehörigen oder die Ausnutzung einer seelischen Zwangslage, die sich aus der gefühlsmäßigen Bindung zum Kreditnehmer oder der wirtschaftlichen Abhängigkeit von ihm ergibt, die geschäftliche Unerfahrenheit des Angehörigen oder sein fehlendes Eigeninteresse am Zustandekommen des Vertrages. Die Festschreibung der geäußerten Rechtsauffassung des OGH erschien dem Gesetzgeber unter dem Gesichtspunkt der Rechtssicherheit erforderlich, EB, S. 27. Vgl. zum Urteil des OGH auch Graf, ÖBA 1995, 776 ff.

901 Graf, ÖNBA 1995, 776 (785).

902 Kosesnik-Wehrle, KSchG, § 25 d, Rn 4. Neben der Regelung des § 25 c sollen nach dem Willen der Gesetzesverfasser die Wertungen der Judikatur weiter zu beachten sein; vgl. EB, S. 28.

denten darstellen.[903] Begründet wird dies damit, daß in denjenigen Fällen, in denen der ursprünglich einkommens- und vermögenslose Mithaftende später doch zu Einkommen oder Vermögen gelangt ist, kein sozialer Bedarf nach einer Schutzbestimmung bestehe.[904]

B. Zusammenfassung: Das Konsumentenschutzgesetz im System des österreichischen Zivilrechts: ein Sonderprivatrecht für Verbraucher?

Der vorangegangene Überblick über die Normen des KSchG hat gezeigt, daß der österreichische Gesetzgeber die Stärkung der Stellung des Verbrauchers bei vertraglichem Handeln vor allem auf zwei Wegen zu erreichen sucht: Zum einen durch eine Förderung der Markttransparenz im Stadium der Vertragsanbahnung im Wege der Statuierung von Informations- und Belehrungspflichten bzw. der Sanktionierung transparenzverschleiernder unternehmerischer Aktivitäten durch die Begründung von Rücktrittsrechten, zum anderen dadurch, daß der vertraglichen Gestaltungsfreiheit der Vertragspartner durch die Eröffnung einer Inhaltskontrolle von Verträgen sowie durch die Anordnung halbzwingenden Rechts Schranken gesetzt werden.[905] Letzteres wird im Anschluß an *Reich*[906] häufig als marktkompensatorischer Verbraucherschutz bezeichnet, während die transparenzfördernden Maßnahmen der sog. marktkonformen oder marktkomplementären Verbraucherschutzpolitik zugerechnet werden.[907] Die Instrumente des vertragsrechtlichen Verbraucherschutzes sind denen der deutschen Gesetzgebung der vergangenen Jahre also durchaus vergleichbar.[908] Allerdings greifen die verbraucherschützenden Maßnahmen des KSchG zum Teil nachhaltiger in die rechtsgeschäftliche Entscheidungsfreiheit der Vertragsparteien ein.

Im folgenden soll ein kurzer Überblick über die wesentlichen Unterschiede der gesetzgeberischen Aktivitäten in beiden Staaten gegeben werden. Anschlie-

---

903 EB, S. 27.

904 EB, a. a. O.

905 Schuhmacher in ders., Verbraucherschutz in Österreich, S. 235 (241) spricht in diesem Zusammenhang von einem „gemischten System." Vgl. auch Kramer, KritV 1986, 270 (271 f.); Koziol in Avancini/Iro/Koziol, Bankvertragsrecht II, Rn 1/142.

906 Markt und Recht, S. 198 ff., 218 ff.; ders. in Reich/Tonner/Wegener, Verbraucher und Recht, S. 19 ff.

907 Vgl. dazu Westermann, Gutachten, S. 8 ff. S. bereits die Ausführungen im ersten Teil der Arbeit unter B. V.

908 Vgl. zu den Instrumenten des privatrechtlichen Verbraucherschutzes in Deutschland Westermann, Gutachten S. 66 ff.; Kemper, Verbraucherschutzinstrumente, S. 185 ff. Einen Überblick über den Stand der Verbraucherrechtsentwicklung geben Hart/Köck, ZRP 1991, 61 ff.

ßend wird zum Verbraucherleitbild des österreichischen Gesetzgebers sowie zum Verhältnis zwischen Konsumentenschutzgesetz und allgemeinem Zivilrecht Stellung genommen.

I. Der Geltungsbereich verbraucherschützender Regelungen

Der erste grundlegende Unterschied ist in den in Deutschland und Österreich verschiedenen Anknüpfungspunkten für verbraucherschützende Regelungen zu sehen.

Gemeinsam ist beiden Rechtsordnungen, daß der zivilrechtliche Verbraucherschutz völlig außerhalb der allgemeinen Kodifikation steht: Weder das deutsche BGB noch das österreichische ABGB kennen den Terminus des „Verbrauchers". Während sich aber in Deutschland die Sonderregeln für den Verbraucherschutz vorwiegend in jeweils eigenen Spezialgesetzen finden[909] – genannt seien hier diejenigen Gesetze, deren Regelungsbereich sich mit dem einiger Vorschriften des KSchG deckt, nämlich das Haustürwiderrufsgesetz, das Verbraucherkreditgesetz und das AGB-Gesetz[910] – ist es in Österreich zum Erlaß eines allgemeinen Konsumentenschutzgesetzes gekommen.

Im Gegensatz zum deutschen Verbraucherrecht wählt das KSchG weder einen bestimmten Vertragstyp – z. B. den Abschluß eines Kreditvertrages – noch eine bestimmte äußere Situation bei Vertragsschluß wie das Vorliegen eines Haustürgeschäfts oder die Verwendung Allgemeiner Geschäftsbedingungen zum eingriffslegitimierenden Ansatzpunkt; vielmehr ist allein maßgeblich, daß es sich um ein Verbrauchergeschäft im Sinne des § 1 handelt, sich also ein Unternehmer einerseits und ein Verbraucher andererseits als Vertragspartner gegenüber stehen. Verbraucher ist dabei jedermann, der an einem Geschäft beteiligt ist, das nicht

---

909 Eine Ausnahme gilt für die Regelung des Pauschalreisevertrages, diese findet sich in den §§ 651 a bis l BGB.

910 Das AGBG ist zwar nach überwiegender Meinung – zumindest in seiner vor Berücksichtigung der EG-Richtlinie über mißbräuchliche Klauseln geltenden Fassung – kein Verbraucherschutzgesetz im technischen Sinne, bietet jedoch wie das KSchG Schutz vor mißbräuchlichen Vertragsklauseln, vgl. Ulmer in Ulmer/Brandner/Hensen, AGBG, Einl., Rn 29 m. w. N. An der grundsätzlichen Schutzkonzeption des AGBG hat sich auch durch die Einfügung des § 24 a AGBG nichts geändert: Nach wie vor wird Schutz nur vor vorformulierten Vertragsbedingungen gewährt; dies gilt nach § 24 a Nr. 2 AGBG auch für Verbraucherverträge. Der grundlegende Unterschied liegt darin, daß die Inhaltskontrolle auch dann stattfindet, wenn die vorformulierten Vertragsbedingungen nur zur einmaligen Verwendung bestimmt sind, also nach der Definition des § 1 AGBG keine AGB vorliegen. Vgl. bereits die Ausführungen in Fn 785.

zum Betrieb seines Unternehmens gehört. Haustürgeschäft oder die Verwendung Allgemeiner Geschäftsbedingungen sind nur Unterfälle einer allgemein gegebenen Ungleichgewichtslage.

Der österreichische Gesetzgeber will also dem Verbraucher einen umfassenderen Schutz zukommen lassen. Der Grund hierfür liegt in der Vorstellung, der Unternehmer sei generell und typischerweise dem Verbraucher intellektuell und wirtschaftlich überlegen. Dem KSchG liegt damit eine Art „Theorie der beschränkten wirtschaftlichen Geschäftsfähigkeit“[911] zugrunde. Dementsprechend geht der Schutz des KSchG über die genannten Regelungsbereiche hinaus und umfaßt etwa auch die Gewährleistung, Kostenvoranschläge und Vollmachten. Zudem wird der Verbraucher auch dann geschützt, wenn er auf der Veräußererseite steht.[912]

Das deutsche Vertragsrecht kennt hingegen keine einheitliche Beschreibung des Verbrauchers.[913] In den meisten Gesetzen kommt der Begriff des Verbrauchers gar nicht vor. Der Verbraucherschutz ist hier nur gesetzgeberisches Motiv, tatbestandlicher Anknüpfungspunkt ist meist eine bestimmte Situation oder der Abschluß eines spezifischen Vertrages. So spricht das Haustürwiderrufsgesetz, das sich in etwa mit dem Regelungsbereich der §§ 3 und 4 KSchG deckt, vom „Kunden“, dessen Widerrufsrecht nach § 6 HWiG auf eine bestimmte Situation beschränkt wird: Das Gesetz gilt nicht, wenn der Kunde den Vertrag in Ausübung einer selbständigen Erwerbstätigkeit abschließt oder der andere Vertragsteil nicht geschäftsmäßig handelt. Das BGB bezeichnet in Übereinstimmung mit der Pauschalreiserichtlinie die zu schützende Person als „Reisenden“[914], das Teilzeit-Wohnrechtegesetz wiederum in Übereinstimmung mit der gemeinschaftsrechtlichen Vorbildregelung als „Erwerber“[915], der bei Vertragsabschluß außerhalb seiner gewerblichen oder beruflichen Tätigkeit handelt. Das AGB-Gesetz gilt im Grundsatz für jede Verwendung von AGB ohne Rücksicht auf die Qualifikation der Beteiligten; Bezugspunkt der Regelungen ist das Betroffensein von vorformulierten Vertragsbedingungen. Allerdings werden einige Regelungen nach dem 1996 in Umsetzung der EG-Richtlinie über mißbräuchliche Klauseln neu eingefügten § 24 a AGBG für sog. „Verbraucherverträge“ modifiziert.[916] An der grundsätzlich situativen Anknüpfung hat sich dadurch jedoch nichts geändert. Wie bislang einzig das Verbraucherkreditgesetz hat nun auch das AGBG den Begriff des Verbrauchers in den Gesetzeswortlaut aufgenommen. Die in beiden

---

911 So Schuhmacher in Krejci, Handbuch, S. 1 (60).

912 Apathy in Schwimann, ABGB VI, § 1 KSchG, Rn 1.

913 Vgl. dazu Medicus in FS Kitagawa, S. 471 (473 ff.); ders., JuS 1996, 761 ff.

914 § 651 a Abs. 1 BGB.

915 § 1 Abs. 1 TzWrG.

916 Vgl. bereits Fn 785 und 786.

Gesetzen enthaltenen, nahezu übereinstimmenden Verbraucherbegriffe – der Verbraucher wird definiert als eine „natürliche Person“, die den Kredit zu einem Zweck aufnimmt, der nicht für ihre „bereits ausgeübte gewerbliche oder selbständige berufliche Tätigkeit bestimmt ist“[917] bzw. als „natürliche Person“, die den Vertrag zu einem Zweck abschließt, der „weder einer gewerblichen noch einer selbständigen beruflichen Tätigkeit zugerechnet werden kann“[918]- sind jedoch der Verbraucherkredit- bzw. der Richtlinie über mißbräuchliche Klauseln entnommen worden. Anders als in Österreich existierte also eine eigenständige Definition des Verbrauchers bzw. des Verbrauchergeschäfts als Bezugspunkt für Schutzregelungen vor der Umsetzung der EG-Verbraucherschutzrichtlinien nicht.

Obwohl dem österreichischen Gesetzgeber auf den ersten Blick eine klare und praktikable, der Rechtssicherheit und der Vereinfachung der Rechtsdurchsetzung dienliche Abgrenzung des Anwendungsbereichs verbraucherschützender Normen gelungen zu sein scheint, hat sich rasch gezeigt, daß die Beschränkung der durch das KSchG vermittelten erhöhten Gerechtigkeitsgewähr auf Verträge zwischen Unternehmern und Verbrauchern und das Abstellen auf eine typisierte Schutzbedürftigkeit das Bedürfnis nach analoger Anwendung bei vergleichbaren Ungleichgewichtslagen bzw. nach teleologischer Reduktion bei Fehlen einer solchen Situation auslöst.[919] Da Verbraucher im Sinne des § 1 jedermann in einer seiner ökonomischen Rollen sein kann[920], finden sich unter den Verbrauchern viele, die mit der nötigen geschäftlichen Erfahrung und Information ausgestattet sind, so daß sie bei Abschluß eines Geschäftes eigentlich keines Schutzes bedürften, wegen der typisierenden Fassung des Grundtatbestandes aber dennoch den Schutz des KSchG in Anspruch nehmen können. Es ist beispielsweise der Fall denkbar, daß ein erfahrener Rechtsanwalt einem kleinen Gebrauchtwarenhändler seinen privat genutzten Wagen verkauft. Obwohl der Rechtsanwalt hier zweifellos Verbraucher und der Händler Unternehmer im Sinne des KSchG ist, erscheint der Rechtsanwalt dem Händler gegenüber weder wirtschaftlich noch intellektuell unterlegen und daher schutzbedürftig. Andererseits werden kleine Gewerbetreibende oder Kaufleute auch dann nicht vom Schutz des KSchG erfaßt, wenn sie mit Vertragspartnern kontrahieren, die ihnen an finanzieller Stärke und relevanter Information eindeutig überlegen sind. Der Anwendungsbereich des KSchG erscheint also zugleich zu weit und zu eng, da einerseits Personen außerhalb des

---

917 § 1 Abs. 1 VerbrKrG.

918 § 24 a AGBG.

919 Vgl. dazu Krejci in ders., Handbuch, S. 209 (226 f.); Schilcher in Schilcher/Krejci/Steininger, Konsumentenschutzgesetz, S. 59 ff.; Eccher in Kramer/Mayrhofer, Konsumentenschutz, S. 53 (66 f.); Welser, JBl 1980, 1 (2 f.); Koziol, AcP 188, 183 (199).

920 So zutreffend F. Bydlinski, JBl 1996, 683 (694).

geregelten Typus' trotz gleicher Schutzwürdigkeit im Einzelfall nicht geschützt werden, andererseits Angehörige des erfaßten Personenkreises auch dann Schutz genießen, wenn sie im Einzelfall dessen sicherlich nicht bedürfen.[921] Bereits die Gesetzesverfasser distanzieren sich deshalb selbst von dem Verbraucherbegriff, indem sie immer wieder betonen, daß die Unterlegenheit eines Vertragspartners, wie sie typischerweise bei Verbrauchergeschäften gegeben ist, „natürlich auch bei anderen Geschäften gegeben sein kann“[922] und dem Rechtsanwender dort Ausnahmen nahelegen, wo zwischen dem formalen Kriterium des Verbrauchergeschäftes und der gesetzgeberischen Wertung eine Lücke besteht.[923]

Auch der OGH mußte sich wiederholt mit der Frage nach einer erweiternden oder einschränkenden Anwendung des I. Hauptstückes des KSchG beschäftigen.[924] Dabei nimmt der OGH durchweg den Standpunkt ein, daß das KSchG seinen Schutz schematisch verwirklichen wolle; auf die tatsächlichen wirtschaftlichen Verhältnisse der Beteiligten im Einzelfall komme es darum nicht an. Deshalb fielen Geschäfte zwischen Unternehmern auch bei erheblicher Ungleichheit ihrer wirtschaftlichen Stärke und Erfahrung nicht unter das KSchG.[925] Indes hat der OGH die Qualifikation einer Vertragspartei als Verbraucher im Sinne des § 1 auch dann bejaht, wenn sich diese bei Abschluß eines Geschäftes von einem Rechtsanwalt vertreten läßt.[926] Lediglich in einem Fall hat der OGH teleologische Reduktion geübt und die nach § 1 Abs. 3 vorausgesetzte Unterlegenheit eines „künftigen Unternehmers“ verneint, wenn das neue Unternehmen demselben Geschäftszweig angehört wie ein bereits allein oder in Gesellschaft mit anderen betriebenes Unternehmen.[927]

Anders verfährt der OGH dagegen im Fall des Einwendungsdurchgriffs nach § 18: Dieser wird allen Personen unabhängig von irgendwelchen subjektiven Merkmalen zugestanden, obwohl das Gesetz ihn nur für Verbraucher kennt.[928]

Die vorstehenden Ausführungen zeigen, daß die typisierende Betrachtung des KSchG in zahlreichen Fällen korrekturbedürftig erscheint. Vielfach läuft dies jedoch auf eine Korrektur des Gesetzeswortlauts hinaus. Es wäre daher besser gewesen, wenn der Gesetzgeber, statt auf die Stellung des Verbrauchers an sich ab-

---

921 F. Bydlinski, JBl 1996, 683 (695); Doralt/Koziol, Ministerialentwurf, S. 5; Koziol in Avancini/Iro/Koziol, Bankvertragsrecht II, Rn 1/142; Kramer, KritV 1986, 270 (289).

922 EB zur RV 744 BlgNr 14. GP, S. 14, 16, 21 u. a.

923 EB, S. 16.

924 Vgl. die Rechtsprechungsübersicht bei Welser in GedS Schönherr, S. 325 ff. und schon die Ausführungen unter B. II. 2).

925 OGH SZ 55/51.

926 OGH JBl 1982, 313.

927 OGH JBl 1981, 482.

928 Vgl. dazu die Ausführungen unter A. V. 5. C) aa).

zustellen und zur Berücksichtigung der hinter den Normen „versteckten" Wertungen aufzufordern, die Bestimmungen genauer auf die eigentlichen Schutzerwägungen – nämlich Überrumpelung an der Haustür oder die Verwendung von Allgemeinen Geschäftsbedingungen – abgestimmt hätte.[929] Das Abstellen auf den Schutz einer bevorzugten Gruppe, nämlich der Verbraucher, bringt eine übermäßige Einschränkung der Vertragsfreiheit auch in denjenigen Fällen mit sich, in denen ein generelles Bedürfnis nach Schutz einer Partei nicht gegeben ist. Der Verbraucherbegriff des KSchG ist nicht in der Lage, die vielfältigen Sachverhalte einer wirtschaftlichen oder intellektuellen Unterlegenheit eines Vertragspartners sachgerecht zu erfassen.[930]

Der Grundtatbestand des § 1 wirft zudem eine Reihe von Abgrenzungsfragen auf. Problematisch ist beispielsweise die Einordnung sog. gemischter Verträge, bei denen der Zweck des Geschäfts eindeutig weder der beruflichen noch der privaten Sphäre zugeordnet werden kann.[931] Ist etwa die Kreditaufnahme zur Renovierung eines Hauses, in dem sich sowohl die private Wohnung als auch der Betrieb des Kreditnehmers befinden, als Verbrauchergeschäft zu werten? Was gilt im Falle eines Autokaufs durch einen Anwalt, der den Wagen sowohl für private als auch für Geschäftsfahrten einsetzt? Nach Ansicht von *Schilcher*[932] ist darauf abzustellen, ob die Betriebsbezogenheit oder die private Verwendung überwiegt. Nach *Krejci*[933] und *Welser*[934] sind dagegen Geschäfte, die teils zur unternehmerischen, teils zur privaten Sphäre gehören, zur Gänze als Unternehmergeschäfte zu betrachten.

Problematisch in der rechtlichen Beurteilung sind auch diejenigen Fälle, in denen ein Unternehmer mit zwei Vertragspartnern kontrahiert, von denen einer Unternehmer, der andere aber Verbraucher i. S. des § 1 ist.[935] Soll in solchen Fällen eine Aufspaltung des Vertragsinhalts je nach der Qualifikation des Vertragspartners erfolgen?[936]

929 F. Bydlinski in FS Meier-Hayoz, S. 65 (84 f.).
930 So auch F. Bydlinski, System und Prinzipien, S. 734.
931 Vgl. dazu Schilcher in Krejci/Schilcher/Steininger, Konsumentenschutzgesetz, S. 59.
932 In Krejci/Schilcher/Steininger, Konsumentenschutzgesetz, S. 59.
933 In Rummel, ABGB II, § 1 KSchG, Rn 23.
934 In Krejci, Handbuch, S. 193 (200 f.).
935 Schilcher in Krejci/Schilcher/Steininger, Konsumentenschutzgesetz, S. 59
936 So wohl Krejci in Rummel, ABGB II, § 1 KSchG, Rn 35, wonach Bestimmungen, die mit Verbrauchern nicht vereinbart werden dürfen, dem Verbraucher gegenüber unwirksam sein sollen; ebenso Apathy in Schwimann, ABGB VI, § 1 KSchG, Rn 1. Ablehnend dagegen Schilcher in Krejci/Schilcher/Steininger, Konsumentenschutzgesetz, S. 59 f.

Was soll schließlich gelten, wenn jemand als Unternehmer auftritt, sich jedoch nachträglich herausstellt, daß das abgeschlossene Geschäft nicht zum Betrieb seines Unternehmens gehört oder er gar kein Unternehmen besitzt? Nach Auffassung von *Krejci*[937] ist dem „Scheinunternehmer“ der Schutz des KSchG nicht von vornherein zu versagen; allerdings seien in einem solchen Fall Schadensersatzansprüche des Vertragspartners unter dem Gesichtspunkt des enttäuschten Vertrauens denkbar.[938]

Die schematische Abgrenzung des § 1 belastet also die Rechtsanwendung mit zahlreichen Unsicherheiten.[939]

II. Erweiterte Vertragskontrolle

Unterschiede zwischen der deutschen und der österreichischen Rechtslage bestehen auch beim Schutz des Verbrauchers vor unangemessenen Vertragsbestimmungen. Während der Katalog unzulässiger Klauseln im KSchG allgemein für Verbraucherverträge gilt und folglich auch bei Individualvereinbarungen Anwendung findet, setzt § 1 AGBG voraus, daß der Vertrag unter Zugrundelegung von AGB geschlossen wurde. Nach dem neuen § 24 a AGBG gilt dies allerdings nicht für Verbraucherverträge. Auch in diesen Fällen ist aber eine Inhaltskontrolle nur bei vorformulierten Vertragsbedingungen vorgesehen; lediglich auf das Merkmal des Stellens für eine „Vielzahl von Fällen“ wurde verzichtet.[940]

Nach der Konzeption des AGBG, das als Ansatzpunkt für die Inhaltskontrolle das Vorhandensein vorformulierter Vertragsbedingungen gewählt hat, stellt sich der Kunde durch das Aushandeln also grundsätzlich außerhalb des Schutzbereichs des AGBG, da in diesem Fall nicht mehr von einer überlegenen Verhandlungsposition des Vertragspartners ausgegangen werden kann. Dagegen schützt das KSchG den Verbraucher in § 6 allgemein vor unbilligen Vertragsbestimmungen, mögen diese durch den Vertragspartner des Verbrauchers vorformuliert sein oder nicht. Lediglich die in § 6 Abs. 2 aufgeführten Klauseln können durch den Nachweis des Aushandelns dem Nichtigkeitsverdikt entgehen, während die Klauseln des Absatzes 1 unabhängig von einem Aushandeln nichtig sind. Obwohl die Klauseln des § 6 weitgehend dem AGBG nachgebildet sind[941], bewirken sie eine

---

937 In Krejci, Handbuch, S. 209 (216 f.).

938 So auch Schilcher in Krejci/Schilcher/Steininger, Konsumentenschutzgesetz, S. 60 und Apathy in Schwimann, ABGB VI, § 1 KSchG, Rn 1. Vgl. zum umgekehrten Problem des „Scheinverbrauchers“ Krejci in Rummel, ABGB II, § 1, Rn 25 f.

939 So zutreffend Schuhmacher in Krejci, Handbuch, S. 1 (62).

940 Vgl. dazu Ulmer in Ulmer/Brandner/Hensen, AGBG, § 24 a, Rn 4.

941 Krejci in Rummel, ABGB II, § 6 KSchG, Rn 6.

größere Beschränkung der Vertragsfreiheit, weil die Einzelverbote nicht auf die Verwendung von Allgemeinen Geschäftsbedingungen ausgerichtet sind.

Die Konzeption des KSchG vermag nicht zu überzeugen. Hat sich der Verbraucher nämlich den Vertragsbedingungen des Unternehmers nicht ohne weiteres unterworfen, sondern über die inhaltliche Gestaltung einzelner Bedingungen verhandelt, so bedeutet dies, daß er deren Inhalt zumindest zur Kenntnis genommen und der Unternehmer ihm die Möglichkeit der Einflußnahme auf den Vertragsinhalt eingeräumt hat. Damit fehlt es aber an der die Inhaltskontrolle rechtfertigende Ungleichgewichtslage zwischen Unternehmer und Verbraucher; die typische Schutzbedürftigkeit des Verbrauchers ist nicht gegeben.[942]

Die absolute Nichtigkeit der in § 6 aufgeführten Normen kann auch nicht mit dem Hinweis des Gesetzgebers begründet werden, diese wiesen einen so hohen Grad an inhaltlicher Unangemessenheit auf, daß sie in gar keinem Falle, also auch nicht bei frei ausgehandelter Vereinbarung, von der Rechtsordnung hingenommen werden könnten.[943] Denn diese hätten dann unabhängig davon zu gelten, welche Personen sich in welchen ökonomischen Rollen als Vertragspartner gegenüberstehen, da die in ihnen zum Ausdruck kommende Gefährdung der Vertragsgerechtigkeit auch außerhalb des Unternehmer-Verbraucher-Verhältnisses wirkt.[944] Dementsprechend wäre es sachgerechter gewesen, zumindest einige der Klauseln des § 6 Abs. 1 in das ABGB einzustellen, um ihnen so Geltung für alle Vertragsverhältnisse zu verschaffen.[945]

III. Einschränkung der Vertragsfreiheit durch zwingendes Recht

Auch einige andere Vorschriften des KSchG greifen sehr weit in die rechtsgeschäftliche Entscheidungsfreiheit des Verbrauchers und seines Vertragspartners ein.

Zu weitgehend erscheint beispielsweise der durch § 9 vermittelte Schutz des Verbrauchers, nach dem eine Abbedingung der Gewährleistung in Verbraucherverträgen grundsätzlich, d. h. auch bei freiem Aushandeln, unwirksam ist. Es ist

---

942 F. Bydlinski, System und Prinzipien, S. 731; ders. in FS Meier-Hayoz, S. 65 (78); Kramer, ÖJZ 1980, 233 (238).

943 So die EB, S. 21.

944 Migsch, Stb 1977/7, S. 2; F. Bydlinski in FS Meier-Hayoz, S. 65 (79).

945 Dies wird vor allem für das Verbot der einseitigen Leistungsbestimmung (Ziff. 5), das Verbot der Freizeichnung von Schadenshaftung (Ziff. 9) und das Verbot der verbindlichen Entscheidung des einen Vertragsteils bezüglich der Vertragsgemäßheit seiner Leistung (Ziff. 10) gefordert. Vgl. F. Bydlinski in FS Meier-Hayoz, S. 65 (79).

kein sachlicher Grund dafür ersichtlich, warum der Verbraucher, der den Inhalt einer solchen Vereinbarung in allen Einzelheiten durchschaut und sich über die rechtlichen Konsequenzen vollkommen im klaren ist, dennoch nicht auf seine gesetzlichen Rechte verzichten darf. Die deutsche Lösung, nach der ein Gewährleistungsausschluß nur bei Vorliegen von AGB und auch dann nur bezüglich neu hergestellter Waren unzulässig ist (§ 11 Nr. 10 AGBG), tastet die Vertragsfreiheit in weit geringerem Maße an und ist daher vorzuziehen.

Auch einzelne Ziffern des § 6 schränken die Vertragsfreiheit beider Vertragsteile erheblich ein. Dies gilt etwa für das vollständige Verbot von individuellen Vereinbarungen, in denen der Verbraucher auf ein Zurückbehaltungsrecht ganz oder teilweise verzichtet (§ 6 Abs. 1 Ziff. 7). Nach § 6 Abs. 1 Ziff. 14 ist bereits eine Einschränkung der Verbraucherrechte bei Irrtum oder Wegfall der Geschäftsgrundlage unwirksam, mag sie auch individuell ausgehandelt sein und der Verbraucher sich daher dessen, was auf ihn zukommt, bewußt sein.

Andere Vorschriften, wie etwa das vollständige Verbot der Gehaltsabtretung nach § 11 oder die Ungültigkeit des Verzichts auf die laesio enormis nach § 935 S. 1 ABGB stellen ebenfalls eine starke Bevormundung des Verbrauchers dar[946] und lassen darauf schließen, daß der österreichische Gesetzgeber dem Verbraucher eine sachgerechte Beurteilung seiner Rechtsposition generell nicht zutraut.[947]

Auch das Prinzip der Vertragstreue wird zugunsten des Verbrauchers immer weiter relativiert. Dies zeigt sich etwa in der Vorschrift des § 25 d, die dem Richter ermöglicht, die Schuld des Sicherungsgebers zu ermäßigen oder ganz zu erlassen, wenn sie im Zeitpunkt der Inanspruchnahme in einem unbilligen Leistungsverhältnis zu seiner Leistungsfähigkeit steht.[948] Die Regelung geht sehr weit, da sie eine Lockerung einer Verbindlichkeit auch in jenen Fällen ermöglicht, in denen diese nach ausführlicher und gewissenhafter Information begründet worden und insbesondere nicht sittenwidrig ist.[949] Für den österreichischen Gesetzgeber stand hier nicht eine konkrete Beeinträchtigung der Willensfreiheit des Verbrauchers, sondern der „soziale Bedarf“[950] nach einer Schutzbestimmung im Vordergrund.[951]

Insgesamt zeigt sich, daß der Vertrag als Mittel des Privatrechts im österreichischen KSchG immer mehr durch zwingendes Recht ersetzt wird. Der Schutz

---

946 Doralt/Koziol, Ministerialentwurf, S. 122 f.
947 Wukoschitz, RdW 1997, 264 (266).
948 Vgl. dazu Wilhelm, ecolex 1995, 613 (614); 1996, 581 (582).
949 Kritisch auch Schwarzenegger, JAP 1996/97, 51 (61).
950 So ausdrücklich die EB zur RV 311 BlgNr 20. GP, S. 27.
951 Zutreffend Kosesnik-Wehrle, KSchG, § 25 d, Rn 10.

des Verbrauchers geht mit einer zunehmenden Einschränkung der Vertragsfreiheit und wachsender staatlicher Bevormundung einher.[952]

IV. Das Verbraucherleitbild des KSchG

Die vorstehende Untersuchung der Bestimmungen des KSchG führt zu dem Ergebnis, daß das KSchG verschiedene Leitbilder des Verbrauchers wiederspiegelt.[953]

Der starke Ausbau der unternehmerischen Informationspflichten sowie die Einräumung von Überlegungsfristen bzw. die Normierung von Rücktrittsrechten in Fällen von „Überrumpelungsgefahr" zeigen, daß sich das KSchG dem liberalen Informationsmodell verpflichtet hat, welches vom Leitbild des informierten bzw. informierbaren Verbrauchers ausgeht.[954] Der Verbraucher wird durch die Verschaffung der fehlenden Informationen und durch die Verdeutlichung der rechtlichen und wirtschaftlichen Konsequenzen „mündig" gemacht, d. h., er wird in die Lage versetzt, seine Entscheidung in voller Kenntnis der Sachlage zu treffen. Folgerichtig wird er an diese Entscheidung gebunden.

Demgegenüber wird aus der Beschränkung der Vertragsfreiheit auch bei individuell ausgehandelten Vertragsklauseln und der zwingend vorgeschriebenen Ausgestaltung von Vertragsinhalten deutlich, daß das KSchG insoweit dem Leitbild des „unmündigen" Verbrauchers folgt: Dieser wird selbst dann als schutzbedürftig angesehen, wenn er in Kenntnis der Tragweite seiner Entscheidung und bei voller Information eine Vertragsvereinbarung eingeht. Sein Handeln wird also trotz Fehlen eines Informationsdefizits als unvernünftig und seinen objektiven Interessen widersprechend beurteilt. Insbesondere der zwingende Verbotskatalog des § 6 zeigt, daß der österreichische Gesetzgeber dem Verbraucher einen Teil seiner Geschäfts- und Verhandlungsfähigkeit schlechthin abspricht, weil er der freien und voll verantwortlichen Willensäußerung des Verbrauchers grundsätzlich mißtraut. In diesen Fällen geht es daher nicht mehr, wie der Gesetzgeber meint[955], um die Wiederherstellung der Funktionsbedingungen privatautonomer Gestaltungsfreiheit; vielmehr wird die Fähigkeit des Bürgers, bei entsprechender Information seinen Willen vernünftig zu betätigen, und damit die Funktionsfähigkeit der Privatautonomie selbst in Frage gestellt.

---

952 Wukoschitz, RdW 1997, 264 (266).

953 Vgl. Schuhmacher in ders., Verbraucherschutz in Österreich, S. 235 (241), der von zwei verschiedenen „Schutzmodellen" spricht.

954 Schuhmacher in ders., Verbraucherschutz in Österreich, S. 235 (241).

955 JAB, S.1.

V. Das Verhältnis zum allgemeinen Zivilrecht

1. Kein umfassendes Verbrauchergesetzbuch

Die Zusammenfassung verschiedener, dem Schutz des schwächeren Marktteilnehmers dienender Vorschriften im Konsumentenschutzgesetz hat keinen kohärenten Rechtsstoff schaffen können. Entgegen ersten Vermutungen gilt das KSchG zunächst nämlich nicht nur im Verhältnis Unternehmer-Verbraucher, sondern enthält auch allgemeines Zivilrecht: Neben den Regelungen des I. Hauptstücks, die ausschließlich Verbrauchergeschäfte betreffen, finden sich Änderungen des ABGB, die teils auf die Lösung des Problems des Schutzes gegen unbillige Allgemeine Geschäftsbedingungen abzielen, teils aber auch das allgemeine Vertragsrecht, wie etwa das Irrtumsrecht, berühren. Materiellrechtliche und verfahrensrechtliche Normen, wie die Gerichtsstandsregelung des § 14, sowie kollisionsrechtliche Bestimmungen wie § 13 a stehen nebeneinander. Insbesondere das III. Hauptstück „stellt ein Sammelbecken für eine Reihe verschiedener Einzelregelungen dar, die in den beiden anderen Hauptstücken keinen Platz haben“[956]: Es enthält neben Straf- und Verfahrensvorschriften allgemeines Vertragsrecht sowie Regelungen über den Reisevertrag und Verbraucherrechte beim Immobilienmaklervertrag. Allgemein gültiges Zivilrecht ist mithin in einem Sondergesetz „versteckt“.[957] Andererseits finden sich „echte“ Verbraucherschutzvorschriften i. S. des § 1, wie die den Immobilienmaklervertrag betreffenden §§ 30 b und c, im III. Hauptstück, obwohl sie als „besondere Vertragsart“ eigentlich in das I. Hauptstück einzuordnen gewesen wären, zumal der Gesetzgeber zwingendes Recht schaffen wollte.[958] Insgesamt wird durch diese Gesetzestechnik die Rechtsanwendung nicht unerheblich erschwert.

Das KSchG regelt zudem nur Teilbereiche des Konsumentenschutzes; wichtige Materien wie das Produkthaftungsrecht oder neuerdings der Schutz beim Abschluß von Teilzeitnutzungsverträgen sind in eigenständigen Gesetzen geregelt. Bereits aus diesem Grund kann das KSchG nicht als eine Kodifikation des gesamten Konsumentenschutzrechts angesehen werden.[959]

Der Grund für die fehlende Kohärenz des KSchG ist vor allem darin zu sehen, daß die verbraucherschützenden Maßnahmen problemimpulsorientierte Lösungsversuche darstellen, mit denen der österreichische Gesetzgeber neu aufgetretene oder bereits lang anhaltende Mißstände beseitigen will.[960] Daran hat sich

956 Krejci in Rummel, ABGB II, vor § 1 KSchG, Rn 4.
957 Graziani-Weiss, Reiserecht, S. 65.
958 Jesser in Jesser/Kiendl/Schwarzenegger, Konsumentenschutzrecht, S. 123.
959 So auch Deixler-Hübner, Konsumentenschutz, S. 27, Rn 1.
960 Schuhmacher in ders., Verbraucherschutz in Österreich, S. 235 (242).

auch durch die KSchG-Novelle BGBl I 1997/6 nichts geändert, obwohl der Gesetzgeber mit der Novelle das Ziel verfolgte, das KSchG zu straffen, zu vereinfachen und in manchen Punkten klarer zu fassen.[961] Auch die Novelle selbst enthält jedoch wie das KSchG in seiner ursprünglichen Fassung eine Vielzahl unterschiedlicher und in keinem inhaltlichen Zusammenhang stehender Vorschriften, deren Gemeinsamkeit nur die Zielsetzung der Verbesserung des Verbraucherschutzes ist.[962]

2. Fehlende Selbständigkeit gegenüber dem ABGB

Die trotz des auf eine eigenständige Kodifikation hinweisenden Titels fehlende Selbständigkeit des KSchG zeigt sich auch daran, daß die Vorschriften des KSchG, die aus einer Vielzahl von Verboten gegen bestimmte Vertragsklauseln und Vertragsgestaltungen sowie aus Modifikationen allgemeiner Regeln bestehen, nur unter Einbeziehung der allgemeinen zivilrechtlichen Regeln, etwa über Willenserklärung, Vertragsschluß oder Leistungsstörungen, verständlich und anwendbar sind.[963] Das KSchG enthält also – wie auch nicht anders vorstellbar – nur punktuelle Ergänzungs- und Änderungsbestimmungen und baut im übrigen auf den weiterhin anwendbaren Vorschriften des ABGB auf.[964] Die innere Verbindung zwischen den Vorschriften über das Verbrauchergeschäft und den allgemeinen zivilrechtlichen Bestimmungen zeigt sich auch im Zusammenspiel von § 6 und § 879 Abs. 3 ABGB sowie der Tatsache, daß dem Verbrauchertatbestand eine Konkretisierungsfunktion im Rahmen der Generalklausel zukommt.[965] Zudem ergibt sich die Verknüpfung mit dem allgemeinen Privatrecht auch aus der Ergänzungsfunktion der Verbrauchergeschäftsbestimmungen[966] gegenüber den allgemeinen Regeln des ABGB.

3. Rechtszersplitterung

Ein grundlegendes Problem der österreichischen Rechtslage, das sich aus dem Nebeneinander von allgemeinem Privatrecht und Konsumentenschutzgesetz ergibt, ist die Aufspaltung der rechtlichen Beurteilung in ein und derselben Sach-

---

961 EB zur RV 311 BlgNr 20. GP, S. 10.
962 So zutreffend Schwarzenegger in Jesser/Kiendl/Schwarzenegger, Konsumentenschutzrecht, S. 30 f.
963 F. Bydlinski, System und Prinzipien, S. 735; Kosesnik-Wehrle, Konsumentenschutzgesetz, S. 13.
964 Meinhart in Verhandlungen des 7. ÖJT II/3, S. 28.
965 Vgl. dazu die Ausführungen unter A. V. 3. a).
966 Vgl. § 2 Abs. 1.

frage.[967] Dies sei hier am Beispiel der Freizeichnung von jeglicher Schadenshaftung dargestellt. Erfolgt eine solche Freizeichnung in einem Verbrauchervertrag im Sinne des KSchG, so ist für die Beurteilung der Gültigkeit § 6 Abs. 1 Ziff. 9 KSchG heranzuziehen; gleichgültig, ob der Verbrauchervertrag individuell oder unter Verwendung von AGB geschlossen wurde. Bei Geschäften, die nicht zwischen einem Verbraucher und einem Unternehmer, aber unter Zugrundelegung von AGB getätigt werden, ist § 879 Abs. 3 ABGB Prüfungsmaßstab, die betreffende Klausel muß also den Partner des Verwenders „gröblich" benachteiligen. Wenn weder ein Verbrauchervertrag vorliegt noch Allgemeine Geschäftsbedingungen verwendet werden, steht als Prüfungsgrundlage nur § 879 Abs. 1 ABGB, die Generalklausel der guten Sitten, zur Verfügung, die dem Rechtsanwender einen großen Wertungsspielraum läßt. Eine solche Differenzierung ist meines Erachtens nicht gerechtfertigt. Es ist kein Grund ersichtlich, weshalb man dem Verbraucher Schutz in Form einer verschärften Vertragskontrolle auch dann zukommen lassen sollte, wenn der Unternehmer die Vertragsklausel im einzelnen mit ihm ausgehandelt hat. Ist dies der Fall, so kann nicht mehr von einer generellen Unterlegenheit des Verbrauchers ausgegangen werden, Vielmehr muß hier unter Berücksichtigung aller Umstände des Einzelfalles beurteilt werden, ob die Vereinbarung von der Rechtsordnung hingenommen werden kann oder nicht. Vorzugswürdig wäre folglich eine gesetzgeberische Lösung gewesen, die auch beim Verbrauchergeschäft eine Abwägung im Einzelfall ermöglicht hätte. Ausreichend wäre daher eine beispielhafte Ergänzung der Regelungen der § 879 Abs. 1 und § 879 Abs. 3 AGBG um die in § 6 aufgezählten Fallgruppen gewesen.[968]

Die „Belastung des Rechtsverkehrs mit Doppelregelungen"[969] läßt sich an weiteren Beispielen aufzeigen. So stehen die Rücktrittsregelungen der §§ 3 und 4 neben dem allgemeinen Rücktrittsrecht nach den §§ 918 ff. ABGB. Der vertragliche Ausschluß der Einwendungen aus einem finanzierten Geschäft ist nach § 18 wegen § 2 Abs. 2 schlechthin unwirksam, sofern der Erwerber ein Verbraucher ist. Anderes gilt jedoch, soweit § 18 auf Unternehmerverträge analog angewendet wird. Vertragsklauseln, die den Einwendungsdurchgriff ausschließen, sind hier nur nach Maßgabe der §§ 864 a, 879 Abs. 3 und 1 ABGB ungültig. Ein Teil der Gewährleistungsbestimmungen, nämlich die der §§ 922 ff. ABGB gelten für alle Privatrechtssubjekte, während die §§ 8 und 9 nur Verbrauchergeschäfte betreffen. Daneben gelten die Sonderregelungen der §§ 377 ff. HGB für den kaufmännischen Rechtsverkehr.

---

967 Vgl. hierzu auch Bydlinski in FS Meier-Hayoz, S. 65 (80 f.), der treffend von „verwirrender Rechtsquellenvielfalt" spricht.

968 So auch Schilcher in Krejci/Schilcher/Steininger, Konsumentenschutzgesetz, S. 70.

969 So Schilcher in Krejci/Schilcher/Steininger, Konsumentenschutzgesetz, S. 68.

Diese Problematik verdeutlicht, welche Folgen die durch den Verbraucherschutzgedanken motivierte personelle Differenzierung für das österreichische Vertragsrecht hat: es zeichnet sich eine „Dreiteilung des Vertragsrechts“[970] ab. Neben den allgemeinen Regeln des ABGB, die uneingeschränkt nur für die Rechtsbeziehungen zwischen Nichtkaufleuten gelten, stehen auf der einen Seite die Sonderregeln des HGB, die Spezialbestimmungen für Verträge unter Kaufleuten enthalten, auf der anderen die Bestimmungen des KSchG, dessen I. Hauptstück nur für Verbrauchergeschäfte gilt. Da das typische Verbrauchergeschäft regelmäßig ein einseitiges Handelsgeschäft im Sinne der Vorschriften des HGB darstellt, nimmt das KSchG insoweit eine Position zwischen ABGB und HGB ein.[971] Ein sachlicher Grund für diese Dreiteilung ist nicht immer ersichtlich. Denn anders als für Kaufleute, die ein verkehrsfreundliches Recht benötigen, welches dem Vertrauensschutz eine zentrale Rolle zuweist, gibt es für das Schutzbedürfnis des sog. Verbrauchers keinen einheitlichen Grund, und damit auch keine einheitliche ratio, die hinter einem Sonderrecht für Verbraucher stehen kann.[972] Insbesondere vermag der bloße Hinweis auf eine angeblich typischerweise gegebene wirtschaftliche oder geschäftliche Unterlegenheit des Verbrauchers nicht für eine personelle Differenzierung genügen. Vielmehr ist die tatsächliche Schutzbedürftigkeit, wie die vorangegangenen Ausführungen gezeigt haben, regelmäßig situationsabhängig; ein Abstellen auf den „Verbraucher“ erscheint angesichts der vielfältigen Problemlagen zu oberflächlich.

Die vorgenannte Entwicklung einer Differenzierung nach Ungleichgewichtslagen und die Etablierung eines besonderen Verbraucherschutzrechtes zeichnet sich teilweise auch in Deutschland ab und ist dort heftig kritisiert worden.[973] Insbesondere wurde vorgebracht, daß die Bildung eines „Sonderprivatrechts“ für Verbraucher zur Auflösung des BGB führe und somit die äußere Einheit des deutschen Zivilrechts gefährde, sowie, daß durch die Schaffung zwingenden Rechts zugunsten einer bestimmten Personengruppe die Vertragsfreiheit als tragendes Ordnungsprinzip des Privatrechts zunehmend ausgeschaltet werde.[974] In Österreich ist dagegen die Frage, ob die Schaffung spezieller Normen über den Schutz des Verbrauchers mit den Leitprinzipien des bürgerlichen Rechts, nämlich der formal-abstrakten Gleichheit aller Rechtssubjekte und dem Grundsatz der Vertragsfreiheit zu vereinbaren sei, lediglich am Rande diskutiert worden. Nur wenige sahen in der Bevorzugung der Verbraucher durch das neue Konsumentenschutzgesetz eine Bedrohung für die Grundfeste des bürgerlichen Rechts und

970 Kramer, KritV 1986, 270 (287).
971 Vgl. auch Gutachten des Max-Planck-Instituts, S. 47.
972 So zutreffend Medicus in FS Kitagawa, S. 471 (485).
973 Vgl. bereits die Ausführungen im ersten Teil der Arbeit unter D. III.
974 Vgl. die im ersten Teil der Arbeit in Fn 547 und 550 aufgeführten Autoren.

in den Eingriffen in die Vertragsfreiheit eine „Annäherung an sozialistische Privatrechtstheorien."[975] Überwiegend begriff man dagegen das KSchG als systemkonforme Weiterentwicklung des Privatrechts, durch die die im Zivilrecht bereits bestehende Tendenz verstärkt werde, an Stelle einer formal verstandenen Vertragsfreiheit die realen Verhältnisse der Vertragspartner und damit den Gedanken materieller Vertragsgerechtigkeit zu berücksichtigen.[976] Die Entwicklung eines Sonderprivatrechts für Verbraucher, die durch die Einführung des Verbrauchergeschäftes im I. Hauptstück des KSchG betrieben werde, sei nur „ein weiterer Schritt im Ausbau eines realistischen Vertragskonzepts."[977] Dementsprechend wurde auch weniger das Anliegen des Gesetzgebers, den wirtschaftlich Schwächeren zu schützen, als vielmehr dessen Verwirklichung, d. h. die gesetzestechnische Ausgestaltung dieses Gedankens kritisiert. Insbesondere die Anwendungsschwierigkeiten, die sich aus der Unübersichtlichkeit des KSchG, den vielen kasuistischen Detailregelungen und der Kompliziertheit der Abgrenzung jeweils unterschiedlicher persönlicher Anwendungsbereiche eng zusammenhängender Normen beispielsweise des Gewährleistungsrechts ergeben, sind in der österreichischen Literatur auf Kritik gestoßen.[978] Daneben wurde die systematische Stellung einiger Regelungen im KSchG bemängelt; vor allem die §§ 5, 7, 8, 9, 10 und 13 sowie einzelne Ziffern des § 6 hätten nach Ansicht der Kritiker wegen ihres allgemein richtigen Rechtsgedankens in das ABGB eingebaut werden sollen.[979] Insgesamt aber wurde und wird der Grundgedanke des KSchG, den Verbraucher als typischerweise Unterlegenen zu schützen, und die Regelung des Unternehmer-Verbraucher-Begriffs auch zwanzig Jahre nach Inkrafttreten des KSchG positiv bewertet.[980]

---

975 So vor allem SWA-Gutachten Nr. 54, S. 18, 31; Schilcher in Schilcher/Krejci/Steininger, Konsumentenschutzgesetz, S. 73; Doralt/Koziol, Ministerialentwurf, S. 1.

976 Krejci in Krejci/Schilcher/Steininger, Konsumentenschutzgesetz, S. 14 f.; Schuhmacher in Krejci, Handbuch, S. 1 (7, 62); Kramer, KritV 1986, 270 (288); ders. in Kramer/Mayrhofer, Konsumentenschutz, S. 9 (51).

977 So Krejci in Krejci/Schilcher/Steininger, Konsumentenschutzgesetz, S. 15.

978 Vgl. Straberger, AnwBl 1977, Sonderheft Dezember, S. 15 (17), der von einem „Paragraphen-Labyrinth" spricht, sowie Migsch, Stb 1977/7, S. 1; SWA-Gutachten Nr. 54, S. 11 f.; Kosesnik-Wehrle, Konsumentenschutzgesetz, S. 17; Eccher in Kramer/Mayrhofer, Konsumentenschutz, S. 53 (64).

979 Vgl. SWA-Gutachten Nr. 54, S. 20 f.; SWA-Gutachten Nr. 55, S. 19 f; Schilcher in Krejci/Schilcher/Steininger, Konsumentenschutzgesetz, S. 70 f; Migsch, Stb 1977/7, S. 1 f.

980 Vgl. Kosesnik-Wehrle, Konsumentenschutzgesetz, S. 13 f.; Schuhmacher in ders., Verbraucherschutz in Österreich, S. 235 (244); Mayrhofer in Kramer/Mayrhofer, Konsumentenschutz, S. 51. S. auch die EB zur RV 311 BlgNr 20. GP, S. 9.

C. Verbraucherschützende Regelungen in anderen Gesetzen

Auch nach Inkrafttreten des KSchG hat der österreichische Gesetzgeber weitere zivilrechtliche Bestimmungen zum Schutz der Verbraucher erlassen, wobei der Schwerpunkt auf der Regelung spezieller Vertragstypen liegt. Im einzelnen handelt es sich um das Produkthaftungsgesetz (PHG) aus dem Jahre 1988, das Maklergesetz aus dem Jahre 1996, das Bauträgervertragsgesetz (BTGV) von 1997, das Teilzeitnutzungsgesetz (TNG), das ebenfalls 1997 verabschiedet worden ist, und schließlich das Fernabsatz-Gesetz aus dem Jahre 1999. Spezielle Verbraucherschutzbestimmungen enthalten auch das Versicherungsvertragsgesetz (VersVG) und das Bankwesengesetz (BWG)

I. Das Maklergesetz (MaklerG)

Mit dem am 1. 7. 1996 in Kraft getretenen Maklergesetz[981] wollte der österreichische Gesetzgeber erstmals ein einheitliches Maklervertragsrecht für alle Maklervertragstypen schaffen.[982] Der Maklervertrag als solcher war bis dahin im österreichischen Zivilrecht nicht geregelt; vielmehr fanden sich lediglich einzelne verstreute Vorschriften über Handels- und Zivilmakler in verschiedenen Gesetzen; die Regelungen betreffend die Immobilienmakler und die Personalkreditvermittler waren lediglich in Verordnungen niedergelegt.[983] Insbesondere die neuen Regelungen über Immobiliengeschäfte, die in den §§ 30 a ff. KSchG normiert worden sind, zielen auf einen verbesserten Verbraucherschutz ab.[984] In einem „Allgemeinen Teil" (§§ 1 bis 15) normiert das Maklergesetz zunächst die wesentlichen Rechte und Pflichten aus dem Maklervertrag, die für alle Maklervertragstypen gelten. Im Anschluß werden in einem „Besonderen Teil" Regelungen für Immobilienmakler (§§ 16 bis 18), Handelsmakler (§§ 19 bis 25), Versicherungsmakler (§§ 26 bis 32) sowie Personalkreditvermittler (§§ 33 bis 40) getroffen.[985] Die Änderungen des Konsumentenschutzgesetzes betreffen insbesondere ein Rücktrittsrecht des Verbrauchers beim Immobiliengeschäft (§ 30 a KSchG)[986], mit dem der Überrumpelungsgefahr bei Besichtigungsterminen be-

---

981 Bundesgesetz über die Rechtsverhältnisse der Makler und über Änderungen des Konsumentenschutzgesetzes, BGBl 1996/262 i. d. F. BGBl I 1997/6.

982 EB zur RV 2 BlgNr 20. GP, S. 12.

983 Jesser in Jesser/Kiendl/Schwarzenegger, Konsumentenschutzrecht, S. 128.

984 Jesser in Jesser/Kiendl/Schwarzenegger, a. a. O.

985 Vgl. zum Ganzen ausführlich Jesser in Jesser/Kiendl/Schwarzenegger, Konsumentenschutzrecht, S. 129 ff.

986 S. bereits oben unter A. V. 1. a) bb).

gegnet werden soll, sowie Aufklärungspflichten des Immobilienmaklers (§ 30 b)[987] und besondere Formgebote für bestimmte Vereinbarungen (§ 31 Abs. 1)[988].

II. Das Bauträgervertragsgesetz (BTVG)

Das Bauträgervertragsgesetz[989], das am 1. 1. 1997 in Kraft getreten ist, will den spezifischen Risiken der Verbraucher bei Abwicklung der sog. „Bauträgermodelle", insbesondere bei Insolvenz des Bauträgers den Verlust von Vorauszahlungen in erheblicher Höhe zu erleiden, begegnen.[990] Zu diesem Zweck sieht es neben einem Mindestinhalt des schriftlich abzuschließenden Bauträgervertrags (§§ 3 Abs. 1 und 4 Abs. 1) und einem Rücktrittsrecht des Erwerbers wegen mangelhafter vorvertraglicher Information (§ 5 Abs. 1 und 2) umfangreiche Sicherungspflichten des Bauträgers (§§ 7 ff.) vor.[991] Das BTVG ist zwar nicht nur auf Verbraucherverträge anwendbar, sondern schützt alle Erwerber, die mit einem Bauträger einen Vertrag über den Erwerb des Eigentums, des Wohnungseigentums, des Baurechts, des Bestandsrechts oder eines sonstigen Nutzungsrechts einschließlich Leasings an zu errichtenden oder durchgreifend zu erneuernden Gebäuden, Wohnungen oder Geschäftsräumen abschließen und die vor Fertigstellung Zahlungen von mehr als 2.000 öS pro Quadratmeter Nutzfläche zu leisten haben (§§ 1 Abs. 1 und 2 Abs. 1). Trotzdem dient das BTVG vorrangig dem Verbraucherschutz, denn seine Bestimmungen sind nur dann zwingend, wenn ein Verbrauchergeschäft i. S. des KSchG vorliegt (§ 1 Abs. 2).[992]

III. Das Teilzeitnutzungsgsetz (TNG), das Produkthaftungsgesetz (PHG) und das Fernabsatz-Gesetz

Das Teilzeitnutzungsgesetz wird, da es auf eine EG-Richtlinie zurückgeht, im Zusammenhang mit der Erörterung der Umsetzung europäischen Verbraucherschutzrechts in Österreich im dritten Teil der Arbeit dargestellt.[993] Auch für das Produkthaftungsgesetz war eine EG-Richtlinie zumindest mittelbar Anlaß, wor-

---

987 S. bereits oben unter A. V. 2. b) cc).
988 S. bereits oben A. V. 1. b) cc).
989 BGBl I 1997/7 i. d. F. BGBl I 1999/72.
990 EB zur RV 312 BlgNr 20. GP, S. 9.
991 Vgl. zu den Bestimmungen des BTVG ausführlich Kiendl in Jesser/Kiendl/Schwarzenegger, Konsumentenschutzrecht, S. 229 ff.
992 Kiendl in Jesser/Kiendl/Schwarzenegger, Konsumentenschutzrecht, S. 232.
993 S. dort unter E.

auf ebenfalls im dritten Teil der Arbeit eingegangen wird.[994] Das Fernabsatz-Gesetz dient der Umsetzung mehrerer EG-Richtlinien und wird daher auch im dritten Teil der Arbeit behandelt.[995] Die speziellen Verbraucherschutzbestimmungen im BWG werden im Zusammenhang mit der Umsetzung der Verbraucherschutzrichtlinie erörtert.[996] Auf eine ausführliche Erörterung der versicherungsrechtlichen Bestimmungen wird hingegen verzichtet, da sie keinen unmittelbaren Zusammenhang mit der gegebenen Aufgabenstellung aufweisen und eine solche Darstellung zudem den Rahmen dieser Arbeit sprengen würde.

994 S. dort unter A. I.
995 S. dort unter B.
996 S. im dritten Teil unter C.

Dritter Teil: Die Rezeption des europäischen Verbraucherschutzes in Österreich

A. Allgemeine Bemerkungen zur Europäisierung des österreichischen Verbraucherrechts

Auch in Österreich ist die Europäisierung des Privatrechts in den Jahren seit dem Erlaß des KSchG immer weiter vorangeschritten. Namentlich im Verbraucherrecht finden sich inzwischen zahlreiche Vorschriften europäischen Ursprungs.[997] Dabei lassen sich drei Phasen der Übernahme europäischer Verbraucherschutzregelungen unterscheiden, die im folgenden kurz dargestellt werden.

I. Autonome Anpassung an das Gemeinschaftsrecht: Das Produkthaftungsgesetz von 1988

Bereits vor der Beteiligung am Europäischen Wirtschaftsraum bzw. der Vollmitgliedschaft Österreichs in der Europäischen Union seit dem 1. Januar 1995 hatte sich der österreichische Gesetzgeber an den Vorgaben des Gemeinschaftsrechts orientiert: Indem er sich mit der Schaffung des PHG für einen „autonomen Nachvollzug" der damals in Entstehung begriffenen EG-Produkthaftungsrichtlinie entschied, setzte er erste Schritte zur Anpassung des Privatrechts an das europäische Sekundärrecht.[998] Das österreichische Produkthaftungsgesetz (PHG) trat am 1. Juli 1988 in Kraft.[999] Da Österreich zu diesem Zeitpunkt noch nicht Mitgliedstaat der Europäischen Gemeinschaften war, bestand eine rechtliche Verpflichtung zur Umsetzung der EG-Produkthaftungsrichtlinie[1000] an sich nicht. Gleichwohl lehnt sich das PHG „weitestgehend"[1001] an die EG-Richtlinie an, womit Wettbewerbsverzerrungen im Verhältnis zu den damaligen EG-Mitgliedsstaaten vermieden werden sollten.[1002] Durch zwei Novellen in den Jahren 1993[1003] und 1994[1004]

997 Ein Überblick findet sich bei Fucik, RZ 1995, 50 ff.

998 Posch, ZEuP 1995, 507 (511).

999 Bundesgesetz vom 21. Jänner 1988 über die Haftung für ein fehlerhaftes Produkt (Produkthaftungsgesetz), BGBl 1988/99.

1000 S. Fn 45.

1001 So die EB zur Regierungsvorlage 272 BlgNr 17. GP, S. 36.

1002 Wandt, PHI 1989, 2 (3). Kritisch zu dieser sog. „autonomen Anpassung" an die Richtlinie Posch in FS Ostheim, S. 665 ff.

wurden verschiedene Vorschriften an die EG-Richtlinie angepaßt. Die Anpassungen waren durch die Ratifizierung des Abkommens über die Schaffung des Europäischen Wirtschaftsraumes (EWR)[1005] erforderlich geworden, der die Vertragspartner verpflichtet, ein auf der EG-Richtlinie basierendes Produkthaftungsgesetz zu schaffen.[1006] Die Korrekturen betrafen die Importeurshaftung, den Umfang des gedeckten Schadens, die Höhe des Selbstbehalts, die Präklusion der Ansprüche zehn Jahre nach Inverkehrbringen sowie die Ausdehnung auf Nuklearschäden.[1007] Durch das Fernabsatz-Gesetz aus dem Jahre 1999 wurde entsprechend der Vorgaben der Änderungsrichtlinie zur Produkthaftungsrichtlinie die verschuldensunabhängige Produkthaftung auch auf land- und forstwirtschaftliche Produkte ausgedehnt.[1008]

II. Übernahme des "acquis communautaire" im Bereich des Verbraucherschutzes infolge des Beitritts Österreichs zum Europäischen Wirtschaftsraum (EWR)

Das Abkommen über den Europäischen Wirtschaftsraum (EWR), das am 1. Januar 1994 in Kraft trat, zwang den österreichischen Gesetzgeber zu weitergehenden Anpassungen an das Gemeinschaftsrecht.[1009] Durch Art. 7 des Abkommens wurde Österreich verpflichtet, den „acquis communautaire", d. h. den Besitzstand an gemeinschaftlichen Vorschriften, in das österreichische Recht zu übernehmen. Der gemeinschaftliche „acquis communautaire" umfaßt gemäß Art. 23 c und Art. 72 auch die in den Anhängen III und XIX aufgezählten EG-Rechtsakte zur Produkthaftung und zum Verbraucherschutz. Zur Anpassung der österreichischen Rechtsordnung an die im EWR-Abkommen aufgeführten EG-Rechtsvorschriften beschloß der österreichische Gesetzgeber eine Novelle zum Konsumentenschutzgesetz[1010], mit der die das Privatrecht berührenden Teile der Richtlinie betreffend den Verbraucherschutz im Falle von außerhalb von Geschäftsräumen geschlosse-

---

1003 BGBl 1993/95.

1004 BGBl 1994/510.

1005 Abkommen über den Europäischen Wirtschaftsraum (EWR-Abkommen) vom 2. 5. 1992, ratifiziert am 22. 9. 1992, BGBl 1993/909.

1006 Art. 23 des EWR- Abkommens sieht Bestimmungen für die Produkthaftung vor und verweist in Anhang III auf die Produkthaftungsrichtlinie.

1007 Vgl. dazu Posch, WBl 1992, 215 ff.; Welser, ecolex 1992, 471 ff.

1008 Vgl. §§ 4 und 8 n. F. PHG.

1009 Vgl. das Anpassungsprotokoll zum Abkommen über den Europäischen Wirtschaftsraum, BGBl 1993/910.

1010 BGBl 1993/247.

nen Verträgen[1011], der Richtlinie zur Angleichung der Rechts- und Verwaltungsvorschriften über den Verbraucherkredit[1012] und der Richtlinie über Pauschalreisen[1013] zivilrechtlich umgesetzt wurden. Ihrem Regelungsziel entsprechend beinhaltete die Novelle punktuelle Änderungen des Rücktrittsrechts bei Haustürgeschäften und des Abzahlungsgeschäfts sowie neue Bestimmungen über die vorzeitige Rückzahlung von Verbraucherkrediten, über den Einwendungsdurchgriff bei drittfinanzierten Warenlieferungs- und Dienstleistungsverträgen und über Reiseveranstaltungsverträge. Eine weitere Novelle brachte das PHG aus dem Jahre 1988 in Übereinstimmung mit der Produkthaftungsrichtlinie. Neben der Anhebung des Selbstbehaltbetrages für Sachschäden von 5.000 öS auf 7.900 öS wurde eine Importeurshaftung von Unternehmen, die Waren in den EWR einführen, vorgesehen, die unternehmerischen Sachschäden aus der Haftung nach dem PHG ausgenommen und die Zehnjahresfrist des § 13 PHG als „Erlöschung" und nicht mehr als „Verjährung" qualifiziert.[1014]

III. Verpflichtung zur Umsetzung von EG-Richtlinien infolge des Beitritts zur Europäischen Union im Jahre 1995

Seit dem 1. Januar 1995 ist Österreich als nunmehriges Vollmitglied der Europäischen Union verpflichtet, Richtlinien der EG in innerstaatliches Recht zu transformieren. Dieser Verpflichtung ist Österreich mit der Novelle aus dem Jahre 1997[1015] in bezug auf die Richtlinie über mißbräuchliche Vertragsklauseln in Verbraucherverträgen und mit dem Erlaß des Teilzeitnutzungsgesetzes in bezug auf die Time-Sharing-Richtlinie nachgekommen. Die Umsetzung der Fernabsatzrichtlinie, für die den Mitgliedstaaten eine Frist bis zum 4. 06. 2000 eingeräumt ist, sowie die Umsetzung der Richtlinie über Unterlassungsklagen, die bis zum 1. 01. 2001 in innerstaatliches Recht zu transformieren ist, ist durch die Verabschiedung des Fernabsatz-Gesetzes sowie durch die Schaffung des § 864 Abs. 2 ABGB erfolgt.

1011 Anhang XIX, 305 L 0577.
1012 Anhang XIX, 307 L 0102.
1013 Anhang XIX, 390 L 0314.
1014 Vgl. im einzelnen Posch, PHI 1993, 16 ff.
1015 BGBl I 1997/6.

B. Überblick über die Form der Umsetzung der privatrechtlichen Verbraucherschutzrichtlinien

Anders als der deutsche Gesetzgeber, der die einzelnen Richtlinien verbraucherrechtlichen Inhalts mit Ausnahme der Pauschalreiserichtlinie und der Richtlinie über mißbräuchliche Klauseln jeweils in Form von eigenen Sondergesetzen in die nationale Rechtsordnung transformiert hat[1016], waren die österreichischen Gesetzgebungsinstanzen zunächst bemüht, die Umsetzung im Wesentlichen durch die Novellierung des KSchG zu bewerkstelligen.[1017] Diesem Zweck diente das im Jahre 1993 erlassene „Bundesgesetz, mit dem das Konsumentenschutzgesetz zur Anpassung an das EWR-Abkommen geändert wird." Die Umsetzung der einzelnen Richtlinien erforderte dabei unterschiedlich weitgehende Eingriffe. Lediglich geringfügig geändert wurde die das sog. Haustürgeschäft betreffende Bestimmung des § 3 KSchG, da die österreichische Rechtslage bezüglich des Rücktrittsrechts des Verbrauchers bereits im Wesentlichen richtlinienkonform war.[1018] Hier ordnete der österreichische Gesetzgeber nach dem Vorbild der Haustürgeschäfterichtlinie ausdrücklich an, daß der Verbraucher anläßlich der Entgegennahme der Vertragserklärung schriftlich über sein Rücktrittsrecht zu belehren ist und daß die einwöchige Frist für den Rücktritt so lange nicht zu laufen beginnt, wie die Belehrung nicht erteilt wurde. In Umsetzung der Verbraucherkreditrichtlinie wurden dagegen zwei neue Vorschriften geschaffen: § 12 a KSchG, der die vorzeitige Rückzahlung von „Verbraucherkrediten" erlaubt und den allgemeinen Regeln des I. Hauptstückes hinzugefügt wurde, sowie § 26 a KSchG, der einen zusätzlichen Einwendungsdurchgriff für drittfinanzierte Geschäfte über Warenlieferungen oder Dienstleistungen vorsieht und in den dritten Abschnitt des I. Hauptstückes über besondere Vertragsarten eingeordnet wurde. Ein ganz neuer Vorschriftenkomplex wurde mit den §§ 31 b bis f KSchG[1019] geschaffen, die erstmals eine Regelung des Reiseveranstaltungsvertrages in Österreich enthalten und auf der Pauschalreiserichtlinie beruhen. Auch die Richtlinie über mißbräuchliche Klauseln in Verbraucherverträgen wurde im Zuge der KSchG-Novelle 1997 in öster-

---

1016 Vgl. bereits im ersten Teil der Arbeit unter D. I. 2.

1017 Posch in Mänhardt/Posch, Internationales Privatrecht, S. 179; ders. in FS Everling II, S. 1141 (1149).

1018 Vgl. dazu Riedler, ecolex 1994, 87 (88 f.) und Dessulemoustier-Bovekercke, AnwBl 1994, 669 f.

1019 Die Vorschriften erlangten am 1. 5. 1994 Geltung. Die Bestimmungen zur Umsetzung der Verbraucherkredit- und der Haustürgeschäfterichtlinie traten dagegen zeitgleich mit dem EWR-Abkommen am 1. 1. 1994 in Kraft.

reichisches Recht transformiert[1020], indem der Katalog der nach § 6 KSchG unzulässigen Vertragsbestimmungen teilweise umformuliert und erweitert und der Vorschrift ein neuer Absatz 3 angefügt wurde, der eine spezielle Unklarheitenregel für Verbraucherverträge enthält.[1021]

Allerdings blieb es nicht bei diesen Änderungen bzw. Ergänzungen des KSchG. Sowohl die Verbraucherkredit- als auch die Pauschalreiserichtlinie wurden nicht nur im Rahmen des privatrechtlichen KSchG umgesetzt, sondern auch in öffentlich- rechtlichen Vorschriften: Die Verbraucherkreditrichtlinie in den §§ 33 ff. BWG und in der Verbraucherkreditverordnung (VerbrKrVO), die Pauschalreiserichtlinie in einer auf §§ 69 Abs. 2 und 178 GewO beruhenden Verordnung des Bundesministeriums für wirtschaftliche Angelegenheiten (BMwA) über Ausübungsvorschriften für das Reisegewerbe (RbAusüVO) und der Reisebürosicherungsverordnung (RSV).

Einen völlig neuen Weg hat der österreichische Gesetzgeber mit der Verabschiedung des Teilzeitnutzungsgesetzes (TNG)[1022] eingeschlagen. Erstmals wurde eine EG-Verbraucherschutzrichtlinie nicht durch Novellierungen des KSchG oder anderer Gesetze, sondern in Form eines eigenständigen zivilrechtlichen Sondergesetzes in österreichisches Recht transformiert.

Mit dem Fernabsatz-Gesetz aus dem Jahre 1999, durch das unter anderem Bestimmungen aus der Fernabsatzrichtlinie und der Richtlinie über Unterlassungsklagen in das österreichische Recht übernommen wurden, hat der österreichische Gesetzgeber dagegen wieder seine ursprüngliche Verfahrensweise aufgegriffen und die Umsetzungsregelungen in das KSchG eingearbeitet. Die Vorgaben der Richtlinie über den Anwendungsbereich (Art. 2 und 3), über die Informationspflichten des Lieferanten (Art. 4 und 5) und über das Widerrufsrecht des Verbrauchers (Art. 6) sowie über die Erfüllung bzw. Nichterfüllung des Vertrages (Art. 7) wurden durch die in die Allgemeinen Regeln des I. Hauptsstückes eingefügten §§ 5 a bis 5 i KSchG übernommen und gelten daher nach § 1 Abs. 1 KSchG – in Übereinstimmung mit dem weiten Anwendungsbereich der Richtlinie – für alle Verbraucherverträge, die dem KSchG unterfallen. Dagegen wurde Art. 8 der Richtlinie, der die mißbräuchliche Verwendung von Zahlungskarten des Verbrauchers regelt, im III. Hauptsstück als neuer § 31 a KSchG umgesetzt. § 31 a KSchG gilt daher nicht nur für den Mißbrauch einer Karte eines Verbrauchers oder den Mißbrauch in einem Verbrauchergeschäft und geht damit – zulässigerweise[1023] – über den Schutz der Richtlinie hinaus.[1024]

1020 BGBl I 1997/6. Vgl. dazu Wukoschitz, RdW 1997, 264 ff.; Reidinger, JAP 1996/97, 260 (261); Kiendl, JBl 1995, 87 ff.

1021 Vgl. dazu die Ausführungen im zweiten Teil der Arbeit unter A. V. 3. b).

1022 BGBl I 1997/32.

1023 Vgl. Art. 14 der Richtlinie.

Zu einer, wenngleich geringfügigen, Änderung des ABGB hat die Umsetzung von Art. 9 der Fernabsatzrichtlinie, der das Problem der unbestellten Zusendung von Waren oder Erbringung von Dienstleistungen an Verbraucher regelt, geführt.[1025] Bereits durch die Novelle von 1997 wurde dem § 864 ABGB ein weiterer Absatz zugefügt, wonach das Behalten und Verwenden einer unbestellt zugesandten Sache nicht als (konkludente) Annahme eines Vertragsangebots zu qualifizieren ist.[1026] Die Umsetzung von EG-Recht hat sich also in diesem Fall nicht auf die Novellierung eines Nebengesetzes wie des KSchG beschränkt, sondern berührt zum ersten Mal auch die allgemeine Kodifikation. Diese Tendenz wird sich wohl mit der Umsetzung der Verbrauchsgüterkaufrichtlinie fortsetzen, die zentrale Fragen des Kauf- und damit des besonderen Schuldrechts betrifft und daher eine Änderung des ABGB unumgänglich erscheinen läßt.[1027]

Es zeigt sich bereits hier, daß der österreichische Gesetzgeber die Vorgaben der EG-Verbraucherschutzrichtlinien auf unterschiedliche Weise in das innerstaatliche Recht zu integrieren sucht.

Im folgenden werden die Konsequenzen der Rezeption der EG-Verbraucherschutzrichtlinien durch den österreichischen Gesetzgeber dargestellt. Dabei wird zunächst die Anpassung des österreichischen Rechts an die EG-Richtlinien behandelt und überprüft, ob die vorgenommenen Änderungen eine korrekte Umsetzung der europarechtlichen Vorgaben darstellen. Anschließend wird diskutiert, ob die Anpassung aus rechtssystematischer Sicht geglückt erscheint. Die Darstellung beschränkt sich aus Gründen der Übersichtlichkeit auf drei Verbraucherschutzrichtlinien: die Verbraucherkreditrichtlinie, die Pauschalreiserichtlinie und die Time-Sharing-Richtlinie. Die Auswahl der Richtlinien orientiert sich an der unterschiedlichen Art und Weise der vom österreichischen Gesetzgeber vorgenommenen Umsetzung: Novellierung des KSchG durch Einfügung neuer Vorschriften wie im Fall der Pauschalreiserichtlinie, Umsetzung in mehreren Gesetzen wie bei der Verbraucherkreditrichtlinie und schließlich Schaffung eines Son-

---

1024 Nicht eigens umgesetzt wurden die Beschränkungen in der Verwendung bestimmter Kommunikationsmittel in Art. 10 mit Ausnahme der Verwendung von Automaten als Gesprächspartnern, Art. 4 Abs. 2, 2. Halbsatz, wonach bei der Informationserteilung die Grundsätze der Lauterkeit bei Handelsgeschäften sowie der Schutz von Minderjährigen zu beachten ist, Art. 11 über Rechtsbehelfe bei Gericht oder Verwaltungsbehörden und Art. 13 über den Vorrang von Gemeinschaftsbestimmungen. Nach Ansicht des österreichischen Gesetzgebers entspricht bereits das geltende Recht insoweit den Anforderungen des Gemeinschaftsrechts. Vgl. dazu ausführlich die EB zur RV 1998 BlgNr 20. GP, S. 15 f.

1025 Kritisch zur isolierten Umsetzung einer einzelnen Richtlinienvorschrift Schwarzenegger in Kiendl/Jesser/Schwarzenegger, Konsumentenschutzrecht, S. 31.

1026 Vgl. dazu Kosesnik-Wehrle, KSchG, § 864 Abs. 2, Rn 1 ff.

1027 Vgl. dazu Welser in FS Hempel, S. 323 ff.

dergesetzes bei der Time-Sharing-Richtlinie. Auf eine ausführliche Darstellung der Umsetzung der Haustürgeschäfte- und der Klauselrichtlinie sowie der Richtlinien über Unterlassungsklagen und über Vertragsabschlüsse im Fernabsatz wird dagegen verzichtet. Sowohl beim Schutz des Verbrauchers beim sog. Haustürgeschäft nach § 3 KSchG als auch bei der Inhaltskontrolle von mißbräuchlichen Klauseln in Verbraucherverträgen war das Schutzniveau nach bereits geltendem österreichischen Recht sehr hoch, so daß der Anpassungsbedarf lediglich gering war, um Richtlinienkonformität herzustellen.[1028] Die in Umsetzung der Fernabsatzrichtlinie und der Richtlinie über Unterlassungsklagen erfolgten Anpassungen durch die KSchG-Novelle 1999[1029] haben im Vergleich zur Umsetzung der Pauschalreisen-, der Verbraucherkredit- und der Time-Sharing-Richtlinie lediglich zu geringeren Modifikationen des geltenden österreichischen Rechts geführt. Nur soweit es wegen des besseren Verständnisses erforderlich erscheint, wird daher auf die Umsetzung dieser Verbraucherschutzrichtlinien eingegangen.

C. Die Umsetzung der Verbraucherkreditrichtlinie

I. Ziel und Regelungsschwerpunkte der Richtlinie

Im Zuge ihrer Bemühungen um eine Stärkung der Stellung der Verbraucher erließ die EG im Jahre 1986 die Verbraucherkreditrichtlinie, deren Ziel die Angleichung der Rechts- und Verwaltungsvorschriften der Mitgliedstaaten über den Verbraucherkredit ist, um so Wettbewerbsverzerrungen zwischen den verschiedenen Kreditgebern auf dem gemeinsamen Markt auszuschalten. Darüber hinaus will die Richtlinie eine angemessene Information des Verbrauchers über Kreditbedingungen und Kreditkosten garantieren. Schließlich soll ein Schutz des Verbrauchers vor nachteiligen Bedingungen durch den Erlaß bestimmter Vorschriften erreicht werden, die für alle Formen des Kredits gelten.[1030] Regelungsschwerpunkt der Richtlinie, die als Mindestrichtlinie ausgestaltet ist[1031], ist zum einen die Statuierung von Informationspflichten des Kreditgebers.[1032] Desweiteren enthält die Richtlinie Vorgaben für die Form und den Inhalt des zu errichten-

---

1028 Vgl. zur Umsetzung der Haustürgeschäfterichtlinie Riedler, ecolex 1994, 87 (88 f.) und Dessulemoustier-Bovekercke, AnwBl 1994, 669 f.; zur Umsetzung der Klauselrichtlinie ausführlich Kiendl, Unfaire Klauseln, S. 199 f.

1029 S. zur Umsetzung der Fernabsatzrichtlinie Mohr, ecolex 1999, 755.

1030 Vgl. die Erwägungsgründe 1, 2, 9 und 10 der Richtlinie.

1031 Vgl. Art. 15.

1032 Art. 3 und 6.

den Kreditvertrages.[1033] Der Schutz des Verbrauchers bei drittfinanzierten Kauf- und Dienstleistungsverträgen[1034] und ein Recht des Verbrauchers zur vorzeitigen Kreditrückzahlung[1035] bilden weitere sachliche Schwerpunkte.

II. Form der Umsetzung im österreichischen Recht

Im Gegensatz zum deutschen Gesetzgeber, der sich für die Schaffung eines zivilrechtlichen Sondergesetzes, das Verbraucherkreditgesetz (VerbrKrG)[1036], entschied, das den gesamten Inhalt der Richtlinie umsetzt, erfolgte die Umsetzung der Richtlinie in Österreich in drei verschiedenen Gesetzen: Im KSchG durch Einfügung der §§ 12 a, 26 c und Novellierung der §§ 16 Abs. 1 Ziff. 1, 19 Ziff. 2, 26 b; im neuen Bankwesengesetz (BWG)[1037] durch Einfügung der §§ 33 ff. und durch Erlaß der Verbraucherkreditverordnung (VerbrKrVO)[1038] auf der Grundlage des § 73 Abs. 4 GewO. Die neu in das KSchG aufgenommenen Vorschriften betreffen lediglich das Recht zur vorzeitigen Kreditrückzahlung nach Art. 8, den subsidiären Einwendungsdurchgriff nach Art. 11 und das Mindest- bzw. Höchstlimit eines Verbraucherkredits. Die dem Kreditgeber nach der Richtlinie obliegenden Informationspflichten wurden dagegen nur in §§ 33 Abs. 2 und 3, 34 BWG und § 3 Abs. 2 der VerbrKrVO umgesetzt. Die Umsetzung erfolgte also getrennt nach einzelnen sachlichen Regelungskomplexen.[1039]

Weitere Einzelbestimmungen, nämlich §§ 79 i. V. mit § 119 Abs. 9, befinden sich im VAG. Da § 79 VAG auf die jeweils geltende Fassung des § 33 BWG verweist, wird auf eine eigenständige Behandlung dieser Bestimmung weitgehend verzichtet.

Der Grund für die Umsetzung in drei verschiedenen Gesetzen bleibt unklar, zumal diese in einem zeitlichen Zusammenhang erlassen wurden.

Die nunmehr für den Verbraucherkredit geltenden Bestimmungen lassen sich in zwei Kategorien einteilen: In solche, die dem Kreditgeber Informationspflichten auferlegen und in solche, die zwingende Vorgaben für die inhaltliche Gestal-

1033 Art. 4.
1034 Art. 7 und 11.
1035 Art. 8.
1036 Gesetz vom 17. 12. 1990, BGBl. I, S. 2840 i. d. F. BGBl. 1993 I, S. 509.
1037 Das BWG wurde durch Art. I des Finanzmarktanpassungsgesetzes vom 30. 07. 1993, BGBl 1993/532 geschaffen und durch BGBl 1996/445 novelliert.
1038 BGBl 1994/365.
1039 Knobl, ÖBA 1995, 667 (674).

tung des Vertragsverhältnisses enthalten, wobei der Schwerpunkt der gesetzgeberischen Aktivitäten auf der Aufklärung des Verbrauchers liegt[1040]

Diese Form der Umsetzung zieht Abgrenzungsprobleme nach sich und macht die Rechtslage insgesamt unübersichtlicher und komplizierter, was am persönlichen und sachlichen Anwendungsbereich der Vorschriften sowie an der Umsetzung der Art. 4, 8 und 11 der Richtlinie aufgezeigt werden soll.

III. Der Anwendungsbereich nach Art. 1 und 2 RL und nach den Vorschriften des österreichischen Rechts

1. Der Kreditnehmer

Nur sog. „Verbraucher" werden von der Richtlinie als schutzbedürftig erachtet. Auch das KSchG, die §§ 33 ff. BWG und die VerbrKrVO schützen den „Verbraucher". Allerdings wird der Verbraucher in den genannten Vorschriften nicht einheitlich umschrieben, was auch sachlich zu Unterschieden führt.

a) Art. 1 Abs. 2 a) RL und § 1 KSchG

Nach Art. 1 Abs. 2 a) ist „Verbraucher" eine „natürliche Person, die bei den von der Richtlinie erfaßten Geschäften zu einem Zweck handelt, der nicht ihrer beruflichen oder gewerblichen Tätigkeit zugerechnet werden kann." Der „Verbraucher" wird also negativ umschrieben. Dem entspricht die legistische Technik, der sich auch das KSchG bedient: In § 1 Abs. 1 Ziff. 1 wird als „Verbraucher" derjenige definiert, für den das Geschäft nicht zum Betrieb seines Unternehmens gehört. In Abweichung von der Richtlinie können jedoch, mit Ausnahme der sog. Existenzgründer, auch juristische Personen des Privatrechts „Verbraucher" sein.[1041] Zudem erfaßt das Merkmal „beruflich" im Sinne der Richtlinie neben den freien Berufen sowohl die selbständige als auch die unselbständige Erwerbstätigkeit; das Begriffsmerkmal „zum Unternehmen gehörig" meint dagegen nach § 1 Abs. 2 KSchG lediglich die selbständige wirtschaftliche Tätigkeit, nur diese ist also vom Schutzbereich des Gesetzes ausgenommen.[1042] Demnach wäre ein angestellter Arbeitnehmer, der einen Kredit zu beruflichen Zwecken, beispielsweise zur Fortbildung, aufnimmt, zwar kein „Verbraucher" im Sinne der

---

1040 Vgl. dazu im einzelnen Graf, ÖBA 1994, 4 ff.

1041 Dagegen schützt das deutsche VerbrKrG in § 1 Abs. 1 im Einklang mit der Richtlinie nur natürliche Personen,

1042 Auch der Schutzbereich des deutschen VerbrKrG erfaßt lediglich die unselbständige berufliche Tätigkeit.

Richtlinie, wohl aber im Sinne des KSchG. „Verbraucher" ist nach der Richtlinie nur, wer überhaupt nicht im Zusammenhang mit dem Beruf agiert. Auch natürliche Personen, die einen Kredit zur Existenzgründung aufnehmen, werden vom KSchG, nicht aber von der Richtlinie als „Verbraucher" angesehen. Der Verbraucherbegriff des KSchG ist somit weiter als derjenige der Richtlinie.[1043] Er ist maßgebend für die in Umsetzung der Richtlinie neu in das KSchG eingefügten §§ 12 a und 26 c.

b) § 33 Abs. 1 BWG

Dasselbe gilt für § 33 Abs. 1 BWG, der auf die Umschreibung des KSchG Bezug nimmt. Geschützt wird hier die Kreditaufnahme von „Verbrauchern im Sinne des § 1 Abs. 1 Z 2 KSchG." Die Verbraucherbegriffe des KSchG und des BWG dekken sich somit.

c) § 1 Abs. 1 Ziff. 1 VerbrKrVO

§ 1 Abs. 1 Ziff. 1 VerbrKrVO übernimmt dagegen wörtlich den Text der Richtlinie und schützt damit wie diese nur natürliche Personen, deren Kreditaufnahme weder mit der Aufnahme oder Ausübung einer selbständigen noch mit einer unselbständigen Erwerbstätigkeit in Zusammenhang steht. Der Verbraucherbegriff der VerbrKrVO ist mithin enger als der des KSchG und der des BWG.

Durch die VerbrKrVO wurde ein neuer, vom bisherigen, seit 1979 geltenden, abweichender Verbraucherbegriff in die österreichische Rechtsordnung eingeführt. Die Umsetzung der Verbraucherkreditrichtlinie in das österreichische Recht hat folglich zu zwei verschiedenen Verbraucherbegriffen geführt. Das KSchG und das BWG schützen natürliche und juristische Personen des Privatrechts, deren Kreditaufnahme nicht einer selbständig ausgeübten Tätigkeit zuzurechnen ist. Die VerbrKrVO gewährt hingegen nur natürlichen Personen Schutz, sofern die Kreditaufnahme zu rein privaten Zwecken erfolgt. Existenzgründungskredite sind wie in der Richtlinie vom Anwendungsbereich der VerbrKrVO ausgeschlossen. Der Verbraucherbegriff des KSchG und des BWG ist also weiter als jener der VerbrKrVO.

1043 Das KSchG dehnt also den Kreis der schutzbedürftigen Personen aus, was nach Art. 15 RL zulässig ist.

2. Der Kreditgeber

Ebenso uneinheitlich wie der „Verbraucher“ wird auch dessen Vertragspartner, der Kreditgeber, umschrieben. Der „Kreditgeber“ wird nur in der Richtlinie als solcher bezeichnet. Das KSchG verwendet den Begriff des „Unternehmers“, das BWG den des „Kreditinstituts“ und die VerbrKrVO den des „Gewerbetreibenden“.

a) Art. 1 Abs. 2 b) RL

Im Gegensatz zum „Verbraucher“ wird der Kreditgeber im Richtlinientext positiv definiert: „Kreditgeber“ ist jede „natürliche oder juristische Person, die in Ausübung ihrer gewerblichen oder beruflichen Tätigkeit einen Kredit gewährt.“[1044] Die gewerbliche oder berufliche Tätigkeit braucht nicht den Charakter einer Haupttätigkeit zu haben, es genügt, wenn sie nebengeschäftlich innerhalb einer ganz anders gearteten gewerblichen oder beruflichen Tätigkeit erfolgt. Zu den insoweit betroffenen Personenkreisen zählen daher nicht nur Banken und Warenkreditgeber wie z. B. Versandhäuser, sondern auch Handwerker oder Freiberufler, die ihre Werklohn- oder Honorarforderung stunden[1045]

b) § 1 Abs. 1 Ziff. 1 KSchG

Der Begriff des Kreditgebers entspricht nicht vollständig dem des „Unternehmers“ im Sinne des KSchG. Nach § 1 Abs. 1 Ziff. 1, Abs. 2 KSchG kann Kreditgeber nur sein, wer den Kredit in Ausübung einer *selbständigen* wirtschaftlichen Tätigkeit vergibt. Der Begriff des „Unternehmers“ im Sinne des KSchG ist also enger als der des „Kreditgebers“ nach der Richtlinie.

c) § 1 Abs. 2 Ziff. 2 VerbrKrVO

Nach § 1 Abs. 1 Ziff. 2 VerbrKrVO muß der Vertragspartner des Verbrauchers hingegen „Gewerbetreibender“ im Sinne der Gewerbeordnung sein, d. h. in Gewinnerzielungsabsicht eine selbständige regelmäßige Tätigkeit ausüben.[1046] In Betracht kommen beispielsweise Leasingunternehmen oder Versandhäuser.[1047] Freiberufler, die in Ausübung ihrer Tätigkeit einen Kredit gewähren, fallen dage-

---

1044 Oder eine Gruppe solcher Personen, Art. 1 Abs. 2 b) RL.
1045 Knobl, ÖBA 1995, 667 (668); Kosesnik-Wehrle, KSchG, § 12 a, Rn 6.
1046 Vgl. § 1 Abs. 2 GewO.
1047 Kosesnik-Wehrle, KSchG, § 12 a, Rn 12.

gen nicht unter den Anwendungsbereich der VerbrKrVO[1048], ebensowenig Geldinstitute, da für diese vorrangig die Regelungen des BWG gelten.

d) § 33 Abs. 1 BWG

Von den Bestimmungen des BWG wird schließlich nur die Tätigkeit der Banken als Kreditgeber erfaßt, § 33 Abs. 1 i. V. mit § 1 Abs. 1 BWG.

Die Umsetzung der Richtlinienvorgaben in das österreichische Recht erfolgte somit getrennt nach der Person des Kreditgebers: Bei Banken als Kreditgeber gelangen die §§ 33 ff. BWG zur Anwendung, für gewerbliche Kreditgeber gilt dagegen die VerbrKrVO und für sonstige „nicht gewerbliche" Unternehmer das KSchG.[1049] Für die im Rahmen einer Kapitalanlage von Versicherungsunternehmen an Verbraucher gewährten Kredite greift § 79 VAG als lex specialis ein. Der persönliche Anwendungsbreich der Vorschriften über den Verbraucherkredit ist also sehr zersplittert.

3. Der Kreditvertrag

Auch der sachliche Anwendungsbereich der Gesetze differiert sowohl der Terminologie als auch dem Umfang nach.

a) Art. 1 Abs. 2 c) RL

Die Richtlinie definiert in Art. 1 Abs. 2 c) den „Kreditvertrag" als einen Vertrag, bei dem der Kreditgeber dem Verbraucher „einen Kredit in Form eines Zahlungsaufschubes, eines Darlehens oder einer sonstigen ähnlichen Finanzierungshilfe gewährt oder zu gewähren verspricht." Erfaßt wird damit jede Form des Zahlungsaufschubes, etwa auch die Stundung einer sich aus einem Zug-um-Zug-Geschäft ergebenden Schuld.[1050] Ausgenommen sind nach Art. 2 Abs. 1 unter anderem Kredite, die hauptsächlich zum Erwerb oder zur Beibehaltung von Eigentumsrechten an einem Grundstück oder einem vorhandenen oder noch zu errichtenden Gebäude bestimmt sind[1051], Mietverträge, sofern sie keinen Eigentumsübergang auf den Mieter vorsehen[1052], zins- und gebührenfreie Kredite,

---

1048 Dies ergibt sich aus § 2 Abs. 1 GewO.
1049 Knobl, ÖBA 1995, 667 (674).
1050 Graf in Schuhmacher, Verbraucherschutz in Österreich, S. 151 (155); Knobl, ÖBA 1995, 667 (668).
1051 Darunter fallen vor allem die Bauspargeschäfte.
1052 Von dieser Ausnahme sind auch Leasingverträge betroffen, die keinen Eigentumsübergang auf den Leasingnehmer vorsehen. Finanzierungsleasingverträge sind da-

Kleinkredite von weniger als 200 ECU oder Kredite, deren Gesamtvolumen 20 000 ECU übersteigt. Eine weitere Ausnahme vom sachlichen Anwendungsbereich bilden hypothekarisch gesicherte Kredite und Darlehen, Art. 2 Abs. 3.

b) § 33 Abs. 1 BWG

Nach § 33 Abs. 1 i. V. mit § 1 Abs. 1 Ziff. 3 und 12 BWG fallen nur Gelddarlehen und -kreditverträge sowie Bauspargeschäfte unter den Begriff des „Verbraucherkredits“ und damit unter den Anwendungsbereich der besonderen Verbraucherschutzvorschriften. Da § 33 Abs. 1 BWG nicht auf den Leasingverträge betreffenden § 1 Abs. 2 Ziff. 1 verweist, finden die §§ 33 ff. BWG keine Anwendung auf Leasingverträge. Auch Darlehen, die in Form eines Zahlungsaufschubes gewährt werden, fallen nicht unter die Vorschriften des BWG.[1053] Eine die Anwendbarkeit ausschließende Betragsgrenze für den Kreditvertrag kennt das BWG im Gegensatz zur Richtlinie nicht. Im Unterschied zur Richtlinie werden Hypothekarkredite mit Ausnahme des Rechts zur vorzeitigen Rückzahlung von den Vorschriften des BWG erfaßt. Dies ergibt sich aus § 33 Abs. 8 BWG, der Sonderregelungen für Hypothekarkredite enthält, die andernfalls überflüssig wären.[1054]

c) § 1 Abs. 1 Ziff. 2 VerbrKrVO

Die Anwendung der VerbrKrVO setzt dagegen das Vorliegen eines „Verbraucherkreditvertrages“ voraus. Dessen Definition entspricht der des Richtlinientextes, dieser wird bis auf die Bezeichnung „Verbraucherkreditvertrag“ wörtlich übernommen. Ausgenommen sind nach § 2 VerbrKrVO wiederum Leasingverträge, die keinen Eigentumsübergang vorsehen, sowie Kleinkredite, deren Gesamtvolumen 3.000 öS[1055] nicht übersteigt. Eine betragsmäßige Begrenzung des Kredits nach oben findet sich im Gegensatz zur Richtlinie nicht. Auch Bausparverträge werden vom Anwendungsbereich der VerbrKrVO erfaßt.

---

mit in der Regel dem Anwendungsbereich entzogen, Knobl, ÖBA 1995, 667 (669). A. A. Karner, RdW 1994, 166 (168), der darauf abstellt, daß beim Finanzierungsleasing dem Leasinggeber wirtschaftlich die Funktion eines Kreditgebers zukommt.

1053 Graf, ÖBA 1994, 4 (5).

1054 Knobl, ÖBA 1995, 667 (676 f., Fn 118).

1055 Dies entspricht zum maßgeblichen Umrechnungszeitpunkt einem Betrag von 200 ECU.

d) § 12 a KSchG

Das KSchG erwähnt den Begriff des „Kreditvertrages“ in § 12 a, der in Umsetzung der Verbraucherkreditrichtlinie eingefügt wurde, definiert ihn aber nicht.[1056] Als Kreditverträge im Sinne der Richtlinie sind jedenfalls das Darlehen im Sinne des § 983 ABGB sowie die Abzahlungsgeschäfte im Sinne der §§ 16 ff. KSchG anzusehen.[1057] Zu nach § 17 gleichgestellten Geschäften zählen der Mietkauf und bestimmte Leasingverträge.[1058] Für Kredite, deren Gesamtvolumen 310 000 öS[1059] übersteigt, gelten die Vorschriften allerdings nicht.[1060] Von § 12 a sind nach Absatz 2 Hypothekarkredite und Bauspargeschäfte ausgenommen. Auf Leasingverträge, die den Übergang des Eigentums am Leasinggegenstand auf den Leasingnehmer vorsehen, ist die Bestimmung des § 12 a dagegen anwendbar.

Die in Umsetzung der Verbraucherkreditrichtlinie erlassenen Vorschriften weichen also hinsichtlich ihres sachlichen Anwendungsbereiches erheblich voneinander ab. Unterschiede bestehen vor allem in bezug auf die Einbeziehung von Bauspargeschäften und Leasingverträgen sowie hinsichtlich der Betragsgrenzen. Die Rechtslage wird durch diese Gesetzgebungstechnik kompliziert und unübersichtlich.

IV. Form und Inhalt von Kreditverträgen nach Art. 4 RL und nach österreichischem Recht

1. Art. 4 RL

Gemäß Art. 4 Abs. 1 der Richtlinie bedürfen Kreditverträge mit Verbrauchern der Schriftform. In der Vertragsurkunde sind nach Absatz 2 neben dem effektiven Jahreszins und den Bedingungen, unter denen er geändert werden kann, der Gesamtbetrag der Zahlungen anzugeben sowie die Anzahl, die Höhe und die Fälligkeitszeitpunkte der zurückzuzahlenden Teilbeträge und weiterhin alle Ko-

1056 Nach Karner, RdW 1994, 166 (167); Kosesnik-Wehrle, KSchG, § 12 a, Rn 6 und Apathy in Schwimann, ABGB VI, § 12 a KSchG, Rn 4, ist auch im Rahmen des § 12 a von dem weiten Begriffsverständnis in der Richtlinie auszugehen, vgl. dazu die unter Punkt V. 2. folgenden Ausführungen.

1057 EB zur RV 809 BlgNr 18. GP, S. 7; Graf in Schuhmacher, Verbraucherschutz in Österreich, S. 151 (160); Karner, RdW 1994, 166 (167); Kosesnik-Wehrle, KSchG, § 12 a, Rn 5.

1058 Vgl. Krejci in Rummel, ABGB II, § 17 KSchG, Rn 4.

1059 Dies entspricht zum maßgeblichen Umrechnungszeitpunkt einem Betrag von 20 000 ECU.

1060 § 16 Abs. 1 Ziff. 1, § 12 a Abs. 2 c).

stenelemente, die nicht in die Berechnung des effektiven Jahreszinses Eingang finden. Die Vertragsurkunde soll zusätzlich nach Absatz 3 alle sonstigen wesentlichen Vertragsbestandteile enthalten, die exemplarisch im Anhang I der Richtlinie aufgezählt sind.

2. § 33 Abs. 2 BWG

Ist der Kreditgeber eine Bank, so muß sie dem Verbraucher gemäß § 33 Abs. 3 BWG eine schriftliche und in deutscher Sprache abgefaßte Ausfertigung des Vertrages aushändigen, die mindestens Angaben unter anderem über die Gesamtbelastung, den effektiven Jahreszinssatz, weitere Kostenelemente, die Maßstäbe für eine eventuelle Zinsgleitklausel sowie die Anzahl, die Höhe und die Fälligkeitszeitpunkte der zurückzuzahlenden Teilbeträge enthält. Diese Bestimmung gilt für alle Verbraucherkredite unabhängig von ihrer Höhe.[1061]

Unklar bleiben die zivilrechtlichen Rechtsfolgen mangelhafter Erfüllung der Informationspflichten durch die Bank. Gemäß Art. 14 der Richtlinie haben die Mitgliedstaaten sicherzustellen, daß Kreditverträge nicht zum Nachteil des Verbrauchers von den Vorschriften der Richtlinie abweichen. Der österreichische Gesetzgeber hat jedoch – im Gegensatz zum deutschen Gesetzgeber, der in § 6 Abs. 1 VerbrKrG die Nichtigkeit des Kreditvertrages bei Verstoß gegen das Schriftformgebot bzw. gegen die Informationspflichten angeordnet hat – lediglich verwaltungsstrafrechtliche Konsequenzen normiert.[1062] Darin liegt nach überwiegender Meinung im österreichischen Schrifttum eine nur ungenügende Umsetzung der Richtlinienvorgaben, da verwaltungsstrafrechtliche Sanktionen erfahrungsgemäß nicht ausreichten, um ein gesetzes- bzw. richtlinienkonformes Verhalten zu erzwingen und die Umsetzung somit nicht den Anforderungen der Rechtsprechung des EuGH genüge, wonach ein Mitgliedstaat die am besten zur Umsetzung geeigneten Mittel einzusetzen habe.[1063]

3. § 3 VerbrKrVO

Für Gewerbetreibende gilt die Vorschrift des § 3 VerbrKrVO. Absatz 1 schreibt die Schriftform für den Verbraucherkreditvertrag vor. In Absatz 2 wird der Mindestinhalt des Kreditvertrages normiert, der mit den in § 33 Abs. 2 aufgezählten

---

1061 Graf in Schuhmacher, Verbraucherschutz in Österreich, S. 151 (161).
1062 § 98 Abs. 3 BWG.
1063 Graf, ÖBA 1994, 4 (10); Knobl in Koppensteiner, Bankenrecht, S. 95 f.

Mindestbestandteilen nahezu identisch ist[1064] und wie dieser den Vorgaben der Richtlinie entspricht. Im Unterschied zu § 33 Abs. 2 BWG gelten die Vorgaben jedoch nur für Kreditverträge, deren Gesamtvolumen 3.000 öS übersteigt.[1065]

4. § 24 KSchG

Der österreichische Gesetzgeber hat keine den §§ 33 Abs. 2, § 3 VerbrKrVO entsprechende Umsetzungsvorschrift in das KSchG eingefügt. Für Abzahlungsgeschäfte gilt wie bisher die Regelung des § 24 KSchG, der den Mindestinhalt des Ratenbriefs festlegt. Danach hat der Ratenbrief unter anderem die Personalien der Vertragsparteien, den Gegenstand des Abzahlungsgeschäftes, den Barzahlungspreis, die Höhe der Anzahlung, die Zahl, die Höhe und die Fälligkeit der Teilzahlungen, den Übergabetermin sowie das Gesamtentgelt und die Höhe des sich hieraus ergebenden effektiven Jahreszinssatzes zu enthalten, wobei für die Berechnung des effektiven Jahreszinses auf § 33 BWG verwiesen wird. Die Verpflichtung zur Angabe des Gesamtentgelts und des effektiven Jahreszinssatzes wurde allerdings erst durch die Novelle 1997 in das KSchG aufgenommen. Die Vorschrift des § 24 KSchG gilt nur innerhalb der Betragsgrenze des § 16 Abs. 1 Ziff. 1 KSchG, d. h. lediglich bis zu einem Barzahlungspreis in Höhe von 310 000 öS.

Außerhalb des Anwendungsbereichs der §§ 16 ff. KSchG ist für Kredite, die von Unternehmern an Verbraucher gewährt werden, keine bestimmte Form vorgeschrieben.

Die österreichische Rechtslage stellt sich also nach der Anpassung durch den Gesetzgeber recht verwirrend dar, da die relevanten Bestimmungen wiederum sehr verstreut sind.[1066] Gerechtfertigt mag es erscheinen, Gewerbetreibenden im Unterschied zu Banken die aus der Richtlinie resultierenden strengen und detaillierten Informationspflichten erst bei Krediten ab einem Gesamtvolumen von über 3.000 öS aufzuerlegen. Ein sachlicher Grund, weshalb für Unternehmerkredite außerhalb der Abzahlungsgeschäfte der §§ 16 ff. KSchG – etwa für die von Freiberuflern im Rahmen ihrer Berufsausübung gewähreten Kredite – keine Schriftform vorgeschrieben ist, ist dagegen nicht ersichtlich, da ein Interesse des Verbrauchers, die ihm erwachsenden Belastungen übersehen zu können, hier gleichermaßen besteht.[1067]

1064 Lediglich die in § 33 Abs. 2 Ziff. 3 enthaltene Verpflichtung zum Hinweis auf den Aushang des geltenden fiktiven Jahreszinssatzes findet in der VerbrKrVO keine Entsprechung.

1065 § 2 Ziff. 3.

1066 Graf in Schuhmacher, Verbraucherschutz in Österreich, S. 151 (160).

1067 So auch Knobl in Koppensteiner, Bankenrecht, S. 104

V. Vorzeitige Rückzahlung nach Art. 8 RL und Umsetzung der Regelung im österreichischen Recht

1. Art. 8 RL

Art. 8 der Richtlinie sieht das Recht des Verbrauchers vor, seine Verbindlichkeiten aus dem Kreditvertrag unter gleichzeitiger angemessener Ermäßigung der Gesamtkreditkosten vorzeitig zu erfüllen und gehört damit zu denjenigen Vorschriften der Richtlinie, die die inhaltliche Gestaltung des Vertragsverhältnisses betreffen. Durch diese Regelung soll dem Verbraucher die Möglichkeit eröffnet werden, sich von einer als drückend empfundenen Zinslast zu befreien.[1068] Die Umsetzung der Regelung erfolgte durch Einfügung des § 12 a KSchG, durch Schaffung des § 33 Abs. 8 BWG, durch Erlaß des § 79 VAG und durch § 8 VerbrKrVO.

2. § 12 a KSchG

§ 12 a Abs. 1 KSchG lautet:

„Der Verbraucher ist berechtigt, seine Verbindlichkeiten aus einem Kreditvertrag vorzeitig zu erfüllen. In diesem Fall hat er Anspruch auf Ermäßigung der Kreditkosten um jenen Betrag an Zinsen und laufzeitabhängigen Kosten, der bei kontokorrentmäßiger Abrechnung des vorzeitig zurückgezahlten Betrages nicht anfällt. Die Vereinbarung oder Verrechnung darüber hinausgehender Entgelte ist nicht zulässig."

Der österreichische Gesetzgeber hat also die Regelung des Art. 8 nahezu wörtlich übernommen. Die Bestimmung, die die allgemeine Regel des § 1413 ABGB bricht, erfaßt grundsätzlich alle Kredite, die von Unternehmern, die nicht Kreditinstitute oder Versicherungsunternehmen sind, an Verbraucher vergeben werden. Geltung beansprucht die Vorschrift auch für die Abzahlungsgeschäfte gem. §§ 16 ff. KSchG, so daß deren vorzeitige Rückzahlung ebenfalls zulässig ist.[1069] Sie ist allerdings entsprechend den Richtlinienvorgaben ausgeschlossen in den Fällen des § 12 a Abs. 2 KSchG: Ausgenommen sind unter anderem Kredite, die zur Schaffung oder Sanierung von Gebäuden bestimmt sind und eine Laufzeit von mindestens zehn Jahren aufweisen, hypothekarisch gesicherte Kredite, Leasingverträge, die nicht den Eigentumsübergang vorsehen sowie Kredite, deren Volumen 310 000 öS übersteigt.

1068 Apathy in Schwimann, ABGB VI, § 12 a KSchG, Rn 1.
1069 Kalss, RdW 1994, 71 (73).

Problematisch ist die Verwendung des Begriffs „Kreditvertrag", der aus der Richtlinie übernommen wurde, ohne daß der Gesetzgeber nähere Ausführungen zu seiner Bedeutung gemacht hat. Der Begriff des „Kreditvertrages" war dem österreichischem – wie auch dem deutschen – Recht vor der Umsetzung der Verbraucherkreditrichtlinie fremd.[1070] Mangels entsprechender Legaldefinition würde darunter nach Auffassung eines durchschnittlichen österreichischen Rechtsanwenders vor allem ein mit einer Bank abgeschlossener Darlehensvertrag zu verstehen sein.[1071] Wegen des Gebots zur richtlinienkonformen Auslegung[1072] ist § 12 a KSchG aber das weite Verständnis des Kreditbegriffes zugrunde zu legen, wie er in Art. 1 Abs. 2 c) der Richtlinie definiert ist.[1073] Unter einem Kreditvertrag i. S. des § 12 a KSchG ist demnach ein Vertrag zu verstehen, bei dem ein Kreditgeber einem Kreditnehmer einen Kredit in Form eines Zahlungsaufschubes, eines Darlehens oder einer sonstigen ähnlichen Finanzierungshilfe gewährt oder zu gewähren verspricht.[1074] Erfaßt werden also nicht nur Bankkredite, sondern alle Vertragstypen, etwa Abzahlungsgeschäfte und drittfinanzierte Dienstleistungs- und Warenlieferungsverträge, Verträge, bei denen der Verbraucher nach Vorleistung des Unternehmers seine Leistung nur in einem Betrag zu erbringen hat und Finanzierungsleasingverträge, die einen Eigentumsübergang vorsehen.[1075] Ohne die Kenntnis des gemeinschaftsrechtlichen Hintergrundes der Vorschrift ist allein aufgrund des Wortlautes der Bestimmung mangels entsprechender Legaldefinition der über das allgemeine Sprachverständnis hinausgehende weite Bedeutungsgehalt nicht auszumachen.[1076] Die Einfügung im zweiten Abschnitt des I. Hauptstücks, das allgemeine Vorschriften für alle Verbrauchergeschäfte und insbesondere für die im dritten Abschnitt geregelten besonderen Vertragsarten enthält, deutet zwar auf einen weiteren Wortsinn hin, läßt diesen jedoch nicht erkennen.

1070 Kosesnik-Wehrle, Konsumentenschutzgesetz, S. 98.

1071 Posch in FS Everling II, S. 1141 (1153).

1072 Vgl. hierzu die Ausführungen im ersten Teil der Arbeit unter B. II. 2. c).

1073 Karner, RdW 1994, 166 (167); Kosesnik-Wehrle, Konsumentenschutzgesetz, S. 98.

1074 Apathy in Schwimann, ABGB VI, § 12 a, Rn 4; Karner, RdW 1994, 166 (167)

1075 Karner, RdW 1994, 166 (167); Posch in FS Everling II, S. 1141 (1153).

1076 Posch in FS Everling II, S. 1141 (1153).

3. § 33 Abs. 8 BWG

Die Vorschrift geht für die Vergabe von Krediten und Darlehen durch eine Bank § 12 a KSchG als lex specialis vor.[1077] Der Verbraucher ist danach ebenso wie nach dem nahezu wortgleichen § 12 a KSchG berechtigt, seine Verbindlichkeiten aus dem Kreditvertrag entgegen §§ 1413 ff. ABGB vorzeitig zu erfüllen. Die Bank hat in diesem Fall die Gesamtbelastung um jenen Betrag an Zinsen und laufzeitabhängigen Kosten zu vermindern, der bei kontokorrentmäßiger Abrechnung des vorzeitig zurückgezahlten Betrages nicht anfällt.[1078] Die Bedeutung der Neuregelung liegt in der Verpflichtung der Banken zur Kostenermäßigung.[1079] Auch nach bisheriger Praxis verweigerten die Banken im Regelfall die vorzeitige Rückzahlung nicht, berechneten jedoch meist zusätzliche oder zumindest die vollen vereinbarten Kosten.[1080]

§ 12 a KSchG und § 33 Abs. 8 BWG enthalten nahezu identische Regelungen. Unterschiede bestehen hinsichtlich der in den Geltungsbereich einbezogenen Vertragsarten und des Umfangs der vorzeitigen Rückzahlung:

Nicht umfaßt von § 33 Abs. 8 BWG sind sämtliche Arten von Leasingverträgen, während § 12 a KSchG zumindest solche Leasingverträge einbezieht, die einen Eigentumsübergang vorsehen. Schließt der Verbraucher einen solchen ab, etwa beim Kauf eines Pkw, so ist die Rechtslage für ihn günstiger, wenn der Leasinggeber keine Bank ist.

Ein weiterer Unterschied zu § 12 a KSchG ist, daß § 33 Abs. 8 BWG auf alle Fälle des § 12 a Abs. 2 Ziff. 1 KSchG grundsätzlich anwendbar ist und damit einen erheblich größeren Geltungsbereich hat. Eine vorzeitige Erfüllung kommt also auch bei Krediten zur Errichtung und Sanierung von Gebäuden mit einer Mindestlaufzeit von zehn Jahren, also vor allem bei Bauspargeschäften und bei hypothekarisch gesicherten Krediten in Betracht. Eine Betragshöchstgrenze kennt das BWG nicht. Gemäß § 33 Abs. 8 S. 3 und S. 4 Ziff. 1 BWG kann aber bei Bauspardarlehen und hypothekarisch gesicherten Krediten die vorzeitige Rückzahlung an bestimmte Kündigungsfristen gebunden bzw. für den Fall der vorherigen Rückzahlung ein zusätzliches Entgelt vereinbart werden. Die Bestimmungen des § 12 a KSchG und des § 33 Abs. 8 BWG stehen damit in einem gewissen Spannungsverhältnis:[1081] Die Rechte des Verbrauchers können trotz des Abschlusses ein und desselben Kreditvertrages verschieden sein, je nachdem, ob es

1077 Dessulemoustier-Bovekercke, AnwBl 1994, 669 (670); Riedler, ecolex 1994, 87 (89).

1078 § 33 Abs. 8 S. 2 BWG; ebenso § 12 a Abs. 1 S. 2 KSchG.

1079 Dessulemoustier-Bovekercke, AnwBl 1994, 669 (670).

1080 Dessulemoustier-Bovekercke, a. a. O.

1081 Graf, ÖBA 1994, 4 (15).

sich bei dem Kreditgeber um eine Bank oder um einen sonstigen Unternehmer handelt.[1082] Bauspargeschäfte etwa sollte der Verbraucher mit einem Kreditinstitut abschließen, da ihm nur für diesen Fall das Recht zur vorzeitigen Rückzahlung gewährt wird. Der Schutz des Verbrauchers hängt somit davon ab, wer ihm als Vertragspartner gegenüber steht. Zudem kann sich das BWG paradoxerweise als das für den Verbraucher günstigere Gesetz erweisen: Werden nämlich die in § 12 a Abs. 2 KSchG angeführten Kredite von einem Verbraucher bei einem Kreditinstitut aufgenommen, so kommt dem Verbraucher das Recht zur vorzeitigen Rückzahlung mit laufzeitproportionaler Kostenreduktion zwar nicht nach § 12 a KSchG, aber doch nach § 33 Abs. 8 BWG zu, welcher als lex specialis § 12 a KSchG vorgeht.[1083]

Schließlich enthält § 33 Abs. 8 BWG auch eine Differenzierung hinsichtlich des Umfangs der vorzeitigen Erfüllung: Dem Schuldner wird das Recht zur ganzen oder bloß teilweisen Rückzahlung zugestanden. Die Parallelbestimmung des § 12 a KSchG nimmt dagegen – wie auch § 14 des deutschen VerbrKrG – keine derartige Unterscheidung vor, sondern spricht, wie die Richtlinie nur allgemein von der Möglichkeit einer vorzeitigen Erfüllung.[1084]

4. § 8 VerbrKrVO

Ist der Vertragspartner des Verbrauchers ein Gewerbetreibender, greift die Regelung des § 8 VerbrKrVO ein. Nach dieser Vorschrift steht dem Verbraucher ausdrücklich das Recht zu, seine Verbindlichkeiten ganz oder teilweise vorzeitig zu erfüllen. Die Regelung entspricht also insoweit der des § 33 Abs. 8 BWG. Allerdings wird im Gegensatz zur letztgenannten Vorschrift, aber im Einklang mit § 12 a KSchG, die Vereinbarung oder Verrechnung darüber hinausgehender Entgelte ausnahmslos für nicht zulässig erklärt.

1082 Graf, a. a. O.

1083 Riedler, ecolex 1994, 87 (89).

1084 Nach Graf, ÖBA 1994, 4 (15) und Apathy in Schwimann, ABGB VI, § 12 a KSchG, Rn 6, läßt § 12 a dennoch eine teilweise vorzeitige Rückzahlung des Kredits zu. Karner hingegen steht einer teilweisen Rückzahlung auch im Rahmen des § 12 a im Hinblick auf die Belastung des Gläubigers, vor allem durch die mit jeder vorzeitigen Rückzahlung verbundenen Berechnungsschwierigkeiten kritisch gegenüber, vgl. RdW 1994, 166 (167). Auch die deutsche Lehre lehnt eine teilweise vorzeitige Rückzahlung im Rahmen des § 14 VerbrKrG ab, vgl. Emmerich in v. Westphalen/Emmerich/v. Rottenburg, Verbraucherkreditgesetz, § 14, Rn 4 f.

5. § 79 VAG

Für jene Kredite, die ein Versicherungsunternehmen im Rahmen einer Kapitalanlage einem Verbraucher ab dem 1. 1. 1996 gewährt, findet gemäß § 79 i. V. mit § 119 Abs. 9 VAG ebenfalls § 33 Abs. 8 Anwendung.[1085]

Die Bestimmung des Art. 8 der Richtlinie wurde somit in vier verschiedene nationale Vorschriften nahezu wortgleich umgesetzt. Im einzelnen weichen jedoch die Bestimmungen voneinander ab. Der Forderung nach Rechtstransparenz und -klarheit entspricht diese Art der Umsetzung kaum. Der Verbraucher, der einen Kredit bei einer Bank oder einem Gewerbetreibenden aufnimmt, findet die für ihn günstige Bestimmung nicht, wie er aufgrund des Titels naheliegenderweise glauben mag, im KSchG, sondern in einer gewerblichen Verordnung bzw. in einem Ordnungsvorschriften für Banken enthaltenden Gesetz. Zu Recht wurde daher vorgebracht, daß „Verbraucherschutzbestimmungen im KSchG kodifiziert und nicht in einem „Finanzmarktanpassungsgesetz versteckt werden“ sollten.[1086]

VI. Der Einwendungsdurchgriff nach Art. 11 RL und im österreichischen Recht

1. Art. 11 RL

Art. 11 Abs. 1 der Richtlinie fordert zunächst allgemein, daß die Rechte des Verbrauchers bei Leistungsstörungen im Zusammenhang mit dem Warenlieferungs- oder Dienstleistungsvertrag nicht durch die Kreditfinanzierung beeinträchtigt werden dürfen. Die Regelung in Absatz 2 gewährt dem Verbraucher einen subsidiären Einwendungsdurchgriff gegenüber dem Lieferanten von Waren bzw. Erbringer von Dienstleistungen, sofern für den Bezug der Ware oder Dienstleistung ein Kredit mit einem Dritten vereinbart wurde und zwischen dem Kreditgeber und dem Lieferanten eine „vorherige Abmachung“ besteht, wonach Kredite an Kunden des Lieferanten ausschließlich von diesem Kreditgeber bereitgestellt werden. Der Einwendungsdurchgriff kommt dem Verbraucher somit bereits dann nicht mehr zugute, wenn der Lieferant zwei Kreditgeber zur Finanzierung seiner Geschäfte heranzieht. Geringfügige Geschäfte bis zu einem Gegenwert von 200 ECU sind ausgenommen.

1085 Karner, RdW 1994, 166.
1086 So Reidinger, JAP 1993/94, 245 (247).

2. § 26 c KSchG

Die neu geschaffene Vorschrift setzt den Richtlinientext nahezu wörtlich um und wurde vom österreichischen Gesetzgeber bewußt neben die bereits geltende Regelung des § 18 KSchG gestellt, die ebenfalls einen Einwendungsdurchgriff des Verbrauchers normiert und ebensowenig wie § 26 c KSchG den sich aus allgemeinen zivilrechtlichen Regeln ergebenden Einwendungsdurchgriff einschränken soll.[1087] Damit wollte der Gesetzgeber sicherstellen, daß der ganze Bereich des von der EG-Richtlinie vorgesehenen Einwendungsdurchgriffs abgedeckt ist.[1088]

Der neue § 26 c KSchG weist einen weitergehenden Anwendungsbereich als § 18 KSchG auf, ist jedoch in seinen inhaltlichen Voraussetzungen enger gefaßt:

§ 18 KSchG setzt das Vorliegen eines Abzahlungsgeschäftes im Sinne des § 16 Abs. 1 und 2 KSchG, d. h. einen Kaufvertrag über eine bewegliche körperliche Sache voraus. Für die Rückzahlung nach Übergabe der Kaufsache müssen also mindestens zwei Teilzahlungen vereinbart sein, das Gesamtentgelt darf insgesamt 310 000 öS nicht übersteigen. Die Regelung des § 26 c KSchG ist dagegen nach dem Vorbild der Richtlinie auf alle Verträge über den „Bezug von Waren oder Dienstleistungen" anwendbar. Dies bedeutet, daß die Bezeichnung des Vertrages oder seine zivilrechtliche Einordnung für die Anwendung des § 26 c KSchG unerheblich ist.[1089] Nicht nur Kauf-, sondern auch Werkverträge sowie atypische bzw. gemischte Verträge unterfallen daher dem Anwendungsbereich.[1090] Zudem werden auch solche Fälle erfaßt, bei denen nach Erhalt der Leistung nur noch eine von mehreren Raten offen ist, desgleichen Darlehen, die auf einmal zurückzubezahlen sind.[1091] Eine Ratenvereinbarung ist also nicht erforderlich.[1092] Allerdings gilt § 26 c KSchG nicht für die in § 12 a Abs. 2 KSchG genannten Leasingverträge, die keinen Eigentumsübergang vorsehen.[1093] Der Einwendungsdurchgriff des § 18 KSchG ist dagegen auf Leasingverträge grundsätzlich anwendbar, sofern diese ein Abzahlungsgeschäft im Sinne der §§ 16 f. KSchG darstellen.[1094]

1087 EB zur RV 809 BlgNr. 18. GP, S. 7. Vgl. bereits die Ausführungen unter A. IV. 5 c).

1088 EB, a. a. O.

1089 Kosesnik-Wehrle, KSchG, § 26 c, Rn 7.

1090 Dessulemoustier-Bovekercke, AnwBl 1994, 669 (671); Kosesnik-Wehrle, KSchG, § 26 c , Rn 7.

1091 Kiendl/Schwarzenegger, ÖBA 1994, 852 (856); Dessulemoustier-Bovekercke, AnwBl 1994, 669 (671).

1092 Kiendl/Schwarzenegger, a. a. O.; Dessulemoustier-Bovekercke, a. a. O.

1093 § 26 c Abs. 2 KSchG.

1094 Graf, ÖBA 1994, 4 (5, Fn 6).

Für den Einwendungsdurchgriff aus § 26 c KSchG ist eine vorherige „Abmachung" zwischen Leistendem und Kreditgeber erforderlich, wonach ausschließlich letzterer Kredite an Kunden des Leistenden gewährt. Der Begriff der „Abmachung" ist im Zusammenhang mit dem Einwendungsdurchgriff bislang im österreichischen Recht ungebräuchlich, er entstammt vielmehr der Richtlinie, die auch in diesem Punkt wortgetreu umgesetzt wurde[1095] und ist mit „Vereinbarung" zu „übersetzen."[1096] Nach § 18 KSchG genügt dagegen die wirtschaftliche Einheit von Warenlieferungs- bzw. Dienstleistungsvertrag und Kreditvertrag; eine Rahmenvereinbarung zwischen Leistendem und Kreditgeber ist nicht erforderlich.[1097] Die von § 26 c KSchG geforderte enge Rechtsbeziehung deckt folglich nur einen kleinen Ausschnitt der von § 18 KSchG erfaßten wirtschaftlichen Einheit ab.[1098] Zudem kann der Verbraucher nach § 18 KSchG dem Kreditgeber alle Einwendungen aus seinem Vertrag mit dem Leistenden entgegenhalten; nach dem ausdrücklichen Wortlaut des § 26 c KSchG stehen ihm nur Einwendungen wegen Nicht- oder Schlechterfüllung zu und dies überdies nur dann, wenn er sie erfolglos gegen den Lieferanten geltend gemacht hat.[1099] Der Einwendungsdurchgriff nach § 26 c KSchG ist mithin nach dem Vorbild der Richtlinie subsidiär, während § 18 KSchG nicht die vorherige erfolglose Geltendmachung der Rechte gegenüber dem Leistenden voraussetzt.[1100]

Ein weiterer Unterschied ergibt sich aus den jeweiligen Betragsgrenzen. Nach § 26 c Abs. 2 KSchG, der auf § 12 a Abs. 2 KSchG verweist, ist der Einwendungsdurchgriff nur bei Verträgen gegeben, die die betragsmäßige Grenze von 310 000 öS nicht übersteigen. Für den Einwendungsdurchgriff aus § 18 KSchG ist hingegen die Betragsgrenze des § 16 Abs. 1 maßgeblich, d. h., der Barzahlungspreis darf höchstens bis zu 310 000 öS betragen. Der Barzahlungspreis umfaßt aber gemäß § 16 Abs. 3 KSchG und § 20 KSchG neben einem kreditierten Teil auch eine Anzahlung in Höhe von mindestens 10 bzw. 20 Prozent des Barzahlungspreises. Die Betragsgrenzen sind daher nicht identisch.[1101]

1095 Kiendl/Schwarzenegger, ÖBA 1994, 852 (855).

1096 Kosesnik-Wehrle, Konsumentenschutzgesetz, S. 166.

1097 Vgl. dazu bereits die Ausführungen im zweiten Teil der Arbeit unter A. IV. 5 c).

1098 Kiendl/Schwarzenegger, ÖBA 1994, 852 (855).

1099 § 26 c Abs. 1 d) KSchG.

1100 Allerdings ist streitig, ob der Verbraucher zu einer Anzeige der die Einwendung begründenden Umstände an den Verkäufer verpflichtet ist, bevor er die Zahlungen an den Geldgeber einstellt. Bejahend die EB zur RV 744 BlgNr. 14. GP, S. 38; Kosesnik-Wehrle, Konsumentenschutzgesetz, S. 129; ablehnend P. Bydlinski, ÖBA 1988, 84 f; Kiendl/Schwarzenegger, ÖBA 1994, 852 (854).

1101 Schwarzenegger in Kiendl/Jesser/Schwarzenegger, Konsumentenschutzrecht, S. 42 f.; Kosesnik-Wehrle, Konsumentenschutzgesetz, S. 165; Apathy in Schwimann, ABGB VI, § 26 c KSchG, Rn 7.

Durch die Einfügung des § 26 c KSchG wurde der Kreis der Verträge, bei denen unmittelbar aufgrund der Gesetzeslage ein Einwendungsdurchgriff gewährt wird, erweitert. Einen eigenständigen Anwendungsbereich hat die Vorschrift lediglich in Fällen, in denen der Verbraucher nach Erhalt der Leistung nur noch eine von mehreren Raten zu entrichten hat oder die gesamte Kreditrückzahlung in einem Betrag erfolgt.[1102] Die praktische Bedeutung der Bestimmung ist jedoch gering:[1103] Zum einen, weil die Ratenvereinbarung, die § 26 c KSchG nicht voraussetzt, bei Konsumentenkrediten der Regelfall ist.[1104] Liegt eine Ratenvereinbarung vor, ist damit stets auch § 18 KSchG anwendbar. Dieser stellt aber den Verbraucher gegenüber § 26 c KSchG besser, da er weder eine erfolglose Geltendmachung der Einwendungen beim Lieferanten fordert noch auf bestimmte Einwendungen beschränkt ist. Der Verbraucher wird also in solchen Fällen im Zweifel auf § 18 KSchG zurückgreifen.[1105] Zum anderen war § 18 KSchG nach der Judikatur des OGH auf die nun von § 26 c KSchG ausdrücklich erfaßten Dienstleistungsverträge, insbesondere auf drittfinanzierte Werkverträge, analog anzuwenden,[1106] so daß die Schaffung des § 26 c KSchG substantiell zu keiner Erhöhung des Verbraucherschutzniveaus oder zu einer Änderung der bereits bislang geltenden Rechtslage geführt hat.[1107] Dem § 26 c KSchG kommt daher im Wesentlichen lediglich die Bedeutung zu, die bisherige Rechtsprechung in Gesetzesform gegossen zu haben.[1108] Im österreichischen Recht sind bei der Beurteilung eines möglichen Einwendungsdurchgriffs also drei Ebenen zu prüfen: Der Einwendungsdurchgriff nach § 18 KSchG, derjenige nach § 26 c KSchG sowie der von der Judikatur anerkannte allgemeine zivilrechtliche Einwendungsdurchgriff. Alle drei Rechtsinstitute stehen unverbunden nebeneinander.

1102 Graf, ÖBA 1994, 4 (18); Posch in FS Everling II, S. 1141 (1153); Knobl, ÖBA 1995, 667 (678).

1103 Kiendl/Schwarzenegger, ÖBA 1994, 852 (856).

1104 Kiendl/Schwarzenegger, a. a. O.

1105 Kiendl/Schwarzenegger, ÖBA 1994, 852 (857).

1106 Vgl. dazu die Ausführungen im zweiten Teil der Arbeit unter A. IV. 5. c).

1107 Knobl, ÖBA 1995, 667 (678); Apathy in Schwimann, ABGB VI, § 26 c KSchG, Rn 3.

1108 Graf, ÖBA 1994, 4 (18). Eine abweichende Ansicht vertritt lediglich Koziol, Bankvertragsrecht II, Rn 1/105: Nach seiner Ansicht ist durch die Schaffung des § 26 c KSchG eine analoge Anwendung des § 18 KSchG auf andere Verträge als Kaufverträge in Zukunft ausgeschlossen, da eine der Voraussetzungen einer Analogie, das Vorhandensein einer Gesetzeslücke, wegen der neuen Vorschrift nicht mehr gegeben sei.

VII. Bewertung der Umsetzung

Die Umsetzung der Verbraucherkreditrichtlinie in das österreichische Recht erfolgte weitgehend, wenn auch nicht gänzlich, richtlinienkonform. Insbesondere die zivilrechtlichen Konsequenzen eines Verstoßes gegen die Informationspflichten des Kreditgebers genügen den Vorgaben des Art. 14 der Richtlinie nicht.[1109] Zudem fehlt im österreichischen Recht für Kreditgeber, die nicht der VerbrKrVO, dem VAG oder dem BWG unterliegen, also insbesondere für Freiberufler, die im Rahmen eines Zielschuldverhältnisses Kredite in Form von Stundungen oder Ratenvereinbarungen gewähren, eine Regelung der nach der Richtlinie bestehenden Pflichten zur Gänze.[1110] Nicht umgesetzt wurde auch Art. 7, wonach die Mitgliedstaaten für den Fall des Kredits zum Erwerb einer Ware die Bedingungen festzulegen haben, unter denen die Ware zurückgenommen werden kann. Im österreichischen Recht findet sich nur für drittfinanzierte Abzahlungskäufe eine ausdrückliche gesetzliche Regelung (§ 22 KSchG[1111]). Bei „zweipersonalen" Abzahlungskäufen gibt es dagegen auch nach Umsetzung der Richtlinie keine explizite gesetzliche Beschränkung für die Ausübung eines vereinbarten Rücknahmerechts. Schließlich enthält das österreichische Recht – anders als das deutsche[1112] – auch keine Bestimmungen, die den in Art. 10 geforderten Schutz des Verbrauchers bei Begebung eines Schecks sicherstellen.

Im übrigen haben die neuen Bestimmungen keine einschneidende Änderung der bislang geltenden Rechtslage herbeigeführt.[1113]

Festzuhalten bleibt eine starke Zersplitterung des österreichischen zivilrechtlichen Kreditrechts und damit eine Unübersichtlichkeit der geltenden Rechtslage für den Rechtsanwender, die sich zunächst im unterschiedlichen persönlichen und sachlichen Anwendungsbereich der jeweiligen Vorschriften sowie im Bereich des Schriftformgebots und der Vorgaben für einen Mindestinhalt des Kreditvertrages zeigt. Diese sind in drei verschiedenen Gesetzen und überdies nicht deckungsgleich geregelt. Der Kreditvertrag muß je nach Volumen des Kredits und Person des Vertragspartners unterschiedliche Angaben enthalten. Das Auffinden der einschlägigen Rechtsgrundlagen für das abzuschließende Kreditgeschäft wird erschwert. Dasselbe gilt für die Regelung des Rechts zur vorzeitigen Rückzahlung eines Kredits. Durch die Übernahme des Verbraucherbegriffes aus der Richtlinie in die VerbrKrVO wird überdies ein neuer, von der Definition nach § 1 KSchG abweichender Verbraucherbegriff in das österreichische Recht eingeführt.

1109 Graf, ÖBA 1994, 4 (10); Knobl, ÖBA 1995, 667 (678).
1110 Knobl, ÖBA 1995, 667 (676).
1111 Vgl. dazu die Ausführungen im zweiten Teil unter A V 5 c).
1112 Vgl. § 10 Abs. 2 VerbrKrG.
1113 Graf, ÖBA 1994, 4; Knobl, ÖBA 1995, 667 (679).

Namentlich die Einfügung des § 26 c KSchG ist unter gesetzgebungstechnischen Gesichtspunkten zu kritisieren, da die Vorschrift mit der in § 18 KSchG bereits vorhandenen Durchgriffsmöglichkeit inhaltlich nicht abgestimmt wurde.[1114] Der Gesetzgeber hätte eine Anpassung der österreichischen Rechtslage auch durch eine Änderung des § 16 Abs. 1 Ziff. 2 und Abs. 2 KSchG erreichen können, indem er die Definition des Abzahlungsgeschäftes auf Verträge über die Erbringung von Dienstleistungen ausgedehnt und das Erfordernis von zwei Ratenzahlungen fallengelassen hätte.[1115] Auf diese Weise hätte er nur geringfügig in den bereits vorhandenen Normenbestand des KSchG eingegriffen.[1116] Durch die wörtliche Übernahme des Art. 11 der Richtlinie als § 26 c KSchG hat der Gesetzgeber zwar die Vorgaben der Richtlinie inhaltlich vollständig umgesetzt, jedoch eine Anspruchsgrundlagenkonkurrenz kreiert, die zu einer unnötigen Aufblähung des KSchG führt[1117] – was angesichts der allgemeinen Zunahme verbraucherschützender Regelungen besonders zu bedauern ist – und die zweispurige Regelung des Einwendungsdurchgriffs für ihren Adressaten, den Verbraucher, unübersichtlich macht.[1118] Die Regelung des § 26 c KSchG zeigt deutlich die Nachteile auf, die eine legislative Umsetzung mit sich bringt, deren Bestreben in erster Linie in der vollständigen und auf das unbedingt Erforderliche beschränkten Transformation eines Richtlinientextes und nicht im Einbau in das Regelsystem des nationalen Rechts liegt[1119]: Systemgerechte Eingliederung wird durch „blindes Abschreiben" der Richtlinenvorgaben ersetzt, die Kohärenz der nationalen Normen wird dadurch beeinträchtigt.

Am Beispiel des Begriffes „Kreditvertrag" zeigt sich zudem die Problematik der Umsetzung gemeinschaftsrechtlicher Termini, die im nationalen Recht keine Entsprechung haben und deren wörtliche Übernahme dazu führt, daß in die nationale Rechtsordnung begriffliche Fremdkörper eingepflanzt werden, deren Interpretation nicht ohne Rückgriff auf die Vorbildregelung möglich ist. Auch die wörtliche Übernahme der Begriffe „Ware" und „Abmachung" hat zu terminologischen Fremdkörpern im österreichischen Gesetzestext geführt: So war der Be-

1114 Posch in FS Everling II, S. 1141 (1152); Apathy in Schwimann, ABGB VI, § 26 c KSchG, Rn 2.

1115 Graf, ÖBA 1994, 4 (17); Schwarzenegger in Kiendl/Jesser/Schwarzenegger, Konsumentenschutzrecht, S. 43; Kosesnik-Wehrle, Konsumentenschutzgesetz, S. 164.

1116 Graf, ÖBA 1994, 4 (17).

1117 Graf in Schuhmacher, Verbraucherschutz in Österreich, S. 151 (176).

1118 Posch in FS Everling II, S. 1141 (1153).

1119 Nach den EB zur RV 809 BlgNr, 18. GP, S. 5 beschränkt sich der österreichische Gesetzgeber bei der Umsetzung der Verbraucher- und der Pauschalreiserichtlinie ausdrücklich auf dasjenige, „wozu der EWR-Vertrag Österreich verpflichtet". Weitergehende systematische Überlegungen werden einem – bis heute nicht vorliegenden Entwurf – vorbehalten.

griff der „Ware“ dem KSchG vor der Novelle 1993 fremd.[1120] Er entstammt Art. 11 der Richtlinie und ist gleichbedeutend mit „beweglicher körperlicher Sache“ im Sinne des § 16 Abs. 2 KSchG.[1121] Dies ergibt sich aus den Richtlinienvorschlägen der Kommission, die die Bezeichnung „Sache“ verwendeten. Unter Warenlieferungsverträgen sind daher in erster Linie Kaufverträge zu verstehen.[1122] Dennoch konnte der österreichische Gesetzgeber den in der Richtlinie verwendeten Terminus des Bezuges von Waren nicht mit Kaufvertrag übersetzen, da von der Richtlinie auch atypische und gemischte Verträge erfaßt werden, für die der Rechtsbegriff Kaufvertrag, der in § 1053 ABGB definiert ist, zu kurz greift. Der österreichische Gesetzgeber hätte sich anderenfalls der Gefahr einer nicht richtlinienkonformen Umsetzung ausgesetzt. Den Begriff der „Abmachung“ hätte der österreichische Gesetzgeber dagegen ohne weiteres mit dem Terminus „Vereinbarung“ übersetzen können, ohne von dem Begriffsverständnis der Richtlinie abzuweichen. Aus dem Wortlaut des Art. 11 Abs. 2 lit. b) der Richtlinie ergibt sich, daß die erforderliche „Abmachung“ dem konkreten Geschäftsabschluß mit dem Verbraucher vorauszugehen hat und sich der Lieferant der Ware oder Dienstleistung verpflichten muß, sämtliche Geschäftsabschlüsse ausschließlich von diesem finanzieren zu lassen. Erforderlich ist also ein Rahmenvertrag[1123], mithin ein rechtlich bindendes Arrangement. Eine solche rechtlich bindende Abrede wird indes in der österreichichen Rechtssprache, wie sich etwa aus den §§ 2 Abs. 2, 9, 14 Abs. 3, 31 KSchG und den §§ 881, 903, 917 a ABGB ergibt, als „Vereinbarung“ bezeichnet. Im Interesse einer einheitlichen Rechtsterminologie hätte der österreichische Gesetzgeber das bloße Abschreiben des Begriffes aus der Richtlinie vermeiden sollen.

Meines Erachtens wäre schließlich eine gesetzgeberische Lösung vorzuziehen gewesen, die den Inhalt der Verbraucherkreditrichtlinie in einem einzigen zivilrechtlichen Sondergesetz umgesetzt hätte, so wie dies in Deutschland mit dem Verbraucherkreditgesetz geschehen ist. Da schon bislang keine zusammenhängenden und klaren Rechtsvorschriften für Kreditverträge existierten, hätte der österreichische Gesetzgeber eine kohärente Gesamtregelung schaffen können. Dies hätte den Vorteil gehabt, daß sich alle relevanten Bestimmungen in einem Gesetz befinden und daher für den Rechtsanwender leichter zu entdecken und zu übersehen sind. Die Aufteilung von Verbraucherschutzbestimmungen auf mehrere Gesetze verursacht Rechtszersplitterung und führt zur Unübersichtlichkeit der

---

1120 Kosesnik-Wehrle, Konsumentenschutzgesetz, S. 165; Kiendl/Schwarzenegger, ÖBA 1994, 852 (855, Fn 34).

1121 Kiendl/Schwarzenegger, ÖBA 1994, 852 (855).

1122 Riedler, ecolex 1994, 87 (91); Kosesnik-Wehrle, Konsumentenschutzgesetz, S. 165.

1123 Kiendl/Schwarzenegger, ÖBA 1994, 852 (855).

geltenden Rechtslage. Vereinzelte Verbraucherschutzbestimmungen in Sondergesetzen, wie die §§ 33 ff. BWG sind naturgemäß besonders schwer auffindbar. An der Einfügung einzelner Vorschriften in das KSchG zeigt sich überdies, daß die fehlende Systematik und der bunt gemischte Inhalt des KSchG dazu führen, daß später erlassene Vorschriften nur sehr schwer einzubauen sind, ohne die Lesbarkeit und Verständlichkeit des KSchG weiter zu verschlechtern. Deutlich wird, daß bei der Umsetzung von Richtlinienvorgaben die Ergänzung bereits vorhandener Regelwerke durch entsprechende Änderungen vor allem dann in Betracht kommt, wo für das fragliche Rechtsgebiet bereits mehr oder weniger umfassende Regelungen bestehen. Dies war aber im österreichischen Kreditrecht gerade nicht der Fall.

D. Die Umsetzung der Pauschalreiserichtlinie

I. Ziel und Regelungsschwerpunkte der Richtlinie

Ziel des Richtliniengebers ist die Schaffung einheitlicher Verbraucherschutzbestimmungen bei der Buchung von Reiseveranstaltungen, die aus zwei oder mehreren verschiedenen Reiseleistungen bestehen und zu einem Pauschalpreis angeboten werden.[1124] Die Rechtslage zur Haftung von Reiseveranstaltern und Reisebüros für Leistungsstörungen und zum Schutz von Verbrauchern vor irreführenden und unlauteren Geschäftspraktiken von Reiseunternehmen ist in den EG-Mitgliedstaaten sehr unterschiedlich. Dies ist für die Dienstleistungsfreiheit hinderlich und kann zu Wettbewerbsverzerrungen führen.[1125] Überdies haben Verbraucher keinen Überblick über die unterschiedlichen Vorschriften und können daher Angebote aus verschiedenen EG-Staaten nur schwer vergleichen, weshalb sie von der Buchung einer Reise in einem anderen als in ihrem Heimatstaat absehen.[1126]

Einheitliche Rechtsvorschriften sollen somit zur Beseitigung von Wettbewerbsverzerrungen für den freien Dienstleistungsverkehr im Bereich der Pauschalreisen beitragen und so den Binnenmarkt für Pauschalreisen ermöglichen.[1127] Die Reiseveranstalter sollen in allen Mitgliedstaaten vergleichbare Rahmenbedingungen für ihre Angebote vorfinden.

1124 Vgl. den 2. Erwägungsgrund der Richtlinie.
1125 Vgl. den 1. Erwägungsgrund der Richtlinie.
1126 So der 7. Erwägungsgrund der Richtlinie.
1127 S. den 1. und 2. Erwägungsgrund der Richtlinie.

Die Richtlinie[1128], die auf Art. 100 a EGV gestützt wurde und nur Minimalstandards setzt[1129], legt Informationspflichten zwischen Reiseveranstalter bzw. Reisebüro und Verbrauchern fest[1130]; sie regelt die Änderung der Reise durch den Veranstalter[1131] sowie andere Störungen bei der Vertragserfüllung[1132] und die Schadensersatzpflichten gegenüber dem Verbraucher[1133] und verpflichtet zur Vorsorge für den Fall der Insolvenz des Veranstalters.[1134]

II. Form der Umsetzung im österreichischen Recht

Im Gegensatz zum deutschen Recht, wo bereits seit 1979 eine in das BGB eingefügte Regelung der Pauschalreiseverträge existierte,[1135] gab es in Österreich vor der Transformation der Pauschalreiserichtlinie keine speziellen zivilrechtlichen[1136] Vorschriften für den Pauschalreisevertrag. In der Praxis dominierten vielmehr die von den einzelnen Reiseveranstaltern verwendeten Allgemeinen Reisebedingungen (ARB). Im übrigen wurden die in der Praxis auftretenden Probleme mit Hilfe des allgemeinen Instrumentariums des ABGB gelöst. Systematisch stellt sich der Reisevertrag als ein gemischter Vertrag dar, der Elemente des Werkvertrags und der Geschäftsbesorgung enthält[1137] und auf den daher die entsprechenden Vorschriften des ABGB anzuwenden sind.[1138]

Vor diesem Hintergrund waren in Österreich umfangreichere Adaptierungsarbeiten notwendig als in Deutschland.[1139]

1128 Zu deren Inhalt ausführlich Tonner, EuZW 1990, 409 ff.; Graziani-Weiss, Reiserecht, S. 22 ff.

1129 Vgl. Art. 8.

1130 Art. 3 und 4.

1131 Art. 4 Abs. 5.

1132 Art. 4 Abs. 6 und 7.

1133 Art. 5.

1134 Art. 7.

1135 §§ 651 a bis l BGB. Die Vorschriften wurden durch das Reisevertragsgesetz vom 4. 5. 1979, BGBl. I, S. 509, in das BGB eingefügt.

1136 Zu den gewerberechtlichen Bestimmungen für Reisebüros vgl. Graziani-Weiss, Reiserecht, S. 16 ff.

1137 Schuhmacher/Tüchler, VuR 1995, 418.

1138 M. Bydlinski in Schuhmacher, Verbraucherschutz in Österreich, S. 211 (213); Graziani-Weiss, Reiserecht, S. 13 f.; Krejci in Rummel, ABGB I, § 1165, Rn 55; Mayrhofer, ZfRV 1995, 229.

1139 Zur Umsetzung in Deutschland s. das Gesetz zur Durchführung der Richtlinie des Rates vom 13. Juni 1990 über Pauschalreisen vom 24. 6. 1994, BGBl. I, S. 1322; zur neuen Rechtslage vgl. Führich, NJW 1994, 2446 ff.

Anders als der deutsche Gesetzgeber, der nahezu den gesamten Regelungsinhalt der Richtlinie durch eine Novellierung der §§ 651 a bis l BGB umgesetzt hat[1140], hat sich der österreichische Gesetzgeber wiederum für eine Umsetzung außerhalb der allgemeinen zivilrechtlichen Kodifikation entschieden.

Dem Ziel der Richtlinie entsprechend, den Verbraucherschutz bei der Buchung von Pauschalreisen zu verbessern, wurde die Richtlinie durch Novellierung des KSchG umgesetzt, indem der Gesetzgeber die §§ 31 b bis f in das III. Hauptstück einfügte. Neben den Definitionen der Begriffe des Reiseveranstalters, des Reisenden und der Reiseveranstaltung in § 31 b finden sich Regelungen über nachträgliche Preis- und Leistungsänderungen (§ 31 c Abs. 1 und 2), die Verhinderung des Reisenden (§ 31 c Abs. 3), die Rechte des Reisenden im Falle seines Rücktritts oder der Stornierung der Reise durch den Veranstalter (§ 31 d), Leistungsstörungen nach der Abreise (§ 31 e) sowie ein Verbot der Haftungsfreizeichnung (§ 31 f). Wie bereits bei der Übernahme der Verbraucherkreditrichtlinie beschränkte sich der Gesetzgeber jedoch nicht auf die Schaffung zivilrechtlicher Vorschriften, sondern erließ neue gewerberechtliche Bestimmungen. Auch im Fall der Pauschalreiserichtlinie läßt sich die Umsetzung in drei Sachgebiete aufteilen: Im KSchG wurden lediglich die Folgen nachträglicher Vertragsänderungen, Stornierungen und von Störungen bei der Vertragserfüllung normiert, während die Vorgaben der Richtlinie über den Prospektinhalt, die Informationspflichten des Veranstalters vor Vertragsabschluß und vor der Abreise sowie über die Modalitäten des Vertragsschlusses bzw. den Mindestvertragsinhalt als §§ 9 bis 13 in die Verordnung des Bundesministers für wirtschaftliche Angelegenheiten über Ausübungsvorschriften für das Reisebürogewerbe[1141] eingebaut wurden. Die Vorgaben der Richtlinie wurden weitgehend wörtlich in die Verordnung übernommen.[1142] Schließlich wurde die Regelung des Art. 7, wonach der Verbraucher für den Konkursfall des Veranstalters abzusichern ist, in der Reisebürosicherungsverordnung[1143] umgesetzt. Der Reiseveranstalter kann nach der

---

1140 Allerdings wurden die umfangreichen Informationsvorschriften der Richtlinie in einer eigenen „Verordnung über die Informationspflichten von Reiseveranstaltern", BGBl. 1994 I, S. 3436, niedergelegt.

1141 BGBl 1993/719 i. d. F. BGBl 1994/599; im folgenden RbAusüVO genannt). Gesetzliche Ermächtigungsgrundlage für die Verordnung ist § 169 Ziff. 5 GewO, BGBl 1994/194.

1142 Vgl. zu den Informationspflichten des Veranstalters nach der Richtlinie bereits die Ausführungen im 1. Teil der Arbeit unter B. V. 1. b) bb). Auf eine eingehende Darstellung der Umsetzungsvorschriften der VO wird hier verzichtet; vgl. dazu ausführlich Graziani-Weiss, Reiserecht, S. 115 ff.

1143 Verordnung des Bundesministers für wirtschaftliche Angelegenheiten über die Umsetzung des Art. 7 der Richtlinie des Rates vom 13. Juni 1990 über Pauschal-

Verordnung das Risiko entweder durch den Abschluß eines Versicherungsvertrages oder durch die Beibringung einer Bankgarantie bzw. einer Garantieerklärung einer Körperschaft des öffentlichen Rechts abdecken.[1144]

Entsprechend dem Vorgehen bei der Verbraucherkreditrichtlinie hat der österreichische Gesetzgeber nicht den Versuch unternommen, die erforderlichen Maßnahmen zur Transformation der Richtlinienvorgaben auf ein Gesetzeswerk zu beschränken. Dadurch hat die Zahl der Rechtsquellen zum Schutz der Verbraucher und damit die Unübersichtlichkeit für den Rechtsanwender weiter zugenommen, was im folgenden am Anwendungsbereich, an der Zulässigkeit nachträglicher Preis- und Leistungsänderungen, an der Frage der Haftungsfreizeichnung, am Reisendenwechsel sowie an der Stornierung der Reise durch den Veranstalter illustriert werden soll.

III. Der Anwendungsbereich nach Art. 2 RL und nach österreichischem Recht

1. Der Reiseteilnehmer

a) Art. 2 Ziff. 4 RL

Wie in den meisten Verbraucherschutzrichtlinien ist der persönliche Geltungsbereich der Richtlinie auf Verbraucherverträge beschränkt. Der Verbraucherbegriff der Pauschalreiserichtlinie deckt sich jedoch nicht mit dem der Verbraucherkredit-, der Haustürgeschäfte- oder der Richtlinie über mißbräuchliche Klauseln, da hier nicht nach dem Zweck des rechtsgeschäftlichen Handelns, d. h. nicht darauf abgestellt wird, ob der Verbraucher den Vertrag im Zusammenhang mit seinem Beruf bzw. Gewerbe abschließt.[1145] „Verbraucher" i. S. der Pauschalreiserichtlinie ist nach Art. 2 Ziff. 4 vielmehr jede „Person, welche die Pauschalreise bucht oder zu buchen sich verpflichtet („der Hauptkontrahent"), oder jede Person, in deren Namen der Hauptkontrahent sich zur Buchung der Pauschalreise verpflichtet („die übrigen Begünstigten"), oder jene Person, der der Hauptkontrahent oder einer der übrigen Begünstigten die Pauschalreise abtritt („der Erwerber")." Es gibt also drei Formen des „Verbrauchers". Auch juristische Personen fallen unter den Begriff des Verbrauchers. Unerheblich ist, zu welchem Zweck die Reise unternommen wird: Von der Richtlinie werden Geschäftsreisen ebenso erfaßt

---

reisen (90/314/EWG); BGBl 1994/881 i. d. F. BGBl 1996/170; im folgenden RSV genannt. Die Verordnung beruht auf § 169 Ziff. 6 GewO.

1144 Vgl. dazu Graziani-Weiss, Reiserecht, S. 151 ff.

1145 S. zu den unterschiedlichen EG-Verbraucherbegriffen bereits die Ausführungen im ersten Teil der Arbeit unter B. IV.

wie Privatreisen.[1146] Der Richtliniengeber ging von der Annahme aus, daß auch Gewerbetreibende des Schutzes bei Pauschalreisen bedürfen, wenn sie zwar im Rahmen ihres Unternehmens, aber außerhalb ihres eigentlichen Gewerbes eine solche Reise buchen.[1147]

b) § 31 b Abs. 2 Ziff. 3 KSchG

Der vom Richtliniengeber verwendete Verbraucherbegriff stimmt nicht mit demjenigen dem KSchG zugrunde liegenden und in § 1 Abs. 1 Ziff. 2 negativ umschriebenen Begriff des Verbrauchers überein. Der österreichische Gesetzgeber stand daher vor der Aufgabe, einerseits die Vorgaben der Richtlinie hinsichtlich des persönlichen Anwendungsbereichs zu erfüllen, andererseits die Terminologie und Systematik des KSchG aufrechtzuerhalten. Er entschloß sich deshalb, zwar den Wortlaut der Richtlinie im Wesentlichen zu übernehmen, wählte aber statt des Begriffs des „Verbrauchers" den des „Reisenden". Dies erscheint folgerichtig, da das KSchG eine eigenständige Definition des Verbrauchers aufweist, die sich nicht mit dem der Richtlinie deckt. „Reisender" ist nach § 31 b Abs. 2 Ziff. 3 „eine Person, die den Vertrag oder einen Vorvertrag über Reiseleistungen schließt, jede weitere Person, in deren Namen jene Person den Vertrag eingeht, und jede Person, der eine dieser Personen ihre Ansprüche abtritt („der Erwerber")." Indem er die Vorschriften über die Pauschalreise nicht in das I., spezielle Verbraucherschutzbestimmungen enthaltende Hauptstück, sondern in das III. Hauptstück des KSchG einfügte, welches Regelungen für Verbraucher- und Nichtverbrauchergeschäfte enthält, verdeutlichte der Gesetzgeber, daß die Vorschriften nach dem Vorbild der Richtlinie für alle Pauschalreisenden gelten sollen, gleichgültig, ob sie die Buchung in unternehmerischer oder in privater Eigenschaft vornehmen.[1148] Ist der Pauschalreisende zugleich Verbraucher i. S. des § 1, findet überdies das I. Hauptstück des KSchG Anwendung.[1149]

c) § 2 Ziff. 4 RSV

Auch in der RSV ist nicht vom „Verbraucher", sondern vom „Reisenden" die Rede, die Definition deckt sich mit der des § 31 b Abs. 2 Ziff. 3 KSchG.

1146 Dessulemoustier-Bovekercke, JAP 1993/94, 251.

1147 Etwa als Betriebsausflug aller Mitarbeiter. Vgl. dazu die Begründung der Kommission, ABl EG 1988 Nr. C 96, S. 5; Mayrhofer, ZfRV 1995, 229 (243).

1148 EB zur RV BlgNr 809, 18. GP, S. 7; Riedler, ecolex 1994, 149; Dessulemoustier-Bovekercke, JAP 1993/94, 251; Schuhmacher/Tüchler, VuR 1995, 418.

1149 Riedler,a. a. O.; Schuhmacher/Tüchler, a. a. O.

d) §§ 9 ff. RbAusüVO

Die Verordnung verwendet ebenfalls den Begriff des „Reisenden“ – beispielsweise in § 11 –, definiert diesen Begriff aber nicht. Es ist aber davon auszugehen, daß der Verordnungsgeber sich auch hier an den Vorgaben der Richtlinie orientiert und den Begriff wie im KSchG und in der RSV versteht.

Die Umsetzung der Pauschalreiserichtlinie hat zur Folge, daß im österreichischen Recht neben die Gruppe der „Verbraucher“, die bereits bisher aufgrund ihrer wirtschaftlichen und intellektuellen Unterlegenheit gegenüber dem Unternehmer geschützt wurden, ein weiterer Personenkreis getreten ist, der als besonders schutzbedürftig erachtet wird und dem daher „Verbraucherschutz“ zuteil wird: der Reisende.

Die Verwendung unterschiedlicher Verbraucherbegriffe in den EG-Richtlinien bewirkt also, daß der österreichische Gesetzgeber die einzelnen verbraucherschützenden Regelungsvorgaben nicht ohne weiteres in das KSchG einarbeiten kann, da sich der Verbraucherbegriff des KSchG nicht in jedem Falle mit dem der jeweiligen Richtlinie deckt. War die Einordnung der Bestimmungen der Haustürgeschäfte- und der Verbraucherkreditrichtlinie, insbesondere deren Subsumtion unter den Verbraucherbegriff des KSchG, noch ohne Schwierigkeiten möglich, zeigt sich am Beispiel der Pauschalreiserichtlinie, daß die fehlende Übereinstimmung der Begrifflichkeiten auf EG-Ebene legistische Probleme für den nationalen Gesetzgeber mit sich bringt.

2. Der Reiseveranstalter

a) Art. 2 Ziff. 2 RL

Vertragspartner des Verbrauchers ist der „Veranstalter“.[1150] Das ist jede „Person, die nicht nur gelegentlich Pauschalreisen organisiert und sie direkt oder über einen Vermittler verkauft oder zum Verkauf anbietet“. Im ursprünglichen Entwurf der Kommission[1151] galt die Richtlinie nur für Personen, die Pauschalreisen gewerbsmäßig organisieren. In die endgültige Fassung des Richtlinientextes wurde das Merkmal der Gewerbsmäßigkeit jedoch nicht aufgenommen. Erfaßt werden

---

1150 Die Richtlinie kennt neben dem „Veranstalter“ auch den „Vermittler“ als die Person, welche die vom Veranstalter zusammengestellte Pauschalreise verkauft oder zum Verkauf anbietet, Art. 2 Ziff. 3. Sie stellt es aber den Mitgliedstaaten frei, festzulegen, welche der beiden Personen die durch die Richtlinie auferlegten Verpflichtungen treffen sollen.

1151 ABl EG 1988 Nr. C 96, S. 6.

also sowohl gewerbliche als auch nicht gewerblich tätige Reiseveranstalter.[1152] Unklar bleibt, wann von einer „nur gelegentlichen" Veranstaltung einer Reise auszugehen ist.[1153]

b) § 31 b Abs. 2 Ziff. 2 KSchG

Auch hinsichtlich der Umschreibung des Veranstalters folgt der österreichische Gesetzgeber im Wesentlichen der Richtlinie. Ein Verzicht auf diese Definition unter Hinweis auf den Unternehmerbegriff des KSchG hätte ein Zurückbleiben hinter dem Regelungsinhalt der Richtlinie bedeutet, da nach dieser erkennbar nicht nur Veranstalter erfaßt werden sollen, für die das Anbieten von Pauschalreisen zum Betrieb ihres Unternehmens oder Gewerbes gehört.[1154]

Entsprechend der Legaldefinition des § 31 b Abs. 2 Ziff. 2 ist „Veranstalter", wer „nicht nur gelegentlich im eigenen Namen vereinbart oder anbietet, von ihm organisierte Reiseleistungen zu erbringen." Der aus der Richtlinie stammende Gesetzesbegriff „nicht nur gelegentlich" wurde ohne nähere Konkretisierung aus der Richtlinie übernommen. Der österreichische Gesetzgeber stellt in den erläuternden Bemerkungen lediglich klar, daß der Begriff jedenfalls nicht mit dem Merkmal der „Gewerbsmäßigkeit" gleichzusetzen ist.[1155] Erfaßt werden also auch Vereine oder Betriebe, die für ihre Mitglieder oder Mitarbeiter regelmäßig eine Reise organisieren.[1156] Andererseits fällt ein Gewerbetreibender, der in seinem Gewerbebetrieb mit einem ganz anderen Gegenstand gelegentlich eine Pauschalreise organisiert und anbietet – etwa ein Unternehmer, der für seine Mitarbeiter eine Reise zu einer ihm gehörenden Ferienanlage veranstaltet –, nicht unter die Sonderregelungen der §§ 31 b ff.[1157] Ob jemand als Veranstalter oder bloß als Vermittler abschließt, beurteilt sich nach seinem Auftreten gegenüber dem Rei-

---

1152 Dessulemoustier-Bovekercke, JAP 1993/94, 251 (252); Graziani-Weiss, Reiserecht, S. 24.

1153 Konkrete Angaben der Kommission gibt es hierzu nicht.

1154 Mayrhofer, ZfRV 1995, 229 (230 f.)

1155 S. 8. Dagegen betont der JA, daß der Gewerbebegriff und die „nicht nur gelegentliche Reiseveranstaltung" im Regelfall übereinstimmen werden, vgl. JAB 992, BlgNr 18. GP, S. 2.

1156 Dessulemoustier-Bovekercke, JAP 1993/94, 251 (252); Meyer/Kubis, TranspR 1991, 411; a. A. M. Bydlinski in Schuhmacher, Verbraucherschutz in Österreich, S. 211 (214).

1157 EB, S. 8. Nach deutschem Recht hingegen werden auch Gelegenheitsveranstalter wie Volkshochschulen oder Zeitungsverlage von den §§ 651 a ff. BGB erfaßt; vgl. Führich, EuZW 1993, 347 (348).

senden: Maßgeblich ist, ob er nach seinen Erklärungen die Reiseleistung in eigener Verantwortung erbringen oder sie lediglich vermitteln will.[1158]

c) §§ 9 ff. RbAusüVO

Die Verordnung enthält keine Definition des Veranstalters. Entsprechend ihrer Ermächtigungsgrundlage und ihrem Wortlaut werden aber nur „Gewerbetreibende", die der Gewerbeordnung unterliegen, erfaßt.[1159] Entscheidend für den Veranstalterbegriff ist also das Merkmal der Gewerbsmäßigkeit. Andererseits kommt es nach dem Wortlaut der Vorschriften nicht darauf an, ob der Gewerbetreibende nur hin und wieder oder regelmäßig Pauschalreisen anbietet. Die Verordnung enthält damit einen von der Richtlinie und dem KSchG abweichenden Veranstalterbegriff, weil nicht gewerbsmäßig Tätige nicht den in der Verordnung normierten Informationspflichten unterliegen. Da es nach der Richtlinie gerade nicht auf die Gewerbsmäßigkeit des Handelns ankommen soll, Veranstalter vielmehr auch der nicht gewerbsmäßig Tätige ist, der öfter als „gelegentlich" Pauschalreisen organisiert, genügt die Transformation der Informationspflichten nicht den Erfordernissen der Richtlinie, weil eine ausreichende Information des Verbrauchers nur bei Vertragsschluß mit einem Gewerbetreibenden gewährleistet ist.[1160]

d) § 2 Ziff. 1 RSV

Noch anders definiert die RSV den „Reiseveranstalter": Dies sind nach § 2 Ziff. 1 alle „Gewerbetreibende, die Pauschalreisen direkt oder über einen Vermittler anbieten." Die Definition deckt sich weder mit § 31 b Abs. 2 Ziff. 2 KSchG noch mit den §§ 9 ff. RbAusüVO. Im Gegensatz zum KSchG werden wiederum nur Gewerbetreibende erfaßt. Gelegenheitsveranstalter, die nicht der Gewerbeordnung unterliegen, fallen nicht unter den Anwendungsbereich der RSV. Der Anwendungsbereich der RSV ist also enger als derjenige der Richtlinie; diese ist damit in diesem Punkt nur unzulänglich umgesetzt, da nach den Vorgaben der Richtlinie die Informationspflichten auch nichtgewerblichen Veranstaltern aufzuerlegen sind.[1161]

Die Verwendung unterschiedlicher Veranstalterbegriffe durch den österreichischen Gesetzgeber führt somit dazu, daß der Schutz des Verbrauchers davon abhängt, bei wem er eine Pauschalreise bucht.

1158 Apathy, RdW 1994, 234.

1159 Graziani-Weiss, Reiserecht, S. 117; Dessulemoustier-Bovekercke, JAP 1993/94, 251 (256).

1160 Dessulemoustier-Bovekercke, a. a. O.

1161 Dessulemoustier-Bovekercke, JAP 1993/94, 251 (258).

Dadurch, daß die Pauschalreiserichtlinie, anders als die Verbraucherkredit- oder die Richtlinie über mißbräuchliche Klauseln, nicht darauf abstellt, ob das konkrete Rechtsgeschäft, hier der „Verkauf" einer Reise, zum Beruf oder Gewerbe des Betreffenden gehört, sondern vielmehr jeden erfaßt, der öfter als „gelegentlich" eine Reise anbietet, war auch der österreichische Gesetzgeber gezwungen, neben den Unternehmern i. S. des KSchG eine weitere, mit besonderen Pflichten belastete Personengruppe, nämlich die Reiseveranstalter, einzuführen. Diese können Unternehmer i. S. des KSchG oder Gewerbetreibende, aber auch Vereine oder Betriebe sein. Zur Übersichtlichkeit der Rechtslage trägt diese weitere Differenzierung nichts bei.

3. Die Pauschalreise

a) Art. 2 Ziff. 1 RL

Der sachliche Geltungsbereich der Richtlinie beschränkt sich auf Pauschalreisen. Definiert wird die Pauschalreise als „im voraus festgelegte Verbindung von mindestens zwei .... Dienstleistungen, die zu einem Gesamtpreis verkauft oder zum Verkauf angeboten wird, wenn diese Leistung länger als 24 Stunden dauert oder eine Übernachtung einschließt." Als Dienstleistungen werden genannt: die Beförderung (lit. a), die Unterbringung (lit. b) oder andere touristische Dienstleistungen, die nicht Nebenleistungen von Beförderung und Unterbringung sind und einen beträchtlichen Teil der Gesamtleistung ausmachen (lit. c). Eine getrennte Berechnung der einzelnen, als Gesamtpaket angebotenen Leistungen läßt die Einordnung als Pauschalreise unberührt. Dadurch wird verhindert, daß sich der Veranstalter durch die Methode der Berechnung den Bestimmungen der Richtlinie entziehen kann.[1162] Einzelne Dienstleistungen, die von einem Reiseveranstalter erbracht werden, wie etwa die Vermietung eines Ferienhauses oder ein Hotelaufenthalt samt Verpflegung bei Selbstanreise, unterliegen nicht den Vorschriften der Richtlinie.[1163]

b) § 31 b Abs. 2 Ziff. 1 KSchG

Der österreichische Gesetzgeber hat im KSchG den Begriff der Pauschalreise nicht übernommen, sondern ihn durch die Bezeichnung „Reiseveranstaltung" ersetzt. Der Terminus Reiseveranstaltung wurde gewählt, um die zivilrechtlichen

---

1162 Dessulemoustier-Bovekercke, JAP 1993/94, 251 (252).

1163 M. Bydlinski in Schuhmacher, Verbraucherschutz in Österreich, S. 211 (214); Tonner, EuZW 1990, 409.

von den gewerberechtlichen Bestimmungen zu unterscheiden.[1164] Im übrigen wird der Richtlinientext im Wesentlichen wörtlich in das KSchG eingefügt. Allerdings verzichtete der österreichische Gesetzgeber auf das Erfordernis, daß die Reise länger als 24 Stunden dauern oder eine Übernachtung einschließen muß. Von den Vorschriften des KSchG werden damit auch Reisen erfaßt, die kürzer als einen Tag dauern, wie beispielsweise Leserreisen oder Werbe- und Ausflugsfahrten.[1165] Das KSchG erweitert also den Schutz des Reisenden im Vergleich zur Richtlinie.[1166] Entscheidend ist wie nach der Richtlinie, daß der Veranstalter ein im voraus von ihm allein zusammengestelltes Paket von Reiseleistungen anbietet, das dann Vertragsgegenstand wird.[1167] Ferienhausverträge fallen nur dann unter den Anwendungsbereich der Vorschriften des KSchG, wenn noch ein weiteres, nicht in einer Nebenleistung bestehendes Element dazukommt.[1168] Im Unterschied zur Richtlinie sind jedoch auch solche Reiseveranstaltungen in den Anwendungsbereich einbezogen, die neben der Unterbringung nur Nebenleistungen der Unterbringung vorsehen, wobei diese Nebenleistungen einen beträchtlichen Teil der Gesamtleistung ausmachen müssen.[1169]

c) § 9 Abs. 2 RbAusüVO

In der Verordnung verwendet der österreichische Verordnungsgeber wiederum den Begriff der Pauschalreise. Die Definition der Pauschalreise wird wörtlich aus der Richtlinie übernommen, wodurch es zu Abweichungen gegenüber dem KSchG kommt: Von den gewerberechtlichen Vorschriften werden nur solche Pauschalreisen erfaßt, die länger als 24 Stunden dauern oder eine Übernachtung einschließen, wohingegen es nach § 31 b Abs. 2 Ziff. 1 KSchG nicht auf die Dauer der Reise oder eine Übernachtung ankommt. Die Reiseveranstaltung im Sinne des KSchG ist damit der umfassendere Begriff.[1170] Allerdings fehlt in der Definition des § 9 Abs. 2 RbAusüVO der letzte Absatz von Art. 2 Ziff. 1 der

---

1164 Apathy in Schwimann, ABGB VI, § 31 b KSchG, Rn 3.

1165 Dessulemoustier-Bovekercke, JAP 1993/94, 251; Graziani-Weiss, Reiserecht, S. 71.

1166 Die Abweichung ist nach Art. 8, die den Mitgliedstaaten den Erlaß strengerer Verbraucherschutzvorschriften gestattet, zulässig.

1167 Dessulemoustier-Bovekercke, JAP 1993/94, 251 f.

1168 Dessulemoustier-Bovekercke, JAP 1993/94, 251 (252); Graziani-Weiss, Reiserecht, S. 68.

1169 Riedler, ecolex 1994, 149 (150). Dabei dachte man vor allem an die Bereitstellung einer Ferienwohnung mit verschiedenen weiteren Serviceleistungen wie das Bereitstellen von Wäsche oder die Reinigung von Handtüchern, vgl. Apathy in Schwimann, ABGB VI, § 31 b KSchG, Rn 4.

1170 Graziani-Weiss, Reiserecht, S. 117; Schuhmacher/Tüchler, VuR 1995, 418.

Richtlinie, wonach die getrennte Berechnung der einzelnen Dienstleistungen die Qualifikation als Pauschalreise nicht berührt. Der österreichische Verordnungsgeber hält hier demnach, anders als im KSchG, am Erfordernis des Gesamtpreises fest, so daß die Vorschriften der Verordnung keine Anwendung finden, wenn nicht ein Gesamtpreis vereinbart wird. Eine analoge Anwendung der §§ 9 ff. RbAusüVO auf Pauschalreisen mit getrennter Ausweisung der Preise für die einzelnen Dienstleistungen ist mangels Vorliegen einer Regelungslücke ausgeschlossen, da angesichts der ausdrücklichen Normierung der der Richtlinie entsprechenden diesbezüglichen Vorgaben im KSchG davon auszugehen ist, daß die Definition der Richtlinie in der Verordnung vom Verordnungsgeber bewußt nicht vollständig wiedergegeben wurde.[1171]

d) § 2 Ziff. 1 RSV

Die Definition der Pauschalreise in der Richtlinie deckt sich mit jener in der Ausübungsverordnung für Reisebüros. Abweichend von § 31 b KSchG gelten also auch hier Reisen ohne Übernachtung und einer Dauer von weniger als 24 Stunden nicht als Pauschalreisen und werden somit vom Anwendungsbereich der RSV nicht erfaßt.[1172]

Zusammengefaßt ist festzuhalten, daß die Anwendung der Vorschriften über Informationspflichten des Veranstalters und über Formalitäten des Vertragsabschlusses sowie über den insolvenzrechtlichen Schutz des Reisenden voraussetzt, daß die Reise länger als 24 Stunden dauert oder eine Übernachtung einschließt, während die Anwendung der KSchG-Regelungen über Änderungen des Reisevertrags, über Leistungsstörungen und Schadenersatz dies nicht erfordert.[1173]

Die Regelungen des KSchG, der RbAusüVO und der RSV weichen also sowohl hinsichtlich ihres persönlichen als auch ihres sachlichen Geltungsbereichs nicht unerheblich voneinander ab, was eine Zersplitterung der Rechtslage zur Folge hat.

1171 Graziani-Weiss, Reiserecht, S. 116.
1172 Graziani-Weiss, Reiserecht, S. 146.
1173 Mayrhofer, ZfRV 1995, 229 (231).

IV. Nachträgliche Preisänderungen

1. Art. 4 Abs. 4 RL

Nach Art. 4 Abs. 4 b) RL sind Preiserhöhungen innerhalb von 20 Tagen vor der Abreise grundsätzlich unzulässig. Im übrigen sind Preisänderungen nach Vertragsabschluß nur möglich, wenn eine Preisänderungsklausel vertraglich vereinbart wurde und wenn bestimmte Umstände für die Änderung eintreten (Art. 4 Abs. 4 a). Berücksichtigungsfähige Umstände sind nach der Richtlinie ausschließlich Änderungen der Beförderungskosten, wie z. B. Änderungen der Treibstoffkosten, Änderungen der Abgaben für bestimmte Leistungen wie Flughafengebühren und Änderungen der für die betreffende Pauschalreise geltenden Wechselkurse. Ändern sich diese Kosten zugunsten des Reisenden, so muß dies in Form einer entsprechenden Preissenkung ebenfalls an ihn weitergegeben werden. Zudem müssen bereits im Vertrag „genaue Angaben zur Berechnung des neuen Preises" enthalten sein, damit der Reisende die Möglichkeit hat, die Preisänderung nachzuvollziehen.[1174] Diese Angaben sind nach der Richtlinie Voraussetzung für die Zulässigkeit einer Preiserhöhung.

2. § 31 c Abs. 1 KSchG

Die Regelung entspricht der Richtlinienvorschrift. Gemäß Satz 1 darf eine vertraglich eingeräumte Befugnis des Veranstalters, das im Reisevertrag festgelegte Entgelt einseitig zu erhöhen, für die Zeit ab dem 20. Tag vor dem vereinbarten Reisetermin „nicht vereinbart werden." Im übrigen darf die Erhöhung – „abgesehen von den allgemeinen Grenzen der Zulässigkeit einer solchen Vertragsbestimmung" – nur erfolgen, wenn sie auf einer Erhöhung von Drittkosten beruht und bei einer Senkung dieser Kosten auch zu einer Preissenkung zugunsten des Reisenden führte. Der Gesetzgeber geht damit gegen ihm verpönt erscheinende Vertragsklauseln in Reiseverträgen vor und stellt sicher, daß nicht nur die Nachteile einer Kostenveränderung, sondern auch deren Vorteile an den Reisenden weitergegeben werden.[1175] Als Drittkosten nennt § 31 c Abs. 1 abschließend[1176] – in wörtlicher Übernahme der Vorgaben der Richtlinie – Beförderungskosten wie etwa Treibstoffkosten, Abgaben für bestimmte Leistungen wie z. B. Landegebühren und die für die betreffende Reise anzuwendenden Wechselkurse. Wie die Richtlinie fordert § 31 c Abs. 1 „genaue Angaben zur Berechnung des Preises."

1174 Dessulemoustier-Bovekercke, JAP 1993, 251 (252).
1175 Mayrhofer, ZfRV 1995, 229 (231).
1176 Enthofer, Reiserecht, S. 7 (16).

Es muß also schon im Vertrag festgelegt werden, wie sich die Preisänderung konkret auswirkt und der neue Preis zu berechnen ist, ob also etwa die Änderung von Beförderungskosten gleichmäßig auf alle Passagiere übergewälzt wird und ob dies zur Gänze geschieht oder nur zu einem bestimmten Prozentsatz.[1177] Fehlen diesbezügliche Angaben, ist eine Preisänderung trotz entsprechender Vereinbarung im Reisevertrag unwirksam.[1178] Bei einer – an sich zulässigen – erheblichen Preiserhöhung räumt § 31 Abs. 2 dem Reisenden ein Wahlrecht ein: Er kann entweder die Vertragsänderung annehmen oder ohne Zahlung einer Stornogebühr vom Vertrag zurücktreten.

Bereits vor der Umsetzung der Pauschalreiserichtlinie durch die Novelle 1993 fanden sich für Verbrauchergeschäfte i. S. des § 1 vergleichbare Vorschriften in § 6 Abs. 1 Ziff. 5 und § 6 Abs. 2 Ziff. 4 KSchG.

Nach § 6 Abs. 1 Ziff. 5 in der seit der Novelle 1997 geltenden Fassung sind Klauseln in Verbraucherverträgen nichtig, wonach „dem Unternehmer auf sein Verlangen für seine Leistung ein höheres als das bei der Vertragsschließung bestimmte Entgelt zusteht, es sei denn, daß der Vertrag bei Vorliegen der vereinbarten Voraussetzungen für eine Entgeltänderung auch eine Entgeltsenkung vorsieht, daß die für die Entgeltänderung maßgebenden Umstände im Vertrag umschrieben und sachlich gerechtfertigt sind, sowie daß ihr Eintritt nicht vom Willen des Unternehmers abhängt."

Nach § 6 Abs. 2 Ziff. 4 ist für Leistungen, die innerhalb von zwei Monaten ab Vertragsschluß erbracht werden, eine Klausel, wonach der Unternehmer berechtigt ist, ein höheres als das ursprünglich bestimmte Entgelt zu verlangen, nur zulässig, wenn sie im einzelnen ausgehandelt wurde.

Die Regelungen müssen mit § 31 c Abs. 1 in Einklang gebracht werden.[1179] Dies führt zu einer Unterscheidung zwischen Verbraucherreiseverträgen und Nichtverbraucherreiseverträgen.

a) Verbraucherverträge

Für Reiseverträge, die von Verbrauchern i. S. des § 1 abgeschlossen werden, ist neben § 31 c Abs. 1 auch § 6 zu beachten[1180], dessen Regelungen sich mit § 31 c Abs. 1 bezüglich Preiserhöhungen zum Teil überschneiden und die Zulässigkeit von Preiserhöhungen noch weiter einschränken. Danach gilt folgendes:

1177 Graziani-Weiss, Reiserecht, S. 41; Enthofer, a. a. O.
1178 Graziani-Weiss, a. a. O.
1179 Dessulemoustier-Bovekercke, JAP 1993/94, 251 (253).
1180 Dies ergibt sich neben dem allgemeinen Aufbau des KSchG auch aus Satz 2 des § 31 c Abs. 1, wonach auch „die allgemeinen Grenzen der Zulässigkeit einer solchen Vertragsbestimmung" zu beachten sind.

Wird der Reiseveranstaltungsvertrag innerhalb von zwei Monaten vor der Abreise geschlossen, so kann der Veranstalter den Preis nur erhöhen, wenn er eine entsprechende Klausel einzeln mit dem Verbraucher ausgehandelt hat (§ 6 Abs. 2 Ziff. 4).[1181] Eine Preiserhöhung innerhalb von 20 Tagen vor Abreise ist überhaupt nicht zulässig, kann daher auch nicht ausgehandelt werden (§ 31 c Abs. 1 S. 1). Sofern sich nach diesen Regeln eine generelle Zulässigkeit zur Preiserhöhung ergibt, darf der Veranstalter den Preis nur anheben, wenn die Erhöhung auf Umstände zurückzuführen ist, auf welche der Veranstalter keinen Einfluß hat, der Vertrag auch eine entsprechende Preisreduzierung bei Senkung der Drittkosten vorsieht und genaue Angaben zur Berechnung des neuen Preises enthält (§ 6 Abs. 1 Ziff. 5). Als die Erhöhung rechtfertigende Drittkosten kommen nur die in § 31 c Abs. 1 S. 2 aufgezählten Posten in Betracht, mit Ausnahme der Beförderungskosten, da hier der Veranstalter Einfluß auf die Höhe haben kann.[1182]

b) Verträge mit Nichtverbrauchern

Für Reisende, die nicht Verbraucher i. S. des § 1 sind, ergibt sich die Rechtslage dagegen allein aus § 31 c Abs. 1. Auf den Einfluß des Veranstalters auf die Änderung der die Preisänderung begründenden Umstände kommt es daher nicht an.[1183] Liegen die Voraussetzungen des § 31 c Abs. 1 vor, so ist ein einzelnes Aushandeln der Preiserhöhung nicht erforderlich, gleichgültig, ob der Abreisetermin weniger oder mehr als zwei Monate entfernt ist. Preiserhöhungen ab dem zwanzigsten Tag vor der Abreise sind aber auch hier nicht erlaubt, gleich, auf welche Weise die Preisänderungsvereinbarung zustande kommt.

Die Umsetzung der Pauschalreise hat mithin zu einer Aufspaltung der Rechtslage hinsichtlich nachträglicher Preisänderungen geführt: Für Verbraucher, die keine Pauschalreise i. S. des § 31 b Abs. 2 Ziff. 1 buchen, sondern beispielsweise ein Ferienhaus mieten, bleibt es bei den Regelungen des § 6 Abs. 1 Ziff. 5 und des § 6 Abs. 2 Ziff. 4. Für Reisende i. S. des § 31 b Abs. 2, die zugleich Verbraucher i. S. des § 1 sind, gelten § 31 c Abs. 1 und §§ 6 Abs. 1 Ziff. 5, Abs. 2 Ziff. 4 nebeneinander. Für Geschäftsreisende gilt nur § 31 c Abs. 1. Für Reisen-

---

1181 Eine im einzelnen ausgehandelte, aufgrund echter freier Vereinbarung entstandene Vertragsklausel ist aber bei Massengeschäften wie der Buchung einer Pauschalreise regelmäßig nicht gegeben, Graziani-Weiss, Reiserecht, S. 73. Zudem spricht nach h. M. die Aufnahme einer entsprechenden Klausel in die Allgemeinen Reisebedingungen (ARB) gegen ein freies Aushandeln, vgl. Koziol/Welser, Grundriß I, S. 519.

1182 Dessulemoustier-Bovekercke, JAP 1993/94, 251 (253); Riedler, ecolex 1994, 149 (150 f.); Graziani-Weiss, Reiserecht, S. 76.

1183 EB, S. 8.

de, die weder Verbraucher noch Pauschalreisende sind, sind lediglich die allgemeine Sittenwidrigkeitsgrenze des § 879 ABGB sowie der Rechtsbehelf der laesio enormis nach § 934 ABGB für die Beurteilung von Preisänderungsklauseln heranzuziehen.[1184]

Reisende, die zugleich Verbraucher i. S. des § 1 sind, werden somit in größerem Ausmaß vor nachträglichen Preisänderungen geschützt als andere Reisende. Dasselbe gilt für pauschalreisende Unternehmer im Verhältnis zu Unternehmern, die einen getrennten Beförderungs- und Beherbergungsvertrag oder einen anderen Vertrag abschließen. Die Umsetzung der Richtlinienvorschrift über nachträgliche Preisänderungen hat also, insbesondere für Verbraucher, zu einer unübersichtlichen und komplizierten Regelung geführt.

V. Leistungsänderungen

1. Art. 4 Abs. 5 RL

Die Bestimmung regelt die Rechtsfolgen einseitiger „erheblicher" Leistungsänderungen, zu denen sich der Veranstalter vor Antritt der Reise „gezwungen sieht". Betrifft die Änderung einen „wesentlichen Bestandteil des Vertrages, zu denen auch der Preis gehört", ist der Verbraucher „so bald wie möglich" darüber zu informieren, um ihm die Möglichkeit zu geben, kostenlos vom Vertrag zurückzutreten oder die Änderung zu akzeptieren. Seine Entscheidung hat der Verbraucher dem Reiseveranstalter so bald wie möglich mitzuteilen. Nicht geregelt und daher den Mitgliedstaaten zur Regelung überlassen sind die Rechtsfolgen bei nicht rechtzeitiger Mitteilung der erheblichen Änderung bzw. der Entscheidung des Verbrauchers an den Reiseveranstalter.

2. § 31 c Abs. 2 KSchG

Auch in diesem Punkt wird die Richtlinie wieder sehr wörtlich übernommen. § 31 c Abs. 2 S. 1 lautet:

„Ändert der Veranstalter – soweit ihm gesetzliche oder vertragliche Bestimmungen dieses Recht geben – vor der Abreise wesentliche Bestandteile des Vertrags, etwa auch den Preis, erheblich, so hat der Reisende die Wahl, die Vertragsänderung anzunehmen oder vom Vertrag zurückzutreten, ohne zur Zahlung einer Vertragsstrafe oder eines Reugeldes verpflichtet zu sein."

1184 Graziani-Weiss, Reiserecht, S. 72 f; Schuhmacher/Tüchler, VuR 1995, 418 (419).

Dabei muß die Mitteilung des Veranstalters an den Reisenden nach Satz 2 – im Einklang mit den Vorgaben der Richtlinie – „unverzüglich“, also ohne schuldhaftes Zögern“[1185] erfolgen; gleiches gilt für die Entscheidung des Reisenden. Nicht geregelt ist die Frage, was geschehen soll, wenn der Reisende sein Wahlrecht nicht unverzüglich ausübt. Nach den EB greifen in diesem Falle die allgemeinen Verzugsregeln ein.[1186]

Im Unterschied zur Richtlinie stellt das KSchG nicht auf einen faktischen (wirtschaftlichen) Zwang, sondern – weitergehend – auf ein Recht zur Leistungsänderung ab.[1187] Da das österreichische Recht keine gesetzliche Befugnis zu einer einseitigen Änderung wesentlicher Vertragsbestandteile kennt, bezieht sich § 31 c Abs. 2 nur auf vertragliche Leistungsänderungsvorbehalte.[1188]

Wie im Falle nachträglicher Preisänderungen ist auch hier zwischen Verbraucher- und Nichtverbrauchergeschäften zu unterscheiden.

a) Verbraucherverträge

Für Verbraucher sind wiederum die Bestimmungen des I. Hauptstückes ergänzend heranzuziehen. Gemäß § 6 Abs. 2 Ziff. 3 sind einseitige Leistungsänderungsklauseln in AGB nur zulässig, wenn die Vertragsabweichung dem Verbraucher zumutbar ist, insbesondere, weil sie geringfügig und sachlich gerechtfertigt ist. § 31 c Abs. 2 setzt aber eine erhebliche Änderung wesentlicher Vertragsbestandteile für die Ausübung des Rücktrittsrechts voraus. Eine erhebliche Leistungsänderung kann jedoch bei Verbraucherverträgen nur vorgenommen werden, wenn sie im einzelnen ausgehandelt wurde, § 6 Abs. 2. Dies wird indes bei Reiseveranstaltungsverträgen praktisch nie der Fall sein.[1189] Bei Verbraucherverträgen kann ein einseitiger Leistungsänderungsvorbehalt bezüglich erheblicher

---

1185 § 919 ABGB. Der Terminus „sobald wie möglich“ wurde zu Recht mit „unverzüglich“ übersetzt und so eine Übereinstimmung mit der österreichischen Terminologie hergestellt.

1186 EB, S. 9. In der Literatur wird dies jedoch überwiegend anders gesehen, wobei meist davon ausgegangen wird, daß die zulässigerweise vorgenommene Änderung Vertragsinhalt wird, so Schuhmacher/Tüchler, VuR 1995, 418 (421); Graziani-Weiss, Reiserecht, S. 83; M. Bydlinski in Schuhmacher, Verbraucherschutz in Österreich, S. 211 (222); Mayrhofer, ZfRV 1995, 229 (233).

1187 Der Grund hierfür liegt nach den EB, S. 7, darin, daß die Tatbestandsformulierung der Richtlinie („gezwungen sieht“) „kaum in das (österreichische) Zivilrecht einzuordnen“ sei. Da die Richtlinie an ein faktisches Verhalten des Reiseveranstalters anknüpft und nicht an ein rechtmäßiges, ist § 31 d Abs. 1 in diesem Punkt nicht richtlinienkonform.

1188 Dessulemoustier-Bovekercke, JAP 1993/94, 251 (253).

1189 Graziani-Weiss, Reiserecht, S. 77.

Änderung wesentlicher Vertragsbestandteile daher nicht wirksam vereinbart werden.[1190] § 31 c Abs. 2 kann somit mangels zulässiger Vereinbarung der erheblichen Leistungsänderung bei Verbraucherreiseverträgen und damit bei der überwiegenden Zahl von Reiseverträgen keine Anwendung finden.[1191] Zudem steht die Regelung auch im Falle eines freien Aushandelns einer erheblichen Änderung im Widerspruch zu § 6 Abs. 2 Ziff. 3: Selbst wenn der Veranstalter eine Möglichkeit zur Leistungsänderung, etwa eine Preiserhöhungsvereinbarung, mit dem Verbraucher im einzelnen ausgehandelt hat und daher eine erhebliche Änderung vornehmen dürfte, kann der Verbraucher nach § 31 c Abs. 2 ohne weiteres und kostenlos von dem Vertrag zurücktreten. Warum sollte sich der Veranstalter die Mühe machen, eine derartige Vereinbarung auszuhandeln?[1192]

b) Reiseveranstaltungsverträge

Für Reisende, die nicht Verbraucher i. S. des § 1 sind, ist die Regelung des § 31 Abs. 2 dagegen ohne Einschränkung anzuwenden.

c) Sonstige Reiseverträge

Die allgemeine Bestimmung des § 879 ABGB gilt schließlich für Reisende, die weder Verbraucher noch Pauschalreisende i. S. der §§ 31 b ff. sind. In den Grenzen des § 879 ABGB kann sich der Unternehmer durch individuelle Vereinbarung auch die erhebliche Änderung wesentlicher Vertragsbestandteile vorbehalten.[1193]

Die Aufspaltung der Rechtslage bezüglich der Möglichkeit einer einseitigen Abänderung der vereinbarten Leistung und die dadurch verursachte Unübersichtlichkeit der verschiedenen Rechtsquellen ist also auch hier zu beobachten. Zudem zeigen sich die Folgen des übermäßigen „Gehorsams“ des österreichischen Gesetzgebers, der, um die vollständige Umsetzung der Richtlinie sicherzustellen, eine Vorschrift geschaffen hat, die mit den bereits existierenden nationalen Vorschriften nicht harmoniert: Einen echten Anwendungsbereich hat die Bestimmung des § 31 c Abs. 2 nur bei Geschäftsreisen; die von der Richtlinie anvisierte typische Urlaubsreise wird hingegen nicht erfaßt. Bei Reiseveranstaltungsverträgen sind nachträgliche Leistungsänderungen, wie beispielsweise Preiserhöhungen, trotz Aushandelns im Ergebnis nicht wirksam durchsetzbar, während bei an-

1190 Enthofer, Reiserecht, S. 7 (18); Dessulemoustier-Bovekercke, JAP 1993/94, 251 (253).
1191 Enthofer, a. a. O.; Dessulemoustier-Bovekercke, a. a. O.
1192 Zutreffend Graziani-Weiss, Reiserecht, S. 78.
1193 Riedler, ecolex 1994, 149 (151).

deren Verträgen, etwa Verträgen über einfache Beförderungsleistungen, einzeln ausgehandelte Leistungsänderungen auch in erheblichem Umfang vorgenommen werden dürfen. Ein sachlicher Grund für die unterschiedliche Behandlung dieser Fälle ist nicht ersichtlich.

VI. Reisendenwechsel

1. Art. 4 Abs. 3 RL

„Ist der Verbraucher daran gehindert", die Pauschalreise anzutreten, so ist er berechtigt, dem Veranstalter einen anderen Reisenden bekannt zu geben, sofern dieser alle Erfordernisse – etwa notwendige Impfungen oder Tropentauglichkeit – für die Reise erfüllt. Der Richtliniengeber läßt offen, ob für den Verbraucher tatsächlich ein objektiver Hinderungsgrund vorliegen muß oder ob auch der subjektive Willensentschluß des Verbrauchers genügt. Der Wortlaut des Richtlinientextes scheint auf objektiv vorhandene Hinderungsgründe abzustellen.[1194] Auch die Kommission nahm eine Verhinderung nur bei schwerwiegenden Gründen an, worunter Trauerfall oder Krankheit des Reisenden zu verstehen seien.[1195] Allerdings spricht die in der Richtlinie angeordnete Rechtsfolge einer gesamtschuldnerischen Haftung des Reisenden und des Dritten für eventuelle Mehrkosten sowie das noch nicht entrichtete vertragliche Entgelt eher dafür, daß es auf eine tatsächliche Verhinderung des Reisenden nicht ankommt, da dem Veranstalter durch den Wechsel kein Nachteil entstehen kann.[1196]

2. § 31 c Abs. 3 KSchG

Der österreichische Gesetzgeber hat in § 31 c Abs. 3 den Text der Richtlinie nahezu wörtlich übernommen. Insbesondere erfolgte keine Klarstellung bezüglich des Tatbestandsmerkmals der „Verhinderung" des Reisenden. Die Ansichten, was unter Verhinderung im Sinne des § 31 c Abs. 3 zu verstehen ist, gehen auseinander. Teilweise wird angenommen, es genüge, wenn das Interesse des Reisenden an einer Übertragung des Vertragsverhältnisses das des Veranstalters am Festhalten des Reisenden an seinen vertraglichen Verpflichtungen überwiege.[1197] Begründet wird diese Auffassung damit, daß die Stellung des Veranstalters durch

---

1194 Graziani-Weiss, Reiserecht, S. 39.
1195 ABl EG 1988 Nr. C 96, S. 7.
1196 M. Bydlinski in Schuhmacher, Verbraucherschutz in Österreich, S. 211 (220, Fn 17); Meyer/Kubis, TranspR 1991, 411 (413).
1197 Apathy, RdW 1994, 234 (235).

den Reisendenwechsel kaum beeinträchtigt werde: Zum einen hafte der Übertragende neben dem Erwerber für das noch ausstehende Entgelt und die durch die Übertragung eventuell entstehenden Mehrkosten, zum anderen sei dem Veranstalter die Person des Reisenden in der Regel gleichgültig.[1198] Nach dieser Ansicht ist der Begriff der „Verhinderung" somit weit zu interpretieren[1199]: Es genügt, daß der Reisende nicht mehr an der Reise teilnehmen will.[1200] Abweichend hiervon wird vertreten, daß der Reisende nur dann an der Reise gehindert sei, wenn er aus einem schwerwiegenden Grund nicht teilnehmen könne.[1201] Als solche werden etwa ein Trauerfall, ein Unfall sowie gesundheitliche Hinderungsgründe genannt.[1202] Die EB nehmen keine Stellung zum Begriff der „Verhinderung".

VII. Schadensersatzanspruch des Reisenden bei Stornierung der Reise durch den Veranstalter

1. Art. 4 Abs. 6 RL

Bei einer Stornierung der Reise durch den Veranstalter oder bei Rücktritt des Reisenden wegen erheblicher Leistungsänderungen hat der Verbraucher nach Art. 4 Abs. 6 die Wahl zwischen der Teilnahme an einer anderen gleich- oder höherwertigen Pauschalreise und der Rückerstattung der bereits geleisteten Beträge. Daneben hat der Verbraucher in beiden Fällen Anspruch auf „Entschädigung wegen Nichterfüllung des Vertrages", es sei denn, die Stornierung erfolgte wegen Nichterreichens der vereinbarten Mindestteilnehmerzahl oder aufgrund höherer Gewalt. Der Begriff der höheren Gewalt wird vom Richtliniengeber definiert als „ungewöhnliche oder unvorhersehbare Ereignisse, auf die derjenige, der sich auf höhere Gewalt beruft, keinen Einfluß hat und deren Folgen trotz Anwendung der gebotenen Sorgfalt nicht hätten vermieden werden können; hierzu zählt jedoch nicht die Überbuchung."

2. § 31 d KSchG

Die Vorschrift normiert die Rechte des Reisenden für den Fall der Stornierung der Reise durch den Veranstalter und gibt dabei Art. 4 Abs. 6 der Richtlinie fast

1198 Apathy, a. a. O.; Graziani-Weiss, Reiserecht, S. 85.
1199 Schuhmacher/Tüchler, VuR 1995, 418 (421); Enthofer, Reiserecht, S. 7 (19).
1200 Zweifelnd Kosesnik-Wehrle, KSchG, § 31 c, Rn 22.
1201 Dessulemoustier-Bovekercke, JAP 1993/94, 251 (254).
1202 Dessulemoustier-Bovekercke, JAP 1993/94, 251 (254).

wortwörtlich wieder. Absatz 1 ordnet an, daß der Reisende bei eigenem Rücktritt, oder wenn der Veranstalter die Reiseveranstaltung „storniert", „anstelle der Rückabwicklung des Vertrages durch Rückerstattung aller geleisteten Zahlungen" auch „dessen Erfüllung durch die Teilnahme an einer anderen gleichwertigen Reise verlangen kann." Im zweiten Falle muß der Veranstalter allerdings zur Erbringung dieser Leistung „in der Lage sein."[1203]

Der Terminus „Stornierung" ist dem österreichischen Recht fremd.[1204] Im geschäftlichen Verkehr wird dem Ausdruck „Storno" oder „Stornierung" der Sinn „Auflösung" oder „Rückgängigmachung" des Vertrages beigemessen.[1205] Dies würde bedeuten, daß im Falle der Stornierung des Reiseveranstaltungsvertrages durch den Veranstalter der Vertrag aufgelöst würde und rückabzuwickeln wäre. Gemäß § 31 d Abs. 1 S. 1 bezahlt der Reisende bei der Wahl einer Ersatzreise aber den ursprünglichen Reisepreis und erhält eine gleichwertige vertragliche Leistung. Entgegen dem Wortlaut des § 31 d Abs. 1, der als Rechtsfolge der Stornierung ebenso wie beim Rücktritt des Reisenden die „Abwicklung" des Vertrages vorsieht, wird der Reisevertrag also durch die Stornoerklärung des Veranstalters nicht aufgehoben, sondern erst, wenn der Reisende sich für eine Rückerstattung seiner geleisteten Zahlungen entscheidet.[1206] Anderenfalls erhält der Reisende einen erweiterten Erfüllungsanspruch.[1207] Der Sache nach handelt es sich daher nicht um eine Vertragsauflösung von seiten des Veranstalters, sondern um die Ablehnung der Vertragserfüllung.[1208] Auch der Gesetzgeber ging davon aus, daß der Vertrag durch die Stornierung „nicht gänzlich beseitigt wird."[1209] Vielmehr werde „der im Abwicklungsstadium stehende Vertrag" durch das Verlangen des Reisenden nach einer Ersatzreise „wieder aktiviert", der Reisende erhalte „einen anderen Hauptleistungsanspruch", der Veranstalter bekomme „wieder das Recht, das Entgelt zu behalten."[1210] Der österreichische Gesetzgeber hätte den Begriff daher besser mit „Ablehnung der weiteren Vertragserfüllung" bzw. mit „Weigerung der Vertragserfüllung" übersetzt.[1211]

Zusätzlich hat der Reisende nach Absatz 2 Anspruch auf Schadenersatz wegen Nichterfüllung des Vertrages, außer in den Fällen des Nichterreichens der er-

---

1203 Nach den EB, S. 9, ist dies der Fall, wenn der Veranstalter die Ersatzreise noch in seinem Programm anbietet und diese noch nicht ausgebucht ist.
1204 Graziani-Weiss, Reiserecht, S. 90.
1205 Reischauer in Rummel, ABGB I, § 909, Rn 11.
1206 Mayrhofer, ZfRV 1995, 229 (235).
1207 Graziani-Weiss, Reiserecht, S. 91.
1208 Wilhelm, ecolex 1994, 145; Kosesnik-Wehrle, KSchG, § 31 d, Rn 3.
1209 EB, S. 9.
1210 EB, a. a. O.
1211 Graziani-Weiss, Reiserecht, S. 90. Kritisch auch Mayrhofer, ZfRV 1995, 229 (235).

forderlichen Mindestteilnehmerzahl oder der höheren Gewalt, wobei die normierten Ausnahmen wortgleich aus der Richtlinie übernommen wurden. Im Anschluß an den Richtlinientext wird höhere Gewalt definiert als ein „ungewöhnliches oder unvorhersehbares Ereignis, auf das der Veranstalter keinen Einfluß hat und dessen Folgen trotz Anwendung der gebotenen Sorgfalt nicht hätten vermieden werden können; hierzu zählt jedoch nicht die Überbuchung".

Diese Definition entspricht nicht jenem Verständnis der vom Zufall verschiedenen höheren Gewalt, wie es für andere österreichische Gesetze maßgebend ist.[1212] Höhere Gewalt wird in diesen vielmehr umschrieben als „ein von außen einwirkendes elementares Ereignis, das auch durch die äußerste zumutbare Sorgfalt nicht zu verhindern war und so außergewöhnlich ist, das es nicht als typische Betriebsgefahr anzusehen ist."[1213] Beispielsweise werden schwere Naturkatastrophen, ungewöhnliche Handlungen Dritter und selbstmörderische Handlungen des Verletzten unter den Begriff der höheren Gewalt subsumiert.[1214] Dieses Verständnis der höheren Gewalt liegt zahlreichen österreichischen Haftpflichtgesetzen zugrunde, etwa § 1 a Abs. 3 Ziff. 3 RHPflG, § 26 Abs. 4 WRG, § 9 AtomHG und § 12 RohrlG, wobei in den beiden letzteren eine abschließende Aufzählung der Fälle höherer Gewalt erfolgt. Das ABGB, insbesondere das Vertragsrecht, kennt hingegen den Begriff der höheren Gewalt nicht.[1215]

Die Bezeichnung "höhere Gewalt" in Art. 4 weist also im Unterschied zum österreichischen Recht nicht das Merkmal „von außen kommendes Ereignis" auf. Für den Ausschluß der Haftung nach der Richtlinie ist somit nicht erforderlich, daß das schädigende Ereignis außerhalb der Betriebsphäre des Reiseveranstalters stammt. Die eurpäische Definition ist folglich weiter als die österreichische.

Die wörtliche Übernahme der von der Richtlinie vorgegebenen Definition hat zur Folge, daß der Begriff der höheren Gewalt innerhalb der österreichischen Rechtsordnung keinen einheitlichen Bedeutungsgehalt mehr aufweist. Hier zeigt sich deutlich die fehlende Abstimmung der europarechtlichen Vorgaben mit dem innerstaatlichen Recht, insbesondere die mangelnde Einpassung in das Vertragsrecht des ABGB.[1216] Vorzugswürdig wäre eine gesetzgeberische Lösung gewesen, die die einzelnen Tatbestandsmerkmale der Definition aus der Pauschalreiserichtlinie unter Vermeidung des Terminus „höhere Gewalt" übernommen hätte, um zu verhindern, daß dieser Begriff in verschiedenen Gesetzen ganz unter-

1212 Apathy in Schwimann, ABGB VI, § 31 d KSchG, Rn 10.
1213 Koziol, Haftpflichtrecht II, S. 421.
1214 Koziol, Haftpflichtrecht II, S. 421.
1215 Graziani-Weiss, Reiserecht, S. 98.
1216 Graziani-Weiss, Reiserecht, S. 99.

schiedliche Bedeutungen hat.[1217] Eine solche Lösung wäre dennoch richtlinienkonform gewesen.

VIII. Leistungsstörungen nach der Abreise

1. Art. 4 Abs. 7 und Art. 5 Abs. 4 RL

Leistungsstörungen nach der Abreise sind in Art. 4 Abs. 7 geregelt. Aus welchem Grund der Veranstalter die Leistung nicht erbringen kann, ist dabei gleichgültig. Den Veranstalter trifft zunächst eine Pflicht zur Abhilfe: Er hat, ohne daß daraus eine finanzielle Mehrbelastung für den Verbraucher resultieren darf, „angemessene Vorkehrungen“ zu treffen, damit die Pauschalreise weiter durchgeführt werden kann. Lehnt der Reisende dies "aus triftigen Gründen" ab oder ist Abhilfe nicht möglich, muß der Veranstalter den Reisenden ohne zusätzliche Kosten zurückbefördern. Der Verbraucher muß nach Art. 5 Abs. 4 Mängel der Erfüllung, die er an Ort und Stelle feststellt, schriftlich oder in einer anderen geeigneten Form dem Veranstalter und dem betreffenden Leistungsträger mitteilen. Auf die Rügeobliegenheit ist im Vertrag klar und deutlich hinzuweisen.

2. § 31 e KSchG

Die Vorschrift entspricht inhaltlich den Vorgaben der Richtlinie, wobei sich der österreichische Gesetzgeber wiederum eng an den Wortlaut der Richtlinie gehalten hat. Zusätzlich zu den von der Richtlinie übernommenen Rechtsbehelfen – Abhilfe oder kostenlose Rückbeförderung – hat der österreichische Gesetzgeber eine besondere Fürsorgepflicht des Veranstalters normiert[1218]: Dieser hat dem Reisenden zur Überwindung von Schwierigkeiten „nach Kräften Hilfe zu leisten.“ Die Regelung hat jedoch nach allgemeiner Meinung keine über die sich bereits aus allgemeinen österreichischen Regeln über vertragliche Schutz- und Sorgfaltspflichten ergebende hinausgehende Bedeutung.[1219] Im übrigen stellen die spezifischen Pflichten des Veranstalters nach § 31 e, die nach dem Vorbild der Richtlinie gestaltet wurden, nach dem erklärten Willen des österreichischen

1217 Zutreffend Apathy, RdW 1994, 234 (236). Ebenso Graziani-Weiss, Reiserecht, S. 98 und Mayrhofer, ZfRV 1995, 229 (237). Der deutsche Gesetzgeber verwendet in § 651 j BGB den Begriff der höheren Gewalt, ohne die Definition der Richtlinie zu übernehmen. Der Einklang mit dem allgemeinen haftungsrechtlichen Verständnis des Begriffes wird dadurch gewahrt.

1218 Graziani-Weiss, Reiserecht, S. 105.

1219 Dessulemoustier-Bovekercke, JAP 1993/94, 251 (255).

Gesetzgebers „bloß eine Präzisierung der ihn ohnedies nach allgemeinen Regeln treffenden Pflichten" dar.[1220] Weitere Ausführungen zum näheren Verhältnis zwischen den allgemeinen Regeln nach §§ 922 ff. ABGB und § 1167 ABGB macht der Gesetzgeber allerdings nicht.

Entsprechend Art. 5 Abs. 4 der Richtlinie statuiert § 31 Abs. 2 eine Rügeobliegenheit des Reisenden; eine unterlassene Rüge läßt die Gewährleistungsansprüche aber unberührt, worüber der Reisende vom Veranstalter schriftlich zu belehren ist. Die Verletzung der Rügeobliegenheit kann dem Verbraucher aber als Mitverschulden i. S. des § 1304 ABGB angerechnet werden.[1221]

IX. Haftungsfreizeichnung

1. Art. 5 Abs. 2 RL

Nach der Richtlinie haftet der Veranstalter für die ordnungsgemäße Erfüllung der vertraglichen Verpflichtungen. Die Haftung des Veranstaltung ist dabei als Verschuldenshaftung ausgestaltet:[1222] Gemäß Art. 5 Abs. 2 entfällt die Haftung des Veranstalters, wenn die Ursache für die Nichterfüllung beim Reisenden selbst oder bei einem an der Bewirkung der vertraglichen Leistung nicht beteiligten Dritten liegt oder wenn die „Versäumnisse .... auf ein Ereignis zurückzuführen sind, das der Veranstalter und/oder Vermittler bzw. der Leistungsträger trotz aller gebotenen Sorgfalt nicht vorhersehen oder abwenden konnte." Auch für höhere Gewalt haftet der Reiseveranstalter nicht.

Eine vertragliche Begrenzung der Haftung ist nur unter zwei Voraussetzungen möglich:

Ist die Haftung durch internationale Abkommen beschränkt, darf die Haftung auf die in diesen Abkommen vorgesehenen Höchstgrenzen begrenzt werden.[1223]

Bei anderen als Personenschäden können die Mitgliedstaaten eine vertragliche Haftungsbeschränkung zulassen; diese darf allerdings „nicht unangemessen" sein.

1220 EB, S. 9. In Deutschland werden die §§ 651 c ff. BGB dagegen als abschließende Sonderregelung betrachtet, vgl. Palandt-Sprau, Vorbem. v. §§ 651 c-g, Rn 1, 9.

1221 Apathy, RdW 1994, 234 (237); Kosesnik-Wehrle, KSchG, § 31 e, Rn 9.

1222 So zutreffend Graziani-Weiss, Reiserecht, S. 51; M. Bydlinski in Schuhmacher, Verbraucherschutz in Österreich, S. 211 (223).

1223 Art. 5 Abs. 2 S. 3. In Betracht kommt etwa das Warschauer Abkommen von 1929 i. d. F. BGBl. 1958 II; S. 291.

2. § 31 f Abs. 1 KSchG[1224]

§ 31 f Abs. 1 erweitert die Regelung des § 6 Abs. 1 Ziff. 9 auf alle Reiseveranstaltungsverträge, insbesondere auch auf solche, die nicht mit einem Verbraucher i. S. des § 1 geschlossen werden. Dies bedeutet zum einen, daß der Reiseveranstalter für alle Körperschäden unbeschränkt haftet, zum anderen, daß bei Sachschäden ein vertraglicher Haftungsausschluß nur für leicht fahrlässig verursachte Schäden zulässig ist. Darüber hinausgehende Vertragsbestimmungen sind also nichtig, wobei es sich wie bei § 6 um eine relative Nichtigkeit handelt, die vom Verbraucher geltend zu machen ist.[1225] Das Freizeichnungsverbot bezieht sich nur auf vertragliche Regelungen; gesetzliche Haftungsbeschränkungen bleiben unberührt.[1226]

Für Pauschalreisende, die nicht Verbraucher im Sinne des KSchG, sondern Geschäftsreisende sind, bewirkt die Bestimmung eine einschneidende Verbesserung ihrer Rechtsposition gegenüber anderen Unternehmern, da ihnen die zwingende Haftung des Reiseveranstalters auch für leicht fahrlässige Personenschäden und damit der sonst nur für Verbraucher bestehende Schutzstandard des § 6 Abs. 1 Ziff. 9 zugute kommt. Demgegenüber beurteilt sich bei jenen Reiseverträgen, die die Legaldefinition des § 31 b Abs. 2 Ziff. 1 nicht erfüllen – etwa bei getrenntem Beförderungs- und Beherbergungsvertrag – die Freizeichnung für leicht fahrlässig verursachte Personenschäden oder grob fahrlässig verursachte Sachschäden nach der allgemeinen Sittenwidrigkeitsgrenze des § 879 ABGB.[1227] Beispielsweise ist der Haftungsausschluß gegenüber einem Hotelgast, der durch die Vernachlässigung eines Geländers vom Balkon stürzt, unwirksam, wenn der Gast den Hotelaufenthalt in einem Reisebüro gemeinsam mit der Anreise gebucht

---

1224 Die Vorschrift wurde durch BGBl I 1997/6 ebenso wie § 6 Abs. 1 Ziff. 9 novelliert. Vor dem 1. 1. 1997 waren Vertragsbestimmungen, durch die sich ein Unternehmer von der Haftung für Personenschäden befreien wollte, selbst in Verbraucherverträgen unbedenklich, solange sich die Freizeichnung auf fahrlässig verursachte Schäden bezog. Bei Reiseveranstaltungsverträgen waren derartige Haftungsbeschränkungen oder -ausschlüsse bereits seit dem 1. 5. 1994 nach § 31 f Abs. 1 unwirksam. Der dadurch verursachte Wertungswiderspruch zwischen Pauschalreiseverträgen und sonstigen Verbraucherverträgen wurde in der Literatur heftig kritisiert; vgl. nur Apathy, RdW 1994, 234 (238); Graziani-Weiss, Reiserecht, S. 111 f. Durch die Novelle wurde dieser Wertungswiderspruch zwar innerhalb des KSchG beseitigt. Außerhalb des KSchG bleiben allerdings Haftungsfreizeichnungen für schuldhaft verursachte Personenschäden wirksam, vgl. dazu die sogleich folgenden Ausführungen.

1225 Graziani-Weiss, Reiserecht, S. 110.

1226 EB, S. 10.

1227 Riedler, ecolex 1994, 149 (153).

hat.[1228] Hat der Hotelgast dagegen das Hotelzimmer allein gebucht und reist er selbständig an, ist eine Haftungsfreizeichnung für leichte Fahrlässigkeit nicht von vornherein unzulässig.[1229] Dies ergibt sich schon aus dem Umstand, daß der Gesetzgeber in § 6 Abs. 1 Ziff. 9 und § 31 f Abs. 1 für Verbraucher und Reisende Sonderregelungen getroffen hat. Vielmehr ist in diesen Fällen auf die besonderen Umstände des Einzelfalles abzustellen.[1230] So hat der OGH entschieden, daß das bei einem Hotelschwimmbad angebrachte Schild „Benützung auf eigene Gefahr" zulässigerweise bewirke, daß dem Hotelgast für leichte Fahrlässigkeit nicht gehaftet werde.[1231] In der Literatur gehen die Meinungen über die Zulässigkeit einer Freizeichnung für leicht fahrlässig verursachte Personenschäden auseinander. Nach Ansicht von *Koziol*[1232] ist die individuell vereinbarte oder in AGB vorgenommene Freizeichnung für leicht fahrlässig verursachte Personenschäden bei entgeltlichen Geschäften schon de lege lata wegen Sittenwidrigkeit unzulässig. Nach *Apathy*[1233] ist ein Haftungsausschluß für Personenschäden bei entgeltlichen Verträgen zumindest dann sittenwidrig, wenn die vertragliche Hauptleistung den Schaden herbeiführt. Inwieweit eine Freizeichnung von der Haftung für grobe Fahrlässigkeit zulässig ist, wird in der Judikatur des OGH unterschiedlich beurteilt. Teilweise wird ein Haftungsausschluß für grobe Fahrlässigkeit bei Sachschäden für zulässig erachtet, sofern die Fahrlässigkeit nicht „kraß" ist, d. h., nach den Erfahrungen des täglichen Lebens und der redlichen Verkehrsübung nicht damit gerechnet werden mußte, daß durch das gesetzte Verhalten ein solcher Schaden eintreten werde.[1234] In anderen Fällen geht der OGH von der generellen Unzulässigkeit einer solchen Freizeichnung aus.[1235]

Die Vorschrift des § 31 f Abs. 1 bewirkt also einen gewissen Wertungswiderspruch, da ein und dasselbe Ereignis, je nachdem, ob es im Rahmen eines Reiseveranstaltungsvertrages oder im Rahmen eines nur auf eine Leistung beschränkten Vertrages eintritt, zu verschiedenen Haftungsfolgen führt.[1236]

Die Sonderregelung des § 31 f Abs. 1 führt auch zu einer Aufspaltung der Rechtslage, da die Frage der Freizeichnung für Personenschäden bzw. für grob

---

1228 EB, S. 10.

1229 EB, a. a. O.

1230 OGH SZ 57/184.

1231 OGH RZ 1980/3; OGH SZ 64/29 m. w. N.

1232 Haftpflichtrecht I, S. 542, 546, 550.

1233 Kommentar zum EKHG, § 10, Rn 2.

1234 OGH JBl 1967, 369; OGH SZ 52/57; OGH SZ 57/184; OGH JBl 1986, 168; OGH JBl 1986, 172; OGH ÖBA 1989, 89.

1235 JBl 1970, 201; SZ 41/139; JBl 1974, 473; JBl 1979, 483; JBl 1993, 397.

1236 Kosesnik-Wehrle, Konsumentenschutzgesetz, S. 190. Auch die EB, S. 10, weisen auf diesen Wertungswiderspruch hin, behalten aber eine Änderung einer weiteren KSchG-Novelle vor.

fahrlässig verursachte Schäden sich je nachdem, ob Vertragspartei ein Verbraucher, ein Geschäftsreisender oder ein sonstiger Unternehmer ist, nach unterschiedlichen Vorschriften beurteilt. Zudem besteht für Reisende, die nicht unter die §§ 31 b ff. fallen, sowie für andere Unternehmer eine erhebliche Rechtsunsicherheit, da hier stets eine Abwägung im Einzelfall erfolgt, während Pauschalreisende und Verbraucher ganz allgemein und grundsätzlich vor Haftungsfreizeichnungen geschützt werden. Reisende Unternehmer, die unter die §§ 31 b ff. fallen, werden somit in größerem Umfang geschützt als Unternehmer, die andere Verträge abschließen und daher überhaupt nicht unter das KSchG fallen.

X. Bewertung der Umsetzung

Die Umsetzung der Pauschalreiserichtlinie in das österreichische Recht erfolgte nur teilweise richtlinienkonform. Im Bereich des KSchG wurde die Richtlinie fast lückenlos umgesetzt. Unzulänglich ist dagegen die Regelung der Informationspflichten des Reiseveranstalters. Ihre Aufnahme in das Gewerberecht hat zur Folge, daß Verträge mit nichtgewerblichen Veranstaltern nicht berücksichtigt werden, obwohl nach der Richtlinie die Informationspflichten unterschiedslos auch in diesen Fällen gelten sollen.[1237]

Wie schon die Umsetzung der Verbraucherkreditrichtlinie hat die Transformation der Pauschalreiserichtlinie zu einer weiteren Zersplitterung des zivilrechtlichen Verbraucherschutzes geführt. Vor allem die Dreigleisigkeit der Umsetzung – einerseits im KSchG, andererseits in den beiden gewerberechtlichen Verordnungen, die schon bei der Verbraucherkreditrichtlinie zu beobachten war und ihre Ursache in der Vermengung von Verwaltungs- und Zivilrecht in der Richtlinie hat[1238], ist aus verbraucherschützender Sicht zu kritisieren.

Zwar hat die Regelung der sehr detaillierten Informationspflichten in einer gesonderten Verordnung den Vorteil, daß das Regelwerk der §§ 31 b ff. nicht zu Lasten der Verständlichkeit und Übersichtlichkeit überfrachtet wurde. Einen Nachteil stellt diese Regelungstechnik aber insofern dar, als der Verordnungstext in seiner jeweils geltenden Fassung für den Rechtsanwender schwerer auffindbar ist. Hier zeigen sich also die Folgen der Detailgenauigkeit und des umfassenden Regelungsanspruchs des EG-Richtliniengebers, die den nationalen Gesetzgeber, der um eine vollständige Umsetzung des Richtlinieninhaltes bemüht sein muß, zwingen, die Regelungsvorgaben der Richtlinie in gesonderten Gesetzestexten wiederzugeben, um die Systematik und die Regelungstechnik der bestehenden

1237 Dessulemoustier-Bovekercke, JAP 1993/94, 251 (258).
1238 Kosesnik-Wehrle, KSchG, vor § 31 b bis f, Rn 6.

Gesetzeswerke zu wahren: Die Anzahl der Gesetze nimmt zu, so daß dem Rechtsanwender das Auffinden der einschlägigen Normen erschwert wird.

Es erscheint daher angesichts des in solchen Fällen nur geringen Handlungsspielraums des nationalen Gesetzgebers überlegenswert, ob für solche Detailregelungen, wie sie der europäische Gesetzgeber in der Pauschalreiserichtlinie getroffen hat, die in den Mitgliedstaaten unmittelbar anwendbare Verordnung die angemessenere Regelungsform ist. Denn die mit der Transformation der Richtlinien in einem zweistufigen Verfahren erhofften Vorteile der größeren demokratischen Legitimation und der Möglichkeit eines systemgerechten Einbaus der Regelungen in das nationale Recht[1239] sind bei detaillierten Vorgaben, wie sie die Pauschalreiserichtlinie enthält, nur noch sehr gering.[1240] Die Verordnung bietet in solchen Fällen den Vorzug eines einheitlichen Gesetzestextes und -körpers, der zwar „unverbunden" neben dem nationalen Recht steht, aber in sich geschlossen und damit übersichtlicher und anwendungsfreundlicher ist und dessen einheitliche Auslegung in den Mitgliedstaaten durch den EuGH gesichert ist.

Besonders verwirrend ist der beschränkte und unterschiedliche Anwendungsbereich der neuen Reiserechtsnormen.[1241] Weder der Veranstalter noch die Reise werden in den verschiedenen Rechtsquellen übereinstimmend definiert, so daß in Österreich ungleiche rechtliche Bedingungen für Reiseveranstaltungen herrschen.[1242] Aus diesem Grund gelten die Informationspflichten nur für gewerbliche Veranstalter und dies nur, wenn die Reise länger als 24 Stunden dauert oder eine Übernachtung einschließt. Es ist nicht verständlich, warum die Teilnehmer einer Tagesreise ein geringeres Bedürfnis an vollständiger und umfassender Information über die Reisebedingungen oder nach Aufklärung über die Vertragsformalitäten haben sollten als andere Reisende, oder warum Reisende, die bei einem nicht gewerblichen Veranstalter buchen anders behandelt werden als diejenigen, die mit einem gewerblichen Veranstalter kontrahieren. Das von der Richtlinie vorgegebene Ziel, eine Irreführung des Reisenden zu verhindern und ihm klare und genaue Angaben zu erteilen, wird auf diese Weise nur eingeschränkt erreicht.[1243]

Zu kritisieren ist auch die Einordnung der Vorschriften über die Pauschalreise in das III. Hauptstück des KSchG. Die Vorgaben einer EG-Richtlinie sollten so umgesetzt werden, daß sie mit bereits bestehenden, verwandten Regelungen in

---

1239 Vgl. dazu bereits im ersten Teil der Arbeit die Ausführungen unter B. II. 2. a).

1240 Vgl. Müller-Graff in ders., Gemeinsames Privatrecht, S. 9 (61).; Remien, JZ 1992, 277 (282). S. auch die Ausführungen im ersten Teil der Arbeit unter B. II. 2. d).

1241 So auch Kosesnik-Wehrle, KSchG, vor § 31 b bis § 31 f, Rn 9.

1242 Enthofer, Reiserecht, S. 7 (23).

1243 Dessulemoustier-Bovekercke, JAP 1993/94, 251 (258).

Einklang gebracht werden.[1244] Der Reisevertrag ist ein Sondervertragstyp, der nach h. M. in Österreich als ein mit einer Geschäftsbesorgung verbundener Werkvertrag anzusehen ist.[1245] Systematisch vorzuziehen gewesen wäre daher – wie dies in Deutschland durch die Schaffung der §§ 651 a ff. BGB geschehen ist – eine Einfügung der Vorschriften im Anschluß an die §§ 1165 ff. ABGB, die den Werkvertrag behandeln.[1246] Dies um so mehr, als nicht nur „Verbrauchern", sondern auch Geschäftsreisenden Schutz gewährt werden soll, und es sich also in Wahrheit um allgemeines Zivilrecht handelt.[1247] Zutreffend verwendet der österreichische Gesetzgeber daher auch nicht den Begriff des „Verbrauchers", sondern den des Reisenden. Die vom Gesetzgeber angeführte Begründung, auch im EWR-Abkommen sei die Richtlinie im Anhang XIX „Verbraucherschutz" aufgeführt, die Richtlinie diene daher vorwiegend dem Verbraucherschutz[1248], genügt nicht, um einen Einbau von Vorschriften mit allgemeinem Geltungsumfang im KSchG zu rechtfertigen.[1249]

Der österreichische Gesetzgeber hat sich bei der Umsetzung der Richtlinie sehr eng an die Terminologie der Richtlinie angelehnt und großteils den Wortlaut des Richtlinientextes wiedergegeben. Insbesondere hat er es versäumt, Klarheit über die in der Richtlinie vorkommenden unbestimmten Rechtsbegriffe zu schaffen, sondern diese, wie etwa das Merkmal „gelegentlich" oder den Begriff der „Verhinderung" einfach übernommen. Dadurch ist er zwar seiner Umsetzungsverpflichtung nachgekommen, die Rechtsanwendung wird jedoch auf diese Weise mit Interpretationsschwierigkeiten belastet.[1250] So herrscht in der Literatur Uneinigkeit darüber, ob Privatpersonen oder Vereine als „Gelegenheitsveranstalter" zu betrachten sind[1251] und ob lediglich Krankheit oder ähnlich schwerwiegende Gründe den Reisenden an der Teilnahme hindern.[1252] Hier zeigt sich, daß durch das bloß wortwörtliche „Kopieren" eines Richtlinientextes Probleme bei der Auslegung europäisch geprägter Begriffe für den innerstaatlichen Rechtsanwender entstehen. Es wäre besser gewesen, der österreichische Gesetzgeber hätte selbst die Kriterien für eine „Verhinderung" oder für eine „nicht nur gele-

---

1244 Mayrhofer, ZfRV 1995, 229 (242).
1245 Vgl. die Ausführungen unter II.
1246 Graziani-Weiss, Reiserecht, S. 65; Kosesnik-Wehrle, Konsumentenschutzgesetz, S. 179.
1247 Wilhelm, ecolex 1992, 465.
1248 So die EB, S. 7.
1249 Graziani-Weiss, Reiserecht, S. 65 f.
1250 Enthofer, Reiserecht, S. 7 (23).
1251 S. oben unter III. 2. b).
1252 S. oben unter VI. 2.

gentliche“ Veranstaltung vorgegeben, anstatt die unbestimmten Gesetzesbegriffe einfach aus der Richtlinie abzuschreiben.[1253]

Zudem harmonieren die übernommenen Begriffe und Regelungen nicht immer mit den bereits bestehenden Rechtsnormen.[1254] So wird der Begriff der „höheren Gewalt“ im KSchG in Übereinstimmung mit dem europäischen Vorbild definiert und weist einen vom allgemeinen haftungsrechtlichen Verständnis abweichenden Bedeutungsgehalt auf, was der Einheit der österreichischen Rechtsordnung abträglich ist. Wiederum zeigt sich hier, daß die Begrifflichkeiten einer EG-Richtlinie nicht einfach abgeschrieben werden können, sondern der nationale Gesetzgeber die Begriffe entsprechend der innerstaatlichen Terminologie übersetzen muß, um dogmatische Brüche und Widersprüchlichkeiten zu vermeiden.

Unübersichtlich und kompliziert sind die Regelungen über nachträgliche Preis- und Leistungsänderungen, die sich aus dem Zusammenspiel von bereits bestehenden und neu geschaffenen Vorschriften ergeben. Für Nichtverbrauchergeschäfte liegen die Grenzen derartiger Änderungen einerseits im durch Auslegung der vertraglichen Vereinbarung ermittelten Ausmaß, andererseits in der Sittenwidrigkeit im Einzelfall. Für Verbrauchergeschäfte gelten die §§ 6 Abs. Ziff. 5 und Abs. 2 Ziff. 3 und 4 KSchG. Daneben gelten für Reisende die Bestimmungen des § 31 c Abs. 1 und 2 KSchG unabhängig davon, ob sie als Verbraucher zu qualifizieren sind oder nicht. Die nahezu wörtliche Umsetzung des Art. 4 Abs. 4 der Richtlinie hat folglich zu einer weiteren Aufspaltung des österreichischen Vertragsrechts bei Beurteilung derselben Sachfrage geführt; die bereits an anderer Stelle[1255] kritisierte Rechtsquellenvielfalt und die damit verbundene Zersplitterung des Vertragsrechts wird durch die Transformation der Richtlinie, die eine vom Verbraucher- und Unternehmerbegriff unabhängige Kategorie des Reisenden einführt, verstärkt. Verständlichkeit und Lesbarkeit des KSchG werden dadurch weiter erschwert, was bei einem Gesetz für Verbraucher, deren Schutz vor allem auch durch transparente Regelungen erreicht werden soll, besonders zu bedauern ist. Zudem ist ein sachliches Argument für die Sonderstellung der Reisenden nicht ersichtlich.[1256] Der Gesetzgeber hätte besser daran getan, im Zuge der Umsetzung der Richtlinienvorgaben für jeden Fall der nachträglichen Leistungsänderung in erheblichem Ausmaß ein freies Rücktrittsrecht zu normieren oder unzumutbare Änderungen generell für unzulässig zu erklären, um so die bisherige Rechtslage mit den neuen Bestimmungen inhaltlich abzustim-

1253 So formuliert etwa der deutsche Gesetzgeber in § 651 b BGB, daß der Reisende bis zum Reisebeginn „verlangen“ könne, daß statt seiner ein Dritter in die Rechte und Pflichten aus dem Reisevertrag eintritt. Der Angabe von Gründen bedarf es nicht.

1254 Enthofer, Reiserecht, S. 7 (23).

1255 Vgl. die Ausführungen im zweiten Teil der Arbeit unter B. V. 3

1256 Wukoschitz, RdW 1997, 264 (265); Graziani-Weiss, Reiserecht, S. 79.

men.[1257] Diese fehlende inhaltliche Abstimmung zeigt sich auch bei der Umschreibung der Rechtsfolgen unzulässiger Preiserhöhungen.[1258] Während § 6 Abs. 1 KSchG entsprechende Klauseln für „nicht verbindlich" erklärt, und damit nach h. M. die relative Nichtigkeit solcher Klauseln ausspricht, verwendet der Gesetzgeber in dem neuen § 31 c KSchG die Wendung „darf nicht vereinbart werden", ohne zu erläutern, ob damit auch inhaltlich etwas anders, etwa absolute Nichtigkeit, gemeint ist.[1259] Die Zersplitterung des Vertragsrechts sowie eine sachlich nicht gerechtfertigte Sonderstellung reisender Unternehmer sind auch bei der Frage der Haftungsfreizeichnung zu kritisieren. Auch bei der Regelung nachträglicher Leistungsstörungen hat sich der österreichische Gesetzgeber streng an die Vorgaben der Richtlinie gehalten und eine inhaltliche Abstimmung mit dem allgemeinen Leistungsstörungsrecht versäumt.[1260]

Insgesamt ist festzuhalten, daß der österreichische Gesetzgeber bei der Umsetzung der Pauschalreiserichtlinie auf bereits bestehende Regelungszusammenhänge und Begrifflichkeiten nur wenig Rücksicht genommen hat[1261], was zum Teil auf die detaillierte Ausgestaltung der Richtlinie, zum Teil aber auch darauf zurückzuführen ist, daß die Chance, Unklarheiten zu konkretisieren und über die Richtlinienvorgaben hinausgehende Fragen, etwa die Einbeziehung der Ferienhausmiete in den sachlichen Anwendungsbereich oder die Normierung eines Schadensersatzanspruchs wegen vertaner Urlaubszeit[1262], zu kodifizieren, nicht genutzt wurde.[1263]

E. Die Umsetzung der Time-Sharing-Richtlinie in Österreich

I. Ziel und Regelungsschwerpunkte der Richtlinie

Ziel der Richtlinie ist die Schaffung eines gemeinsamen Verbraucherschutzmindeststandards beim Erwerb von Teilzeitnutzungsrechten zu privaten Zwecken in

1257 Graziani-Weiss, a. a. O.
1258 Mayrhofer, ZfRV 1995, 229 (231).
1259 Mayrhofer, ZfRV 1995, 229 (231)
1260 Kritisch hierzu Mayrhofer, ZfRV 1995, 229 (242).
1261 So auch Riedler, ecolex 1994, 149 und Peer in Jahrbuch junger Zivilrechtswissenschaftler 1996, S. 117 (135).
1262 Vgl. § 651 f Abs. 2 BGB.
1263 Enthofer, Reiserecht , S. 7 (23); M. Bydlinski in Schuhmacher, Verbraucherschutz in Österreich, S. 211 (232); Mayrhofer, ZfRV 1995, 229 (244); Graziani-Weiss, Reiserecht, S. 71; Kosesnik-Wehrle, Konsumentenschutzgesetz, S. 181, Peer in Jahrbuch junger Zivilrechtswissenschaftler 1996, S. 117 (134).

allen EG-Mitgliedstaaten.[1264] Beim Time-Sharing handelt es sich um eine spezifische Vermarktungs- und Verwertungsform für Ferienwohnungen, Ferienanlagen und Hotels.[1265] Dem Kunden wird das Recht eingeräumt, gegen ein im voraus zu zahlendes Entgelt etwa eine Ferienwohnung periodisch wiederkehrend jeweils für einen – entweder schon im voraus nach Tagen und Wochen oder aber nach anderen Kriterien bestimmten – Zeitraum ausschließlich zu benutzen.[1266] Die rechtlichen Konstruktionen, in denen das Nutzungsrecht an Time-Sharing-Objekten angeboten wird, sind vielfältig und reichen von Miteigentum über Treuhandmodelle bis zu gesellschaftsrechtlichen Gestaltungen.[1267]

Die Richtlinie beschränkt sich, wie sich bereits aus ihrer Bezeichnung ergibt, auf Vorgaben für die Regelung von Informationspflichten und die Festlegung der Voraussetzungen für ein unabdingbares Rücktrittsrecht des Verbrauchers. Weitergehende Fragen wie die Rechtsnatur des Teilzeitnutzungsrechtes werden den Mitgliedstaaten zur Regelung überlassen.[1268] Inhalte der Richtlinie sind neben der Umschreibung ihres sachlichen und persönlichen Geltungsbereichs und verschiedenen Begriffsbestimmungen (Art. 2) vor allem Regelungen über die vorvertragliche Informationspflicht des Verkäufers (Art. 3), über Form, Inhalt und Sprache des Nutzungsvertrags (Art. 4), über ein Recht des Erwerbers zum Rücktritt (Art. 5) und die Wirkung eines solchen Rücktritts auf Kreditverträge zur Finanzierung des vom Erwerber zu entrichtenden Entgelts (Art. 7) sowie über ein Verbot von Anzahlungen vor Ablauf der Rücktrittsfrist (Art. 6). Im Vordergrund der Richtlinie stehen also Übereilungsschutz und Transparenzgebot. Auch die Time-Sharing-Richtlinie versteht sich als Minimalrichtlinie, indem sie den Mitgliedstaaten ausdrücklich die Möglichkeit offenläßt, in dem von ihr erfaßten Bereich auch Vorschriften zu erlassen oder beizubehalten, die aus Sicht des Erwerberschutzes noch vorteilhafter sind.[1269]

1264 So der 2. Erwägungsgrund der Richtlinie.

1265 Stabentheiner, immolex 1997, 118.

1266 Jesser/Kiendl, WoBl 1997, 11 (15).

1267 Vgl. zu den Erscheinungsformen des Time-Sharing Spruzina, ZMR 1998, 65 ff; Villotti, WoBl 1990, 149 ff.; Jesser/Kiendl, WoBl 1997, 11 (15 ff.); aus der deutschen Literatur Tönnes, RIW 1996, 124 ff.; Eckert, ZIR 1997, 2 (3); Martinek, ZEuP 1994, 470 (482 f.).

1268 Vgl. den 4. Erwägungsgrund der Richtlinie, nach dem weder geregelt werden soll „inwieweit Verträge über die Teilzeitnutzung ... geschlossen werden können, noch die Rechtsgrundlage dieser Verträge“ festgelegt werden soll.

1269 Vgl. Art. 11.

Durch das am 1. 4. 1997 in Kraft getretene Teilzeitnutzungsgesetz (TNG)[1270] wurden die Regelungsinhalte der EG-Time-Sharing-Richtlinie in die österreichische Rechtsordnung eingeführt.[1271] Ziel des TNG ebenso wie der zugrunde liegenden Richtlinie ist der Schutz der Verbraucher vor unseriösen Geschäftspraktiken der Time-Sharing-Anbieter, durch die Interessenten oftmals zu unüberlegten, übereilten Vertragsabschlüssen veranlaßt werden.[1272]

Wie die Richtlinie beschränkt sich das TNG auf bestimmte Aspekte des Vertragsschlusses, nämlich auf die Information über Vertragsinhalte sowie auf die Einführung eines Rücktrittsrechts des Erwerbers. Insbesondere enthält das TNG – auch hier folgt es dem Vorbild des Richtliniengebers – keine Regelungen über die zivilrechtliche Einordnung von Time-Sharing-Verträgen oder über deren Zulässigkeit. Dadurch soll nach dem Willen des österreichischen Gesetzgebers sichergestellt werden, daß sich der Geltungsbereich des Gesetzes auf alle praktischen Erscheinungsformen des Time-Sharing erstreckt.[1273] Über die Vorgaben der Richtlinie hinaus wurde eine gesetzliche Grundlage für eine fakultative Sicherung der Erwerber geschaffen.[1274]

Wesentlicher Inhalt des TNG sind neben der bereits erwähnten Sicherungsmöglichkeit (§ 10[1275]) Regelungen über den sachlichen und persönlichen Geltungsbereich (§§ 1, 2), über die vorvertragliche Informationspflicht des Verkäufers (§ 3), über Form, Inhalt und Sprache des Nutzungsvertrages (§§ 4, 5), über ein Recht des Erwerbers zum Rücktritt vom Nutzungsvertrag (§ 6) und die Wirkung eines solchen Rücktritts auf Kreditverträge zur Finanzierung des vom Erwerber zu zahlenden Entgelts (§ 8) sowie über ein Verbot von Anzahlungen vor Ablauf der Rücktrittsfrist (§ 7). § 11 enthält kollisionsrechtliche Regelungen.

Im folgenden werden die genannten Bestimmungen der Richtlinie und des TNG vorgestellt und aufgezeigt, inwieweit und in welcher Form der österreichische Gesetzgeber seiner Umsetzungsverpflichtung nachgekommen ist.

1270 BGBl I 1997/32. Das TNG wurde durch BGBl I 1999/72 novelliert.

1271 Auch in Deutschland wurde wiederum ein zivilrechtliches Sondergesetz, das Teilzeit-Wohnrechtegesetz (TzWrG), erlassen, BGBl. 1997 I, S. 2154. Vgl. dazu Ekkert, ZIR 1997, 2 ff. sowie Tonner, Das Recht des Time-Sharing an Ferienimmobilien (1997).

1272 EB zur RV 574 BlgNr 20. GP, S. 7.

1273 EB, S. 16.

1274 Grundlage hierfür ist Art. 11.

1275 §§ ohne nähere Angaben sind solche des TNG.

III. Der Geltungsbereich der Richtlinie (Art. 2) und des TNG (§§ 1, 2)

1. Sachlicher Geltungsbereich

a) Art. 2 RL

Die Vorschriften der Richtlinie gelten nach Art. 2, 1. Gedankenstrich für alle Verträge über den „unmittelbaren oder mittelbaren Erwerb von Teilzeitnutzungsrechten an einer oder mehrerer Immobilien .... mit einer Mindestlaufzeit von drei Jahren, durch die unmittelbar oder mittelbar gegen Zahlung eines bestimmten Gesamtpreises ein dingliches Recht oder ein sonstiges Nutzungsrecht an einer oder mehreren Immobilien für einen bestimmten oder einen zu bestimmenden Zeitraum des Jahres, der nicht weniger als eine Woche betragen darf, begründet oder übertragen wird oder eine entsprechende Übertragungsverpflichtung begründet wird." Unter „Immobilie" wird dabei nach Art. 2, 2. Gedankenstrich ein „Wohngebäude als Ganzes oder Teil eines Wohngebäudes" verstanden. Time-Sharing an beweglichen Sachen ist folglich ausgeschlossen.[1276] Die rechtliche Ausgestaltung des Nutzungsrechts wird von der Richtlinie offengelassen.

b) § 2 TNG

§ 2 umschreibt den sachlichen Anwendungsbereich des TNG, indem die Begriffe „Teilzeitnutzungsrecht", „Teilzeitnutzungsvertrag" und „Nutzungsobjekt" definiert werden. Ein Teilzeitnutzungsrecht ist nach Absatz 1 ein für mindestens drei Jahre eingeräumtes dingliches oder obligatorisches Recht, ein Nutzungsobjekt wiederkehrend während eines begrenzten Zeitraums zu benützen. Der sachliche Anwendungsbereich des TNG ist gegenüber dem der Richtlinie bewußt[1277] erweitert: Während die Richtlinie für die Dauer der Nutzung eine Untergrenze von einer Woche aufstellt und zudem den Nutzungszeitraum auf ein Jahr einschränkt, stellt das TNG lediglich auf eine wiederkehrende Benutzungsmöglichkeit ohne zeitliches Limit nach unten ab. Dadurch wollte der österreichische Gesetzgeber einerseits verhindern, daß Unternehmer durch Rechtseinräumungen von weniger als einer Woche im Jahr den Anwendungsbereich des TNG zu umgehen versuchen.[1278] Andererseits sollen auch solche Vertragskonstruktionen erfaßt werden,

---

1276 Mäsch, EuZW 1995, 8 (11).
1277 EB, S. 10.
1278 EB, S. 10.

die keine jährliche Nutzung, sondern beispielsweise nur eine solche alle zwei Jahre vorsehen.[1279]

Im Interesse der Angleichung der Richtlinienvorgaben an die österreichische Gesetzesterminologie[1280] wurde der Begriff der „Immobilie“, mit dem die Richtlinie das Nutzungsobjekt kennzeichnet und der dem österreichischen Recht fremd ist, nicht übernommen, sondern durch den des „Nutzungsobjekts“ ersetzt.[1281] Das Nutzungsobjekt kann in Anknüpfung an die Umschreibung des Begriffs der „Immobilie“ in Art. 2, 2. Gedankenstrich und an den 6. Erwägungsgrund der Richtlinie, in dem von Hotels, Ferienanlagen und vergleichbaren Wohnanlagen für Touristen die Rede ist [1282], eine Wohnung, ein zu Wohn- oder Beherbergungszwecken dienendes Gebäude oder ein Teil derselben sein (Absatz 3).

Der Vertrag über den Erwerb eines Teilzeitnutzungsrechts gegen ein Gesamtentgelt wird als Teilzeitnutzungsvertrag bezeichnet (Absatz 2). Das Gesamtentgelt ist das Korrelat für die Rechtsausübung während der gesamten Dauer des Nutzungsrechts.[1283]

2. Persönlicher Geltungsbereich

a) Art. 2 RL

Im Unterschied zu anderen EG-Verbraucherschutzrichtlinien wird der zu schützende Personenkreis nicht mit dem Begriff „Verbraucher“ umschrieben, sondern als „Erwerber“ bezeichnet.[1284] „Erwerber“ ist „jede natürliche Person, der das im Vertrag vorgesehene Recht übertragen wird oder zu deren Gunsten es begründet wird und die bei den unter diese Richtlinie fallenden Vertragsabschlüssen für einen Zweck handelt, der als außerhalb ihrer Berufsausübung liegend betrachtet werden kann.“ Time-Sharing an Objekten, die gewerblichen Zwecken dienen sollen, wird also vom Anwendungsbereich der Richtlinie nicht erfaßt.[1285] Hieraus und aus dem 14. Erwägungsgrund ergibt sich, daß die Richtlinie ihren Schutz auf Verbrauchergeschäfte beschränken will.[1286]

1279 Stabentheiner, ZMR 1998, 61 (62).

1280 So ausdrücklich die EB, S. 9.

1281 Der deutsche Gesetzgeber hat sich dagegen für den Begriff des „Wohngebäudes“ entschieden, vgl. § 1 TzWrG.

1282 EB, S. 16.

1283 EB, a. a. O.

1284 Art. 2, 4. Gedankenstrich. Vgl. dazu bereits die Ausführungen im ersten Teil der Arbeit unter B. IV. 5.

1285 Lindner, VuR 1995, 122; Mäsch, EuZW 1995, 8 (11).

1286 EB, S. 12.

Vertragspartner des „Erwerbers“ ist nach Art. 2, 3. Gedankenstrich der „Verkäufer“, d. h. „jede natürliche oder juristische Person, die im Rahmen ihrer Berufsausübung ... das im Vertrag vorgesehene Recht begründet, überträgt oder zu übertragen sich verpflichtet.“

b) § 1 TNG

Das TNG gilt nach § 1 Abs. 1 für Verträge, „mit denen ein Verbraucher von einem Unternehmer (§ 1 KSchG) Teilzeitnutzungsrechte erwirbt.“[1287] Nur Verbrauchergeschäfte im Sinne des KSchG werden also vom Geltungsbereich des Gesetzes umfaßt.[1288] Durch die Bezugnahme auf den Unternehmer- und Verbraucherbegriff des KSchG demonstriert der österreichische Gesetzgeber sein Bemühen, die europäischen Vorgaben mit den bereits bestehenden österreichischen Regelungen zu harmonisieren[1289] und vermeidet die Einführung eines weiteren Verbraucherbegriffs im österreichischen Recht, wie dies durch die VerbrKrVO bei der Umsetzung der Verbraucherkreditrichtlinie geschehen ist.[1290] Zudem wird klargestellt, daß die Bestimmungen des KSchG subsidiär heranzuziehen sind.[1291] Im Gegensatz zur EG-Richtlinie werden infolge der Begriffswahl auch juristische Personen vom Verbraucherbegriff des TNG erfaßt.[1292]

Andere, für den Erwerber günstigere Vorschriften, bleiben unberührt (§ 1 Abs. 2 S. 1).[1293] § 1 Abs. 2 S. 2 ordnet entsprechend Art. 8 der Richtlinie an, daß die Bestimmungen des TNG zugunsten des Erwerbers einseitig zwingend sind, also nicht zu seinem Nachteil vertraglich abbedungen werden können.

1287 Allerdings werden im gesamten folgenden Gesetzestext nur noch die Begriffe „Veräußerer“ für den Unternehmer und „Erwerber“ für den Verbraucher verwendet. Dadurch wird nach Ansicht der Gesetzesverfasser deutlich gemacht, daß sich das Gesetz fast ausschließlich Aspekten im Zusammenhang mit dem Vertragsschluß widmet, vgl. EB, S. 12.

1288 Die Einschränkung des Geltungsbereichs hat nach den EB, S. 12, ihr Vorbild in der Richtlinie.

1289 Jesser/Kiendl, WoBl 1997, 11 (13).

1290 Vgl. oben unter C. III. 1.

1291 So die EB, S. 12.

1292 Diese Abweichung ist, da sie günstiger ist, nach Art. 11 zulässig.

1293 In Betracht kommt nach den EB, S. 13, in erster Linie das Mietrechtsgesetz (MRG).

IV. Informationspflichten des Verkäufers

1. Art. 3 RL

Die Richtlinie schreibt in Art. 3 eine umfassende Information des Verbrauchers vor. Bereits vor Vertragsabschluß ist der Verkäufer verpflichtet, „jedem Interessenten, der Informationen über die Immobilie(n) wünscht“[1294] ein Schriftstück auszuhändigen, das neben der allgemeinen Beschreibung der Immobilie(n) einige der im Anhang der Richtlinie aufgeführten Mindestangaben enthalten muß.[1295] Dazu zählen unter anderem die Natur des Nutzungsrechts, eine genaue Beschreibung der Immobilie und ihrer Belegenheit, zur Verfügung stehende Dienstleistungen und Einrichtungen sowie deren Nutzungsbedingungen, Grundsätze der Verwaltung und Betriebsführung der Immobilie und insbesondere der Preis des Nutzungsrechts, die Berechnungsgrundlage für die Kosten der Nutzung und Verwaltung und eine daraus resultierende Schätzung der jährlichen Belastung für den Erwerber sowie schließlich eine Belehrung über die Rücktrittsmodalitäten. Nach Art. 3 Abs. 2 werden diese Angaben zudem Vertragsbestandteil. Etwaige Änderungen, die nicht ausdrücklich vereinbart werden, dürfen nur solche Umstände betreffen, auf die der Verkäufer keinen Einfluß hat; auf sie muß im Vertrag ausdrücklich hingewiesen werden. Nach Art. 3 Abs. 3 ist in jeder Werbung für die betreffende Immobilie auf die Erhältlichkeit des Verkaufsprospekts hinzuweisen.

2. § 3 TNG

Der im Gesetz als „Veräußerer“ bezeichnete Time-Sharing-Anbieter hat jedem Interessenten, der entweder Informationen über die angebotenen Nutzungsobjekte begehrt oder – insoweit geht der österreichische Gesetzgeber über die Anforderungen der Richtlinie hinaus – im Rahmen unmittelbarer Werbemaßnahmen Werbematerial größeren Umfangs erhält[1296], eine Informationsschrift mit einer Vielzahl von gesetzlich im einzelnen festgelegten „besonders bedeutsamen“ (§ 3

1294 Kritisch zu diesem Tatbestandsmerkmal Mäsch EuZW 1995, 8 (11 f.), der einschränkend lediglich jeden Erwerber eines Time-Sharing-Rechts unter das Merkmal subsumieren will.

1295 Es handelt sich um die Angaben in lit. a) bis g), i) und l).

1296 Dem liegt nach den EB, S. 17, der Gedanke zugrunde, daß auch derjenige Kunde qualifiziert informiert werden soll, der aufgrund des Geschehensablaufs den Eindruck umfassender Information gewinnen mußte; hierfür könne es nicht darauf ankommen, ob der Kunde den Wunsch nach Information geäußert habe. § 2 des deutschen TzWrG setzt hingegen voraus, daß der Interessent Interesse „bekundet“.

Abs. 1 Ziff. 1) und „sonstigen" (§ 3 Abs. 1 Ziff. 2) Angaben auszuhändigen. Durch die Informationsschrift soll der Interessent in die Lage versetzt werden, zuverlässig von Vertragsinhalt und Nutzungsobjekt Kenntnis zu nehmen.[1297] Die Angaben entsprechen im Wesentlichen denjenigen, die in Art. 3 in Verbindung mit dem Anhang der Richtlinie aufgeführt werden. Allerdings geht der österreichische Gesetzgeber auch hier über die verbindlichen Vorgaben der Richtlinie hinaus und verlangt zusätzlich Angaben zum Erhaltungszustand und zum Baujahr des Nutzungsobjekts (Absatz 1 Ziff.1 lit. c), Angaben zu etwaigen Instandhaltungsrücklagen und ihrer Höhe sowie zu den vom Erwerber voraussichtlich zu tragenden Erhaltungskosten (Absatz 1 Ziff. 1 lit. e), Angaben zu etwaigen Beschränkungen für die Übertragung des Nutzungsrechts oder über für diesen Fall zu entrichtende Zahlungen (Absatz 1 Ziff. 2 lit. e) sowie Informationen über die Möglichkeit der Teilnahme an einem Tauschpool (Absatz. 1 Ziff. 1 lit. h). Nach Ansicht des österreichischen Gesetzgebers kann sich der potentielle Erwerber erst aufgrund dieser zusätzlichen Angaben ein umfassendes Bild von dem Nutzungsobjekt machen.[1298] Die in Absatz 1 der Vorschrift angeführten Angaben werden bei Abschluß eines Nutzungsvertrages Vertragsinhalt, sind also für den Veräußerer verbindlich (§ 4 Abs. 2).

Die Unterscheidung zwischen „besonders bedeutsamen" und „sonstigen" Angaben hat für die Rücktrittsfrist Bedeutung: Nur bei Fehlen einer „besonders bedeutsamen" Information verzögert sich deren Beginn, während das Fehlen „sonstiger Angaben" keine Auswirkungen auf das Rücktrittsrecht hat, sondern lediglich als Verwaltungsübertretung geahndet wird.[1299]

Entsprechend der Richtlinie sieht § 3 Abs. 2 vor, daß in jeder Werbung für ein Nutzungsrecht auf die in Absatz 1 genannte Informationsschrift hinzuweisen und anzugeben ist, wo sie angefordert werden kann. Dadurch soll der Interessent in die Lage versetzt werden, sich selbst ausreichendes Informationsmaterial zu beschaffen.[1300]

1297 Heiss/Rudisch, ecolex 1997, 238 (239).
1298 EB, S. 17.
1299 § 12 Abs. 1 Nr. 1.
1300 Jesser/Kiendl, WoBl 1997, 11 (21).

1. Art. 4 RL

Vom Verkaufsprospekt ist die Vertragsurkunde zu unterscheiden. Der Vertrag über den Erwerb eines Teilzeitnutzungsrechts muß nach Art. 4 schriftlich abgefaßt werden und alle im Anhang in 13 Punkten aufgeführten Angaben enthalten. Dies sind über die bereits im Verkaufsprospekt enthaltenen und Vertragsbestandteil gewordenen Informationen hinaus die genaue Angabe der Nutzungszeiträume und der Gesamtdauer des Rechts (lit. h), die Aufschlüsselung der mit dem Erwerb verbundenen Kosten, Lasten und Verpflichtungen (lit. i und j) sowie Angaben zur Möglichkeit und den Kosten des Umtauschs und/oder der Weiterveräußerung des Rechts (lit. k). Der Vertrag ist, wie schon das zuvor auszuhändigende Schriftstück, nach Wahl des Erwerbers in der Sprache seines Wohnsitzes oder seiner Nationalität abzufassen.[1301] Durch diese Regelung soll gewährleistet werden, daß der Erwerber den Vertragsinhalt auch wirklich zu lesen vermag.[1302] Daneben muß der Verkäufer dem Erwerber eine beglaubigte Übersetzung in die Sprache des Belegenheitsortes aushändigen.[1303]

2. §§ 4 und 5 TNG

Die Vorgaben des Art. 4 wurden in §§ 4 und 5 TNG umgesetzt. Für den Nutzungsvertrag schreibt § 4 Abs. 1 die Schriftform vor; ein Formmangel zieht nach dem Willen des Gesetzgebers[1304], der allerdings im Gesetzestext nicht zum Ausdruck gekommen ist, absolute Nichtigkeit des Vertrages nach sich, d. h., auch der Veräußerer kann sich auf die Nichteinhaltung der Form berufen.[1305] Gemäß § 4 Abs. 2 und entsprechend den Vorgaben der Richtlinie werden die in der Informationsschrift enthaltenen Angaben Vertragsbestandteil, soweit nicht die Vertragsparteien unter Hinweis auf die Abweichung Änderungen ausdrücklich vereinbaren. Nicht aus der Richtlinie übernommen wurde die Möglichkeit einer zulässigen Abweichung von den Angaben in der Informationsschrift bei Vorliegen von Umständen, auf die der Verkäufer keinen Einfluß hat, um zu verhindern, daß

1301 Art. 4, 2. Gedankenstrich.

1302 Mäsch, EuZW 1995, 8 (11).

1303 Art. 4, 3. Gedankenstrich.

1304 EB, S. 19.

1305 Kritisch dazu Heiss/Rudisch, ecolex 1997, 238 (240): Sinn und Zweck der Formvorschrift auch in ihrer Ausprägung durch die Richtlinie seien Übereilungsschutz und Transparenz zum Schutz des Erwerbers; der Schutz des Veräußerers sei hingegen gerade nicht bezweckt.

sich „heimliche", also nicht offen gelegte Abweichungen in den Vertragstext einschleichen.[1306] In § 4 Abs. 3 werden weitere Inhaltselemente des Nutzungsvertrages zwingend festgelegt, wobei wiederum zwischen „besonders bedeutsamen" (Ziff. 1) und „sonstigen" (Ziff. 2) Angaben unterschieden wird. Dabei handelt es sich um solche Angaben, die auf das spezifische Vertragsverhältnis abgestimmt sind und daher in der allgemein gehaltenen Informationsschrift nicht enthalten sein müssen.[1307] Der Veräußerer hat dem Erwerber eine Ausfertigung oder Abschrift der Vertragsurkunde auszufolgen (§ 4 Abs. 4). Kommt der Veräußerer dieser Verpflichtung nicht nach, ist der Vertrag zwar wirksam, der Erwerber jedoch zum Rücktritt berechtigt.

Wenn der Erwerber Angehöriger eines EWR- Vertragsstaates ist oder in einem solchen Staat seinen Wohnsitz hat, sind die Regeln des § 5 Abs. 1 über die Vertragssprache zu beachten, die ebenfalls nahezu vollständig aus der Richtlinie übernommen wurden. In diesem Falle ist der Nutzungsvertrag nach Wahl des Erwerbers in der Sprache seines Heimat- oder des Wohnsitzstaates abzufassen, sofern es sich dabei um eine Amtssprache eines EWR-Vertragsstaates handelt. Mit dieser Regelung soll sichergestellt werden, daß der Erwerber eine Vertragsurkunde in einer ihm einwandfrei verständlichen Sprache erhält und so ein klares und umfassendes Bild von seinen vertraglichen Rechten und Verpflichtungen gewinnen kann.[1308] Den Veräußerer trifft die Pflicht, den Erwerber über sein Wahlrecht aufzuklären, wenn er während des vorvertraglichen Kontakts Anhaltspunkte für das Auseinanderfallen der Heimat- und Wohnsitzsprache erhält.[1309] Entsprechend den Vorgaben der Richtlinie hat der Veräußerer gemäß § 5 Abs. 3 dem Erwerber eine beglaubigte Übersetzung der Vertragsurkunde in die Sprache des Belegenheitsortes zu übergeben. Zweck der Vorschrift wie auch des Art. 4, 3. Gedankenstrich ist, daß der Erwerber über die für verschiedene behördliche Genehmigungen erforderliche Übersetzung verfügen kann.[1310] Verzichtet wurde auf die von der Richtlinie vorgesehene Möglichkeit, für im Inland ansässige Erwerber vorzuschreiben, daß der Vertrag jedenfalls in der Landessprache abzufassen ist. Ein Verstoß gegen das Sprachengebot zieht gemäß § 4 Abs. 1 S. 2 die Unwirksamkeit des Vertrages nach sich, auf die sich allerdings nur der Erwerber berufen kann.[1311] Der Verstoß wird mit Ablauf von zwei Jahren ab Beginn des Vertragsverhältnisses geheilt, wenn der Erwerber die Rüge unterläßt.

1306 EB, S. 20.
1307 Haybäck, WBl 1997, 221 (227); Jesser/Kiendl, WoBl 1997, 67 (68).
1308 So die EB, S. 19.
1309 EB, S. 21.
1310 Jesser/Kiendl, WoBl 1997, 67 (68).
1311 Es handelt sich also um eine relative Nichtigkeit, vgl. Jesser/Kiendl, WoBl 1997, 67.

VI. Der Rücktritt vom Nutzungsvertrag und von zusammenhängenden Kreditverträgen

1. Art. 5, 6 und 7 RL

Zweites Kernelement der Richtlinie bildet das in Art. 5 Ziff. 1, 1. Gedankenstrich geregelte Rücktrittsrecht, das dem Erwerber die Möglichkeit einräumt, sich binnen zehn Tagen ab Abschluß des Vertrages ohne Angabe von Gründen von der eingegangenen Verpflichtung zu lösen. Dadurch soll der verbreiteten Praxis Rechnung getragen werden, daß die Erwerber von Teilzeitnutzungsrechten durch aggressive, überrumpelnde Werbe- und Akquisitionspraktiken zu unüberlegten Vertragsabschlüssen gedrängt werden.[1312] Das Rücktrittsrecht verschafft dem Erwerber die Möglichkeit, die wirtschaftliche Bedeutung und Tragweite des abgeschlossenen Vertrages noch einmal zu überdenken.[1313] Bei Fehlen bestimmter der im Anhang aufgeführten Vertragsmindestangaben verlängert sich die Rücktrittsfrist auf drei Monate. Werden die fehlenden Angaben in dieser Zeit nachgereicht, lebt die zehntägige Frist von diesem Zeitpunkt an wieder auf.[1314] Macht der Erwerber von seinem Rücktrittsrecht innerhalb dieser Frist keinen Gebrauch und werden die fehlenden Angaben nicht ergänzt, verlängert sich die Rücktrittsfrist nach Ablauf der drei Monate um weitere zehn Tage.[1315]

Die Anforderungen an die Rücktrittserklärung werden vom Richtliniengeber gemäß Art. 5 Ziff. 2 S. 1 den Mitgliedstaaten zur Regelung überlassen. Der Richtliniengeber schreibt lediglich vor, daß im Falle einer schriftlichen Rücktrittserklärung die Rücktrittsfrist als gewahrt gilt, wenn die Erklärung vor Fristablauf abgesandt wird (Art. 5 Ziff. 2 S. 2). Dasselbe gilt hinsichtlich der vom Erwerber eventuell zu erstattenden Kosten, die aufgrund des Vertragsabschlusses und des Rücktritts vom Vertrag angefallen sind (Art. 5 Ziff. 3).

Für die Dauer der Rücktrittsfrist normiert Art. 6 ein Anzahlungsverbot, um zu verhindern, daß der Erwerber aus Sorge um den Verlust seiner nicht selten erheblichen Anzahlung von der Geltendmachung des Rücktritts abgehalten wird.[1316]

Art. 7 sieht die entschädigungsfreie Lösung von einem zur Finanzierung des Time-Sharing-Vertrages mit dem Verkäufer oder einem Dritten „aufgrund einer Vereinbarung“ zwischen diesem und dem Verkäufer geschlossenen Kreditvertrages bei Ausübung des Rücktrittsrechts vor.

1312 Mäsch, EuZW 1995, 8 (12).
1313 Mäsch, a. a. O.
1314 Art. 5 Ziff. 1, 2. Gedankenstrich.
1315 Art. 5 Ziff.1, 3. Gedankenstrich.
1316 Mäsch, EuZW 1995, 8 (13).

2. §§ 6, 7, 8 und 9 TNG

a) Rücktrittsrecht (§ 6)[1317]

Die Vorschrift des § 6 setzt die Regelung des Art. 5 um. Danach kann der Erwerber ohne weitere Voraussetzungen, insbesondere ohne Angabe von Gründen und ohne Entrichtung eines Benutzungsentgeltes für das Nutzungsobjekt vom Nutzungsvertrag zurücktreten (§ 6 Abs. 1 S. 1, Abs. 4 S. 2). Die Rücktrittsfrist beginnt, anders als nach der Vorbildregelung der Richtlinie, mit der Ausfolgung der Vertragsurkunde. Mit dieser Abweichung, die für den Erwerber günstiger und daher nach Art. 11 zulässig ist, will der österreichische Gesetzgeber einen Gleichklang mit der Regelung des § 3 KSchG herstellen.[1318]

Die Rücktrittsfrist beträgt grundsätzlich 14 Tage.[1319] Der Grund für die Abweichung von der Richtlinie, die lediglich eine zehntägige Frist vorsieht, liegt darin, daß das österreichische Zivil- und Zivilprozeßrecht keine Zehntagesfrist kennt und der österreichische Gesetzgeber daher die Einführung einer völlig neuen Frist wegen des Ziels der bestmöglichen Einheitlichkeit der Rechtsordnung und wegen der Gefahr von Unsicherheiten und Irrtümern auf Seiten der Verbraucher vermeiden wollte.[1320] Zudem wollte der Gesetzgeber berücksichtigen, daß Teilzeitnutzungsverträge häufig während eines Urlaubsaufenthalts abgeschlossen werden und die dem Erwerber mit dem Rücktrittsrecht eingeräumte Überlegungsfrist deshalb jedenfalls bis zur Rückkehr aus dem Urlaub dauern solle; eine zehntägige Frist sei hierfür nicht ausreichend.[1321]

Enthält allerdings die Vertragsurkunde eine der „besonders bedeutsamen" Angaben im Sinne von § 3 Abs. 1 Ziff. 1 und § 4 Abs. 3 Ziff. 1 nicht, so beginnt die vierzehntägige Rücktrittsfrist erst nach Ausfolgung einer Ergänzungsurkunde, die sämtliche fehlenden Angaben enthält, spätestens jedoch drei Monate ab Ausfolgung der Vertragsurkunde zu laufen (§ 6 Abs. 2). Fehlt in der Vertragsurkunde der in § 3 Abs. 1 Ziff. 1 lit. f und g geforderte Hinweis auf das dem Erwerber nach dem TNG zustehende Rücktrittsrecht, so steht dem Erwerber der Rücktritt

1317 Nach § 5 TzWrG kann der Erwerber seine auf den Vertragsschluß gerichtete Willenserklärung widerrufen; seine Erklärung wird – wie beim Abschluß eines Haustürgeschäftes – erst nach Ablauf der Widerrufsfrist wirksam.

1318 EB, S. 23.

1319 Der deutsche Gesetzgeber hat dagegen die zehntägige Frist der Richtlinie übernommen, vgl. § 5 TzWrG.

1320 EB, S. 22.

1321 EB, a. a. O.

ohne jede zeitliche Begrenzung offen (§ 6 Abs. 2).[1322] Hierbei handelt es sich um eine Regelung, die von der Richtlinie nicht vorgegeben ist.[1323]

Für die Form der Rücktrittserklärung wurden – wiederum im Bestreben einer Harmonisierung mit § 3 KSchG[1324] – im Wesentlichen die Regelungen des § 3 Abs. 4 KSchG für die Rücktrittserklärung bei Haustürgeschäften übernommen, § 6 Abs. 3. Der Rücktritt bedarf zu seiner Rechtswirksamkeit der Schriftform, wofür allerdings – ein Novum im österreichischen Recht[1325] – bereits die Übermittlung der schriftlichen Erklärung durch Telefax genügt. Ausreichend ist auch, daß der Erwerber die ihm ausgefolgte Vertragsurkunde mit einem Vermerk zurückstellt, der erkennen läßt, daß er die Aufrechterhaltung des Vertrages ablehnt. Adressat der Rücktrittserklärung kann – über die Richtlinienvorgaben hinausgehend – neben dem Veräußerer auch eine Person sein, die als Beauftragter des Veräußerers an den Vertragsverhandlungen mitgewirkt hat.[1326]

Dem Veräußerer aufgrund des Vertragsschlusses entstandene Kosten sind vom Erwerber gemäß § 6 Abs. 4 S. 1 zu erstatten. Dies gilt aber nur für den Fall, daß die Vertragsurkunde sämtliche zwingende Angaben enthält; anderenfalls ist jeglicher Kostenersatzanspruch des Verkäufers ausgeschlossen (§ 6 Abs. 4 S. 3). Hat der Erwerber das Nutzungsobjekt bereits vor dem Rücktritt benutzt, dürfen nach § 6 Abs. 4 S. 2 weder ein besonderes Entgelt noch die für die Nutzung angefallenen Kosten verlangt werden, um die Entscheidungsfreiheit des Erwerbers hinsichtlich der Ausübung des Rücktrittsrechts nicht zu beeinträchtigen.[1327] Die Kostenerstattungspflicht entspricht damit den Vorgaben des Art. 5 Ziff. 3 und 4 der Richtlinie.[1328]

Neben der Regelung des § 6 besteht auch das Rücktrittsrecht des § 3 KSchG, wobei hier in der Regel die in der Vertriebspraxis der Time-Sharing-Anbieter häufig anzutreffende Methode des persönlichen Ansprechens auf der Straße (§ 3 Abs. 2 KSchG) einschlägig sein wird.[1329]

1322 Jesser/Kiendl, WoBl 1997, 67 (69); Haybäck, WBl 1997, 221 (227).

1323 Kritisch zu dieser Regelung Jesser/Kiendl in Jesser/Kiendl/Schwarzenegger, Konsumentenschutzrecht, S. 313 f.

1324 EB, S. 23.

1325 Vgl. dazu den Exkurs bei Stabentheiner, JBl 1997, 65 (72 f.) mit Nachweisen aus Rechtsprechung und Literatur.

1326 § 6 Abs. 3 S. 4.

1327 EB, S. 24.

1328 Jesser/Kiendl in Jesser/Kiendl/Schwarzenegger, Konsumentenschutzrecht, S. 319.

1329 Haybäck, WBl 1997, 221 (227). In Deutschland kann sich der Erwerber dagegen gemäß § 10 Abs. 1 TzWrG nicht auf das Haustürwiderrufsgesetz berufen. Dies wird man wohl als Rückschritt im deutschen Verbraucherschutzrecht ansehen müssen.

b) Anzahlungsverbot (§ 7)

Um eine Einschränkung der Willensfreiheit des Erwerbers bezüglich des Rücktritts infolge bereits geleisteter Zahlungen zu vermeiden[1330], normiert § 7 nach dem Vorbild des Art. 6 ein Anzahlungsverbot. Vor Ablauf der Rücktrittsfrist werden die vereinbarten Zahlungen nicht fällig; der Veräußerer darf diese weder fordern noch annehmen. Tut er es doch, so hat er dem Erwerber die geleisteten Beträge mit einer Verzinsung von 6 % über dem Eskontzinssatz zurückzuzahlen.[1331] Der verhältnismäßig hohe Zinssatz soll den Veräußerer dazu anhalten, vor Ablauf der Rücktrittsfrist keine Zahlungen anzunehmen.[1332]

c) Finanzierte Nutzungsverträge (§ 8)

Der Umsetzung von Art. 7 dienen die Regelungen des § 8 über die kreditweise Aufbringung des Entgelts. Dabei sind zwei Fallkonstellationen zu unterscheiden:

Hat der Erwerber den Kredit direkt beim Veräußerer aufgenommen, wirkt ein von ihm gemäß § 6 erklärter Rücktritt vom Nutzungsvertrag automatisch auch als Rücktritt vom Kreditvertrag, ohne daß es einer gesonderten Rücktrittserklärung gegenüber dem Kreditgeber bedarf (§ 8 Abs. 1)[1333]. Da die Richtlinie die entschädigungsfreie Auflösung des Vertrages anordnet, schließt die Umsetzungsvorschrift eine Verpflichtung des Erwerbers zur Zahlung von Zinsen und Kosten aus der Kreditabrede ausdrücklich aus. Zu erstatten sind lediglich aufgrund der Kreditgewährung entstandene Abgaben sowie Kosten einer notwendigen Beglaubigung von Unterschriften, sofern im Vertrag ausdrücklich darauf hingewiesen wurde (§ 8 Abs. 1 S. 2).

Wird der Kredit zur Finanzierung des Nutzungsentgelts von einem Dritten gewährt, gilt die Regelung des § 8 Abs. 2, wonach der Erwerber im Falle eines Rücktritts vom Nutzungsvertrag innerhalb von drei Monaten ab Absendung der Rücktrittserklärung auch von dem mit dem Dritten geschlossenen Kreditvertrag zurücktreten kann[1334], sofern der Nutzungs- und der Kreditvertrag für den Ver-

1330 EB, S. 25.

1331 Die Richtlinie sieht eine Verzinsungspflicht für vorzeitig entgegengenommene Zahlungen des Erwerbers nicht vor. Auch das deutsche TzWrG sanktioniert die Mißachtung des Anzahlungsverbots nicht.

1332 EB, S. 26.

1333 Die Regelung entspricht § 6 Abs. 1 des TzWrG, wobei nach letzterer Vorschrift entsprechend der Regelung in § 5 TzWrG die auf den Abschluß des Kreditvertrages gerichtete Willenserklärung bis zum Ablauf der Widerrufsfrist schwebend unwirksam ist.

1334 Erforderlich ist hier also eine eigenständige Rücktrittserklärung gegenüber dem Kreditgeber.

äußerer und den Dritten „eine wirtschaftliche Einheit im Sinne des § 18 KSchG" bilden.[1335] Indem der österreichische Gesetzgeber sich von der Begrifflichkeit der Vorbildregelung des Art. 7, 2. Gedankenstrich löst, die von einer „Vereinbarung" zwischen dem Dritten und dem Verkäufer spricht, erweitert er nicht nur zulässigerweise den Anwendungsbereich der Regelung, sondern erreicht wiederum eine Harmonisierung mit den Vorschriften des KSchG.[1336]

d) Zusammenhängende Verträge (§ 9)

In Ergänzung zu § 8 trifft § 9 eine entsprechende Regelung für einen mit einem Dritten geschlossenen Vertrag, der die Ausübung oder Verwertung des Nutzungsrechts betrifft[1337] und mit dem Nutzungsvertrag eine wirtschaftliche Einheit bildet; auch von einem solchen sog. zusammenhängenden Vertrag kann der Erwerber binnen drei Monaten ab Rücktritt vom Nutzungsvertrag zurücktreten (§ 9 Abs. 1). In beiden Fällen sind die Kostenfolgen für den Erwerber mit jenen des Rücktritts vom Nutzungsvertrag identisch (§ 8 Abs. 3, § 9 Abs. 2). Die Regelung hat keine Entsprechung in der Richtlinie.[1338]

VII. Grundbücherliche Sicherung des Erwerbers (§ 10)[1339]

§ 10 schafft die Voraussetzungen für eine grundbuchrechtliche Sicherung des Erwerbers hinsichtlich der ihm eingeräumten Nutzungsrechte und etwaiger Rückforderungsansprüche.

Es handelt sich hierbei um Regelungen, die durch die Time-Sharing-Richtlinie nicht vorgegeben sind und durch die der Erwerber eines Teilzeitnutzungsrechts vor den Folgen einer Insolvenz seines Vertragspartners geschützt werden soll.[1340] Ausschlaggebend für diese genuin österreichische Schöpfung waren vor allem zwei Überlegungen:[1341] Zum einen befürchtete der österreichische Gesetzgeber, daß eine gesetzliche Regelung des Time-Sharing ohne Erwerberschutz für den Fall einer Insolvenz des Veräußerers ein falsches Signal an die Verbraucher

---

1335 Den Fall der Drittfinanzierung regelt im deutschen TzWrG § 6 Abs. 2.

1336 Jesser/Kiendl, WoBl 1997, 68 (73).

1337 Wie etwa ein Verwaltungsvertrag oder ein Vertrag mit einem Tauschpoolunternehmen, vgl. EB, S. 28.

1338 Auch der deutsche Gesetzgeber hat keine entsprechende Regelung getroffen.

1339 Die Vorschrift wurde durch BGBl I 1999/72 dahingehend geändert, daß eine Notars-Partnerschaft nicht mehr als Treuhänder fungieren kann.

1340 EB, S. 10.

1341 Vgl. die EB, a. a. O.

sein könnte. Zum anderen sieht auch das neue Bauträgervertragsgesetz (BTVG) für den Bauträgervertrag verschiedene Mechanismen zur Absicherung des Erwerbers gegen eine Insolvenz vor[1342]; die dort gegebene Problemlage ist nach Ansicht des österreichischen Gesetzgebers mit derjenigen bei einer Insolvenz des Time-Sharing-Unternehmers vergleichbar.

Im einzelnen handelt es sich um eine Treuhänderhypothek, durch die zumindest die vom Erwerber entrichteten Zahlungen bzw. dessen Rückforderungsansprüche sichergestellt werden sollen (§ 10 Abs. 2)[1343], sowie um die Reallast des Betreibens der Teilzeitnutzungsanlage, die auf die dingliche Sicherung der erworbenen Nutzung selbst abzielt und ebenfalls zugunsten eines Treuhänders des Erwerbers einverleibt wird (§ 10 Abs. 1).[1344] In beiden Fällen kann als Treuhänder nur ein Rechtsanwalt bzw. eine Rechtsanwalts-Partnerschaft oder ein Notar fungieren. Die Inanspruchnahme der gesetzlich vorgesehenen sowie anderer Sicherungsmöglichkeiten bleibt der Autonomie der Vertragsparteien überlassen.[1345]

VIII. Kollisionsrecht

1. Art. 9 RL

Aufgrund des grenzüberschreitenden Charakters der Time-Sharing-Verträge sowie wegen der regelmäßig ausgeübten Rechtswahl in den vom Time-Sharing-Anbieter vorgegebenen Vertragsbestimmungen sieht sich der Erwerber eines Teilzeitnutzungsrechts häufig mit einer fremden Rechtsordnung konfrontiert, deren verbraucherschutzrechtlicher Standard nicht selten unter dem seines Heimatstaates liegt.[1346] Nach Art. 9 haben die Mitgliedstaaten daher dafür Sorge zu tragen, daß dem Erwerber der durch die Richtlinie gewährte Schutz unabhängig von dem ansonsten auf den Vertrag anwendbaren Recht nicht entzogen wird, wenn die Immobilie im Gebiet eines Mitgliedstaates liegt. Dadurch soll verhindert werden, daß die zwingenden Schutzvorschriften der Time-Sharing-Richtlinie zu Lasten des Erwerbers durch Rechtswahl oder sonstige kollisionsrechtliche Mechanismen umgangen werden.[1347]

1342 Vgl. dazu Kiendl in Jesser/Kiendl/Schwarzenegger, Konsumentenschutzrecht, S. 229 ff.

1343 So die EB, S. 11.

1344 Vgl. zu diesen beiden Rechtsinstituten ausführlicher Stabentheiner, ZMR 1998, 61 (64 f.).

1345 EB, S. 29.

1346 Jesser/Kiendl, WoBl 1997, 11.

1347 Mäsch, EuZW 1995, 8 (13).

2. § 11 TNG

Der österreichische Gesetzgeber hat die Regelungsvorgaben des Art. 9 in § 11 Abs. 1 umgesetzt. § 11 Abs. 2 geht dagegen über die Richtlinie hinaus und bezweckt Verbraucherschutz in den Fällen, in denen sich das Nutzungsobjekt nicht in einem Vertragsstaat des EWR-Abkommens[1348] befindet.[1349]

§ 11 Abs. 1 betrifft den Fall, daß sich „zumindest eines der von einem Nutzungsobjekt erfaßten Nutzungsobjekte in einem Vertragsstaat des EWR-Abkommens befindet." Ist aufgrund von Rechtswahlvereinbarungen oder „sonstiger Regeln des internationalen Privatrechts" das Recht eines Mitgliedstaates anwendbar, so haben diese Regeln Vorrang.[1350] Andernfalls sieht § 11 Abs. 1 S. 1 eine zweistufige Sonderanknüpfung vor. Zunächst wird die Rechtsordnung desjenigen Staates für anwendbar erklärt, in dem der Erwerber seinen gewöhnlichen Aufenthalt hat, wenn der Vertrag im Zusammenhang mit einer im Erwerberland entfalteten, auf die Schließung solcher Verträge gerichteten Tätigkeit des Veräußerers, eines Dritten oder einer von diesem hierfür verwendeten Person zustande gekommen ist.[1351] Führt diese Verweisung jedoch nicht zum Recht eines Vertragsstaates des EWR-Abkommens, ist in zweiter Linie die Rechtsordnung desjenigen Vertragsstaates des EWR-Abkommens anwendbar, in dem das Nutzungsobjekt gelegen ist.[1352]

Für Verträge über nicht in einem EWR-Staat gelegene Teilzeitnutzungsobjekte sieht § 11 Abs. 2 vor, daß die Regelungen der §§ 6, 7 Abs. 2, 8 und 9 jedenfalls als Eingriffsnormen anwendbar sind, sofern der Vertrag „im Zusammenhang mit einer im Inland entfalteten, auf die Schließung solcher Verträge gerichteten Tätigkeit des Veräußerers, des Dritten oder einer von diesem hierfür verwendeten Person zustande gekommen ist."

1348 Die Time-Sharing-Richtlinie wurde in den Anhang XIX (Verbraucherschutz) des EWR-Abkommens übernommen, so daß der geographische Anwendungsbereich der Richtlinie weiter als ihr Art. 9 reicht, wenn das Nutzungsobjekt zwar außerhalb eines Mitgliedstaates der EU, aber in einem Vertragsstaat des EWR-Abkommens liegt, vgl. dazu EB, S. 8.

1349 EB, S. 32.

1350 § 11 Abs. 1 S. 2.

1351 § 11 Abs. 1 S. 1, 1. Halbsatz.

1352 § 11 Abs. 1 S. 1, 2. Halbsatz.

IX. Verwaltungsstrafbestimmungen

Das TNG sieht schließlich in § 12 für bestimmte Verstöße des Veräußerers gegen seine gesetzlich normierten Pflichten Verwaltungsstrafen von 100 000 öS bis zu 200 000 öS vor.

X. Bewertung der Umsetzung

Das Teilzeitnutzungsgesetz ist eine weitgehend getreue Umsetzung der Time-Sharing-Richtlinie und zwar sowohl im Aufbau als auch im Inhalt. Indes hat der österreichische Gesetzgeber mit der Verabschiedung des TNG nicht nur seine gemeinschaftsrechtliche Umsetzungsverpflichtung im Wesentlichen erfüllt. Vielmehr hat er auch von der ihm durch den Richtliniengeber eröffneten Möglichkeit Gebrauch gemacht, von den Regelungsvorgaben der Richtlinie abweichende, für den Erwerber günstigere Vorschriften zu schaffen. Der Mindestschutzstandard der Richtlinie wird dadurch in vieler Hinsicht – so etwa bezüglich des Adressatenkreises der vorvertraglichen Informationspflicht des Veräußerers in § 3 oder durch die Einführung der Möglichkeit einer grundbuchrechtlichen Sicherstellung des Erwerbers in § 10 – überschritten. Allerdings ist das Überschreiten des Schutzniveaus der Richtlinie nicht gänzlich unproblematisch. So sieht § 3 in Umsetzung von Art. 3 der Richtlinie wesentlich detailliertere Angaben vor und verspricht damit auf den ersten Blick ein höheres Informations- und damit Verbraucherschutzniveau. Angesichts des Umfangs und der Detailgenauigkeit der geforderten Informationen besteht jedoch die Gefahr, daß „das Kind mit dem Bade ausgeschüttet wird“[1353], indem der Verbraucher irgendwann die Lektüre aufgibt oder die problematischen Klauseln in der Fülle von Informationen nicht erkennt.[1354]

Die Besonderheit des TNG liegt darin, daß der österreichische Gesetzgeber erstmals eine EG-Richtlinie in einem eigenständigen privatrechtlichen Sondergesetz umgesetzt hat. Begründet wurde diese Entscheidung gegen eine Einordnung im KSchG zum einen damit, daß es sich beim Time-Sharing um eine „sehr eingegrenzte, spezifische Materie“ handele.[1355] Außerdem sei „der von der Richtlinie vorgegebene Regelungsumfang beträchtlich“.[1356] Schließlich seien aufgrund der

1353 So Kappus, EWS 1996, 273 (275). Vgl. dazu auch Mäsch, EuZW 1995, 8 (11), der in Bezug auf die Detailfreudigkeit der Richtlinie von einem „Bumerang-Effekt“ spricht.

1354 So zutreffend Jesser/Kiendl, WoBl 1997, 11 (21).

1355 EB, S. 8.

1356 EB, a. a. O.

Anordnung des Art. 9 der Richtlinie, wonach dem Erwerber des Time-Sharing-Rechts ein vom jeweils anwendbaren Recht unabhängiger Schutz zu gewähren ist, komplexe kollisionsrechtliche Bestimmungen erforderlich, deren Normierung in einem Hauptstück des KSchG „systematisch unglücklich" gewesen wäre.[1357]

Die Schaffung eines eigenständigen Gesetzes ist überwiegend auf Kritik gestoßen. So wird vorgebracht, daß es sich auch bei den Bestimmungen über den Pauschalreisevertrag um eine sehr umfangreiche Materie gehandelt habe, die gleichwohl wegen ihres verbraucherschützenden Zwecks in das KSchG eingegliedert wurde.[1358] Auch bei den Bestimmungen über Teilzeitnutzungsrechte handele es sich Verbraucherschutznormen, die, da es um die Regulierung eines besonderen Verbrauchervertragstypus gehe, im II. Hauptstück des KSchG einzuordnen gewesen wären.[1359] Ein Einbau im KSchG hätte zudem den Vorteil, daß es weiterhin nur ein zentrales Gesetz gäbe, in dem Verbraucherschutznormen kodifiziert sind, zumal es auch wegen seines Titels für den Verbraucher leichter auffindbar sei.[1360] Selbst ein umfangreiches Gesetz sei anwendungsfreundlicher als eine Aufteilung von Konsumentenschutzbestimmungen auf mehrere Gesetze, da vereinzelte Verbraucherschutzbestimmungen in Sondergesetzen besonders schwer aufzufinden seien.[1361] Zudem hätte man bei einer Unterbringung im KSchG einige Vorschriften „einsparen" können, da sie sich bereits aus dem allgemeinen Teil des KSchG ergeben: So wäre beispielsweise § 1 TNG, der den Geltungsbereich auf Verbraucherverträge beschränkt und die Bestimmungen für einseitig zwingend erklärt, wegen des inhaltlich übereinstimmenden § 1 KSchG überflüssig.[1362] Durch die Umsetzung in einem eigenen „Sonderverbrauchergesetz" werde der Zersplitterung des österreichischen Verbraucherrechts weiter Vorschub geleistet.[1363] Kollisionsrechtliche Bestimmungen gehörten systematisch in das IPRG[1364]; ihr Erlaß außerhalb des IPRG bewirke eine zunehmende Unübersichtlichkeit dieser Materie, zumal das zentrale IPRG keinen Hinweis auf die Sonderanknüpfung enthalte.[1365]

Nach vereinzelter Ansicht ist die Konzeption des TNG als eigenständiges, nicht mit allgemeinen verbraucherrechtlichen Regeln überfrachtetes Sonderpri-

---

1357 EB, S. 9.
1358 Jesser/Kiendl, WoBl 1997, 11 (12).
1359 Heiss/Rudisch, ecolex 1997, 238 f.; Jesser/ Kiendl, a. a. O.
1360 Jesser/Kiendl, WoBl 1997, a. a. O.; Heiss/Rudisch, ecolex 1997, 238 (239).
1361 Jesser/Kiendl, a. a. O.
1362 Heiss/Rudisch, a. a. O.
1363 Jesser/Kiendl in Jesser/Kiendl/Schwarzenegger, Konsumentenschutzrecht, S. 305.
1364 Heiss/Rudisch, ecolex 1997, 238 (239).
1365 Jesser/Kiendl, WoBl 1997, 11 (13).

vatrechtsgesetz dagegen positiv zu bewerten.[1366] Eine Eingliederung der Sondermaterie in das KSchG, verbunden mit dessen umfassender Novellierung, hätte nicht unerhebliche gesetzestechnische Schwierigkeiten aufgeworfen, da die nachfolgenden Bestimmungen fortlaufend weiter numeriert werden hätten müssen und die mittlerweile vertraut gewordenen Paragraphenbezeichnungen auf diese Weise verloren gegangen wären.[1367] Es sei daher zweifelhaft, ob die Unterbringung der neuen Vorschriften im KSchG tatsächlich zur Rechtsvereinfachung und damit zu mehr Anwendungsfreundlichkeit gerade auch für den Verbraucher geführt hätte, zumal – wie das Beispiel der Pauschalreiserichtlinie zeige, deren Bestimmungen partiell in einer Reisebürosicherungsverordnung sowie in einer Reisebüroausübungsverordnung umgesetzt worden sind, – eine Aufteilung der umzusetzenden Bestimmungen auf mehrere bereits im nationalen Recht bestehende Regelwerke die Zerreißung der vom Regelungsthema vorgegebenen Einheitlichkeit und insbesondere der Anwendungsbereiche bewirken könne.[1368] Eben diese Gefahr bestünde aber bei einer systematischen Eingliederung beispielsweise der sachenrechtlichen Sicherungsmöglichkeiten im ABGB oder GBG.[1369]

Den letztgenannten Ausführungen ist zuzustimmen. Gerade das Beispiel der Pauschalreiserichtlinie, das von den Kritikern des Sondergesetzes angeführt wird, vermag nicht zu überzeugen, da hier, wie bereits an anderer Stelle ausgeführt[1370], die systematische Einordnung im KSchG rechtssystematisch nicht verständlich ist. Zudem wurden die Bestimmungen der Time-Sharing-Richtlinie nicht, wie dies im Fall der Transformation der Verbraucherkredit- und der Pauschalreiserichtlinie geschehen ist, als „vereinzelte Verbraucherschutzbestimmungen" auf mehrere bereits bestehende Regelwerke verteilt, die tatsächlich nicht ohne weiteres aufzufinden sind. Vielmehr wurde der gesamte Inhalt der Richtlinie zum ersten Mal in einem einzigen Gesetz umgesetzt, was zur Übersichtlichkeit beiträgt und dem Verbraucher erlaubt, die bei Abschluß eines Teilzeitnutzungsvertrages einschlägigen Spezialnormen ohne großen Aufwand und mühevolles Suchen in verschiedenen Gesetzen heranzuziehen. Überdies wird der Verbraucher im Falle des Abschlusses eines „Teilzeitnutzungsvertrages" die Normierung seiner Rechte und Pflichten eher in einem als „Teilzeitnutzungsgesetz" bezeichneten Regelwerk als im „Konsumentenschutzgesetz" vermuten.

Hervorzuheben ist das Bemühen des Gesetzgebers, bei der Umsetzung der speziellen Verbraucherschutzbestimmungen der Richtlinie in das TNG Inhalt und

1366 So einzig Haybäck, WBl 1997, 221 (224).
1367 So Heiss/Rudisch, ecolex 1997, 238 (239).
1368 Haybäck, WBl 1997, 221 (224).
1369 Haybäck, a. a. O.
1370 Vgl. dazu die Ausführungen unter D. X.

Formulierung mit dem KSchG zu harmonisieren.[1371] Indem bei der Umschreibung des persönlichen Geltungsbereichs auf die Begriffe des Verbrauchers und des Unternehmers im Sinne des § 1 KSchG zurückgegriffen wird, ist sichergestellt, daß durch die Umsetzung der Richtlinie kein weiterer Verbraucherbegriff in die österreichische Rechtsordnung eingeführt wird. Zudem wird durch die Verweise auf die Vorschriften des KSchG in §§ 6 Abs. 4, 8 Abs. 2 und in 9 Abs. 1 der Einklang mit dem KSchG hergestellt und damit die Einheitlichkeit der Verbraucherschutzgesetzgebung in Österreich gewahrt. Positiv zu bewerten sind auch die terminologischen Angleichungsbemühungen, die in der Vermeidung des in der Richtlinie gebrauchten Terminus' „Immobilie" und in der bewußten Verwendung des in der österreichischen Rechtsordnung bereits bekannten Begriffes der „wirtschaftlichen Einheit" anstatt des europäischen Wortes „Vereinbarung" zum Ausdruck kommen, da hierdurch eine systemgerechte Anpassung der europäischen Vorgaben an die österreichische Rechtssprache erfolgt. Aus rechtssystematischer Sicht gelungen erscheint schließlich auch die Anlehnung des § 6 an die verwandte Vorschrift des § 3 KSchG, weil der Beginn der Rücktrittsfrist ebenfalls an die Ausfolgung der Vertragsurkunde und nicht, wie in der Richtlinie, an die Unterzeichnung durch die Vertragsparteien geknüpft wird. Allerdings ist dem österreichischen Gesetzgeber die Harmonisierung mit bereits bestehenden, verwandten Regelungen nicht durchweg gelungen. Beispielsweise enthalten die §§ 3, 3 a und 30 a KSchG eine absolute Höchstfrist für die Rücktrittsmöglichkeit, die bei § 30 a KSchG einen Monat nach Abgabe der Vertragserklärung, bei §§ 3 und 3 a KSchG spätestens einen Monat nach vollständiger Vertragserfüllung durch beide Vertragspartner endet. Bei § 6 ist dagegen selbst nach vollständiger beiderseitiger Vertragserfüllung ein Rücktritt ohne zeitliche Begrenzung möglich.[1372]

Dennoch kann die Umsetzung der Time-Sharing-Richtlinie in das österreichische TNG unter rechtssystematischen Gesichtspunkten insgesamt als gelungen angesehen werden.

1371 Die Harmonisierungsbemühungen des österreichischen Gesetzgebers begrüßen auch Jesser/Kiendl in Jesser/Kiendl/Schwarzenegger, Konsumentenschutzrecht, S. 305.

1372 Kritisch hierzu auch Jesser/Kiendl in Jesser/Kiendl/Schwarzenegger, Konsumentenschutzrecht, S. 313 f.

F. Zusammenfassende Bewertung der Situation in Österreich und Ergebnis der Untersuchung

Die vorangegangenen Ausführungen haben gezeigt, daß auch in Österreich ein nicht unbeträchtlicher Teil des Verbraucherschutzrechts – namentlich die Bestimmungen über das Haustürgeschäft, über den Verbraucherkredit, über Pauschalreiseverträge, über unfaire Vertragsklauseln, über Time-Sharing-Verträge und über Vertragsabschlüsse im Fernabsatz – von Rechtsangleichungsmaßnahmen der Europäischen Gemeinschaften initiiert bzw. beeinflußt ist. In naher Zukunft wird eine weitere Anpassung des österreichischen Rechts an die bereits verabschiedete Richtlinie über Verbrauchsgütergarantien erforderlich werden.

I. Vergleich mit der Situation in Deutschland

1. Die unterschiedliche Ausgangslage

Ähnlich wie das deutsche Recht gewährleistete auch das österreichische Recht, wie im zweiten Teil der Arbeit gezeigt wurde, bereits vor dem Einfluß rechtsangleichender Maßnahmen der EG ein hohes, teilweise sogar über den einschlägigen Bestimmungen der EG-Richtlinien liegendes Verbraucherschutzniveau. So genießen in Österreich nicht nur Verbraucher, sondern auch Unternehmer gesetzlichen Schutz vor unbilligen Allgemeinen Geschäftsbedingungen (§§ 864 a und 879 Abs. 3 ABGB[1373]). Da die Verbraucherschutzrichtlinien nur Mindeststandards vorgeben, die den Mitgliedstaaten die Beibehaltung oder den Erlaß strengerer Vorschriften gestatten, steht eine Senkung des österreichischen Verbraucherschutzniveaus nicht zu befürchten.[1374]

In Österreich war die Ausgangslage aber zunächst eine andere als in Deutschland, da hier bereits vor dem Erlaß der in nationales Recht umzusetzenden EG-Verbraucherschutzrichtlinien ein umfassendes Gesetz für Verbraucher, das KSchG aus dem Jahre 1979, existierte. Dieser Befund hat auch Auswirkungen auf das Konzept der Rezeption der europäischen Regelungsvorgaben: Da das deutsche Recht den Begriff des „Verbrauchers" – anders als den Begriff des Kaufmanns – als solchen bis zur Transformation der Verbraucherkreditrichtlinie nicht kannte bzw. die Verbraucher nicht als eigenständige normative Kategorie anerkannte, schuf der deutsche Gesetzgeber regelmäßig – mit Ausnahme der Pauschalreiserichtlinie und der Richtlinie über mißbräuchliche Klauseln – eigene

1373 Vgl. hierzu die Ausführungen im zweiten Teil unter A. V. 2 c) und 3. a).
1374 Schuhmacher in ders., Verbraucherschutz in Österreich, S. 235 (240).

Spezialgesetze, da sich der Verbraucherbegriff und – daran anknüpfend – Regelungen zum Schutz einer besonderen Personengruppe nicht in die systematische Ordnung des BGB einfügen ließen. Im Gegensatz hierzu unterschied sich die Definition des Verbrauchers in den EG-Verbraucherschutzrichtlinien nicht allzusehr von dem in Österreich bereits existenten, in § 1 KSchG definierten Verbraucherbegriff, so daß der österreichische Gesetzgeber die verbraucherschutzrechtlichen Bestimmungen der Richtlinien größtenteils ohne besondere legistische und rechtssystematische Schwierigkeiten in das KSchG einordnen konnte und daher zunächst ein Anwachsen von „Sonderverbrauchergesetzen" vermied. Auch hier wurde jedoch von Anfang an auf eine Eingliederung der Produkthaftung in das KSchG verzichtet und diese, wie in Deutschland, in einem Sondergesetz geregelt.[1375] Zudem sah der österreichische Gesetzgeber bei der Transformation der Time-Sharing-Richtlinie von einer Einarbeitung des Richtlinieninhalts in das KSchG ab und schuf mit dem Teilzeitnutzungsgesetz ein weiteres Spezialgesetz. Der Trend zur „Dekodifikation"[1376], der von deutschen Autoren beklagt wird[1377], ist also auch in Österreich zu beobachten.[1378] Die Umsetzung der übrigen Verbraucherschutzrichtlinien hat, wie aufgezeigt, eine Vielzahl einzelner Gesetzesänderungen in Österreich mit sich gebracht; die Anzahl der Verbraucherschutznormen ist zunehmend gewachsen, so daß das KSchG als zentrales Verbraucherschutzgesetz langsam an Bedeutung verliert.

2. Genuine Fortentwicklung des Verbraucherschutzrechts durch den österreichischen Gesetzgeber

Im Gegensatz zum deutschen Gesetzgeber, der in den vergangenen Jahren beim Erlaß neuer privatrechtlicher Vorschriften zum Schutz der Verbraucher lediglich auf die Impulse der Gemeinschaft reagiert hat, begnügte sich der österreichische Gesetzgeber nicht mit der Transformation der EG-Verbraucherschutzrichtlinien, sondern schuf auch genuin österreichisches Verbraucherschutzrecht: Zum einen sind Verbraucherschutzbestimmungen in Sondergesetzen wie dem Bauträgervertragsgesetz[1379] und dem Maklergesetz[1380] entstanden, die Verbraucher vor wirt-

1375 Zur Begründung vgl. bereits die Ausführungen im zweiten Teil der Arbeit unter A. I.

1376 Unter „De-Kodifikation" ist nach Irti, L`eta della decodificazione (3. Aufl., 1989) die Ausgliederung von immer mehr und immer enger umgrenzten Privatrechtsmaterien aus dem Gesamtgefüge der Kodifikation zu verstehen.

1377 S. im ersten Teil der Arbeit die Ausführungen unter D. I. 2.

1378 Posch, ZEuP 1995, 507 (520).

1379 S. im zweiten Teil unter C. II.

1380 S. im zweiten Teil unter C. I.

schaftlichen Nachteilen bei speziellen Vertragstypen schützen wollen. Daneben sind auch die jüngsten Novellierungen des KSchG durch BGBl I 1997/6 und durch BGBl I 1999/185 nur zum Teil durch Aktivitäten auf europäischer Ebene zur Harmonisierung des Verbraucherrechts der Mitgliedstaaten bedingt: Neben Änderungen des § 6 KSchG, die der Umsetzung der Richtlinie über mißbräuchliche Klauseln dienten und der Einfügung der §§ 5 a ff. KSchG zur Regelung von Vertragsabschlüssen im Fernabsatz, finden sich auch solche neuen Verbotsklauseln und andere Regelungen wie etwa die §§ 5 j und 27 a KSchG , die nicht europarechtlich, sondern durch das Bestreben des österreichischen Gesetzgebers motiviert sind, auf neuartige wirtschaftliche Entwicklungen und gesellschaftliche Veränderungen zu reagieren, indem der bereits vorhandene Regelbestand zum Schutz der Verbraucher an die veränderten Verhältnisse angepaßt wird.[1381]

II. Das Konzept des österreichischen Gesetzgebers bei der Rezeption der europäischen Verbraucherschutzregelungen

Der österreichische Gesetzgeber hat sich bei der Transformation der EG-Verbraucherschutzrichtlinien größtenteils an die Vorgaben der jeweiligen Richtlinie gehalten und dort, wo Umsetzungsbedarf bestand, zumeist richtlinienkonforme nationale Regelungen geschaffen. Hinsichtlich der Vorgehensweise bei der Umsetzung lassen sich mehrere Phasen unterscheiden:

1. Die erste Phase: Anpassung der österreichischen Rechtslage an den „aquis communautaire" im Bereich der Haustürgeschäfte, der Pauschalreisen und des Verbraucherkredits

Zunächst erfolgte im Zuge des Beitritts Österreichs zum EWR-Abkommen die Umsetzung der Haustürgeschäfte-, der Verbraucherkredit- und der Pauschalreiserichtlinie. Hier beschränkte sich der österreichische Gesetzgeber bewußt darauf, lediglich die unbedingt erforderlichen Anpassungen durchzuführen[1382], verzichtete jedoch ausdrücklich darauf, darüber hinausgehende Änderungen zur Verbesserung des Verbraucherschutzes durchzuführen.[1383] Infolgedessen wurden die Bestimmungen der Verbraucherkredit- und der Pauschalreiserichtlinie teilweise wörtlich übernommen, wie etwa aus der Verbraucherkreditrichtlinie die Definition des Verbrauchers in § 1 Abs. 1 Ziff. 1 VerbrKrVO, die Definition des Kredit-

1381 So die EB zur RV 311 BlgNr 20. GP, S. 9.
1382 So die EB zur RV 809 BlgNr 18. GP, S. 5 f.
1383 EB zur RV 809 BlgNr 18. GP, S. 6.

vertrages in § 1 Abs. 1 Ziff. 2 VerbrKrVO, die Regelung des Rechts zur vorzeitigen Kreditrückzahlung in § 12 a KSchG sowie die Regelung des Einwendungsdurchgriffs in § 26 c KSchG. Der Pauschalreiserichtlinie wurden beispielsweise die Definition des Reisenden in § 31 Abs. 2 Ziff. 3 KSchG, die Definition der Pauschalreise in § 2 Ziff. 1 RSV, die Regelung des Reisendenwechsels im Falle der „Verhinderung" des Reisenden in § 31 c KSchG oder die Definition des Begriffes der höheren Gewalt in § 31 d KSchG entnommen. Zudem verzichtete der Gesetzgeber zumeist auf eine harmonische und widerspruchsfreie Einbettung der neuen Vorschriften in die österreichische Rechtsordnung, wie das Beispiel der isolierten Umsetzung des von der Verbraucherkreditrichtlinie vorgegebenen Einwendungsdurchgriffs in § 26 c KSchG und die Wertungswidersprüche im Falle der Haftungsfreizeichnung von fahrlässig verursachten Personenschäden zeigen, die der Gesetzgeber bei Umsetzung der Pauschalreiserichtlinie bewußt in Kauf genommen hat.[1384] Zu Recht wurde daher kritisiert, daß sich die Konsistenz und die Lesbarkeit des ohnehin sehr heterogenen Regelwerks des KSchG weiter verschlechtert haben.[1385] Nur ausnahmsweise sind in dieser ersten Phase der Umsetzung europäischer Regelungen Bemühungen des österreichischen Gesetzgebers zu erkennen, einen Einklang mit der Systematik und der Terminologie der österreichischen Rechtsordnung zu wahren. So wurde zwar in § 33 Abs. 1 BWG ausdrücklich auf den bereits bekannten Verbraucherbegriff des KSchG Bezug genommen, in der VerbrKrVO jedoch der Verbraucherbegriff der Verbraucherkreditrichtlinie verwendet. Auf diese Weise hat der österreichische Gesetzgeber einen neuen, von der bisherigen seit 1979 geltenden Definition abweichenden Verbraucherbegriff in das österreichische Recht eingeführt, so daß im österreichischen zivilrechtlichen Verbraucherschutz nun zwei verschiedene Verbraucherbegriffe existieren. Überdies ist infolge der Umsetzung der Pauschalreiserichtlinie im österreichischen Recht neben die Gruppe der „Verbraucher", die bereits bisher aufgrund ihrer wirtschaftlichen und intellektuellen Unterlegenheit gegenüber dem Unternehmer geschützt wurden, ein weiterer Personenkreis getreten, der als besonders schutzbedürftig erachtet wird und dem daher „Verbraucherschutz" zuteil wird: der Reisende.

Die „minimalistische Einstellung"[1386] des österreichischen Gesetzgebers dokumentiert auch die Tatsache, daß der österreichische Gesetzgeber sowohl bei Umsetzung der Verbraucherkreditrichtlinie als auch bei Transformation der Pauschalreiserichtlinie kaum Gebrauch von der in den als Mindeststandardrichtlinien ausgestalteten Richtlinien eröffneten Möglichkeit gemacht hat, über die Rege-

1384 S. die EB zur RV 809 BlgNr 18. GP, S. 10.
1385 So Kosesnik-Wehrle, Konsumentenschutzgesetz, S. 20.
1386 So Posch in FS Everling II, S. 1141 (1149).

lungsbereiche der Richtlinien hinaus weitere, benachbarte Fragenkomplexe einer Regelung zuzuführen.[1387] Anders als der deutsche Gesetzgeber, der etwa die Umsetzung der Verbraucherkreditrichtlinie zum Anlaß nahm, dem Verbraucher ohne entsprechendes Vorbild in der Richtlinie ein zeitlich begrenztes Widerrufsrecht zum Schutz vor unüberlegten Vertragsabschlüssen einzuräumen[1388] und die Problematik des „modernen Schuldturms" wenigstens ansatzweise einer Lösung zuzuführen[1389], hat der österreichische Gesetzgeber nur höchst behutsame Modifikationen der europäischen Vorgaben vorgenommen, indem er beispielsweise abweichend von der Richtlinie auch Hypothekarkredite dem Anwendungsbereich der §§ 33 ff. BWG unterstellt hat. Insgesamt kann daher festgestellt werden, daß der österreichische Gesetzgeber sich in der ersten Phase der Übernahme EG-rechtlicher Standards zwar um eine im Wesentlichen richtlinienkonforme Umsetzung bemüht und damit seine Transformationspflichten weitestgehend erfüllt hat, auf die Abstimmung mit dem bereits vorhandenen Regelbestand aber wenig Rücksicht genommen und das verbraucherpolitische Minimum der Richtlinien nicht durch zusätzliche Regelungen weiter verbessert hat.

2. Die zweite Phase: Die Umsetzung der Time-Sharing-Richtlinie

Anders ist der österreichische Gesetzgeber bei der Übernahme der Regelungsvorgaben der Time-Sharing-Richtlinie verfahren. Zum einen überschreitet das Teilzeitnutzungsgesetz das Mindestniveau der Richtlinie in vieler Hinsicht, indem etwa der Adressatenkreis der Erwerberinformation nicht unerheblich erweitert und der Beginn der Rücktrittsfrist nicht an die Unterzeichnung der Vertragsurkunde durch die Parteien, sondern an die Ausfolgung der Vertragsurkunde geknüpft wird (§ 6 TNG). Außerdem hat der österreichische Gesetzgeber den Erwerberschutz auch durch eigenständige Regelungen, die nicht auf europarechtliche Vorgaben zurückgehen, verstärkt, indem er beispielsweise die Möglichkeit einer grundbuchrechtlichen Sicherstellung des Erwerbers geschaffen hat (§ 10 TNG). Ein weiteres Beispiel für eine systemgerechte Erweiterung der Richtlinienregelungen ist die Regelung der Rücktrittserklärung an einen Beauftragten (§ 6 Abs. 3 S. 4 TNG).

Der österreichische Gesetzgeber hat also den ihm zustehenden Spielraum weiter ausgenutzt. Zum anderen ist an vielen Stellen das Bemühen des Gesetzgebers zu erkennen, die neuen Regelungen in Systematik, Inhalt und Formulierung mit bereits vorhandenen verwandten Vorschriften abzustimmen. So wurde der

1387 Dies kritisieren Graf, ÖBA 1994, 4 und Mayrhofer, ZfRV 1995, 229 (244).
1388 § 7 VerbrKrG.
1389 § 11 VerbrKrG.

persönliche Geltungsbereich des Teilzeitnutzungsgesetzes durch die Verwendung des Begriffspaares Unternehmer-Verbraucher i. S. des § 1 KSchG bewußt mit dem Anwendungsbereich des KSchG harmonisiert. Auch die Ausgestaltung des Rücktrittsrechts und die Regelungen bezüglich drittfinanzierter Teilzeitnutzungsverträge lehnen sich hinsichtlich Terminologie und Systematik ausdrücklich an ähnliche Regelungen des KSchG an: Der Lauf der Rücktrittsfrist wurde wie bei § 3 KSchG an die Ausfolgung der Vertragsurkunde geknüpft; bei der Regelung der entschädigungsfreien Auflösung von Kreditverträgen, die mit dem Teilzeitnutzungsvertrag in Zusammenhang stehen, wurde berücksichtigt, daß das österreichische Verbraucherschutzrecht bereits eine vergleichbare Verknüpfungsregelung in den §§ 18 ff. KSchG kennt, die mit dem Terminus der „wirtschaftlichen Einheit" der Verträge operiert.

Der Grund dafür, daß der Gesetzgeber sich hier nicht auf eine ebenso knappe Umsetzung wie im Fall der anderen Richtlinien beschränkte, mag darin liegen, daß er mit Inkrafttreten des EWR-Abkommens im Jahre 1993 in kurzer Zeit eine Vielzahl gemeinschaftsrechtlicher Vorschriften in das innerstaatliche Recht umzusetzen hatte und daher aufgrund des Umfangs der zu leistenden Anpassungspflichten keine Zeit für weitergreifende Überlegungen blieb.[1390] Bei Umsetzung der Time-Sharing-Richtlinie stand der österreichische Gesetzgeber dagegen nicht unter Zeitdruck. Daneben ist zu berücksichtigen, daß sich die Schaffung eines neuen eigenständigen Gesetzes wie des TNG unter Umständen leichter gestaltet als das Adaptieren eines bereits vorhandenen Regelwerks mit national geprägter Terminologie und Systematik.[1391] Es erscheint aber auch möglich, daß man die vielfach kritisierten Fehler bei der Umsetzung der ersten beiden Richtlinien nicht wiederholen wollte, der österreichische Gesetzgeber also aus den Mängeln der früheren Adaptierungsarbeit gelernt und erkannt hat, daß er sich, will er die europäischen Vorgaben systemgerecht in das österreichische Recht einbauen, nicht auf das Herunterkopieren der Richtlinieninhalte beschränken darf, sondern aus eigener Kreation Übersetzungs- und Adaptierungsarbeiten zu leisten hat.[1392]

3. *Die dritte Phase: Die Umsetzung der Fernabsatzrichtlinie und der Richtlinie über Unterlassungsklagen*

Die Umsetzung der vorgenannten Richtlinien bzw. des Großteils ihrer Bestimmungen erfolgte wiederum durch die Implementierung von neuen Vorschriften in

1390 So auch Mayrhofer, ZfRV 1995, 229 (244) und Posch in FS Everling II, S. 1141 (1155).
1391 So auch Posch, in FS Everling II, S. 1141 (1149).
1392 In dieser Richtung auch Posch, in FS Everling II, S. 1141 (1155).

das KSchG, überwiegend im I. Hauptsstück, das ausschließlich für Verbrauchergeschäfte gilt. Auf diese Weise sollte dem alle Vertragstypen erfassenden weiten Anwendungsbereich der Richtlinie Rechnung getragen werden.[1393] Als weiteren Grund für den Verzicht auf die Verabschiedung eines weiteren Sondergesetzes nennt der österreichische Gesetzgeber, daß sich dadurch die Umsetzung solcher Richtlinienbestimmungen erübrige, die im Konsumentenschutzgesetz bereits ein Pendant haben.[1394] Schließlich sei eine solche Umsetzung auch deshalb sinnvoll, weil das KSchG der „zentrale Hort des österreichischen Verbraucherschutzrechts" sei und die damit bislang gemachten Erfahrungen und die dazu ergangene Rechtsprechung ohne großen Aufwand für die im Fernabsatz geschlossenen Verträge nutzbar gemacht werden könnten.[1395]

Richtig ist sicherlich, daß die Bestimmungen der Fernabsatzrichtlinie, die nicht auf einen bestimmten Vertragstyp begrenzt sind und die, ebenso wie das KSchG, Regelungen über den vorvertraglichen Bereich, den Vertragsabschluß und die Vertragsabwicklung enthalten, leichter in das KSchG zu integrieren waren, als etwa diejenigen der Time-Sharing-Richtlinie. Auch eröffnete diese Vorgehensweise im Hinblick auf bereits bestehende Vorschriften, etwa Art. 1 KSchG über den Geltungsbereich, Art. 2 Abs. 2 KSchG über die Unabdingbarkeit der KSchG-Bestimmungen und Art. 28 f. KSchG über die Verbandsklage, die Möglichkeit, auf die gesonderte Umsetzung einiger Artikel – beispielsweise Art. 2 Ziff. 2 und 3, Art. 11 und Art. 12 zu verzichten und so einige Vorschriften „einzusparen." Bei der Umsetzung der Richtlinie über Unterlassungsklagen konnte die Anpassung mit einer Ausweitung des Anwendungsbereichs der Verbandsklage bewerkstelligt werden.

Dennoch hat sich die Übersichtlichkeit und damit die Anwendungsfreundlichkeit des KSchG vor allem für Verbraucher durch die gewählte legistische Technik weiter verschlechtert. Es bleibt abzuwarten, mit welchen „mittelfristigen gesonderten Maßnahmen"[1396] der österreichische Gesetzgeber der zunehmenden Unübersichtlichkeit begegnen wird.

Bemerkenswert ist an dieser Stelle noch, daß sich der österreichische Gesetzgeber bei der Umsetzung der Regelungen der Fernabsatzrichtlinie erneut eng an die Struktur und den Wortlaut der Richtlinienbestimmungen gehalten und nur marginal über den Mindeststandard der Richtlinie hinausgeht.[1397] Begründet wird

1393 So die EB zur RV 1998 BlgNr. 20 GP, S. 13.

1394 EB, a. a. O.

1395 EB, a. a. O.

1396 So ausdrücklich die EB, S. 13

1397 Beispielsweise ist anders als nach der Richtlinie auch bei Dienstleistungsverträgen ein Überschreiten der Dreimonatsfrist des Art. 6 Abs. 1 S. 3, 2. Gedankenstrich möglich, vgl. § 5 e Abs. 3 KSchG.

dies damit, daß „aus der Sicht des österreichischen Verbrauchers damit weithin das Auslangen gefunden werden kann und nicht durch von der Richtlinie abweichende Regelungen ohne Not Handelshemmnisse errichtet werden sollen."[1398] Bedauerlicherweise wurde dadurch zum Teil erneut die Chance verschenkt, die Bestimmungen der Richtlinie an das System des bereits vorhandenen Regelbestands anzugleichen. So wurde die siebentägige Rücktrittsfrist aus der Fernabsatzrichtlinie in § 5 e Abs. 2 KSchG übernommen (sieben Werktage"), wohingegen §§ 3, 3 a und 30 a KSchG und § 5 Abs. 2 BTVG eine Rücktrittsfrist von einer Woche und § 6 TNG eine Rücktrittsfrist von vierzehn Tagen vorsehen.[1399] Andererseits wurden die Folgen des Rücktritts entsprechend denjenigen bei Rücktritt von einem Haustürgeschäft geregelt (§ 5 g KSchG). Insgesamt scheint es daher, als ob der österreichische Gesetzgeber den Versuch gemacht hat, die in der ersten Phase der Umsetzung von EG-Richtlinien gemachten Fehler wenigstens teilweise nicht wiederholen zu wollen.

III. Das Verbraucherleitbild des österreichischen Gesetzgebers

Im zweiten Teil der Arbeit wurde dargestellt[1400], daß der österreichische Gesetzgeber vor der Umsetzung der EG-Verbraucherschutzrichtlinien einen verbesserten Schutz des Verbrauchers vor allem auf zwei Wegen zu erreichen suchte: Zum einen durch eine verstärkte vorvertragliche Aufklärung und Information des Verbrauchers, zum anderen durch die Anordnung zwingenden Rechts. Neben den verbraucherschützenden Regelungen, die der österreichische Gesetzgeber aus eigenem Antrieb, d. h ohne europarechtlichen Anstoß verabschiedet hat, ist die Umsetzungsgesetzgebung ein weiterer Indikator für das Bild, das sich der österreichische Gesetzgeber von dem zu schützenden Verbraucher macht.[1401] Dabei zeigt sich, daß der österreichische Gesetzgeber immer wieder ganz erheblich über die Mindestanforderungen der verbraucherschützenden EG-Richtlinien hinausgeht. Andererseits normiert der österreichische Gesetzgeber auch bei der Schaffung genuin österreichischer Regelungen im Bereich des Verbrauchervertragsrechts zunehmend vertragliche Informations- und Aufklärungspflichten.

1398 EB, a. a. O.
1399 Kritisch auch Mohr, ecolex 1999, 755 (756, Fn 6).
1400 Vgl. dort unter B. IV.
1401 Vgl. zum Verbraucherleitbild des österreichischen Gesetzgebers bereits die Ausführungen im zweiten Teil der Arbeit unter B. IV.

Bemerkenswert ist, daß der Kreis der geschützten Personen in den österreichischen Umsetzungsvorschriften regelmäßig weiter ist als der durch die Richtlinien geschützte Personenkreis, da meist auch Angestellte dem Schutz unterfallen. So ist der Verbraucherbegriff etwa des KSchG, des BWG und § 75 VAG weiter als jener der Verbraucherkreditrichtlinie und führt im Ergebnis dazu, daß Existenzgründungskredite von Banken und Freiberuflern als Verbraucherkredite behandelt werden. Auch der sachliche Anwendungsbereich der Umsetzungsbestimmungen ist meistens weiter als derjenige der zugrunde liegenden Richtlinie. Die Verbraucherkreditrichtlinie hatte beispielsweise die Möglichkeit vorgesehen, bestimmte Vertragsgruppen vom Geltungsbereich des Gesetzes auszunehmen.[1402] Davon hat der österreichische Gesetzgeber jedoch nicht in vollem Umfang Gebrauch gemacht, so daß auch Hypothekarkredite vom Anwendungsbereich der §§ 33 f. BWG erfaßt werden. § 3 KSchG, der in Umsetzung der Haustürgeschäfterichtlinie geändert wurde, kommt im Gegensatz zur Richtlinie, die bestimmte Verträge vom Anwendungsbereich ausschließt[1403], bei allen Verträgen, die die Voraussetzungen des § 1 KSchG erfüllen, zum Tragen. Auch ein Vereinsbeitritt oder eine Mieterhöhung können daher unter den Anwendungsbereich des Gesetzes fallen. Das Verbot der Haftungsfreizeichnung nach der Richtlinie über mißbräuchliche Klauseln gilt nach § 6 Abs. 1 Ziff. 9 KSchG auch bei individuell ausgehandelten Vereinbarungen. Die Bestimmungen über die Pauschalreise gelten nach § 31 b KSchG im Gegensatz zur Richtlinie auch für Reisen, die weniger als 24 Stunden dauern oder keine Übernachtung umfassen. Schließlich ist auch der sachliche Anwendungsbereich des Teilzeitnutzungsgesetzes weiter als derjenige der Time-Sharing-Richtlinie, da der österreichische Gesetzgeber auf das Erfordernis einer mindestens eine Woche dauernden, jährlichen Nutzung des Time-Sharing-Objekts verzichtete (§ 2 TNG). Das erreichte Schutzniveau übersteigt also den europarechtlichen Mindeststandard in vieler Hinsicht.

Dieser Befund läßt darauf schließen, daß der österreichische Gesetzgeber den Verbraucher für noch wesentlich schutzbedürftiger hält als der europäische Richtliniengeber. Die Umsetzungsgesetzgebung bestätigt insoweit das im zweiten Teil der Arbeit[1404] aufgrund der im KSchG eingesetzten Schutzinstrumente herausgearbeitete Leitbild des hilflosen, unmündigen Verbrauchers, der zur Wahrnehmung der eigenen Interessen unfähig ist und daher umfassender staatlicher Bevormundung bedarf, in der österreichischen Gesetzgebung. Auch die unabhän-

1402 Vgl. Art. 2 Abs. 2 und 4.
1403 Vgl. Art. 3 Abs. 2.
1404 S. dort unter B. IV.

gig von der Richtlinie über mißbräuchliche Klauseln vorgenommene Ergänzungen des Klauselkatalogs des § 6 KSchG zeigen dies besonders deutlich, da hier mittels zwingender Regelungen privatautonome Vereinbarungen sogar unter Umständen zu Lasten des Verbrauchers ausgeschlossen werden.[1405]

2. *Normierung vertraglicher Informationspflichten und gesetzlicher Rücktrittsrechte*

Indes setzt der österreichische Gesetzgeber, wie auch der europäische, auf einen stärkeren Ausbau vor allem vertraglicher Informationspflichten. Dies manifestiert sich nicht nur in den umfangreichen Informationskatalogen in der Reisebüroausübungsverordnung sowie im TNG und in § 5 c KSchG, die zum Teil noch über die europäischen Vorgaben hinaus gehen. Auch die Beispiele aus der jüngeren österreichischen Verbraucherschutzgesetzgebung lassen erkennen, daß der österreichische Gesetzgeber, selbst wenn keine europarechtlichen Vorgaben dazu zwingen, dem Aspekt der Verbraucherinformation als Instrument des Schutzes vor wirtschaftlichen Nachteilen mehr Bedeutung zumißt als noch bei der Schaffung des KSchG im Jahre 1979. So ist der Informationsgedanke eine der maßgeblichen Motivationen des Bauträgervertragsgesetzes, das seit dem 1. 1. 1997 in Kraft ist.[1406] Überdies hat der österreichische Gesetzgeber den Gedanken der Bedenkzeit nach Vertragsabschluß („cooling-off"-Periode), der von jenen Verbraucherschutzbestimmungen bekannt ist, die auf europarechtlichen Vorbildern beruhen – das Rücktrittsrecht beim Haustürgeschäft oder das Rücktrittsrecht beim Teilzeitnutzungsvertrag – auch außerhalb der Verpflichtung zur Anpassung an europarechtliche Vorgaben in das österreichische Recht eingeführt. So gebührt dem Verbraucher bei Maklerverträgen nach § 30 a KSchG ein Rücktrittsrecht, wenn er seine Vertragserklärung am Tag der ersten Besichtigung abgibt und der Erwerb der Immobilie zur Deckung seines eigenen Wohnbedürfnisses oder des eines nahen Angehörigen dienen soll. Auch vom Bauträgervertrag kann zurücktreten, wem nicht eine Woche vor dem Vertragsabschluß alle wesentlichen Informationen über den Vertrag mitgeteilt wurden (§ 5 Abs. 1 BTVG).

1405 Dies kritisiert auch Wukoschitz, RdW 1997, 264 (267).

1406 Vgl. die Regelung des § 3 Abs. 1 BTVG, wonach der Bauträgervertrag der Schriftform bedarf, damit der Erwerber vor übereilten und unüberlegten Vertragsabschlüssen abgehalten wird – Engun-Deniz, Bauträgervertragsgesetz, S. 31 – sowie die Regelung des § 4 Abs. 1 über den zwingenden Mindestinhalt des Bauträgervertrages, die sicherstellen will, daß der Erwerber ausreichende Informationen über das von ihm in Aussicht genommene Vertragsobjekt erhält, vgl. Engun-Deniz, a. a. O.; S. 34.

Insgesamt ist daher festzuhalten, daß sich der österreichische Gesetzgeber im Wesentlichen der Schutzinstrumente bedient, die auch der Richtliniengeber zur Verbesserung der Stellung des Verbrauchers für erforderlich hält und daher die Umsetzung der EG-Verbraucherschutzrichtlinien keine grundlegende Änderung der Koexistenz liberaler und sozialer Verbraucherschutzprinzipien im österreichischen Recht herbei geführt hat, sondern Impulse für eine Verstärkung sowohl des Informationsgedankens als auch zwingender Schutzregelungen gegeben hat.[1407]

IV. Auswirkungen der Übernahme der europäischen Regelungsvorgaben auf die Systematik des österreichischen Zivilrechts

Wie an anderer Stelle ausführlich dargestellt[1408], sind die europäischen Vereinheitlichungsbemühungen im Bereich des Verbraucherschutzes in der deutschen Literatur auf Kritik gestoßen, wobei sich die Kritik zum einen gegen die systematischen Auswirkungen der Umsetzung der Richtlinieninhalte auf die äußere und innere Einheit der deutschen Zivilrechtsordnung, zum anderen gegen die Bevorzugung der Verbraucher gegenüber anderen Personengruppen richtet.

Insbesondere die Befürchtungen einer zunehmenden Rechtszersplitterung und Intransparenz der Rechtslage, die aus dem fragmentarischen Charakter und der Regelungsdichte vieler Richtlinien resultieren, haben sich auch im österreichischen Recht bestätigt.

1. Zunehmende Rechtszersplitterung

Hervorzuheben ist zunächst, daß die Umsetzung der Verbraucherschutzrichtlinien aufgrund einer Vielzahl von Gesetzesänderungen nicht immer transparent erfolgte.[1409] So wurden die Verbraucherkredit- und die Pauschalreiserichtlinie nicht nur im Rahmen des KSchG, sondern auch im BWG, in der VerbrKrVO und in zwei Verordnungen zur Gewerbeordnung umgesetzt. Die intransparente Umsetzung teils im Zivilrecht, teils im öffentlichen Recht hat ihre Ursache vor allem in der Vermengung von Verwaltungs- und Zivilrecht, wie sie den meisten Verbraucherschutzrichtlinien eigen ist und die das österreichische Recht, wie auch das

---

1407 So auch Schuhmacher in ders., Verbraucherschutz in Österreich, S. 235 (241 f.).
1408 Vgl. die Ausführungen im ersten Teil unter D.
1409 So auch Ofner, JAP 1993/94, 219.

deutsche, nicht kennt. Die Vorgaben lassen sich daher nicht immer leicht in das österreichische Rechtssystem übernehmen.[1410]

Namentlich das österreichische Kreditrecht erweist sich nach der Umsetzung der Verbraucherkreditrichtlinie als sehr stark zersplittert, da die Informationspflichten des Kreditgebers, Schriftformgebot und Mindestinhalt des Kreditvertrages in drei verschiedenen Gesetzen und überdies nicht deckungsgleich geregelt sind. Der Kreditvertrag muß je nach Volumen des Kredits und Person des Vertragspartners unterschiedliche Angaben enthalten. Das Auffinden der einschlägigen Rechtsgrundlagen für das abzuschließende Kreditgeschäft wird für den Rechtsanwender dadurch erheblich erschwert. Ähnliches gilt für das österreichische Pauschalreiserecht, da die Regelungen des KSchG, der RbAusüVO und der RSV sowohl hinsichtlich ihres persönlichen als auch ihres sachlichen Geltungsbereichs nicht unerheblich voneinander abweichen, was eine Zersplitterung der Rechtslage zur Folge hat.[1411]

Die Umsetzung der europäischen Regelungsvorgaben hat zudem dazu geführt, daß die bereits an anderer Stelle[1412] kritisierte Rechtsquellenvielfalt im österreichischen Recht weiter zugenommen hat. Dabei veranschaulicht insbesondere das Beispiel des Einwendungsdurchgriffs die von deutschen Autoren kritisierte, durch die Umsetzung von EG-Richtlinien verursachte Mehrspurigkeit von europäisch induziertem und nationalem Recht: Neben dem allgemeinen zivilrechtlichen Einwendungsdurchgriff und dem nach dem KSchG bestehenden Einwendungsdurchgriff in § 18 KSchG wurde in Umsetzung der Verbraucherkreditrichtlinie eine dritte Möglichkeit, nämlich der Einwendungsdurchgriff nach § 26 c KSchG, für den Verbraucher geschaffen.[1413] Aber auch die Umsetzung der Pauschalreiserichtlinie hat eine Aufspaltung der Rechtslage etwa hinsichtlich der Zulässigkeit nachträglicher Preisänderungen[1414] oder einer Haftungsfreizeichnung[1415] bewirkt. Eine Zweispurigkeit von tradiertem und angeglichenem Recht ist auch im österreichischen Haftungsrecht zu beobachten. So existiert wie in Deutschland das in einem Sondergesetz geregelte Produkthaftungsrecht europäischer Provenienz neben dem fortgeltenden und ergänzend benötigten allgemeinen Vertragsrecht.[1416] Das österreichische Zivilrecht, insbesondere das Verbraucher-

---

1410 So zutreffend Kosesnik-Wehrle, Konsumentenschutzgesetz, S. 179.

1411 S. bereits die Ausführungen unter D. X.

1412 Vgl. im zweiten Teil unter B. V. 3.

1413 Vgl. dazu die Ausführungen unter C. VI.

1414 S. oben unter D. IV.

1415 S. oben unter D. IX.

1416 In Österreich wird die Haftung des Herstellers aus dem Gesichtspunkt des Vertrages mit Schutzwirkung für Dritte hergeleitet. Vgl. dazu Koziol, Haftpflichtrecht I, S. 92 f. m. w. N.

schutzrecht wird also infolge der Transformation europäischer Regelungsvorgaben insgesamt immer unüberschaubarer. Zudem verfestigt sich die durch den Erlaß des KSchG bereits initiierte Dreiteilung des österreichischen Vertragsrechts in ein allgemeines Zivilrecht, das Regeln für jedermann kodifiziert, ein Verbraucherrecht mit speziellen Regelungen für nicht gewerblich Handelnde und das Handelsrecht für Kaufleute.

Die genannten Beispiele verdeutlichen, daß durch das Zusammenspiel von europäisch induziertem und unverändertem nationalen Recht in der Praxis Verschachtelungen bei der Rechtsanwendung bewirkt werden und diese dadurch insgesamt schwieriger wird.[1417] Die fragmentarische Rechtsangleichung durch Richtlinien belastet die nationale Rechtsanwendung mit zusätzlichen Problemen. Durch punktuelle Eingriffe in die gewachsenen Strukturen der österreichischen Rechtsordnung wird deren innere Einheit und Kohärenz beeinträchtigt und Rechtsunsicherheit verursacht.[1418]

Dabei zeigt der Vergleich der österreichischen Rechtslage mit jener in Deutschland, wo die Übernahme europäischer Verbraucherschutzregelungen bis zuletzt überwiegend zur Konzeption von eigenständigen Gesetzen führte, aber auch das Beispiel des Teilzeitnutzungsgesetzes meines Erachtens, daß eine Umsetzung in Spezialgesetzen zwar zur Zunahme verbraucherrechtlicher Sondergesetze führt, daß aber die Rechtslage dennoch insgesamt übersichtlicher und damit auch anwendungsfreundlicher bleibt, wenn die einschlägigen Normen alle in einem Gesetz zu finden sind.[1419] Festhalten läßt sich weiter, daß sich die Umsetzung von Richtlinienvorgaben dann als besonderes problematisch erweist, wenn sich für den betroffenen Rechtsbereich bereits umfangreiche oder zusammenhängende Regelungen im nationalen Recht finden. Auch dies mag erklären, warum die Transformation der Time-Sharing-Richtlinie im Vergleich zur Umsetzung der übrigen Richtlinien besonders geglückt erscheint.

2. Terminologische und systematische Fremdkörper

Die Umsetzung der Verbraucherschutzrichtlinien, insbesondere die zumeist unumgängliche wörtliche Übernahme weiter Passagen der Richtlinientexte, hat auch in Österreich zur „Einpflanzung“ terminologischer und systematischer Fremdkörper in das nationale Recht geführt. So waren die Begriffe „Kreditvertrag“, „Abmachung“ und „Ware“ vor der Umsetzung der Verbraucherkreditrichtlinie im

1417 Posch, ZEuP 1995, 507 (519).
1418 Posch, ZEuP 1995, 507 (511); ders., WBl 1992, 215 ff.
1419 So auch Dessulemoustier-Bovekercke, AnwBl 1994, 669.

österreichischen Recht nicht gebräuchlich.[1420] Die aus der Pauschalreiserichtlinie übernommenen Begriffe der „Stornierung“ sowie der „höheren Gewalt“ weisen einen vom österreichischen Sprachgebrauch verschiedenen Bedeutungsgehalt auf.[1421] Unklar bleibt auch, was unter einer „nicht nur gelegentlichen“ Veranstaltung oder unter einer „Verhinderung“ des Reisenden zu verstehen ist. Die wörtliche Übernahme europäisch geprägter Begriffe wird auf diese Weise zur Quelle weiterer Unsicherheiten.[1422]

Deutlich wird auch, daß sich die Umsetzung der Richtlinienvorgaben in das österreichische Recht um so schwieriger gestaltet, je weniger die einzelnen Richtlinien einem einheitlichen System und einer einheitlichen Begriffswelt unterliegen.[1423] So führt die Verwendung unterschiedlicher Verbraucherdefinitionen auf EG-Ebene dazu, daß auch der österreichische Gesetzgeber keinen kohärenten Verbraucherbegriff (mehr) verwendet: Die Definition des Reisenden im KSchG entspricht zwar der Definition des Verbrauchers im Sinne der Pauschalreiserichtlinie, nicht jedoch der des Verbrauchers im Sinne des § 1 KSchG.[1424]

Es hat sich jedoch auch gezeigt, daß die Ursachen nicht allein auf europäischer Ebene zu suchen sind. Vielmehr demonstriert die gelungene Adaption des Teilzeitnutzungsgesetzes an den bereits vorhandenen Rechtsbestand, daß es auch und gerade Sache des nationalen Gesetzgebers ist, die Richtlinieninhalte nicht einfach „abzuschreiben“, sondern im eigentlichen Sinne „umzusetzen“. Zwar wird eine systemgerechte Transformation in der Tat durch die Detailgenauigkeit und die „eigenwillige Umschreibung“[1425] von traditionellen Begriffen der Richtlinien erschwert.[1426] Dennoch enthalten auch die Verbraucherschutzrichtlinien oft nur Zielvorgaben, die es dem nationalen Gesetzgeber ermöglichen, die EG-Standards an die Systematik des nationalen Rechts anzupassen.[1427]

So wäre es dem österreichischen Gesetzgeber durchaus möglich gewesen, bei der Umsetzung des Art. 11 der Verbraucherkreditrichtlinie eine kohärente Gesamtregelung drittfinanzierter Geschäfte zu schaffen[1428] oder, wie der deutsche Gesetzgeber, auf die Übernahme der Definition des Begriffes der höheren Gewalt

1420 S. oben unter C. VII.
1421 S. oben unter D. VII. 2.
1422 Kosesnik-Wehrle, Konsumentenschutzgesetz, S. 180.
1423 Heiss, ZfRV 1995, 54 (55).
1424 Vgl. dazu Mayrhofer, ZfRV 1995, 229 (244).
1425 So Kosesnik-Wehrle, Konsumentenschutzgesetz, S. 179.
1426 Kosesnik-Wehrle, a. a. O.
1427 Mayrhofer, ZfRV 1995, 229 (242).
1428 In diesem Sinne auch Kosesnik-Wehrle, Konsumentenschutzgesetz, S. 163 f.

zu verzichten, um so einen Einklang mit dem allgemeinen Verständnis des haftungsrechtlichen Begriffes herzustellen.[1429]

V. Einwände in der österreichischen Literatur

1. Systembrüche in der nationalen Rechtsordnung

Auch manche österreichische Autoren konstatieren, daß die von Art. 249 Abs. 3 EGV grundsätzlich vorgegebene Wahlfreiheit in concreto nicht immer gegeben sei und sich der Handlungsspielraum des nationalen Gesetzgebers bei der Umsetzung inhaltlich im Wesentlichen darauf beschränke, daß die Mitgliedstaaten bei der Verwirklichung der durch die Richtlinie grundsätzlich vorgegebenen Zielsetzungen über das gemeinschaftsrechtlich Gebotene durch ihre innerstaatlichen Maßnahmen noch hinaus gehen können.[1430] Insbesondere die Pauschalreiserichtlinie sei vor allem im Bereich der Informationspflichten bereits derart detailliert, daß eine weitere präzisere Umsetzung und Ausgestaltung kaum mehr vorstellbar sei.[1431]

Kritisiert wird zudem – wie auch in der deutschen Literatur[1432] –, daß Richtlinien mit sehr detailliertem Inhalt, die kaum gestalterische Freiräume zur Berücksichtigung nationaler Besonderheiten lassen, in vielen Fällen zu einer Reduktion der nationalen Gesetzgebungstätigkeit führen[1433]; der nationale Gesetzgeber werde zum bloßen „Vollzugsorgan."[1434]

Im Wesentlichen konzentriert sich die Diskussion anläßlich der Umsetzung der EG-Verbraucherschutzrichtlinien allerdings in der Regel darauf, den Umsetzungsbedarf einer Richtlinie sowie die Richtlinienkonformität der Umsetzungsvorschriften festzustellen.[1435] Vernachlässigt wird hingegen die viel weitreichendere Problematik, daß mit der Verabschiedung der Verbraucherschutzrichtlinien zentrale Bereiche des Zivilrechts europäisiert werden. Nur vereinzelt wird das Problem erkannt, daß die wörtliche Umsetzung eines in der Richtlinie verwendeten Begriffs Fremdkörper und Systembrüche in der nationalen Rechtsordnung

---

1429 So auch Apathy, RdW 1994, 234 (236) und Mayrhofer, ZfRV 1995, 229 (236).

1430 So vor allem Stabentheiner, JBl 1997, 65 (66).

1431 Graziani-Weiss, Reiserecht, S. 21.

1432 S. im ersten Teil der Arbeit die Ausführungen unter D. I. 1.

1433 Posch in Mänhardt/Posch, Internationales Privatrecht, S. 140.

1434 Posch in Mänhardt/Posch, a. a. O.

1435 Vgl. etwa die ausführlichen Darstellungen zur Umsetzung der Pauschalreise- und zur Verbraucherkreditrichtlinie bei Dessulemoustier-Bovekercke, JAP 1993/94, 669 ff. und Riedler, ecolex 1994, 87 ff.

hervorbringen kann, andererseits aber eine terminologische und systematische Adaptierung die Gefahr einer nicht mehr richtlinienkonformen Umsetzung in sich birgt.[1436] Als einer der wenigen österreichischen Autoren bemängelt etwa *Posch*[1437], daß Richtlinien, „die in punktueller Willkürlichkeit“ Teilmaterien des Zivilrechts neu ordnen und ohne Rücksicht auf die Systemzusammenhänge in den mitgliedstaatlichen Rechtsordnungen erlassen werden, „die Idee der Einheit der Rechtsordnung relativieren“ und die Umsetzung der EG-Richtlinien „der Kodifikationsidee zuwiderlaufende Fragmentierungen der nationalen Privatrechtsordnungen“[1438] bewirkt. Ansonsten setzt sich nur *Stabentheiner*[1439] ausführlich mit den „Probleme(n) bei der Umsetzung zivilrechtlicher EU-Richtlinien“[1440] auseinander. Insbesondere betont er, daß die EG-Verbraucherschutzrichtlinien, da aus multinationalen Beiträgen herrührend, zum Teil sehr schwer verständlich und kompliziert formuliert seien und die Umsetzung solcher sprachlich und systematisch mangelhafter Richtlinien für den staatlichen Gesetzgeber sowohl bei der Erfassung des Bedeutungsgehalts mancher Richtlinienpassagen als auch bei ihrer Transformation durch legislativen Akt eine schwierige Aufgabe bedeute.[1441] Auch die „Gratwanderung zwischen allzu sklavischer Nachahmung und richtlinienfremder oder gar richtlinienwidriger Eigenständigkeit“ wird von *Stabentheiner* thematisiert.[1442] Dabei kommt er zu dem Ergebnis, daß sich eine richtlinientreue und dennoch systemkonforme Adaption dann am schwierigsten verwirklichen lasse, wenn die gemeinschaftsrechtlichen Normen „zu wenig konkretisiert, zu ungenau oder lückenhaft“ sind:[1443] Dies erfordere eine Auslegung des vom Richtliniengeber Gewollten, was wegen der kaum vorhandenen Gesetzesmaterialien und des unterschiedlichen Bedeutungsgehalts vieler Rechtstermini in den Mitgliedstaaten mit Problemen verbunden sei. *Mayrhofer*[1444] schließlich resümiert, daß sich die Integration und die Anerkennung der neuen Regelung um so schwieriger und langwieriger gestalte, je oberflächlicher die umgesetzten Rechtsbehelfe durch den Gesetzgeber mit dem bereits bestehenden inländischen Rechtsinstrumentarium abgestimmt würden.[1445]

1436 Stabentheiner, JBl 1997, 65 (80).
1437 In ZEuP 1995, 507 (522).
1438 A. a. O., S. 518 f.
1439 In JBl 1997, 65 ff.
1440 Die Unterscheidung zwischen EG und EU scheint nicht allen österreichischen Juristen geläufig zu sein.
1441 A. a. O., S. 79 f.
1442 A. a. O., S. 80.
1443 A. a. O., S. 70.
1444 In ZfRV 1995, 229 (242).
1445 A. a. O.

Im übrigen österreichischen juristischen Schrifttum wird, ähnlich wie bei Erlaß des KSchG[1446], vor allem die gesetzestechnische Ausgestaltung der neuen Regelungen kritisiert. So wird im Hinblick auf die Normierung umfangreicher Informationspflichten für den Vertragspartner des Verbrauchers, etwa im TNG, aber auch bei Umsetzung der Pauschalreiserichtlinie, bemängelt, daß die vorgeschriebenen Angaben fast zu umfangreich erscheinen, der Erwerber eines Teilzeitnutzungsrechts bzw. der Reisende also möglicherweise den „Wald vor lauter Bäumen nicht mehr sieht", ihm bei der Fülle von Angaben mithin gerade die Punkte entgehen können, die problematisch sind und die der andere Vertragsteil sicherlich nicht in großen Druckbuchstaben herausstellen wird.[1447] Auch die intransparente Umsetzung der Pauschalreise- und der Verbraucherkreditrichtlinie in mehrere Gesetzeswerke ist im österreichischen juristischen Schrifttum überwiegend auf Kritik gestoßen.[1448]

Der Grund für die nahezu fehlende Auseinandersetzung mit den strukturellen Defiziten der EG-Rechtsangleichung im Bereich des privaten Verbraucherschutzrechts ist wohl zum einen darin zu sehen, daß der Beitritt Österreichs zur EU noch nicht allzu lange zurückliegt und eine Auseinandersetzung mit den Problemen, die sich aus der Verpflichtung zur Übernahme der Richtlinienvorgaben ergeben, daher erst vor kurzem begonnen hat. Zudem ähneln die Motivation für die Schaffung neuer Regeln bzw. das Verfahren des europäischen Richtliniengebers demjenigen des österreichischen Gesetzgebers bei Verabschiedung des KSchG, aber auch beim Erlaß jüngerer, genuin österreichischer Verbraucherschutzvorschriften: Die Maßnahmen zum Schutz des Verbrauchers werden nicht auf der Grundlage einer kohärenten und zielgerichteten Verbraucherpolitik ergriffen.[1449] Vielmehr handelt es sich zumeist um Versuche, aktuell aufgetretene Mißstände einer Lösung zuzuführen, wobei die Regelungen vielfach Modifikationen allgemeiner (Vertrags-)Prinzipien enthalten.[1450] Dementsprechend wählen sowohl der europäische als auch der österreichische Gesetzgeber mal einen vertragstypbezogenen, mal einen situationsspezifischen Regelungsansatz.[1451] Zwischen europäi-

1446 Vgl dazu die Ausführungen im zweiten Teil unter B. V. 3.

1447 Jesser/Kiendl, WoBl 1997, 11 (21); allgemein zum Zielkonflikt zwischen dem Bedürfnis nach Vollständigkeit der Unterrichtung der Verbraucher und einem Überhandnehmen an Information Heiss in Schnyder, Internationales Verbraucherschutzrecht, S. 89 (96).

1448 Vgl. etwa Kosesnik-Wehrle, Konsumentenschutzgesetz, S. 163 f., 180; Dessulemoustier-Bovekercke, AnwBl 1994, 669; Ofner, JAP 1993/94, 219; Enthofer, Reiserecht, S. 7 (14).

1449 So auch Schuhmacher in ders., Verbraucherschutz in Österreich, S. 235 (244).

1450 Vgl. zum Vorgehen des österreichischen Gesetzgebers bereits die Ausführungen im zweiten Teil der Arbeit unter B. V. 1.

1451 Schuhmacher in ders., Verbraucherschutz in Österreich, S. 235 (244).

scher und österreichischer Verbraucherschutzgesetzgebung läßt sich also insoweit eine „weitestgehende Parallele“[1452] feststellen. Die einzelproblemorientierte Gesetzgebungsmethode ist daher den österreichischen Juristen nicht unvertraut und bietet so eine mögliche Erklärung auf die im Vergleich zum deutschen Schrifttum geringere Resonanz auf die spezifischen Probleme der Umsetzung privatrechtsrelevanter Richtlinien.

Schließlich ist, ganz praktisch betrachtet, auch die im Vergleich zu Deutschland wesentlich geringere Anzahl juristischer Gelehrter eine eventuelle Ursache für den mageren Diskussionsstand.

2. Sonderprivatrecht für Verbraucher

Wie bereits im zweiten Teil der Arbeit erörtert[1453], haben die Aktivitäten der EG im Bereich des Verbraucherschutzes die in der deutschen Literatur bereits in den 70er Jahren geführte Diskussion über Sinn und Gefahren eines Verbrauchersonderprivatrechts wieder aufleben lassen. In Österreich wird dagegen die Frage der Vorteile und Gefahren einer durch europäische Regelungsvorgaben weiter vorangetriebenen Ausbildung eines Verbrauchersonderprivatrechts nicht erörtert. Einzig *Posch*[1454] konstatiert, daß die EG-Kommission nicht Regelungen für Rechtsverhältnisse erlassen will, „die zwischen formal gleichberechtigten und gleichverpflichteten, ökonomisch und intellektuell gleich starken Bürgern bestehen, wie sie Gegenstand der Zivilrechtskodifikationen bilden“ und stellt in Aussicht, daß diese Vorgehensweise ein hohes Maß an Dekodifikation mit sich bringe. Im übrigen verweist lediglich *Schuhmacher*[1455] auf die im Nachbarland entbrannte „ziemlich ideologiebefrachtete“ Diskussion.

Die Ursache für die „unverkrampfte“[1456] Haltung der österreichischen Lehre mag zum einen darin liegen, daß in Österreich anders als in Deutschland ein Sonderprivatrecht für Verbraucher bereits seit Ende der 70er existierte und die Begrenzung der europäischen Regelungen auf „Verbraucher“ daher keine grundlegende Neuerung für das österreichische Zivilrecht mit sich brachte. Zum anderen wird Verbraucherschutz überwiegend nicht als Gegensatz zu einer freien Marktwirtschaft verstanden. Vielmehr wird betont, daß effektiver Verbraucherschutz eine unerläßliche Ergänzung, ein Eckpfeiler einer freien Wirtschaftsordnung darstelle und die Voraussetzung für einen fairen Ausgleich wirtschaftlicher

---

1452 So zutreffend Schuhmacher, a. a. O.
1453 Siehe dort unter D. III.
1454 In ZEuP 1995. 507 (521 f.).
1455 In ders., Verbraucherschutz in Österreich, S. 235 (243).
1456 So Schuhmacher in ders., Verbraucherschutz in Österreich, S. 235 (244).

Interessen sei.[1457] Dementsprechend werden auch die EG-Regelungsvorgaben nicht als „Abkehr vom marktwirtschaftlich-wettbewerbsorientierten Grundkonzept der EG“, sondern als „notwendige soziale Komponente des Binnenmarktprogramms“ angesehen.[1458] Auch die Regelung des Unternehmer-Verbraucher-Begriffs wird im Schrifttum nicht mehr in Frage gestellt.[1459] Mit Nachdruck wird aber auch darauf hingewiesen, daß das Konsumentenschutzrecht so weit wie möglich in das allgemeine Privatrecht zu integrieren und darauf zu achten ist, daß die gegenseitige Durchdringung von ABGB und KSchG sowie weiteren verbraucherschutzrechtlichen Regelungen beibehalten und verstärkt wird.[1460]

1457 Michalek, ÖJZ 1997. 220 (221).

1458 Schuhmacher in ders., Verbraucherschutz in Österreich, S. 235 (244).

1459 Vgl. bereits im zweiten Teil der Arbeit unter B. V. 3.

1460 So Michalek, ÖJZ 1997. 220 (221); in dieser Richtung auch Stabentheiner, JBl 1997, 65 (69).

Literaturverzeichnis

Ackermann, Brunhilde: Die deutsche Umweltrechtsprechung auf dem Weg zum Leitbild des verständigen Verbrauchers?, WRP 1996, 502 ff.

Aicher, Josef: Aushöhlung höherer Verbraucherschutzstandards durch Art. 30 EWGV?, in: *Schuhmacher, Wolfgang* (Hrsg.), Verbraucherschutz in Österreich und in der EG, Wien 1992, S. 89 ff.; zit.: Aicher in Schuhmacher, Verbraucherschutz in Österreich

Apathy, Peter: Kommentar zum EKHG, Eisenbahn- und Kraftfahrzeughaftpflichtgesetz, Wien u a. 1992; zit.: Apathy, Kommentar zum EKHG.

–: Das neue Reisevertragsrecht, RdW 1994, 234 ff.

Avancini, Peter/Iro, Gert M./Koziol, Helmut: Österreichisches Bankvertragsrecht, Band II, Wien 1993; zit.: Bearbeiter in Avancini/Iro/Koziol II)

Basedow, Jürgen: Haftung für Dienstleistungen: die Denkpause nutzen!, ZEuP 1995, 1 ff.

–: Der kollisionsrechtliche Gehalt der Produktfreiheiten im europäischen Binnenmarkt: favor offerentis, RabelsZ 59 (1995), 1 ff.

Beutler, Bengt/Bieber, Roland/Pipkorn, Jörn/Streil, Jochen: Die Europäische Union – Rechtsordnung und Politik –, 4. Aufl., Baden-Baden 1993; zit.: Beutler/Bieber/Pipkorn/Streil, Europäische Union.

Bodewig, Theo: Die neue europäische Richtlinie zum Fernabsatz, DZWiR 1997, 447 ff.

Borchardt, Klaus-Dieter, Die rechtlichen Grundlagen der Europäischen Gemeinschaften – Rechtsquellen, Rechtshandlungen und Rechtsetzung, in *Röttinger, Moritz/Weyringer, Claudia (Hrsg.)*, Handbuch der Europäischen Integration, 2. Aufl., Wien – Mainz 1996, S. 72 ff., zit.: Borchardt in Röttinger/Weyringer, Handbuch.

Brandner, Hans Erich/ Ulmer, Peter: EG-Richtlinie über mißbräuchliche Klauseln in Verbraucherverträgen, BB 1991, 701 ff.

Blaurock, Uwe: Wege zur Rechtseinheit im Zivilrecht Europas, in: *Starck, Christian* (Hrsg.), Rechtsvereinheitlichung durch Gesetze, -Bedingungen, Ziele, Methoden, Göttingen 1992, S. 90 ff.; zit.: Blaurock in Starck, Rechtsvereinheitlichung.

–: Europäisches Privatrecht, JZ 1994, 270 ff.

Bleckmann, Albert: Europarecht, 6. Aufl., Köln u. a. 1997.

Bruha, Thomas: Rechtsangleichung in der Europäischen Wirtschaftsgemeinschaft. Deregulierung durch „Neue Strategie"?, ZaöRV 1986, 1 ff.

Bunte, Hermann-Josef: Gedanken zur Rechtsharmonisierung in der EG auf dem Gebiet der mißbräuchlichen Klauseln in Verbraucherverträgen, in: Festschrift für *Horst Locher*, Düsseldorf 1990, S. 325 ff.; zit.: Bunte in FS Locher.

–: Die EG-Richtlinie über mißbräuchliche Klauseln in Verbraucherverträgen und ihre Umsetzung durch das Gesetz zur Änderung des AGB-Gesetzes, DB 1996, 1389 ff.

Bydlinski, Franz: Privatautonomie und objektive Grundlagen des verpflichtenden Rechtsgeschäftes, Wien u. a. 1967; zit.: F. Bydlinski, Privatautonomie.

–: Zur Einordnung der allgemeinen Geschäftsbedingungen im Vertragsrecht, in: Festschrift für *Walther Kastner,* Wien 1972, S. 45 ff.; zit.: F. Bydlinski in FS Kastner.

–: Die Kontrolle allgemeiner Geschäftsbedingungen nach dem österreichischen Konsumentenschutzgesetz, in: Festschrift für *Arthur Meier-Hayoz*, Bern 1982, S. 65 ff.; zit.: F. Bydlinski in FS Meier-Hayoz.

–: System und Prinzipien des Privatrechts, Wien 1996; zit.: F. Bydlinski, System und Prinzipien.

–: Das bewegliche System und die Notwendigkeit einer Makrodogmatik, JBl 1996, 683 ff.

Bydlinski, Michael: Reisevertragsrecht, in: *Schuhmacher, Wolfgang* (Hrsg.), Verbraucherschutz in Österreich und in der EG, Wien 1992, S. 211 ff.; zit.: M. Bydlinski in Schuhmacher, Verbraucherschutz in Österreich.

Bydlinski, Peter: Die Stellung der laesio enormis im Vertragsrecht, JBl 1983, 410 ff.

–: Zur Drittfinanzierung stiller Gesellschaftsbeteiligungen, JBl 1988, 205 ff.

–: Anmerkung zu OGH ÖBA 1988, 81.

Calliess, Christian: Der Schlüsselbegriff der „ausschließlichen Zuständigkeit" im Subsidiaritätsprinzip des Art. 3 b II EGV, EuZW 1995, 693 ff.

Canaris, Claus-Wilhelm: Das Informations- und das Inhaltsschrankenmodell beim Konsumentenkredit, ÖBA 1990, 882 ff.

Coing, Helmut: Handbuch der Quellen und Literatur der neueren europäischen Privatrechtsgeschichte, Band III, Teilband 1, München 1982; zit.: Coing, Handbuch III/1.

Damm, Reinhard: Verbraucherrechtliche Sondergesetzgebung und Privatrechtssystem, JZ 1978, 173 ff.

–: Europäisches Verbrauchervertragsrecht und AGB-Recht, JZ 1994, 161 ff.

Dauner-Lieb, Barbara: Verbraucherschutz durch Ausbildung eines Sonderprivatrechts für Verbraucher, Systemkonforme Weiterentwicklung oder Schrittmacher der Systemveränderung?, Berlin 1983; zit.: Dauner-Lieb, Verbraucherschutz durch Ausbildung eines Sonderprivatrechts.

Dauses, Manfred A.: Die Rechtsprechung des EuGH zum Verbraucherschutz, EuZW 1995, 425 ff.

–: Die rechtliche Dimension des Binnenmarktes, EuZW 1990, 8 ff.

–: Zur Umsetzung von EG-Recht, Wiesbaden 1994; zit.: Bearbeiter in Dauses, Zur Umsetzung von EG-Recht.

Dauses, Manfred A./Sturm, Michael: Rechtliche Grundlagen des Verbraucherschutzes im EU-Binnenmarkt, ZfRV 1996, 133 ff.

Deixler-Hübner, Astrid: Konsumentenschutz. Rechtsgrundlagen – Rechtsdurchsetzung, 2. Aufl., Wien 1997; zit.: Deixler-Hübner, Konsumentenschutz.

Dessulemoustier-Bovekercke, Isabelle: KSchG-Novelle – Lücken und Tücken im Lichte der EU, AnwBl 1994, 669 ff.

–: Die Regelung des Pauschalreisevertrages, JAP 1993/94, 251 ff.

Doralt, Werner/Koziol, Helmut: Stellungnahme zum Ministerialentwurf des KSchG, Wien 1979; zit.: Doralt/Koziol, Ministerialentwurf.

Dreher, Meinrad: Der Verbraucher – Das Phantom in den opera des europäischen und deutschen Rechts?, JZ 1997, 167 ff.

Eccher, Bernhard: Zur Reform des Rechts der Allgemeinen Geschäftsbedingungen, in: *Kramer, Ernst A./Mayrhofer, Heinrich* (Hrsg.), Konsumentenschutz im Privat- und Wirtschaftsrecht, Wien 1977, S. 53 ff.; zit.: Eccher in Kramer/Mayrhofer, Konsumentenschutz.

Eckert, Hans-Werner: Das neue Recht der AGB, ZIP 1996, 1238 ff.

–: Time-Sharing-Verträge nach dem neuen Teilzeit-Wohnrechtegesetz, ZIR 1997, 2 ff.

Engin-Deniz, Egon: Bauträgervertragsgesetz, Kurzkommentar, Wien 1997.

Enthofer, Ruth: Reiserecht mit Mängeln oder die lieblose Umsetzung von EG-Recht, in: *Bundesministerium für Gesundheit, Sport und Konsumentenschutz* (Hrsg.), Konsumentenpolitisches Jahrbuch 1992/1993, Wien 1994, S. 7 ff.; zit.: Enthofer, Reiserecht.

Everling, Ulrich: Probleme der Rechtsangleichung zur Verwirklichung des europäischen Binnenmarktes, in: Festschrift für *Ernst Steindorff,* Berlin 1990, S. 1155 ff.; zit.: Everling in FS Steindorff.

–: Der Einfluß des EG- Rechts auf das nationale Wettbewerbsrecht im Bereich des Täuschungsschutzes, ZLR 1994, 221ff.

Fabio, Udo di: Richtlinienkonformität als ranghöchstes Normauslegungsprinzip? Überlegungen zum Einfluß des indirekten Gemeinschaftsrechts auf die nationale Rechtsordnung, NJW 1990, 947 ff.

Fenyves, Attila: Probleme des neuen Konsumentenschutzgesetzes (Vortragsbericht Wiener Juristische Gesellschaft), JBl 1980, 475 ff.

Fink, Gabriele: Zur Ehegattenbürgschaft, AnwBl 1986, 629 ff.
Fitz, Hanns: Allgemeine Geschäftsbedingungen – individuelle Abreden. Rechtsvergleichende Überlegungen zum sachlichen Geltungsbereich des deutschen AGB-Gesetzes und des Konsumentenschutzgesetzes, in: *Krejci, Heinz* (Hrsg.), Handbuch zum Konsumentenschutzgesetz, Wien 1981, S. 249 ff.; zit.: Fitz in Krejci, Handbuch
Fucik, Robert: Neuerungen durch den EWR/die EU, Auswirkungen auf das Zivilrecht, RZ 1995, 50 ff.
Führich, Ernst: Das neue Reiserecht nach der Umsetzung der EG-Pauschalreise-Richtlinie, NJW 1994, 2446 ff.
–: Zur Umsetzung der EG-Pauschalreise-Richtlinie in deutsches Reisevertragsrecht, EuZW 1993, 347 ff.
Gärtner, Rudolf: Zivilrechtlicher Verbraucherschutz und Handelsrecht, BB 1995, 175 ff.
Gamerith, Helmut: Die Kredithaftung geschiedener Ehegatten nach § 98 EheG, RdW 1987, 183 ff.
–: Das nationale Privatrecht in der Europäischen Union, ÖJZ 1997, 165 ff.
Gilles, Peter: Zur neueren Verbraucherschutzgesetzgebung in ihrem Verhältnis zum klassischen Privatrecht, JA 1980, 1ff.
–: Auf dem Weg zu einem Verbraucherkreditgesetz, ZRP 1989, 299 ff.
Götz, Volkmar: Europäische Gesetzgebung durch Richtlinien – Zusammenwirken von Gemeinschaft und Staat, NJW 1992, 1849 ff.
Grabitz, Eberhard/Hilf, Meinhard (Hrsg.): Das Recht der Europäischen Union, Kommentar; Teil I: Primärrecht, Band I Art. 1 -136 a, Band II Art. 137 -248 EGV; Teil II: Sekundärrecht, Loseblattsammlung, München, Stand Mai 1999, zit.: Bearbeiter in Grabitz/Hilf, KEU.
Graf, Georg: Einwendungsdurchgriff bei drittfinanzierter Vermögensanlage, ecolex 1990, 8 ff.
–: Die Regelung des Verbraucherkredits in der EG und in Österreich, in: *Schuhmacher, Wolfgang* (Hrsg.), Verbraucherschutz in Österreich und in der EG, Wien 1992, S. 151 ff.; zit.: Graf in Schuhmacher, Verbraucherschutz.
–: Die Neuregelung des Verbraucherkredits in Österreich – Ein kritischer Überblick, ÖBA 1994, 4 ff.
–: Verbesserter Schutz vor riskanten Bürgschaften, ÖBA 1995, 776 ff.
Graziani-Weiss, Wolfgang: Reiserecht in Österreich, Wien 1995; zit.: Graziani-Weiss, Reiserecht.
Groeben von der, Hans/Thiesing, Jochen/Ehlermann, Claus-Dieter (Hrsg.): Kommentar zum EU-/EG-Vertrag, Band 1, Art. A-F EUV; Art. 1—84 EGV, Band 2/II, Art. 88- 102, Band 3, Art. 102 a -136 a EGV, Band 4, Art. 137-

209 a EGV; 5. Aufl., Baden-Baden 1997/1999; zit.: Bearbeiter in von der Groeben/Thiesing/Ehlermann.
Gröner, Helmut/Köhler, Helmut: Verbraucherschutzrecht in der Marktwirtschaft, Tübingen 1987.
Grundmann, Stefan: EG-Richtlinie und nationales Privatrecht, JZ 1996, 274 ff.
–: Europäisches Schuldvertragsrecht. Das europäische Recht der Unternehmensgeschäfte. Berlin u. a. 1999; zit.: Grundmann, Europäisches Schuldvertragsrecht
Hackl, Karl: Tendenzen im allgemeinen Vertragsrecht, ÖJZ 1980, 645 ff.
Hanreich, Hanspeter: Das Konsumentenschutzgesetz im Vergleich zum deutschen AGB-Gesetz, in: *Verhandlungen des 7. Österreichischen Juristentages,* Wien 1979, Band II, 3. Teil., S. 7 ff.; zit.: Hanreich in Verhandlungen des 7. ÖJT II/3.
Hart, Dieter/ Köck, Wolfgang: Zum Stand der Verbraucherrechtsentwicklung, ZRP 1991, 61 ff.
Hauschka, Christoph E.: Grundprobleme der Privatrechtsfortbildung durch die Europäische Wirtschaftsgemeinschaft, JZ 1990, 521 ff.
Hayböck, Gerwin: Time-Sharing: Probleme des neuen Teilzeitnutzungsrechts, WBl 1997, 221 ff.
Heide, Dirk von der: Das Verbot mengenmäßiger Beschränkungen und Maßnahmen gleicher Wirkung gemäß Art. 30 EWG-Vertrag, in: *Dauses, Manfred A.* (Hrsg.), Zur Umsetzung von EG-Recht, Wiesbaden 1994; S. 183 ff.; zit.: von der Heide in Dauses, Zur Umsetzung von EG-Recht.
Heinemann, Klaus: Auf dem Wege zur europäischen Dienstleistungshaftung, ZIP 1991, 1193 ff.
Heinrichs, Helmut: Das Gesetz zur Änderung des AGB-Gesetzes. Umsetzung der EG-Richtlinie über mißbräuchliche Klauseln durch den Bundesgesetzgeber, NJW 1996, 2190 ff.
Heiss, Helmut: Europäisches Vertragsrecht: in statu nascendi?, ZfRV 1995, 54 ff.
–: Formvorschriften , in: *Schnyder, Anton K.* (Hrsg.), Internationales Verbraucherschutzrecht: Erfahrungen und Entwicklungen in Deutschland, Liechtenstein, Österreich und der Schweiz, Tübingen 1995, S. 87 ff.; zit.: Heiss in Schnyder, Internationales Verbraucherschutzrecht.
–: Verbraucherschutz im Binnenmarkt: Art. 129 a EGV und die wirtschaftlichen Verbraucherinteressen, ZEuP 1996, 625 ff.
Heiss, Helmut/Rudisch, Bernhard: Anmerkungen zum neuen Teilzeitnutzungsgesetz, ecolex 1997, 238 ff.
Hippel, Eike von: Grundfragen des Verbraucherschutzes, JZ 1972, 417 ff.
Hirte, Heribert (Hrsg.): Wege zu einem europäischen Zivilrecht, Stuttgart u. a. 1996; zit.: Hirte, Wege.

Hönn, Günther: Zum persönlichen Anwendungsbereich von Verbraucherschutzvorschriften, in: Gedächtnisschrift für *Dietrich Schultz*, Köln u. a. 1987, S. 82 ff.; zit.: Hönn in Schultz-GedS.

–: Entwicklungslinien des Vertragsrechts, JuS 1990, 953 ff.

Hoffmann, Bernd von: Richtlinien der Europäischen Gemeinschaft und Internationales Privatrecht, ZfRV 1995, 45 ff.

Hohloch, Gerhard: Produkthaftung in Europa – Rechtsangleichung und nationale Entwicklungen im zehnten Jahr nach der Produkthaftungsrichtlinie, ZEuP 1994, 408 ff.

Hommelhoff, Peter: Zivilrecht unter dem Einfluß europäischer Rechtsangleichung, AcP 192 (1992), 71 ff.

–: Verbraucherschutz im System des deutschen und europäischen Privatrechts, Heidelberg 1996; zit.: Hommelhoff, Verbraucherschutz.

Hommelhoff, Peter/Jayme, Erik/Mangold, Werner (Hrsg.): Europäischer Binnenmarkt: Internationales Privatrecht und Rechtsangleichung, Heidelberg 1995.

Hommelhoff, Peter/ Wiedenmann, Kai-Udo: Allgemeine Geschäftsbedingungen gegenüber Kaufleuten und unausgehandelte Klauseln in Verbraucherverträgen, ZIP 1993, 562 ff.

Hondius, Ewoud: Kaufen ohne Risiko: Der europäische Richtlinienentwurf zum Verbraucherkauf und zur Verbrauchergarantie, ZEuP 1997, 130 ff.

Jesser, Helga/Kiendl, Doris: Time-Sharing in Österreich – Die Umsetzung der EG-Richtlinie über Teilzeitnutzungsrechte, WoBl 1997, 11 ff; 67 ff.

Jesser, Helga/Kiendl, Doris/Schwarzenegger, Peter: Das neue Konsumentenschutzrecht, Wien 1997; zit.: Bearbeiter in Jesser/Kiendl/Schwarzenegger, Konsumentenschutzrecht.

Joerges, Christian: Analyse: Richtlinie über Verbrauchervertragsklauseln, ZEuP 1995, 181 ff.

Junker, Abbo: Vom Bürgerlichen zum kleinbürgerlichen Gesetzbuch. Der Richtlinienvorschlag über den Verbrauchsgüterkauf, DZWiR 1997, 271 ff.

Kalss, Susanne: Auswirkungen des EWR auf das österreichische Zivilrecht, RdW 1994, 71 ff.

Kappus, Andreas: EU-Timesharing-Richtlinie und deutsche Umsetzungsgesetzgebung, EWS 1996, 273 ff.

Karner, Ernst: Der Anwendungsbereich des § 12 a über die vorzeitige Kreditrückzahlung, RdW 1994, 166 ff.

Kemper, Rainer: Verbraucherschutzinstrumente, Baden-Baden 1994.

Kieninger, Eva-Maria: 100 Jahre BGB – Zeit für ein Europäisches Zivilgesetzbuch?, in: Jahrbuch junger Zivilrechtswissenschaftler1996, Das deutsche Zivilrecht 100 Jahre nach Verkündung des BGB: Erreichtes, Verfehltes, Übersehenes, Stuttgart u. a. 1997; S. 245 ff.; zit.: Kieninger in Jahrbuch junger Zivilrechtswissenschaftler 1996.

Kiendl, Doris: Die Richtlinie des Rates über mißbräuchliche Klauseln in Verbraucherverträgen und ihre Auswirkungen auf das österreichische Recht, JBl 1995, 87 ff.

–: Unfaire Klauseln in Verbraucherverträgen, Wien 1997; zit.: Kiendl, Unfaire Klauseln.

Kiendl, Doris/Schwarzenegger, Peter: Der Einwendungsdurchgriff im KSchG nach der Novelle 1993, ÖBA 1994, 852 ff.

Kleindiek, Detlef: Aspekte gemeinschaftsweiter Privatrechtsangleichung: Ein Sonderprivatrecht für Verbraucher?, in: *Hommelhoff, Peter/Jayme, Erik/ Mangold, Werner* (Hrsg.), Europäischer Binnenmarkt, IPR und Rechtsangleichung, Heidelberg 1995, S. 297 ff.; zit.: Kleindiek in Hommelhoff/Jayme/Mangold, Europäischer Binnenmarkt.

Knobl, Peter: Die Verbraucherkreditrichtlinie – Stand, Reformtendenzen und Umsetzung in Österreich, ÖBA 1995, 667 ff.

Knops, Kai-Oliver: Verbraucherschutz und Kreditrecht, VuR 1998, 107 ff.

Kötz, Hein: Rechtsvereinheitlichung – Nutzen, Kosten, Methoden, Ziele, RabelsZ 50 (1986), 1 ff.

Kohlegger, Karl: Allgemeine Geschäftsbedingungen, Wettbewerb und Konsumentenschutz, in: Festschrift für *Christian Broda*, Wien 1976, S. 137 ff.; zit.: Kohlegger in FS Broda.

Koppensteiner, Hans-Georg (Hrsg.): Österreichisches und europäisches Wirtschaftsprivatrecht, Teil 3/1: Bankenrecht, Wien 1996; zit.: Koppensteiner, Bankenrecht.

Kosesnik-Wehrle, Heinz/Lehofer, Hans-Peter/Mayer, Gottfried: Konsumentenschutzgesetz mit den wichtigsten EG-Verbraucherschutz-Richtlinien und der EWR-Novelle 1993 (Reisevertragsrecht) unter Berücksichtigung der gesamten Judikatur, Wien 1993; zit.: Kosesnik-Wehrle, Konsumentenschutzgesetz.

Kosesnik-Wehrle, Heinz/Lehofer, Hans-Peter/Mayer, Gottfried: Konsumentenschutzgesetz (KSchG) mit den geänderten Bestimmungen des ABGB und den EU-Richtlinien, Wien 1997; zit: Kosesnik-Wehrle, KSchG.

Koziol, Helmut: Sonderprivatrecht für Konsumentenkredite?, AcP 188 (1988), 183 ff.

–: Österreichisches Haftpflichtrecht, Band I, Allgemeiner Teil, 3. Aufl., Wien 1997; zit.: Koziol, Haftpflichtrecht I; Band II, Besonderer Teil, 2. Aufl., Wien 1984; zit.: Koziol, Haftpflichtrecht II.

Koziol, Helmut/Welser, Rudolf: Grundriß des Bürgerlichen Rechts, Band I, Allgemeiner Teil und Schuldrecht, 10. Aufl., Wien 1995; zit. Koziol/Welser, Grundriß I.

Kramer, Ernst A.: Die "Krise" des liberalen Vertragsdenkens. Eine Standortbestimmung. München u. a. 1974.

–*:* Prinzipienfragen eines österreichischen Konsumentenschutzrechts, in: *Kramer, Ernst A./Mayrhofer, Heinrich* (Hrsg.), Konsumentenschutz im Privat- und Wirtschaftsrecht, Wien 1977, S. 9 ff.; zit.: Kramer in Kramer/ Mayrhofer, Konsumentenschutz.

–*:* Konsumentenschutz als neue Dimension des Privat- und Wettbewerbsrechts, ZSR 120 (Neue Folge Band 98), I. Halbband (1979), 49 ff.

–*:* Vertragsrecht im Umbau, ÖJZ 1980, 233 ff.

–*:* Allgemeine Geschäftsbedingungen: Status quo, Zukunftsperspektiven, SJZ 1985, 33 ff.

–*:* Zur Konzeption des Konsumentenschutzrechts, KritV 1986, 270 ff.

–*:* Europäische Privatrechtsvereinheitlichung, JBl 1988, 477 ff.

Kramer, Ernst A./Mayrhofer, Heinrich (Hrsg.): Konsumentenschutz im Privat- und Wirtschaftsrecht, Wien 1977.

Krejci, Heinz: Das Vertragsrücktrittsrecht nach § 54 Abs. 3 und § 60 GewO, ÖZW 1976, 97 ff.

–*:* Konsumentenschutzgesetz und Konsumentenschutzbewegung, in: *Krejci, Heinz/Schilcher, Bernd/Steininger, Viktor* Konsumentenschutzgesetz, ABGB und Verfahrensrecht, Wien 1978, S. 9 ff.; zit.: Krejci in Krejci/Schilcher/ Steininger.

–*: (Hrsg.):* Handbuch zum Konsumentenschutzgesetz, Wien 1981; zit.: Bearbeiter in Krejci, Handbuch.

–*:* KSchG und ABGB, in: *ders.* (Hrsg.), Handbuch zum Konsumentenschutzgesetz, Wien 1981; zit.: Krejci in ders., Handbuch.

–*:* Grundfragen zum Geltungsbereich des I. Hauptstückes des KSchG, in: *ders.* (Hrsg.), Handbuch zum Konsumentenschutzgesetz, Wien 1981, S. 209 ff.; zit.: Krejci in ders., Handbuch.

–*:* Über „ungewöhnliche" Klauseln in Allgemeinen Geschäftsbedingungen und Vertragsformblättern (§ 864 a ABGB), ÖJZ 1981, 113 ff.

–*:* Zehn Jahre Konsumentenschutz, in: Festschrift für *Rolf Ostheim*, Wien 1990, S. 161 ff.; zit. Krejci, in: FS Ostheim.

Krejci, Heinz/Schilcher, Bernd/Steininger, Viktor: Konsumentenschutzgesetz, ABGB und Verfahrensrecht, Wien 1978.

Lange, Hermann: Aufgaben und Grenzen der Vertragsfreiheit im deutschen Zivilrecht, JBl 1956, 386 ff.

Lehofer, Hans-Peter/Mayer, Gottfried: Anforderungen an eine KSchG-Novelle – Anregungen aus der Praxis, in: *Bundesministerium für Umwelt, Jugend und Familie* (Hrsg.), Konsumentenpolitisches Jahrbuch 1988/89, Wien 1990, S. 111 ff.; zit.: Lehofer/Mayer, KSchG-Novelle.

Leible, Stefan: Abschied vom flüchtigen „Verbraucher" ? – Zugleich eine Anmerkung zum Urteil des EuGH vom 2. 2. 1994 „Clinique" –, DZWir 1994, 177 ff.

Leisner, Walter: Der mündige Verbraucher in der Rechtsprechung des EuGH, EuZW 1991, 498 ff.

Lenz, Carl Otto: EG-Vertrag. Kommentar zu dem Vertrag zur Gründung der Europäischen Gemeinschaften in der durch den Amsterdamer Vertrag geänderten Fassung. 2. Aufl., Köln u. a. 1999.; zit.: Bearbeiter in Lenz, EGV- Kommentar.

Lieb, Manfred: Sonderprivatrecht für Ungleichgewichtslagen? – Überlegungen zum Anwendungsbereich der sogenannten Inhaltskontrolle privatrechtlicher Verträge, AcP 178 (1978), 196 ff.

–: Grundfragen einer Schuldrechtsreform, AcP 183 (1983), 327 ff.

Lindner, Beatrix: Time-Sharing-Richtlinie 94/47/EG verabschiedet, VuR 1995, 122 ff.

Lutter, Marcus: Die Auslegung angeglichenen Rechts, JZ 1992, 593 ff.

Mänhardt, Franz/Posch, Willibald: Internationales Privatrecht, Privatrechtsvergleichung, Einheitsprivatrecht. Eine Einführung in die internationalen Dimensionen des Privatrechts, Wien 1994; zit.: Bearbeiter in Mänhardt/Posch, Internationales Privatrecht.

Mäsch, Gerald: Die Time-Sharing-Richtlinie. Licht und Schatten im europäischen Verbraucherschutzrecht, EuZW 1995, 8 ff.

Malanik, Peter: EG-Richtlinie über Pauschalreisen, ecolex 1992, 681 ff.

Martinek, Michael: Das Teilzeiteigentum an Immobilien in der Europäischen Union. Kritik des Timesharing-Richtlinien-Vorschlags der Europäischen Kommission, ZEuP 1994, 470 ff.

Max-Planck-Institut für ausländisches und internationales Privatrecht, Hamburg: Rechtsvergleichung – Zur neueren Entwicklung des Vertragsrechts in Europa, in: *Bundesminister der Justiz* (Hrsg.), Gutachten und Vorschläge zur Überarbeitung des Schuldrechts, Band I, Köln 1981; zit.: Gutachten des Max-Planck-Instituts.

Mayrhofer, Heinrich: Abzahlungsgesetzgebung und Verbraucherschutz, in: *Kramer, Ernst A./Mayrhofer, Heinrich* (Hrsg.), Konsumentenschutz im Privat- und Wirtschaftsrecht, Wien 1977; zit.: Mayrhofer in Kramer/Mayrhofer, Konsumentenschutz.

–: Die besonderen Vertragsarten des I. Hauptstücks des KSchG, in: *Krejci; Heinz* (Hrsg.), Handbuch zum Konsumentenschutzgesetz, Wien 1981, S. 467 ff.; zit.: Mayrhofer in Krejci, Handbuch.

–: Überlegungen zum Recht der allgemeinen Geschäftsbedingungen, JBl 1993, 94 ff., 174 ff.

–: Anmerkungen zur Umsetzung der EG- Pauschalreisenrichtlinie in das KSchG, ZfRV 1995, 229 ff.

Medicus, Dieter: Wer ist ein Verbraucher?, in: Festschrift für *Zentaro Kitagawa*, Berlin 1992, S. 471 ff.; zit.: Medicus in FS Kitagawa

–: Schutzbedürfnisse (insbesondere der Verbraucherschutz) und das Privatrecht, JuS 1996 761ff.

–: Ein neues Kaufrecht für Verbraucher?, ZIP 1996, 1925 ff.

Meinhart, Walter: in: *Verhandlungen des 7. Österreichischen Juristentages*, Wien 1979, Band II, 3. Teil., S. 23 ff.; zit.: Meinhart in Verhandlungen des 7. ÖJT II/3.

–: Mehr Rechte des Verbrauchers beim Verbrauchergeschäft, Verkehrsjurist des ARBÖ 1979, 17 ff.

Merten, Detlef (Hrsg.): Die Subsidiarität Europas, Berlin 1993; zit.: Bearbeiter in Merten, Subsidiarität.

Meyer, Alfred Hagen: Das Verbraucherleitbild des Europäischen Gerichtshofs – Abkehr vom „flüchtigen" Verbraucher, WRP 1993, 215 ff.

Meyer, Justus/ Kubis, Sebastian: Neuorientierungen in Pauschalreiserecht, TranspR 1991, 411 ff.

Michaels, Ralf/ Kamann, Hans-Georg: Europäisches Verbraucherschutzrecht und IPR, JZ 1997, 601 ff.

Michalek, Nikolaus: Legislative Handlungsmaximen des BMJ am Beispiel des Verbraucherschutzes (Vortragsbericht Wiener Juristische Gesellschaft), ÖJZ 1996, 220 ff.

Micklitz, Hans-W.: Verbraucherrecht und EG-Binnenmarkt – Vertrag, Werbung und Öffnung der Rechtswege, VuR 1993, 2 ff.

–: Ein einheitliches Kaufrecht für Verbraucher in der EG ?, EuZW 1997, 229 ff.

Micklitz, Hans-W./Reich, Norbert: Verbraucherschutz im Vertrag über die Europäische Union – Perspektiven für 1993, EuZW 1992, 593 ff.

Miert, Karel van: *V*erbraucher und Binnenmarkt- Drei-Jahres-Aktions-Plan der Kommission, EuZW 1990, 401 ff.

Migsch, Erwin: Rechtsbeziehungen Unternehmungen – Verbraucher, Der Staatsbürger 1977/7, S. 1-2.

Müller-Graff, Peter-Christian: Die Rechtsangleichung zur Verwirklichung des Binnenmarktes, EuR 1989, 107 ff.

–: Gemeinsames Privatrecht in der Europäischen Gemeinschaft. Ebenen und gemeinschaftsprivatrechtliche Grundlagen, in: Festschrift für *Bodo Börner* , Köln u. a. 1992, S. 303 ff.; zit.: Müller-Graff in FS Börner.

–: Europäisches Gemeinschaftsrecht und Privatrecht, NJW 1993, 13 ff.

–: Binnenmarktauftrag und Subsidiaritätsprinzip?, ZHR 159 (1995), 34 ff.

–: *(Hrsg.)*: Gemeinsames Privatrecht in der Europäischen Gemeinschaft, 2. Aufl., Baden-Baden 1999; zit.: Bearbeiter in Müller-Graff, Gemeinsames Privatrecht.
–: Gemeinsames Privatrecht in der Europäischen Gemeinschaft – Ansatzpunkte, Ausgangsfragen, Ausfaltungen –, in: ders. (Hrsg.), Gemeinsames Privatrecht in der Europäischen Gemeinschaft, 2. Aufl., Baden-Baden 1999; S. 9 ff.; zit.: Müller-Graff in ders., Gemeinsames Privatrecht.
–: Privatrecht und Europäisches Gemeinschaftsrecht – Gemeinschaftsprivatrecht, in: ders. (Hrsg.), Gemeinsames Privatrecht in der Europäischen Gemeinschaft, 2. Aufl., Baden-Baden 1999; S. 267 ff.; zit.: Müller-Graff in ders., Gemeinsames Privatrecht.
Neumayer, Karl H.: Einschränkungen in der Verwendung allgemeiner Geschäftsbedingungen und Verbot mißbräuchlicher Klauseln, in: Festschrift für *Zentaro Kitagawa*, Berlin 1992, S. 487 ff; zit.: Neumayer in FS Kitagawa.
Oehlert, Sebastian: Harmonisierung durch EG-Richtlinien, JuS 1997, 317 ff.
Ofner, Helmut: Europäische Union und Zivilrecht, JAP 1993/94, 219 ff.
Oppermann, Thomas: Europarecht, München 1991.
Ostermayer, Josef/Schuster, Gerhard: Maklerrecht. Kommentar des Maklergesetzes samt Materialien und umfassendem Anhang, Wien 1996; zit.: Ostermayer/Schuster, Maklerrecht.
Palandt, Otto: Bürgerliches Gesetzbuch, 57. Aufl., München 1998; zit.: Palandt-Bearbeiter.
Peer, Gundula Maria: Österreichisches Reiserecht vor und nach der Pauschalreiserichtlinie, in: Jahrbuch junger Zivilrechtswissenschaftler 1996, Das deutsche Zivilrecht 100 Jahre nach Verkündung des BGB: Erreichtes, Verfehltes, Übersehenes, Stuttgart u. a. 1997; S. 117 ff.; zit.: Peer in Jahrbuch junger Zivilrechtswissenschaftler 1996.
Posch, Willibald: Probleme „autonomer Rechtsanpassung" – dargestellt am Produkthaftungsgesetz, in: Festschrift für *Rolf Ostheim*, Wien 1990, S. 665 ff. zit.: Posch in FS Ostheim.
–: Zur EWR-bedingten Anpassung an das Produkthaftungsrecht der EG, WBl 1992, 215 ff.
–: Österreich: Teilnahme am EWR bedingt Novelle des Produkthaftungsgesetzes, PHI 1993, 16 ff.
–: Zur EWR-bedingten Umsetzung von Richtlinien, in: Festschrift für *Ulrich Everling*, Band II, Baden-Baden 1995, S. 1141 ff.; zit.: Posch in FS Everling II.
–: Die Auswirkungen der Teilnahme Österreichs an der Europäischen Integration auf das österreichische Bürgerliche Recht, ZEuP 1995, 507 ff.

Preis, Ulrich: Der persönliche Anwendungsbereich der Sonderprivatrechte, ZHR 158 (1994), 567 ff.
Raiser, Ludwig: Vertragsfreiheit heute, JZ 1958, 1 ff.
Reich, Norbert: Markt und Recht. Theorie und Praxis des Wirtschaftsrechts in der Bundesrepublik Deutschland, Neuwied 1977.
–: Europäisches Verbraucherschutzrecht. Binnenmarkt und Verbraucherinteresse, 2. Aufl., Baden Baden 1993; zit.: Reich, Binnenmarkt und Verbraucherinteresse.
–: Zur Theorie des Europäischen Verbraucherrechtes, ZEuP 1994, 381 ff.
–: Privatrecht und Verbraucherschutz in der Europäischen Union, Bonn 1994/95, zit.: Reich, Privatrecht und Verbraucherschutz.
–: Europäisches Verbraucherrecht. Eine problemorientierte Einführung in das europäische Wirtschaftsrecht, 3. Aufl., Baden-Baden 1996; zit.: Reich, Europäisches Verbraucherrecht.
–: Der Schutz subjektiver Rechte durch Staatshaftung, EuZW 1997, 709.
–: Die neue Richtlinie 97/7/EG über den Verbraucherschutz bei Vertragsabschlüssen im Fernabsatz, EuZW 1997, 581.
Reich, Norbert/Micklitz, Hans-W.: Verbraucherschutzrecht in den EG-Staaten – Eine vergleichende Analyse, New York u a. 1981; zit.: Reich/Micklitz, Verbraucherschutz in den EG-Staaten.
Reich, Norbert/Tonner, Klaus/Wegener, Hartmut: Verbraucher und Recht. Überholte Konzeptionen, Lücken und Mängel in wichtigen Verbrauchergesetzen und die Praxis der Rechtsprechung, Göttingen 1976; zit.: Reich/Tonner/Wegener, Verbraucher und Recht.
Reidinger, Alexander: Weitere Rechtsfragen drittfinanzierter Verträge, JBl 1987, 357 ff.
–: Der Einfluß des EWR-Abkommens auf das Zivilrecht, JAP 1993/94, 245 ff.
–: Neue Regelungen im ABGB und KSchG (BGBl I 1997/6), JAP 1996/97, 260 ff.
Reindl, Peter: Der österreichische Entwurf eines Konsumentenschutzgesetzes, ZVP 1979, 71 ff.
–: in Verhandlungen des 7. Österreichischen Juristentages, Wien 1979, Band II, 3. Teil, S. 16 ff.; zit.: Reindl in Verhandlungen des 7. ÖJT II/3.
–: Entstehung und Konzeption des KSchG, in: *Krejci, Heinz* (Hrsg.), Handbuch zum Konsumentenschutzgesetz, Wien 1981, S. 71 ff.; zit.: Reindl in Krejci, Handbuch.
Remien, Oliver: Möglichkeiten und Grenzen eines europäischen Privatrechts, in: Jahrbuch Junger Zivilrechtswissenschaftler 1991, Europäisches Privatrecht, Unternehmensrecht, Informationspflichten im Zivilrecht, Stuttgart u. a. 1992, S. 11 ff.; zit.: Remien in Jahrbuch Junger Zivilrechtswissenschaftler 1991.

–: Illusion und Realität eines europäischen Privatrechts, JZ 1992, 277 ff.
–: AGBG und Richtlinie über mißbräuchliche Verbrauchervertragsklauseln in ihrem europäischen Umfeld, ZEuP 1994, 34 ff.
–: Denationalisierung des Privatrechts in der Europäischen Union? – Legislative und gerichtliche Wege, ZfRV 1995, 116 ff.
–: Grenzen der gerichtlichen Privatrechtsangleichung mittels der Grundfreiheiten des EG-Vertrages, JZ 1994, 349 ff.
Riedler, Andreas: Die Anpassung des KSchG an das EWR-Abkommen, ecolex 1994, 87 ff.
–: Der Reisevertrag, ecolex 1994, 149 ff.
Rittner, Fritz: Das Gemeinschaftsprivatrecht und die europäische Integration, JZ 1995, 849 ff.
Röttinger, Moritz/Weyringer, Claudia (Hrsg.): Handbuch der europäischen Integration, Strategie- Struktur- Politik der Europäischen Union, 2. Aufl., Wien 1996; zit.: Bearbeiter in Röttinger/ Weyringer, Handbuch.
Rummel, Peter (Hrsg.): Kommentar zum Allgemeinen Bürgerlichen Gesetzbuch, Band I, 2. Aufl., Wien 1990; Band II, 2. Aufl., Wien 1992; zit.: Bearbeiter in Rummel, ABGB I bzw. II.
Sandrock, Otto: Die Europäischen Gemeinschaften und die Privatrechte ihrer Mitgliedstaaten: Einheit oder Vielfalt?, EWS 1994, 1 ff.
Schäffer, Heinz (Hrsg.): Europäische Integration und Gesetzgebung, Wien 1992; zit.: Bearbeiter in Schäffer, Europäische Integration.
Schilcher, Bernd: Die Regeln über das Verbrauchergeschäft und das ABGB, in: *Krejci, Heinz/Schilcher, Bernd/Steininger, Viktor* Konsumentenschutzgesetz, ABGB und Verfahrensrecht, Wien 1978, S. 59 ff.; zit.: Schilcher in Krejci/ Schilcher/Steininger, Konsumentenschutzgesetz.
–: Das Rücktrittsrecht des Verbrauchers nach § 3 KSchG, in: *Krejci, Heinz* (Hrsg.), Handbuch zum Konsumentenschutzgesetz, Wien 1981, S. 271 ff.; zit.: Schilcher in Krejci, Handbuch.
–: Allgemeine Bestimmungen über Verbrauchergeschäfte – §§ 5, 7, 10, 11, 12 und 13 KSchG, in: *Krejci, Heinz* (Hrsg.), Handbuch zum Konsumentenschutzgesetz, Wien 1981, S. 409 ff.; zit.: Schilcher in Krejci, Handbuch.
Schlechtriem, Peter: Verbraucherkaufverträge – ein neuer Richtlinienentwurf, JZ 1997, 441 ff.
Schmidt-Rimpler, Walter: Grundfragen einer Erneuerung des Vertragsrechts, AcP 147 (1941), 130 ff.
–: Zum Vertragsproblem, in: Festschrift für *Ludwig Raiser*, Tübingen 1974, S. 3 ff; zit.: Schmidt-Rimpler in FS Raiser.
Schmidhuber, Peter/Hitzler, Gerhard: Binnenmarkt und Subsidiarität, EuZW 1993, 8 ff.

Schmidt, Marek: Privatrechtsangleichende EU-Richtlinien und nationale Auslegungsmethoden, RabelsZ 59 (1995), 569 ff.

Schnyder, Anton K. (Hrsg.): Internationales Verbraucherschutzrecht: Erfahrungen und Entwicklungen in Deutschland, Liechtenstein, Österreich und der Schweiz, Tübingen 1995; zit.: Bearbeiter in Schnyder, Internationales Verbraucherschutzrecht.

Schünemann, Wolfgang B.: Mündigkeit versus Schutzbedürftigkeit: Legitimationsprobleme des Verbraucherleitbildes, in: Festschrift für *Hans Erich Brandner*, Köln 1996, S. 279 ff.; zit.: Schünemann in FS Brandner.

Schuhmacher, Wolfgang: Verbraucher und Recht in historischer Sicht, Wien 1981; zit.: Schuhmacher, Verbraucher und Recht.

–: Der Konsumentenschutzgedanke in der österreichischen Rechtsordnung, in: *Krejci, Heinz* (Hrsg.), Handbuch zum Konsumentenschutzgesetz, Wien 1981, S. 1 ff.; zit.: Schuhmacher in Krejci, Handbuch.

–: Verbraucherschutz bei Vertragsanbahnung, Wien 1983; zit.: Schuhmacher, Vertragsanbahnung.

– (Hrsg.): Verbraucherschutz in Österreich und in der EG, Wien 1992; zit.: Bearbeiter in Schuhmacher, Verbraucherschutz in Österreich.

–: Verbraucherschutz in Österreich und in der EG: Die Folgen eines Beitritts. Zusammenfassende und ergänzende Thesen, in: *ders.:* (Hrsg.), Verbraucherschutz in Österreich und in der EG, Wien 1992, S. 235 ff.; zit.: Schuhmacher in ders., Verbraucherschutz in Österreich.

Schuhmacher, Wolfgang/Tüchler, Michael: Das österreichische Reiserecht nach Umsetzung der Pauschalreiserichtlinie, VuR 1995, 418 ff.

Schwark, Eberhard: Grundsätzliche Fragen einer Überarbeitung des Schuldrechts des BGB, JZ 1980, 741 ff.

Schwartz, Ivo E.: Subsidiarität und EG-Kompetenzen. Der neue Titel „Kultur". Medienvielfalt und Binnenmarkt, AfP 1993, 409 ff.

–: Perspektiven der Angleichung des Privatrechts in der Europäischen Gemeinschaft, ZEuP 1994, 559 ff.

–: EG-Kompetenzen für den Binnenmarkt: Exklusiv oder konkurrierend/subsidiär?, in: Festschrift für *Ulrich Everling*, Band II, Baden-Baden 1995, S. 1331 ff.; zit.: Schwartz in FS Everling II.

Schwarzenegger, Peter: Der aktuelle Ministerialentwurf zur Novellierung des KSchG, JAP 1996/97, 51 ff.

Schwimann, Michael: Praxiskommentar zum ABGB samt Nebengesetzen, Band 6, 2. Aufl., Wien 1997; zit.: Bearbeiter in Schwimann, ABGB VI.

Simitis, Konstantin: Verbraucherschutz – Schlagwort oder Rechtsprinzip?, Baden-Baden 1976.

Sozialwissenschaftliche Arbeitsgemeinschaft: Rechtsgutachten Nr. 54: Die Regierungsvorlage zum Konsumentenschutzgesetz, Wien 1978; zit.: SWA-Gutachten Nr. 54.

–*:* Rechtsgutachten Nr. 55: Das Konsumentenschutzgesetz, Wien 1979; zit.: SWA-Gutachten Nr. 55.

Spruzina, Claus: Rechtliche Erscheinungsformen und Probleme des Time-Sharings in Österreich, ZMR 1998, 65 ff.

Stabentheiner, Johannes: Probleme bei der Umsetzung zivilrechtlicher EU-Richtlinien am Beispiel der Time-Sharing-Richtlinie, JBl 1997, 65 ff.

–*:* Das Teilzeitnutzungsgesetz – Neue Regeln für Time-Sharing-Verträge, immolex 1997, 118 ff.

–*:* Die gesetzlichen Rahmenbedingungen für Time-Sharing in Österreich nach Umsetzung der einschlägigen EG-Richtlinie, ZMR 1998, 61 ff.

Starck, Christian (Hrsg.): Rechtsvereinheitlichung durch Gesetze – Bedingungen, Ziele, Methoden, Göttingen 1992; zit.: Bearbeiter in Starck, Rechtsvereinheitlichung.

Stein, Torsten: Subsidiarität als Rechtsprinzip?, in: *Merten, Detlef* (Hrsg.), Die Subsidiarität Europas, Berlin 1993, S. 23 ff.; zit.: Stein in Merten, Subsidiarität.

Steindorff, Ernst: EG-Vertrag und Privatrecht, Baden-Baden 1996; zit.: Steindorff, EG-Vertrag.

Straberger, Viktor A.: Der konsumierte Staatsbürger, AnwBl 1977, Sonderheft Dezember, S. 15 ff.

Taupitz, Jochen: Europäische Privatrechtsvereinheitlichung heute und morgen, Tübingen 1993; zit.: Taupitz, Europäische Privatrechtsvereinheitlichung.

Thorn, Karsten: Verbraucherschutz bei Verträgen im Fernabsatz, IPRax 1999, 1 ff.

Tilmann, Winfried: Eine Privatrechtskodifikation für die Europäische Gemeinschaft?, in: *Müller-Graff, Peter-Christian* (Hrsg.), Gemeinsames Privatrecht in der Europäischen Gemeinschaft, 2. Aufl., Baden-Baden 1999, S. 579 ff.; zit.: Tilmann in Müller-Graff, Gemeinsames Privatrecht.

Timmermans, Christiaan W.: Probleme der EG-Rechtsetzung, in: *Schäffer*, *Heinz* (Hrsg.), Europäische Integration und Gesetzgebung, Wien 1992, S. 21 ff.; zit.: Timmermanns in Schäffer, Europäische Integration.

Tönnes, Wolf-Achim: Zivilrechtliche Gestaltungsmöglichkeiten bei Ferienwohnrechten, RIW 1996, 124 ff.

Tonner, Klaus: Die EG-Richtlinie über Pauschalreisen, EuZW 1990, 409 ff.

–*:* Die Rolle des Verbraucherrechts bei der Entwicklung eines europäischen Zivilrechts, JZ 1996, 533 ff.

–*:* Das Recht des Time-Sharing an Ferienimmobilien, München 1997.

Ulmer, Peter: Vom deutschen zum europäischen Privatrecht?, JZ 1992, 1 ff.
Ulmer, Peter/Brandner, Hans Erich/Hensen, Horst-Dieter/Schmidt, Harry: Kommentar zum AGB-Gesetz, 8. Aufl., Köln 1997; zit.: Ulmer/Brandner/Hensen, AGBG.
Van der haegen, Antoine: Konsumentenpolitik, in: *Röttinger, Moritz/Weyringer, Claudia* (Hrsg.), Handbuch der Europäischen Integration, Strategie- Struktur-Politik der Europäischen Union, 2. Aufl., Wien 1996, S. 995 ff.; zit: Van der haegen in Röttinger/Weyringer, Handbuch.
Villotti, Elisabeth: Time-Sharing von Ferienwohnungen in Österreich?, WoBl 1990, 149 ff.
Wandt, Manfred : Das Internationale Produkthaftungsrecht Österreichs und der Schweiz, PHI 1989, 2 ff.
Welser, Rudolf: Anmerkungen zum Konsumentenschutzgesetz, JBl 1979, 449 ff.
–: Die Beschränkung der Vertragsfreiheit beim Konsumentengeschäft, JBl 1980, 1 ff., 72 ff.
–: Zum Geltungsbereich des I. Hauptstückes des KSchG, in: *Krejci, Heinz* (Hrsg.), Handbuch zum Konsumentenschutzgesetz Wien 1981, S. 193 ff.; zit.: Welser in Krejci, Handbuch.
–: Der Klauselkatalog des § 6 KSchG, in: *Krejci, Heinz* (Hrsg.), Handbuch zum Konsumentenschutzgesetz, Wien 1981, S. 333 ff.
–: Das KSchG in der Rechtsprechung, in Wirtschaftsrecht in Theorie und Praxis, in: Gedenkschrift für *Fritz Schönherr,* Wien 1986, S. 325 ff. zit.: Welser in GedS Schönherr.
–: Der zwei- und dreifache Importeur, ecolex 1992, 471 ff.
–: Der Vorschlag einer EU-Richtlinie über den Verbrauchsgüterkauf, in: Festschrift für *Karl Hempel,* Wien 1997, S. 323 ff.; zit.: Welser in FS Hempel.
Westermann, Harm Peter: Sonderprivatrechtliche Sozialmodelle und das allgemeine Privatrecht, AcP 178 (1978), 150 ff.
–: Verbraucherschutz, in: *Bundesminister der Justiz* (Hrsg.), Gutachten und Vorschläge zur Überarbeitung des Schuldrechts, Band III, Köln 1983, S. 1 ff.; zit.: Westermann, Gutachten.
Westphalen, Friedrich Graf von/Emmerich, Volker/Kessler, Ronald: Verbraucherkreditgesetz: Kommentar, 2. Aufl., Köln 1996; zit. Bearbeiter in v. Westphalen/Emmerich/Kessler.
Wilhelm, Georg: Der Europäische Wirtschaftsraum wirft seine Schatten voraus, ecolex 1992, 465.
–: Allgemeiner Einwendungsdurchgriff beim finanzierten Kauf, ecolex 1994, 83 ff., 380 ff.
–: Änderung der Reise und Storno, ecolex 1994, 145.
–: Der Konsumentenschutz expandiert, ecolex 1995, 613 ff.

–: Regierungsvorlage einer Novelle zum Konsumentenschutzgesetz, ecolex 1996, 581 ff.

–: Entwurf einer Richtlinie über den Verbrauchsgüterkauf und Garantien für Verbrauchsgüter, ecolex 1996, 825 ff.

Wolf, Sabine: Reform des Kaufrechts durch EG-Richtlinie – ein Vorteil für die Wirtschaft ?, RIW 1997, 899 ff.

Wolf, Manfred: Rechtsgeschäftliche Entscheidungsfreiheit und vertraglicher Interessenausgleich, Tübingen 1970.

Wukoschitz, Michael: Verbraucherschutz versus Vertragsfreiheit. Zu den Änderungen des § 6 KSchG durch die Novelle 1996, RdW 1997, 264 ff.

Zimmermann, Reinhard: Das römisch-kanonische ius commune als Grundlage europäischer Rechtseinheit, JZ 1992, 8 ff.

Zweigert, Konrad/Kötz, Hein: Einführung in die Rechtsvergleichung auf dem Gebiete des Privatrechts, 3. Aufl., Tübingen 1996; zit.: Zweigert/Kötz, Rechtsvergleichung.

Peter Lang · Europäischer Verlag der Wissenschaften

Birgit Reuter

Die gesetzliche Regelung der aktiven ärztlichen Sterbehilfe des Königreichs der Niederlande – ein Modell für die Bundesrepublik Deutschland?

Frankfurt/M., Berlin, Bern, Bruxelles, New York, Oxford, Wien, 2001.
XXXVII, 299 S.
Recht & Medizin. Herausgegeben von Erwin Deutsch, Adolf Laufs und Hans-Ludwig Schreiber. Bd. 46
ISBN 3-631-37289-2 · br. DM 98.–*

Die niederländische Regelung der aktiven Sterbehilfe wird mit dieser Studie erstmals anhand einer umfassenden Dokumentation ihrer zwanzigjährigen Entstehungsgeschichte analysiert. Grundlage der Untersuchung bildet eine systematische Darstellung der verschiedenen Entwicklungslinien und deren wechselseitiger Bedingtheit. Auch die Mißbrauchsgefahr unter der geltenden Regelung sowie unter den angekündigten Reformgesetzen wird kritisch beleuchtet. Am Ende der Untersuchung werden die gewonnenen Erkenntnisse mit rechtspolitischen und medizinethischen Erwägungen verknüpft. Die Befunde der Autorin sind ein wichtiger Beitrag zur Diskussion über die Notwendigkeit einer gesetzlichen Regelung der aktiven Sterbehilfe in Deutschland.

Aus dem Inhalt: Rechtsprechung zu Mitleidstötungen durch Ärzte · Ärztlich-berufsständische Regelwerke · Standesrecht · Erste Gesetzentwürfe · Strafverfolgungspraxis · Empirische Erhebungen 1990/1995 · Einwilligungsunfähige Patienten · Dammbruch zur nicht- bzw. unfreiwilligen aktiven Sterbehilfe · Selbstbestimmungsrecht · Ärztliches Urteil über die Lebensqualität

Kolibri 360 GmbH
Ferdinand-Jühlke-Straße 7
99095 Erfurt, Deutschland
produktsicherheit@kolibri360.de

Druck:
CPI Druckdienstleistungen GmbH
im Auftrag der
Kolibri 360 GmbH
Ferdinand-Jühlke-Str. 7
99095 Erfurt